B. Möller

Über dieses Buch Im Zusammenhang mit der Diskussion der nationalen Frage und der deutschen Nachkriegsgeschichte spielt auch das Problem der Vertreibung der Deutschen aus dem Osten eine große Rolle. Auf politischem Felde hat sich die Situation mit scharf formulierten Vorwürfen und Gegenvorwürfen wieder einmal zugespitzt. Viele sehen die Ergebnisse der sozialliberalen Ostpolitik in Frage gestellt.

In diesem Buch wird der Versuch unternommen, die Dimensionen des Vertreibungsproblems in seiner Vielschichtigkeit zu analysieren. Es werden die Ursachen geschildert, die weit in die Zeit der Weimarer Republik zurückreichen. Anschließend werden Erlebnisberichte über die eigentlichen Ereignisse während der Vertreibung, exemplarische Einzelschicksale veröffentlicht, die bislang noch unbekannt waren. Weitere publizistische Dokumente demonstrieren die Situation der Ungewißheit, Angst und banger Erwartung in den Tagen nach dem 8. Mai 1945. Und schließlich wird aus unterschiedlicher Perspektive berichtet, wie sich das weitere Schicksal der Flüchtlinge und Vertriebenen im Nachkriegsdeutschland, insbesondere in der Bundesrepublik gestaltete.

In dem Band, an dem 17 Wissenschaftler und Publizisten, darunter viele Betroffene, mitgearbeitet haben, wird nichts beschönigt. Im Gegenteil: Hier wird präzise Aufklärungsarbeit geleistet auch für denjenigen, der sich wohlinformiert glaubt. Bei allem menschlichen Leid, das mit der millionenfachen Vertreibung der Deutschen aus dem Osten verbunden – und hier dokumentiert – ist, gilt heute die Feststellung, die ein Kenner der Materie aus dem Bundesministerium des Innern klar und deutlich getroffen hat:

»Sie [die Vertriebenen] leben politisch, beruflich und materiell nicht anders als die Deutschen, die hier schon seit Generationen ansässig sind. Daß dies gelingen konnte, ist das eigentliche Wunder unserer Nachkriegsgeschichte.«

Der Herausgeber Wolfgang Benz, 1941 in Ellwangen/Jagst geboren, Dr. phil., Historiker, wissenschaftlicher Mitarbeiter des Instituts für Zeitgeschichte, geschäftsführender Redakteur der Schriftenreihe der Vierteljahrshefte für Zeitgeschichte.

Zahlreiche Buchveröffentlichungen, u. a. *Süddeutschland in der Weimarer Republik* (1970); *Einheit der Nation. Diskussion und Konzeptionen zur Deutschlandpolitik der großen Parteien seit 1945* (1978, zusammen mit Günter Plum und Werner Röder); *Bewegt von der Hoffnung aller Deutschen. Zur Geschichte des Grundgesetzes* (1979); *Rechtsextremismus in der Bundesrepublik. Voraussetzungen, Zusammenhänge, Wirkungen* (1984, Fischer Taschenbuch Bd. 4259); *Die Bundesrepublik Deutschland. Politik, Gesellschaft, Kultur,* 3 Bde. (1983, Fischer Taschenbücher Bd. 4312–4314); Fischer Weltgeschichte, *Das Zwanzigste Jahrhundert II* (Bd. 35, 1983) und *III* (Bd. 36, 1981, beide zusammen mit Hermann Graml); *Von der Besatzungsherrschaft zur Bundesrepublik* (1984, Fischer Taschenbuch Bd. 4311).

Die Vertreibung der Deutschen aus dem Osten

Ursachen, Ereignisse, Folgen

Mit Beiträgen von
Hellmuth Auerbach, Franz J. Bauer,
Wolfgang Benz, Walter Dirks,
Josef Foschepoth, Bernhard Guttmann,
Alois Harasko, Josef Henke,
Klaus-Dietmar Henke, Rudolf Jaworski,
Eugen Kogon, Norbert Krekeler,
Reinhold Schillinger, Eva Schmidt-Hartmann,
Dietrich Strothmann, Hermann Weiß
und Falk Wiesemann

Herausgegeben von
Wolfgang Benz

Fischer
Taschenbuch
Verlag

Lektorat: Walter H. Pehle

12.–13. Tausend: Juni 1988

Originalausgabe
Veröffentlicht im Fischer Taschenbuch Verlag GmbH,
Frankfurt am Main, Juni 1985

Umschlaggestaltung: Jan Buchholz/Reni Hinsch
Gesamtherstellung: Clausen & Bosse, Leck
Printed in Germany
ISBN 3-596-24329-7

Inhalt

WOLFGANG BENZ

Vierzig Jahre nach der Vertreibung

Einleitende Bemerkungen

Mit dem Beginn des Zweiten Weltkrieges begann im Herbst 1939 in Europa eine der größten Umsiedlungs-, Emigrations- und Vertreibungswellen, die die Geschichte kennt. Die erste Phase der riesigen Bevölkerungsbewegung erfaßte über neun Millionen Menschen, die in einem Raum, der von Finnland im Norden, der Ukraine im Osten, Griechenland im Süden und Frankreich im Westen begrenzt war, rückgesiedelt, umgesiedelt, »eingedeutscht«, »umgevolkt« oder verschleppt wurden. In dieser Zahl sind die Millionen europäischer Juden, die im Zuge der nationalsozialistischen »Endlösung der Judenfrage« deportiert und ermordet wurden, nicht enthalten. Vom Standpunkt der nationalsozialistischen Volkstumspolitik war diese erste Phase größtenteils positiv aufzufassen, holte sie doch Hunderttausende von Volksdeutschen »heim ins Reich«, wo sie verfügbar wurden für die Germanisierung der ehemals polnischen Gebiete, die dem Deutschen Reich zugeschlagen wurden. Rund 1,2 Millionen Polen mußten ihre Heimat in den neuen »Reichsgauen« Wartheland und Danzig-Westpreußen verlassen und in das sogenannte Generalgouvernement übersiedeln. Die Ziele, die sich hinter den bevölkerungspolitischen Maßnahmen der Deutschen verbargen, umreißt eine Denkschrift des Rassenpolitischen Amtes der NSDAP vom 25. November 1939, also kurz nach der Niederlage Polens, in der die »Schaffung einer rassisch und damit geistig-seelisch wie völkisch-politisch einheitlichen deutschen Bevölkerung« propagiert war. Der Verfasser der Denkschrift fuhr konsequent fort: »Hieraus ergibt sich, daß alle nicht eindeutschbaren Elemente rücksichtslos beseitigt werden müssen.«

Dem Zusammenbruch des Deutschen Reiches im Frühjahr 1945 folgte auf die Ostbewegung in Mittel-, Südost- und Osteuropa eine ebenso gewaltsame Westbewegung, die in ihrer Totalität gegenüber dem deutschen Bevölkerungsanteil der betroffenen Gebiete der totalen Niederlage Deutschlands entsprach. Lange vor der Potsdamer Konferenz vom Sommer 1945 stand fest, daß das Sudetenland wieder Bestandteil der Tschechoslowakischen Republik sein würde. Vom Altreichsgebiet sollten Ostpreußen, dessen nördliche Hälfte die Sowjets beanspruchten, und die östlich der Oder-Neiße-Linie liegenden Teile von Pommern, der Mark Brandenburg und Schlesiens abgetrennt werden und unter polnischer

Verwaltung bleiben, unter die sie die Sowjets bereits am 21. April 1945 gestellt hatten. Die Ausweisung der Deutschen aus ihrem Staatsgebiet betrieben dann aber nicht nur die Polen, sondern auch die Tschechoslowakei, Ungarn, Jugoslawien und Rumänien.

Die Vertreibung der Deutschen sollte, so hatten es die Alliierten auf ihren Kriegskonferenzen in Teheran (1943) und Jalta (1945) erörtert und in Potsdam besiegelt, innerhalb der neuen Grenzen Frieden stiften und die Minderheitenprobleme ein für allemal bereinigen, wie Churchill im britischen Unterhaus im Dezember 1944 erklärte: »Denn die Vertreibung ist, soweit wir in der Lage sind, es zu überschauen, das befriedigendste und dauerhafteste Mittel. Es wird keine Mischung der Bevölkerung geben, wodurch endlose Unannehmlichkeiten entstehen, wie zum Beispiel im Fall Elsaß-Lothringen. Reiner Tisch wird gemacht werden.« Für die Tschechoslowakei hatte Staatspräsident Benesch dasselbe, die restlose Austreibung der deutschen Minderheit, der 3,5 Millionen Sudetendeutschen, bereits 1941 im Londoner Exil gefordert.

Zum Mitleid mit den Millionen betroffener Deutscher neigte kaum jemand, zu groß waren bei den östlichen Nachbarn Deutschlands die Leiden, die ihnen nationalsozialistischer Germanisierungswahn und deutsche Besatzungspolitik in den Jahren des Zweiten Weltkriegs zugefügt hatten. Andererseits – das galt vor allem für die Westmächte – hielt man es aber auch für möglich, den gigantischen Bevölkerungstransfer in einigermaßen humaner Form durchzuführen. Das war, wie die Leiden und Verluste der Flüchtlinge und Vertriebenen bewiesen, aus vielen Gründen eine irrige Annahme.

Der Alliierte Kontrollrat als Inhaber der vollziehenden Gewalt im besetzten Deutschland beschloß am 20. November 1945 die Aufnahme von 3,5 Millionen Deutschen aus den ehemaligen deutschen Ostgebieten in der sowjetischen (2 Millionen) und britischen (1,5 Millionen) Besatzungszone und von 2,5 Millionen Deutschen aus der Tschechoslowakei, 500 000 aus Ungarn und 150 000 aus Österreich in der sowjetischen (750 000), der amerikanischen (2,25 Millionen) und der französischen (150 000) Besatzungszone. Nach den Ergebnissen der ersten Volkszählung (29. Oktober 1946) befanden sich in den vier Besatzungszonen über 9,5 Millionen aus ihrer Heimat vertriebene Deutsche, davon in der sowjetischen Zone 3,6 Millionen, in der britischen 3,1 Millionen, in der amerikanischen 2,7 Millionen, in Berlin 100 000 und 60 000 in der französischen Besatzungszone. Bis zur nächsten Volkszählung vom 1. September 1950 hatte sich diese Zahl allein für das Bundesgebiet (und ohne die innerdeutschen Flüchtlinge aus der DDR) noch einmal um über zwei Millionen auf einen Anteil von 16,5 Prozent (1946: 13,1 Prozent) der Gesamtbevölkerung erhöht.

Die Probleme, die der Zustrom der im Osten heimatlos Gewordenen im zerstörten und von den Alliierten besetzten Rest-Deutschland schuf, schienen kaum lösbar. Die Vertriebenen erwarteten Wohnung und Arbeit, Entschädigung für erlittene Verluste und Betreuung in höchster existenzieller Not. Bis zur Gründung der Bundesrepublik oblag die Fürsorge für die Flüchtlinge in den Westzonen den Ländern; im Herbst 1949 wurde ein »Bundesministerium für Vertriebene« eingerichtet, das die sozialpolitischen Maßnahmen zur Integration der Flüchtlinge und Vertriebenen koordinierte und im Rahmen des Lastenausgleichs um Entschädigung und Starthilfen bemüht war.

Die Umgangssprache hat sich der semantisch-exakten Definition des Personenkreises, dem die Sorge der staatlichen »Flüchtlingsverwaltung« galt, stets widersetzt; der Pauschalbegriff »Flüchtlinge« bürgerte sich frühzeitig für alle ein, die als Folge des Krieges ihre Heimat verlassen mußten. Amtlich korrekt definiert heißt es: »*Vertriebene* sind die Deutschen, die ihren Wohnsitz in den z. Zt. unter fremder Verwaltung stehenden deutschen Ostgebieten (Gebietsstand 31.12.1937) oder im Ausland hatten und ihn durch den Zweiten Weltkrieg infolge Vertreibung verloren haben.« Und: »*Flüchtlinge* aus der SBZ sind die Deutschen, die nach Kriegsende aus der sowjetischen Besatzungszone oder dem Sowjetsektor von Berlin in das Bundesgebiet einschl. Berlin (West) gekommen sind, und ihre Kinder.« Im allgemeinen Sprachgebrauch, ebenso aber auch in wissenschaftlichen Abhandlungen werden die Begriffe »Vertriebene« und »Flüchtling« meist synonym verwendet (auch in diesem Buch), historisch gesehen haben viele aber das doppelte Schicksal von Flucht und Vertreibung erlitten, und zwar in wechselnder Reihenfolge. Für viele folgte der Flucht aus Ostpreußen nach Pommern wenig später die Vertreibung von dort und dies vielleicht in die sowjetische Besatzungszone, die später in erneuter Flucht westwärts verlassen wurde.

Das Bundesministerium für Vertriebene, Flüchtlinge und Kriegsgeschädigte hatte keinen eigenen Instanzenzug, seine Aufgabe lag in der Mitwirkung an der einschlägigen Gesetzgebung – allein zum Lastenausgleichsgesetz wurden bis 1969 über zwanzig Novellen verabschiedet – und in der Planung und Koordinierung der sozialen, wirtschaftlichen, kulturellen Maßnahmen, die von den Ländern und den jeweils zuständigen Bundesministerien zugunsten der Flüchtlinge und Vertriebenen erfolgten. Im Herbst 1969, mit der Bildung der ersten sozialliberalen Koalitionsregierung, war das Vertriebenenministerium als eigenes Ressort unnötig geworden. Ende der 60er Jahre war es unübersehbar, daß eines der größten Nachkriegswunder, die Integration der Heimatvertriebenen in der Bundesrepublik (und nicht anders war der Befund in der DDR), Realität geworden war.

Indizien dafür, wie weitgehend die Eingliederung der Vertriebenen in ihrer neuen Heimat erfolgte, sind der Bedeutungsverlust, den die Interessenverbände und die Flüchtlingspartei »Block der Heimatvertriebenen und Entrechteten« (BHE) erlitten. Der BHE, in Bund und Ländern in der ersten Hälfte der 50er Jahre begehrter Koalitionspartner mit beachtlichen Wählerzahlen, verschwand Anfang der 60er Jahre ganz von der politischen Bildfläche; da der BHE stets eine Interessenpartei gewesen war, ist sein Verschwinden auch ein Zeichen dafür, daß die Gruppenidentität seiner Wähler nicht mehr existent war: Die Flüchtlinge waren heimisch geworden. Das war, als im August 1950 »im Bewußtsein ihrer Verantwortung vor Gott und den Menschen« die Sprecher der Landsmannschaften und die Spitzen der Vertriebenenverbände die »Charta der deutschen Heimatvertriebenen« formulierten, noch nicht abzusehen gewesen. In der Stuttgarter Kundgebung, bei der die Charta unter feierlichem Verzicht auf Rache und Vergeltung verkündet wurde, war auch das »Recht auf die Heimat als eines der von Gott geschenkten Grundrechte der Menschheit« postuliert worden. Die Formulierung konnte als Revanchebedürfnis mißverstanden werden, und bis zum Schlesiertreffen des Jahres 1985 haben Politiker, deren Berufung ausschließlich in der Beschwörung der Vertreibung zu liegen scheint, für die Tradierung solchen Mißverstehens gesorgt. Die eigentlichen und substantiellen Forderungen der Heimatvertriebenen-Charta von 1950 sind längst erfüllt, nämlich das Verlangen nach gleichem Staatsbürgerrecht vor dem Gesetz wie in der Wirklichkeit des Alltags, der Wunsch nach gerechter und sinnvoller Verteilung der Lasten des Krieges auf die ganze Bevölkerung, die Forderung nach dem Einbau aller Berufsgruppen der Heimatvertriebenen in das Leben des deutschen Volkes und die Hoffnung auf Einschaltung der deutschen Heimatvertriebenen in den Wiederaufbau Europas.

Den deutschen Vertriebenen aus den Ostgebieten war ein besseres Los als den Palästinensern bestimmt, Revanchegelüste und Phantasien zur Wiedereroberung des Verlorenen gibt es daher so gut wie nicht. Das Bedürfnis zur Aussöhnung mit den Staaten und Völkern des Ostens steht bei der großen Mehrheit der Bevölkerung der Bundesrepublik außer Frage.

Dem steht nur das vereinzelte Streben Unruhiger entgegen, die mit beträchtlichem Eifer an der Legende fortdauernden Vertreibungsschicksals weben. Aufklärung wird dort mit Aufrechnung verwechselt, und Unvergleichbares wird da verglichen, um zu falschen Schlußfolgerungen zu kommen. Die Schrecken von Auschwitz und Dresden ergeben keine historische Parallele, und die Zahl der bei Flucht und Vertreibung Umgekommenen steht in keiner rechenbaren Beziehung zu der der Opfer nationalsozialistischer Judenverfolgung.

In diesem Buch wird der Versuch unternommen, die Dimensionen des Vertreibungsproblems zu umreißen. Zu den Ursachen und Folgen gehören in historischer Betrachtungsweise nicht nur die Verhandlungen auf den Konferenzen der Anti-Hitler-Koalition von Teheran bis Potsdam, die Ergebnisse alliierter Politik, die in zwei großen Beiträgen dieses Buchs geschildert sind. Teil der unmittelbaren Vorgeschichte der Vertreibung ist die nationalsozialistische Rassen- und Ostpolitik, zu betrachten waren aber auch die Bestrebungen der Weimarer Republik angesichts des Minderheitenproblems in Polen. Und die Situation in der Tschechoslowakei vor dem Münchner Abkommen gehört ebenso ins Bild wie die Beschreibung des Bewußtseinsstandes gegenüber der Vertreibung in der heutigen ČSSR.

Vier Beiträge haben dokumentarischen Charakter. Erlebnisberichte, die in diesem Buch erstmals veröffentlicht sind, schildern den Leidensweg von Flucht und Vertreibung anhand exemplarischer Einzelschicksale. Die Originale dieser Berichte sind im Sudetendeutschen Archiv in München bzw. im Bundesarchiv Koblenz verwahrt. Zwei publizistische Dokumente demonstrieren die Situation von Ungewißheit, Angst und banger Erwartung in der Perspektive des Jahres 1945 (Bernhard Guttmann) und im Mai 1947 (Walter Dirks und Eugen Kogon). In anderer Weise ist auch der Beitrag »Schlesien bleibt unser« ein publizistisches Dokument, dessen wichtigste Passagen aus gegebenem Anlaß im Januar 1985 in der ZEIT erschienen sind.

Dieses Buch will einen Beitrag leisten zur Aufklärung historischen Geschehens, das für Millionen auch persönliches Schicksal war und unermeßliches Leid brachte. Den Vertreibungsereignissen folgten aber die Anstrengungen, die in den Wiederaufbaujahren ab 1945 unternommen wurden, um die Vertriebenen in die neue Heimat einzugliedern, die Lasten des Krieges zwischen Neubürgern und Eingesessenen einigermaßen auszugleichen und die soziale, wirtschaftliche und politische Integration wirklich zu machen. Diese Bemühungen sind Gegenstand der Beiträge, in denen an zwei Beispielen – Bayern und Nordrhein-Westfalen – sowie am Komplex Lastenausgleich die Anfänge des Integrationsprozesses geschildert werden. Der Überblick über Organisationen und Medien, in denen sich Vertriebenenpolitik als Facette der inneren Politik der Bundesrepublik artikuliert, zeigt deren schwindende Bedeutung, und zugleich, daß es keinen irredentistischen oder revanchelüsternen Bevölkerungsteil gibt, wie viele argwöhnten, die die Sonntagsreden der Vertriebenenpolitiker der 50er Jahre oder deren alternde Epigonen im Ohr haben.

Vertreibung und Flucht der Deutschen aus ihren Heimatgebieten

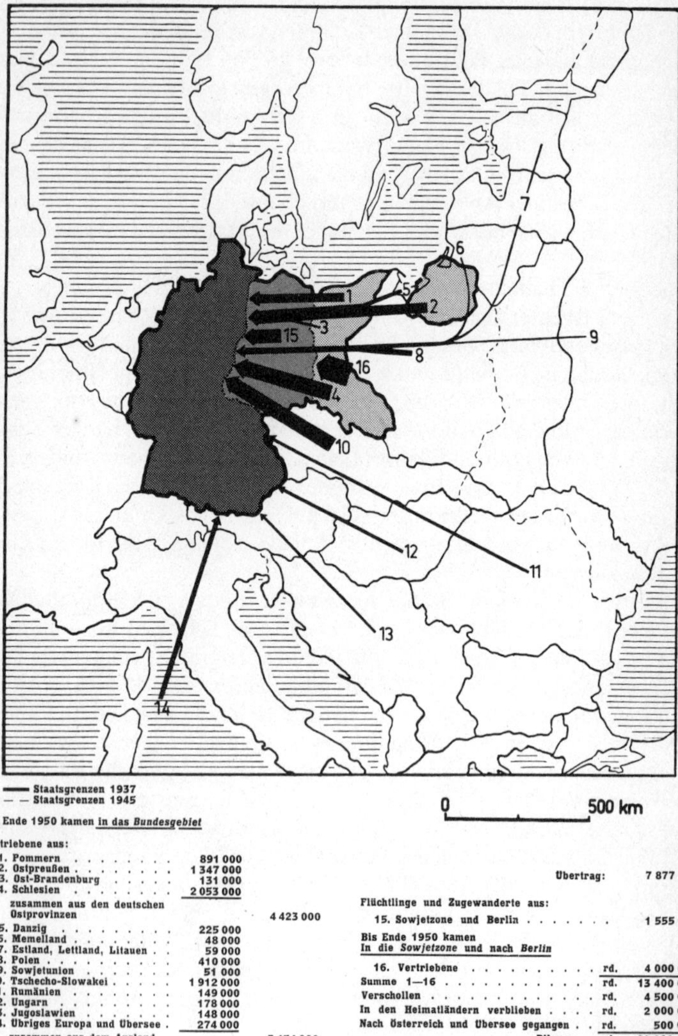

— Staatsgrenzen 1937
– – Staatsgrenzen 1945

Bis Ende 1950 kamen in das *Bundesgebiet*

Vertriebene aus:

1. Pommern	891 000	
2. Ostpreußen	1 347 000	
3. Ost-Brandenburg	131 000	
4. Schlesien	2 053 000	
zusammen aus den deutschen Ostprovinzen		4 423 000
5. Danzig	225 000	
6. Memelland	48 000	
7. Estland, Lettland, Litauen	59 000	
8. Polen	410 000	
9. Sowjetunion	51 000	
10. Tschecho-Slowakei	1 912 000	
11. Rumänien	149 000	
12. Ungarn	178 000	
13. Jugoslawien	148 000	
14. Übriges Europa und Übersee	274 000	
zusammen aus dem Ausland		3 454 000
Zusammen Vertriebene		7 877 000

Übertrag:		7 877 000
Flüchtlinge und Zugewanderte aus:		
15. Sowjetzone und Berlin		1 555 000
Bis Ende 1950 kamen In die *Sowjetzone* und nach *Berlin*		
16. Vertriebene	rd.	4 000 000
Summe 1—16	rd.	13 400 000
Verschollen	rd.	4 500 000
In den Heimatländern verblieben	rd.	2 000 000
Nach Österreich und Übersee gegangen	rd.	500 000
Bilanz:	rd.	20 000 000

Deutsche aus dem Osten wurden von den Kriegsfolgen betroffen.

Quelle: Flüchtlinge, Vertriebene, Kriegsgefangene. Hrsg. vom Bundesministerium für Vertriebene. Bonn 1959.

Deutsche Reichsgebiete östlich der Oder-Neiße-Linie

(in den Grenzen gemäß Versailler Vertrag)

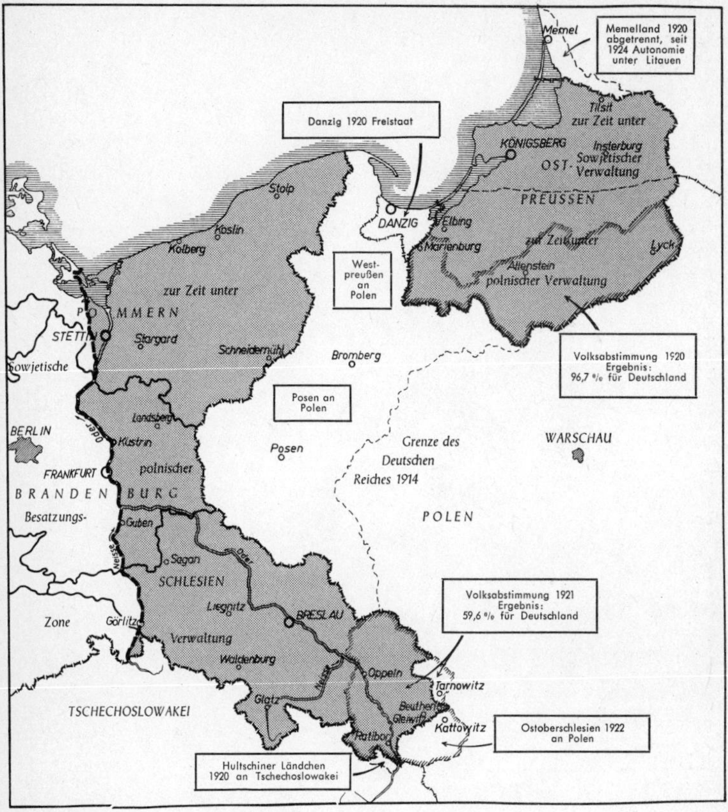

Im Jahre 1939 lebten in

Ostpreußen	2,5 Mill. Deutsche
Ost-Pommern	1,9 Mill. Deutsche
Ost-Brandenburg	0,6 Mill. Deutsche
Schlesien	4,6 Mill. Deutsche
zusammen	9,6 Mill. Deutsche

Quelle: Tatsachen zum Problem der deutschen Vertriebenen und Flüchtlinge. Hrsg. vom Bundesministerium für Vertriebene, Flüchtlinge und Kriegsbeschädigte. Bonn [5]1960.

NORBERT KREKELER

Die deutsche Minderheit in Polen und die Revisionspolitik des Deutschen Reiches 1919–1933

Der Verlust weiter ehemals deuscher Reichsgebiete im Osten und die Teilung Deutschlands nach dem Zweiten Weltkrieg lassen oft vergessen, daß es auch nach dem Ersten Weltkrieg erhebliche Abtretungen im Osten gab. Viele Diskussionen und politische Positionen nach dem letzten Krieg hatten ihre Vorläufer in der Zeit nach 1918; vieles wird erst auf diesem historischen Hintergrund verständlich.
Am Ende des Ersten Weltkrieges bestand im Osten militärisch eine Lage, die gerade den Deutschen in den Ostgebieten jede Einsicht in den vollständigen Zusammenbruch des Kaiserreiches verwehren mußte: Die deutschen Truppen standen tief in Rußland, und der Vertrag von Brest-Litowsk (3. März 1918) schien ihnen den Sieg auf diesem Kriegsschauplatz zu garantieren. Der Verzicht Rußlands auf Livland, Kurland, Litauen, Estland und Polen und die Anerkennung des deutsch-ukrainischen Sondervertrages nährten die Vorstellung eines Sieg-Friedens im Osten.
Als bei dieser Lage im November 1918 der Waffenstillstand zwischen Deutschland und den Entente-Mächten auf der Basis der »Vierzehn Punkte« Wilsons vereinbart wurde, rief dies den geschlossenen Widerstand der nationalen Kreise der Ostprovinzen hervor, bedeutete doch die Annahme dieser Bedingungen bereits eine gewisse Bestätigung der territorialen Ansprüche Polens auf solche Gebiete, die bei der Gründung eines polnischen Staates unter der Ägide der Mittelmächte – Deutsches Reich, Österreich-Ungarn und deren Verbündete – im Jahre 1916 bewußt ausgeklammert worden waren, weil Preußen und Österreich-Ungarn nicht auf sie verzichten wollten. Es mußte darüber hinaus sogar befürchtet werden, daß selbst umstrittene Gebiete in einem künftigen Frieden an Polen fallen würden, da der 13. Punkt in Wilsons Programm Polen – über alle Gebiete mit »unzweifelhaft polnischer Bevölkerung« hinaus – einen »freien und sicheren Zugang zur See« versprach.
Diese Befürchtungen wurden durch den Versailler Friedensvertrag 1919 voll bestätigt. Es blieben zwar noch Korrekturen der Grenzziehung zwischen Deutschland und Polen durch die Abstimmungen in Westpreußen (11. 7. 1920) und Oberschlesien (20. 3. 1921) möglich, die Abtretung von ca. 90 % der alten preußischen Provinz Posen mit etwa 670 000 Deutschsprachigen und die Abtretung von 66 % der alten Provinz Westpreußen

(Pomerellen) mit ca. 412000 Deutschsprachigen sowie die Schaffung des Freistaates Danzig (10.1.1920) war aber nicht mehr zu umgehen.
Der Verlust dieser Ostgebiete hatte für die öffentliche Meinung wie für die amtliche Außenpolitik der Weimarer Republik bestimmende Bedeutung: Nach dem verlorenen Krieg war der Verlust der Ostgebiete einer der wichtigsten Anknüpfungspunkte für das Streben nach einer Revision des als schändlich und schmachvoll empfundenen Versailler Vertrages. Die die Republik zerstörenden Rechtsparteien und Hitlers Propaganda nutzten erfolgreich bis hin zur Erringung der Macht und der Anzettelung des Zweiten Weltkrieges diese Revisionspolitik.
Das Deutschtum der Ostprovinzen war vor dem Ersten Weltkrieg vom preußischen Staat besonders umhegt worden. Ziel dieser »Ostmarkenpolitik« war es gewesen, neben dem wirtschaftlichen auch ein zahlenmäßiges Übergewicht des deutschen Bevölkerungsanteils gegenüber dem polnischen zu erreichen. Das so künstlich gestärkte Deutschtum fand sich nun, nach dem völlig unerwarteten Ausgang des Krieges, in einem Staate wieder, der durch antideutsche Politik eine Reduzierung des deutschen Bevölkerungsanteils in den abgetretenen Gebieten zu erreichen suchte.
Bei der Betrachtung der Auseinandersetzungen zwischen Deutschen und Polen muß immer mitbedacht werden, daß es sich hier nicht nur um eine nationale, sondern häufig auch um eine religiöse und soziale Frage handelte: Grob vereinfachend war »der Deutsche« zumindest in Posen und Pomerellen (nicht jedoch in Ost-Oberschlesien) gleichzeitig auch Protestant und eher der Mittel- oder Oberschicht zugehörig, »der Pole« war katholisch und eher aus der Unterschicht. Die Reduzierung auf die nationale Frage kann daher die Brisanz der Auseinandersetzung allein nicht erklären.
In diesem Zusammenhang sei kurz an die wechselvolle Geschichte Polens erinnert: Durch seine Lage zwischen dem seit dem 17. bzw. 18. Jahrhundert aufstrebenden Rußland, Brandenburg/Preußen und Österreich ist seine Geschichte gekennzeichnet durch häufige Fremdherrschaft, wechselnde territoriale Gestalt, die Teilungen von 1772, 1793 und 1795 – bei denen zwei Drittel des ursprünglichen Gebiets an Rußland, der Rest etwa je zur Hälfte an Preußen und Österreich ging – und schließlich durch den Kampf um nationale Identität und Wiedererlangung der Eigenstaatlichkeit.
Versuche einer Wiedererrichtung des Staates waren geprägt durch fremde Interessen: 1807 errichtete Napoleon das Herzogtum Warschau. 1815 wurde dies zum Königreich Polen, das in Personalunion dem russischen Zaren unterstand. 1916 schließlich errichteten die Mittelmächte nach ihrem Vordringen im Osten ein Königreich Polen, das von der Bevölkerung aber nicht akzeptiert wurde.
Die »polnische Frage« war im ganzen 19. Jahrhundert, durch Aufstände

und nationale Erhebungen in Polen immer neu angefacht, ein wichtiges und dauerhaftes Thema der politischen Diskussion in Europa.
Die polnische »Verdrängungspolitik« ab 1919 war besonders wirkungsvoll, schien doch allein schon der Wegfall des bisherigen Schutzes und der Förderung durch den preußischen Staat geeignet, weiten Kreisen der deutschen Bevölkerung einen vielleicht doch möglichen Verbleib in Posen und Pomerellen inopportun erscheinen zu lassen, zumal man außerdem den neuen polnischen Staat als unter dem eigenen kulturellen Niveau liegend ansah. Wenn man unter diesen Bedingungen im Reich mit der Forderung nach Revision der neuen Ostgrenze außenpolitische Ziele propagierte, die als wesentliche Grundlage den Verbleib einer möglichst großen Zahl von Deutschen in Polen erforderten, ergab sich die Notwendigkeit einer irgendwie gearteten neuerlichen Unterstützung.
Diese Hilfe für das Deutschtum mußte naturgemäß anders aussehen als vor dem Kriege, da nun die innenpolitischen Möglichkeiten des preußischen Staates, also Gesetzgebung, Regierungserlasse und Verwaltungsvorschriften, nicht mehr zu Gebote standen. Die Neuorientierung unter außenpolitischen Gesichtspunkten machte vielmehr die Schaffung von Organisationen nötig, die im »neuen« Ausland ohne völkerrechtliche Komplikationen für die deutschen Volksgruppen arbeiten konnten.
Schon Anfang 1919 bildete sich in Berlin aus Abgeordneten der Verfassunggebenden Preußischen Landesversammlung und der Nationalversammlung eine Parlamentariergruppe, die sich dem Deutschtum in Posen und Westpreußen besonders verpflichtet fühlte. Aus 9 bis 12 Abgeordneten der gefährdeten Ostgebiete bestehend, sah dieser »Ostausschuß« seine hauptsächliche Aufgabe darin, die Bildung eines »einheitlichen, geschlossenen, zielklaren und entschlossenen Volkswillens« durch Aufklärung in den bedrohten Gebieten zu erreichen. Nach der Unterzeichnung des Friedensvertrages setzten in diesem Kreis Überlegungen ein, wie die Stützung des Deutschtums im großen Stil in die Wege geleitet werden könnte.
Die erforderlichen großen Finanzmittel sollten teils privaten Ursprungs sein, teils wurden sie vom Staat erwartet. Allerdings war man sich bewußt, daß durch die Bereitstellung großer Summen allein das Problem der Unterstützung der Deutschen noch nicht gelöst war. Denn nach der Abtretung der Gebiete an Polen konnten die Kontakte der amtlichen deutschen Stellen zu den Deutschen nicht mehr wie bisher aufrechterhalten werden. Man mußte die Verbindung auf eine neue Grundlage stellen. Auch hatte man erkannt, daß es nicht einmal ausreichte, wenn in Polen die Verbindungen zum Reich nicht bekannt oder zumindest nicht nachweisbar waren. Organisationen, die mit Erfolg in der Deutschtumspolitik arbeiten wollten, durften auch im Reich nicht in nachweisbarem Kontakt

zur Regierung stehen oder gar im Budget irgendeines Ministeriums auftauchen.

Die Reichsregierung und das preußische Kabinett billigten Ende November 1919 grundsätzlich das Förderungsvorhaben. Es sah umfangreiche Stützungsmaßnahmen für die deutsche Presse, die deutschen Schulen und Internate, karitative Einrichtungen, für Vereinshäuser, Büchereien und Wanderbühnen, für das deutsche Bankenwesen und die deutsche Industrie vor.

Als Apparate für diese Aufgaben wurden auf der Grundlage dieser Kabinettsbeschlüsse zwei private Organisationen geschaffen:

1. Die »Deutsche Stiftung«. Sie entstand im November 1920 als Nachfolger des Ostausschusses. Geschäftsführer war Erich Krahmer-Möllenberg. Die Deutsche Stiftung übernahm zunächst die Betreuung der deutschen Schulen, weitete ihr Tätigkeitsfeld aber rasch auf den wirtschaftlichen Bereich aus und schuf sich hierfür vielfältige Spezial-Organisationen.
2. Die »Konkordia Literarische Gesellschaft mbH«. Sie wurde im Januar 1920 gegründet. Ihr verantwortlicher Geschäftsführer war Max Winkler, ihr Aufgabengebiet war die Förderung und Unterstützung der deutschen Presse in den abgetretenen Gebieten.

Beide Organisationen und beide Personen waren für die Deutschtumspolitik des Reiches über die Weimarer Zeit hinaus von dauerhafter und erheblicher Bedeutung.[1]

Max Winkler, 1875 in Karrasch, Kreis Rosenberg, in Westpreußen geboren, machte eine für einen Postsekretär erstaunliche Karriere: 1914 wurde er in Graudenz besoldeter Stadtrat, 1919 zweiter Bürgermeister und zur gleichen Zeit war er Abgeordneter der liberalen Deutschen Demokratischen Partei in der Verfassunggebenden Landesversammlung für Preußen. Als im Januar 1920 Graudenz an Polen kam, zog Winkler nach Berlin, wo er als Wirtschaftsberater und Treuhänder für alle Reichsregierungen der Weimarer Republik und in noch größerem Stil für das anschließende NS-Regime tätig war. Es begann mit dem Erwerb der Kapitalmehrheit der Saarbrücker Zeitung im Januar 1920 durch Winklers Konkordia GmbH, und mit Hilfe dieser Tarnorganisation wurde dann innerhalb weniger Jahre fast die ganze deutschsprachige Auslandspresse heimlich aufgekauft. Zwischen 1925 und 1933 verwaltete Winkler auch verschiedene deutsche Konzessionen in der Sowjetunion.

Das Dritte Reich machte von Winklers Erfahrungen und Fähigkeiten, und zwar zunächst vor allem bei Finanztransaktionen, die der Schaffung eines vom Regime gesteuerten Presse- und Filmmonopols dienten, Gebrauch.[2] So erwarb er im Auftrag von Goebbels 1934 die Ullstein AG für die Reichsregierung – mit den aus der Deutschtumsarbeit stammenden Mitteln einer weiteren Tarngesellschaft, der bereits 1929 gegründeten »Cautio Treuhandgesellschaft«. Am 19. Oktober 1939 ernannte ihn Göring zum Leiter der »Haupttreuhandstelle Ost«. Diese Dienststelle war nach der Zerschlagung Polens im Herbst 1939 errichtet worden zur »Sicherstellung des Vermögens des ehemaligen polnischen Staates« in den vom Deutschen Reich annektierten Ostgebieten. Der Haupttreuhandstelle Ost oblag die Beschlagnahme, Verwaltung und Verwertung nicht nur des staatlichen Besitzes, sondern auch privaten polnischen und jüdischen Vermögens. (Landwirtschaftlicher Besitz fiel auf Wunsch Himmlers nicht in die Kompetenz von Winklers Treuhandstelle, sondern wurde der SS zur Ausplünderung überlassen.) Nach 1945 lebte Winkler als Geschäftsmann in Düsseldorf.

Erich Krahmer-Möllenberg, Jahrgang 1882, war nach seinem Jurastudium bis 1918 als Regierungsassessor bei der Provinzialregierung in Bromberg tätig. Bis Anfang 1920 war er dann Regierungsrat in der Ostabteilung des Preußischen Innenministeriums. Er hatte also aus beiden Tätigkeiten Erfahrungen mit den Problemen der Deutschtumspolitik. Er ist ihr über 1933 hinaus treu geblieben und konnte sich einer Verstrickung in die nationalsozialistische Ostpolitik nicht entziehen. Er wurde 1939 stellvertretender Leiter der »Haupttreuhandstelle Ost«; auf einem Flug nach Jugoslawien ist er 1942 ums Leben gekommen.

Die Organisationsform des Ostausschusses und dann der Deutschen Stiftung war die eines eingetragenen Vereins unter parlamentarischer Aufsicht. Nach außen traten nur der aus Abgeordneten des Reichstages und des Preußischen Landtages gebildete parlamentarische Beirat und die Geschäftsführung in Erscheinung. Im Beirat waren allerdings nicht alle Parteien vertreten. Von Anfang an fehlten die Kommunisten und die USPD, und die Nationalsozialisten wurden selbst dann noch nicht in die Organisation mit einbezogen, als sie bereits erhebliches innenpolitisches Gewicht besaßen. 1933 übernahm der Vertreter des Außenpolitischen Amtes der NSDAP (APA) Schickedanz die Funktion des Beirats.

Im Verhältnis zum Reich war die Deutsche Stiftung aber nach Aussage des Auswärtigen Amtes eine »verschleierte Dienststelle«. Sie betrieb, als mit Beginn der Inflation die privaten Mittel ausblieben, fast ausschließlich mit Reichsmitteln die Finanzierung der kulturellen und der wirtschaftlichen Aktionen der Deutschtumspolitik. Kontrolliert wurde sie durch das Auswärtige Amt und andere Regierungsstellen. Das Auswärtige Amt betrachtete den Beirat als ein Mittel zur Absicherung gegenüber öffentlichem Interesse und parlamentarischer Kontrolle, nicht aber als Überprüfungsorgan für seine geheimen Aktionen. Die Notwendigkeit der Geheimhaltung entzog die Deutschtumspolitik jeder öffentlichen

Diskussion, nicht nur im Parlament, sondern auch innerhalb der Parteien. Das Übergewicht des Auswärtigen Amtes wurde bis 1933 immer stärker und ließ den parlamentarischen Aufbau der Deutschen Stiftung mehr und mehr zu einer reinen Fassade werden.

Der Geschäftsführer der Deutschen Stiftung konnte im Laufe der Zeit seine Stellung ausbauen. Er erhielt leitende Positionen in allen später geschaffenen Spezialorganisationen wie »Ossa« und »HBB« (Hollandsche Buitenlands-Bank). Krahmer-Möllenbergs hervorragende Informationen über die deutschen Volksgruppen, seine direkten Kontakte zu den deutschen Organisationen in den abgetretenen Gebieten und sein Einblick in den immer komplizierter werdenden Apparat der Deutschtumspolitik sicherten ihm eine nahezu unangreifbare Stellung.

Die Konsulate und Generalkonsulate und sogar die deutsche Gesandtschaft in Warschau wurden aus der Deutschtumspolitik fast ganz herausgehalten. Eine Beteiligung an dieser Aufgabe hätte für die deutschen Vertretungen ein unnötig großes Risiko dargestellt, da das Mißtrauen der polnischen Behörden vornehmlich ihnen galt. Die Aktivitäten der diplomatischen Vertretungen gingen aus diesem Grunde nach außen nie über die Möglichkeiten hinaus, die ihnen das allgemeine Völkerrecht und die vertraglichen Vereinbarungen boten. Man vermied peinlich alles, was nach einer Verletzung der polnischen Souveränität hätte aussehen können, wenn auch für manche Aktionen des Reichs die Mithilfe der Konsulate zumindest durch Informationen unumgänglich war.

Die Deutsche Stiftung bot ja auch für die Bestrebungen des Auswärtigen Amtes eine wesentlich bessere Grundlage, als es die offiziellen deutschen Vertretungen konnten. Eine Verbindung zum Reich war bei ihr, selbst wenn man sie vermutet hätte, kaum je nachzuweisen. Die Stiftung konnte als privater Verein zu allen Organisationen der deutschen Minderheit in Polen fast ungestört Kontakte unterhalten und mußte lediglich Beweise einer gegen die Interessen des polnischen Staates gerichteten Betätigung vermeiden.

Neben der Deutschen Stiftung war, zumindest in der ersten Phase der Deutschtumspolitik, die Konkordia der wichtigste Faktor in der Unterstützungsarbeit für das Deutschtum. Über die Konkordia ist aber noch weniger bekannt geworden als über die Organisation Krahmer-Möllenbergs. Dies hat seinen Grund darin, daß Winklers Organisation noch mehr als die Deutsche Stiftung auf Geheimhaltung achtete und außerdem von keiner Regierungsstelle des Reichs oder Preußens kontrolliert wurde; für ihre Arbeit gab es nicht einmal die Federführung irgendeines Ressorts. Die Konkordia wurde je zur Hälfte vom Reichsfinanzministerium und vom Preußischen Finanzministerium unterhalten und war lediglich in ihrer Geschäftsführung dem Reichsrechnungshof verantwortlich.

Die Aufgabe der Konkordia bestand darin, zuerst den deutschen Zeitungen in den Abstimmungsgebieten, dann allen bedrohten deutschen Zeitungen im europäischen Ausland das notwendige wirtschaftliche Fundament zu geben.
Winkler behauptete nach dem Kriege leicht übertreibend: »Von Riga bis Konstantinopel habe ich alles, was deutsch gedruckt war, mit der Zeit in die Hand bekommen.«[3]
Im November 1918 waren als Gegenstück zu den polnischen Volksräten in den preußischen Provinzen Posen und Westpreußen deutsche Volksräte entstanden. Ihr Ziel war es, die »deutsche Ostmark« zu erhalten und polnische Besetzungsversuche abzuwehren. Hieraus entwickelte sich nach der Abtretung der landsmannschaftlich orientierte »Deutschtumsbund zur Wahrung der Minderheitenrechte«. Daneben entstand die von den politischen Parteien und den freien Gewerkschaften getragene »Zentral-Arbeits-Gemeinschaft der deutschen Parteien«. Sie war stärker linksorientiert und hatte ihren Rückhalt im Reich vor allem beim Interfraktionellen Ostausschuß, dem Vorläufer der Deutschen Stiftung. Zwischen beiden Organisationen kam es 1920/21 zu ernsthaften politischen Auseinandersetzungen. Die Wahlen zum Sejm vom Mai 1920 hatten auf deutscher Seite einen Sieg der Vertreter des Deutschtumsbundes gebracht. Damit war die Frage nach der Vertretung des Deutschtums aber noch nicht endgültig geklärt. Dem Auswärtigen Amt war an der »Einigkeit des Deutschtums im Abtretungsgebiet« gelegen. Deshalb favorisierte es zunächst eine Vereinigung beider Organisationen. Die jedoch kam nicht zustande, weil die Gewerkschaften und die Sozialdemokraten eine Zusammenarbeit mit dem eher nationalistisch ausgerichteten Deutschtumsbund ablehnten. Daraufhin begann das Auswärtige Amt, die Zentral-Arbeits-Gemeinschaft auszuschalten und den Deutschtumsbund zum alleinigen Ansprechpartner zu machen. Die Akten belegen den Druck auf die deutschen Zeitschriften und deren Redakteure, die Einflußnahme auf die Besetzung der Führungspositionen der Zentral-Arbeits-Gemeinschaft, die Einstellung der finanziellen Förderung und die einseitige Bevorzugung des Deutschtumsbundes.
Der Deutschtumsbund wurde schließlich bis zu seiner Auflösung durch die polnischen Behörden 1923 vom Auswärtigen Amt als einzige Kontaktstelle für die Durchführung karitativer und wirtschaftlicher Stützungsmaßnahmen angesehen. Über ihn liefen alle Verbindungen zum Reich, auch leistete er eine Art »Amtshilfe« für reichsdeutsche Ministerien, indem er als offizielle Instanz für den Nachweis der »Verdrängteneigenschaft« der aus Polen abgewanderten Deutschen fungierte. Für diese Arbeit wurde er vom Reich auch finanziell ausgestattet. Nach seiner Auflösung 1923 gingen all diese Funktionen auf die Wirtschaftsverbände

über. Die Spitze der Wirtschaftsverbände und berufsständischen Organisationen stellte der sogenannte »Fünferausschuß« und spätere »Neunerausschuß« dar, der sich verwaltungstechnisch auf das Büro der deutschen Abgeordneten in Sejm und Senat in Bromberg stützte. Auch er verdankte seine Entstehung in erster Linie der Initiative des Auswärtigen Amtes, das für seine erste größere Agrarkreditaktion (1924) in Polen einen leistungsfähigen Partner benötigte.
Wenn man die Entstehung, Finanzierung und Entwicklung betrachtet, so können die Deutschtumsorganisationen in Polen schon für die Zeit der Weimarer Republik in gewisser Weise als verlängerter Arm der deutschen Außenpolitik angesehen werden. Dabei ist es unerheblich, daß einem Großteil der Deutschen in Polen die engen Verbindungen ihrer Führer zum Reich und die Herkunft der finanziellen Mittel aus dem Reich verborgen bleiben mußte. In der Förderung der Deutschen in Polen durch das Deutsche Reich lassen sich zwei Phasen unterscheiden:

1. Die Phase der Förderung des Verbleibs in Polen durch »vorweggenommene Entschädigung« oder, wie es damals genannt wurde, »vorbeugende Flüchtlingsfürsorge« bis etwa 1924 und
2. Die Phase der Stützung durch Kredite, vor allem Agrarkredite.

Die massivere Abwanderungsbewegung aus den Provinzen Posen und Westpreußen, die vom Waffenstillstand 1918 bis 1922 etwa zwei Drittel der rund 1,1 Millionen Deutschen ins Reich führte, kam trotz eindringlicher Berliner Appelle, in Polen zu bleiben, auch nach der Abtretung nicht zum Stillstand. Im Gegenteil: jetzt war die einsetzende polnische Verdrängungspolitik für viele Anlaß, für viele aber auch nur Vorwand, die ehemals deutschen Gebiete zu verlassen.
Die große Zahl der Flüchtlinge und Vertriebenen aus dem Osten stellte die Reichsbehörden vor ein schwieriges Problem. Um den Abgewanderten die Möglichkeit zu geben, sich im Reich eine neue Existenz aufzubauen, drängten weite Kreise auf eine Ausweitung der bestehenden Entschädigungsgesetzgebung. Eine großzügige Entschädigung aber, die eine rasche Integration der Flüchtlinge im Reich ermöglicht hätte, mußte für die in den abgetretenen Gebieten verbliebenen Deutschen einen starken Anreiz darstellen, ebenfalls abzuwandern. Es galt also einen Weg zu finden, der die Ansprüche der Verdrängten befriedigte, ohne die aus außenpolitischen Gründen unerwünschte Abwanderung weiter zu verstärken. Als erstes Gegenmittel ist deshalb eine Verschärfung der Einreise-, Paß- und Visa-Bestimmungen und eine engere Definition jener Verdrängten-Eigenschaften, die den Entschädigungsanspruch im Reich begründeten, beschlossen worden. Allerdings war man sich im Auswärtigen Amt klar darüber, daß diese Maßnahmen allein nicht ausreichen würden. Man

ging vielmehr davon aus, daß der Kampf gegen die Auswanderung nur erfolgreich sein könne, wenn die noch in den abgetretenen Ostgebieten befindlichen »deutschen Elemente positiv, d. h. materiell, so unterstützt werden, daß sie in die Lage gesetzt werden durchzuhalten«.[4] Man verfiel deshalb auf die Idee, einen Teil des Geldes, das bei einer Rückwanderung ins Reich als Entschädigung fällig geworden wäre, nach Polen zu geben, damit mit diesen Mitteln die Deutschen dort gehalten werden könnten. Dabei wurde berücksichtigt, daß die gegenüber der polnischen Währung stärkere Mark die Maßnahmen erheblich erleichtern könne. Dies war die Grundidee der »vorbeugenden Flüchtlingsfürsorge«, die bis etwa 1924 Grundlage der Förderung blieb.

Unterstützung wurde sowohl deutschen Unternehmen zuteil als auch deutschen Arbeitslosen. Dabei war die Quelle der finanziellen Unterstützung jeweils im Reich zu suchen, während die Vergabeinstrumente wegen der verschiedenen politischen Orientierung der Empfänger durchaus unterschiedlich waren. An die Unternehmen lief das Geld über die deutschen Wirtschaftsverbände. Die Arbeitslosenunterstützung über die deutschen Gewerkschaften. Die Wirtschaftshilfe für die Unternehmer wurde als Darlehen, die Unterstützung der Arbeitslosen bis zu einem bestimmten Betrag »à fonds perdu« gezahlt. Allerdings konnten die Zinsen bei der Wirtschaftshilfe bei Bedarf durch die Organisationen in Polen erlassen werden. Auch wurden die Abwanderungen durch diese Fonds der Wirtschaftshilfe bewußt erschwert: Jeder Abwanderungswillige brauchte zur Anerkennung seiner Verdrängten-Eigenschaft, die im Reich Voraussetzung der Entschädigung war, eine Bestätigung zunächst des Kommissars des Roten Kreuzes, später des Deutschtumsbundes. In der Zeit bis 1924 ist die Aufbringung der Mittel überwiegend mit dem Argument gerechtfertigt worden, es handle sich ja gar nicht um zusätzliche Aufwendungen, sondern nur um eine Verlagerung von Finanzmitteln, nämlich von einer innerdeutschen Entschädigung auf eine außerdeutsche Entschädigung, wobei die Gelder eben nicht nach dem Schaden gezahlt würden, sondern der Verhinderung des Schadens dienten. Mit einer derartigen Argumentation ließ sich aber der steigende Bedarf an Mitteln nicht beliebig lange rechtfertigen. Zum übrigen konnte eine solche Form der vorbeugenden Entschädigung immer nur einmal, nicht aber mehrfach geschehen. Nach 1924 trat ein weiterer Aspekt hinzu. Man erkannte, daß es nicht genügte, möglichst viele Deutsche in Posen und Pomerellen zu halten, daß man vielmehr die für eine Revisionspolitik notwendige Position auch durch die Sicherung des »deutschen Besitzstandes« erhalten und ausbauen mußte. Damit rückte die Landwirtschaft, die Erhaltung des deutschen Bodens, vor allen Dingen des Großgrundbesitzes, in den Mittelpunkt der reichsdeutschen Bemühungen.

Diese Umstrukturierung der Unterstützung läßt sich aber auch mit der Veränderung der Zusammensetzung der deutschen Volksgruppe erklären. Die Gesamtzahl der Deutschen in Posen und Pomerellen ging trotz aller Reichshilfe weiter zurück. Es wurden aber nicht alle Sozialschichten und Bevölkerungsgruppen im gleichen Maße getroffen. Die größten Verluste durch Abwanderungen und Assimilation waren in den Städten zu verzeichnen. Während der Gesamtanteil der Deutschen an der Gesamtbevölkerung in der ehemaligen Provinz Posen bis 1926 auf 11,5 % und bis 1931 auf 9 % (in Pomerellen auf 12,5 % bzw. auf 10 %) sank, sah dies in den Städten wesentlich gravierender aus. Hatte es 1910 in Posen noch 42 % Deutsche gegeben, so waren es 1931 nur noch 2 %. Für Bromberg lauteten die Zahlen 77,5 % 1910, 8,5 % 1931; Thorn 66 % 1919, 4 % 1931; Graudenz 85 % 1910, 7,5 % 1931. Das heißt: Die Landwirtschaft erwies sich als der harte Kern des Deutschtums in den Abtretungsgebieten. Auf diesen harten Kern hat sich in der Folgezeit die reichsdeutsche Hilfe konzentriert.

Für die Agrarkredite war der Aufbau einer gänzlich neuen Organisation erforderlich. Hierbei erwies sich der Status der Freien Stadt Danzig als besonders praktisch: Wirtschaftspolitisch war sie zu Polen gehörig, die polnische Bankenaufsicht erstreckte sich dennoch nicht auf die Stadt. Dies bot für einen politisch motivierten Kreditapparat erhebliche Vorteile: Geld konnte von Danzig aus ungehindert nach Polen fließen, aber eine Überwachung oder Überprüfung dieses Geschäftes in Danzig brauchte niemand zu fürchten.

Den Stellen im Reich schien diese Sicherung der Finanzwege aber noch nicht ausreichend. Man fürchtete bei Bekanntwerden des eigentlichen Geldgebers »außenpolitische Friktionen«. Deshalb entschied man sich, eine ausländische Bank mit der Kreditvermittlung zu betrauen. Da man keine geeignete fand, entschloß man sich zu einer Neugründung in den Niederlanden. Die Bank ist im Juni 1925 unter dem Namen »Hollandsche Buitenlands-Bank« mit einem Stammkapitel von 500000 Gulden im Haag errichtet worden. Bereits im August erhöhte sie ihr Stammkapital auf 4 Millionen Gulden. Das Kapital wurde vom Preußischen Finanzministerium über die Preußische Zentralgenossenschaftskasse an Treuhänder in Holland weitergeleitet, die dann ihrerseits das Geld in die Bank einbrachten; nach außen erschien die »HBB« als normale Bank, die sich dem gewöhnlichen Hypothekengeschäft und dem kurzfristigen Kreditgeschäft widmen wollte.

Die eigentliche Macht hatten aber nicht die nach außen in Erscheinung tretenden Organe wie Verwaltungsrat oder Geschäftsführung, sondern die »Kreditkommission«, der die Begutachtung und Genehmigung sämtlicher Kreditvorhaben oblag. Ihr gehörten ein ehemaliger Staatssekretär im Reichsfinanzministerium, ein Vertreter des Landwirtschaftsministeriums und Krahmer-Möllenberg von der Deutschen Stiftung an. Bei Differenzen zwischen Geschäftsführung und Kreditkommission entschied die Generalversammlung, in der das Reich über die Aktien- und damit die Stimmenmehrheit verfügte. Krahmer-Möllenberg stellte durch seine Position in der Bank die Verbindung zu den bisherigen Unterstützungsaktionen her. Seine Stellung als führender Kopf der Deutschtumspolitik sicherte ihm innerhalb der Kreditkommission den absoluten Vorrang.

Den Kontakt der Bank zu den abgetretenen Gebieten hielten sogenannte »Vertrauensleute«. Für Pomerellen war dies der frühere Regierungspräsident von Westpreußen, für Posen der Direktor der Landesgenossenschaftsbank und für Ost-Oberschlesien bis Oktober 1925 Dr. Lukaschek. Die Vertrauensleute hatten die Aufgabe, die Verteilung der Gelder in Polen zu überwachen und die Einhaltung der Kreditbedingungen zu gewährleisten.

Das Geld lief also wie folgt: vom Auswärtigen Amt an die Preußische Zentralgenossenschaftskasse, von dort an holländische Privatleute, die es in die Hollandsche Buitenlands-Bank einbrachten. Die Hollandsche Buitenlands-Bank vermittelte über die Genossenschaftsbanken in Danzig das Geld an die Genossenschaftsbanken in Posen, Pomerellen und Ost-Oberschlesien und an die weiteren deutschen Minderheiten im Osten.

Der Antragsweg eines Kredits war dagegen ein doppelter: Er lief einmal den Weg über die deutschen Genossenschaftsbanken in Polen und Danzig nach Holland; zum anderen über die deutschen Wirtschaftsverbände an Krahmer-Möllenberg in Berlin. In seiner Doppelfunktion in der Deutschen Stiftung und im Kreditausschuß der Hollandschen Buitenlands-Bank entschied letztlich er auf der Grundlage der Empfehlung der »Vertrauensleute«. Geld bekam weiterhin nur der, dessen »deutsche Gesinnung außerhalb jedes Zweifels« lag und wenn der Erhalt deutschen Bodens im Interesse des Reiches lag.

War in der ersten Phase der Deutschtumspolitik noch der Gesichtspunkt maßgebend gewesen, daß die Abwanderung der Deutschen ins Reich politisch unerwünscht und überdies teuer war, so setzte sich in der zweiten Phase allmählich der Gesichtspunkt durch, daß die Unterstützung des Deutschtums »wirtschaftlich« sein müsse. Jedoch war die Umstrukturierung der deutschen Hilfsmaßnahmen auch dadurch nötig geworden, daß eine vorweggenommene Entschädigung in jedem Falle nur einmal geleistet werden konnte, die ständigen wirtschaftlichen Schwierigkeiten aber eine häufige Wiederholung der finanziellen Operationen erforderten.

Die Betonung der Wirtschaftlichkeit der Kredite konnte die beteiligten Stellen indes nicht darüber hinwegtäuschen, daß bei der politischen Zielsetzung der Aktion von vorneherein mit Verlusten gerechnet werden

mußte, die dann vor allem in der Wirtschaftskrise auch nicht ausblieben. Die Frage der Wirtschaftlichkeit war also kein prinzipielles Problem, sondern eher eine Frage der Methode. Die Politik stand im Vordergrund, während die »Wirtschaftlichkeit« einmal den Kreditnehmer zur Eigeninitiative anspornen und zum anderen die Aktion gegenüber fremden Staaten absichern sollte, indem eine rechtlich einwandfreie Konstruktion von Kreditnahme und Kreditvergabe aufgebaut wurde.
Das Instrument »Kredit«, vor allem »Hypothekenkredit« hatte einen weiteren Vorteil: es machte eine Vermehrung des auszugebenden Geldes gegenüber dem eingesetzten Geld möglich. Das Geld wurde nach dem üblichen Verfahren ausgeliehen, dann hypothekarisch und in schwierigen Fällen auch über Lebensversicherungen abgesichert, die Sicherungen von den Banken ihrerseits wieder beliehen. Das so »gewonnene« Geld konnte erneut vergeben werden. Dieser »Schneeball«-Mechanismus konnte so lange funktionieren, wie entweder die Zinsdienste erbracht wurden oder aber vom Reich die stets neu benötigten zusätzlichen Mittel zugeschossen werden konnten. Er führt aber auch dazu, daß Aussagen über die tatsächliche Höhe der eingesetzten Mittel und über das gesamte Geschäftsvolumen nicht möglich erscheinen. In jedem Fall sind mehrfach zweistellige Millionenbeträge in diese Kreditapparate hineingeflossen.
Es war nicht Absicht des Reiches, mit den Deutschen außerhalb der Reichsgrenzen auf Kreditbasis Geschäfte zu machen, vielmehr kam es darauf an, mit den Krediten die deutschen Volksgruppen im Interesse der Berliner Außenpolitik intakt zu halten. 1926 hatten die Agrarkredite ein Volumen angenommen, das die bisherigen Apparate überforderte. Als deshalb im März 1926 das Reichskabinett auf Vorschlag Außenminister Stresemanns die Bereitstellung eines weiteren Kredits von 30 Millionen Reichsmark bewilligte, ging man gleichzeitig an den Aufbau einer neuen Organisation: die »Ossa Vermittlungs- und Handelsgesellschaft«, nach 1929 wegen ihrer zahlreichen Unter-Organisationen auch »Ossa-Konzern« genannt.
Die Tätigkeit dieser Gesellschaft ging weit über die Kreditvergabe an Deutsche in Polen hinaus; alle deutschen Volksgruppen in Europa und deren gesamtes Wirtschafts- und Kulturleben profitierten nennenswert von ihren Mitteln. Ziel war überall die Stabilisierung der deutschen Wirtschaft. Das erhoffte man vor allem durch die Sanierung der Banken und die Absicherung des Grundbesitzes. Mit der Errichtung der »Ossa« hatte der Apparat zur Stützung des Deutschtums im Osten im wesentlichen seine endgültige Gestalt erreicht. In den folgenden Jahren wurden vielfältige Aktionen hierüber abgewickelt. In immer neuen Kabinettsvorlagen wurden je nach wirtschaftlicher Entwicklung neue Programme vorgeschlagen und gebilligt. Zwar läßt sich das Gesamtvolumen nicht bestim-

men, es kann jedoch nicht bestritten werden, daß es sich hier um einen beachtlichen und für die deutschen Minderheiten existenziell wichtigen Förderungsapparat handelte.

Alle Regierungen der Weimarer Republik, so kann man zusammenfassend sagen, praktizierten ohne wesentliche Modifikationen eine Politik, die sich die Erhaltung einer möglichst starken deutschen Volksgruppe und die Behauptung eines möglichst großen »nationalen Besitzstandes« in den an Polen abgetretenen Gebieten zum Ziel setzte. Dies wurde als wesentliche Voraussetzung für die Aufrechterhaltung des territorialen Revisionsanspruchs und als Grundlage jeder künftigen Grenzrevision im Osten angesehen. Als Beispiel hierfür sei noch einmal das Auswärtige Amt zitiert, das in einer Kabinettsvorlage von 1932 ausführte: »Da es fraglich sein dürfte, ob sich in den nächsten Jahren eine aktive Revisionspolitik im Osten durchführen lassen wird, die zu einer Änderung der territorialen Grenzen führen könnte, bleibt zur Zeit nichts anderes übrig, als für die Erhaltung aller derjenigen Positionen des Deutschtums in den abgetretenen Gebieten zu sorgen, die noch irgendwie haltbar sind. Es handelt sich hierbei in gleicher Weise um politische, wirtschaftliche und kulturelle Positionen.«[5]

Für diese Politik hat sich das Auswärtige Amt einen speziellen Apparat geschaffen, der im wesentlichen finanzielle Förderung betrieb. Es war ein »privat« organisierter Apparat, weil die Aufgaben aus völkerrechtlichen Gründen nicht von amtlichen Stellen wahrgenommen werden konnten. Die Organisation der Deutschen in Polen war auf diesen Apparat abgestimmt. Die Verbindungen der Führer des Deutschtums, auch der Abgeordneten im polnischen Sejm, zu den Stellen im Reich waren eng und vielfältig. So verhandelten deutsche Abgeordnete aus Polen mit Stresemann um Kredite für die deutsche Minderheit.

Das Auswärtige Amt erreichte mit dem Einsatz des speziellen Apparates und erheblicher finanzieller Mittel den Verbleib einer wirtschaftlich und politisch relevanten deutschen Volksgruppe in Polen. Ohne Hilfe des Reichs hätte die deutsche Volksgruppe den größten Teil ihrer Organisationen, ihrer Banken, Kreditinstitute und Genossenschaften, ihrer Vereine und kulturellen Institutionen, vor allem aber einen erheblichen Teil des landwirtschaftlichen Besitzes und damit – spätestens in der Wirtschaftskrise, wahrscheinlich aber schon früher – die ökonomische Basis ihrer nationalen Eigenständigkeit verloren. Was in der Weimarer Republik begonnen wurde, setzte das Dritte Reich fort. Die gewachsene Abhängigkeit der deutschen Minderheiten von der Hilfe des Reichs konnte das nationalsozialistische Regime mühelos in seinen Dienst stellen, zumal das politische Denken etlicher Deutschtumsführer eine gewisse Affinität zum Nationalsozialismus aufwies.

Ernsthafte Versuche eines Ausgleichs mit dem neuen Nachbarn im Osten, nicht mit dem neuen Machtfaktor im Osten, der Sowjetunion, sondern mit Polen, hat es im Gegensatz zu den Ansätzen einer neuen Westpolitik in der Weimarer Republik nicht gegeben. Es bleibt immer die Frage, ob es sie angesichts der politischen Konstellationen in beiden Ländern hätte geben können. Festzustellen ist jedoch, daß es der Nicht-Ausgleich mit Polen war, der schließlich zu einem Ansatzpunkt des Zweiten Weltkrieges wurde. Deutsche in Polen, die den neuen polnischen Staat nicht ertragen konnten und nicht hinnehmen wollten, Politiker im Reich, die ein Wiedergewinnen der verlorenen Gebiete für unabdingbar hielten, die nicht »verzichten« konnten und wollten, haben gemeinsam dazu beigetragen, daß Hitler Deutschland in die Katastrophe von 1945 führen konnte und ein viel größerer Verzicht unabweisbar wurde.

RUDOLF JAWORSKI

Die Sudetendeutschen als Minderheit in der Tschechoslowakei 1918–1938

Die Errichtung eines tschechoslowakischen Staates im Oktober 1918 und der damit verbundene nationale Machtwechsel in den böhmischen Ländern war für die 3,2 Millionen deutschen Einwohner dieser Territorien in jeder Hinsicht unvorbereitet gekommen. Sicher hatten sich die Deutschen in diesem Teil der österreich-ungarischen Doppelmonarchie schon lange vor 1914 durch das ›tschechische Vordringen‹ in Wirtschaft und Gesellschaft bedroht gefühlt, und sie waren schon zu dieser Zeit ihren tschechischen Nachbarn gegenüber verschiedentlich ins Hintertreffen geraten, doch der Status – und manchmal auch nur noch das Gefühl –, der herrschenden Staatsnation anzugehören, hatte bis zum Zusammenbruch der Mittelmächte viele Defizite verdeckt, die nunmehr drastisch zutage traten. Der Wegfall des altösterreichischen Rahmens ließ die geographisch aufgesplitterte, periphere Siedlungslage ohne Zentrum ebenso deutlich werden wie das Fehlen eines in sich geschlossenen Sozialgefüges und eines eigenständigen Parteiensystems. Jetzt gewann sogar der schlechte Ackerboden der gebirgigen Sudetenländer an bedrohlicher Bedeutung, ebenso die Überzahl der exportabhängigen sudetendeutschen Leichtindustrien. Auch ein gemeinsames Selbstverständnis war noch kaum vorhanden. Der Sammelname ›Sudetendeutsche‹ bürgerte sich erst nach 1918 ein.

In dieser wenig beneidenswerten Ausgangsposition traten die Sudetendeutschen den dezidierten und von den Siegermächten des Ersten Weltkriegs abgestützten nationalstaatlichen Absichten der etwa doppelt so zahlreichen tschechischen Mehrheitsnation gegenüber. Mit einer Einbeziehung der sudetendeutschen Gebiete in einen tschechisch dominierten Staatsverband wollten sich aber die meisten Sudetendeutschen nicht abfinden. Orientierungslosigkeit und panische Ängste machten sich unter den Sudetendeutschen breit, denn alle hatten, wenn auch verschiedenes, zu verlieren. Der Textilunternehmer seine Wiener Bankverbindungen, der Großgrundbesitzer seinen Boden, die Beamten ihre Ämter in Schule, Wirtschaft und Verwaltung, die Arbeiter ihren Lohnvorsprung gegenüber den tschechischen Landesteilen. Der infrastrukturelle Umbau des neuen Staates und die unvermeidliche Konzentrationsbewegung im Wirtschaftsleben gefährdeten zudem viele Arbeitsplätze in den sudetendeutschen Randgebieten.

Die bis 1938 immer wieder vorgebrachten sudetendeutschen Gravamina, wie ›Bodenraub‹, Industrie- und Beamtenabbau, Schulschließungen oder Einschränkung der kommunalen Selbstverwaltung, beruhten auf konkreten Erfahrungen innerhalb der Ersten Tschechoslowakischen Republik. Bedenklich waren diese Klagen deshalb, weil sie einseitig den bösen Willen der ›neuen Herren in Böhmen‹ für diese Einbußen und Einschränkungen verantwortlich machten und weil sie übertrieben worden sind. Der Krieg und die tschechoslowakische Staatsgründung hatten bei den Sudetendeutschen schon vorhandene oder angelegte Trends zu wirtschaftlicher Stagnation und sozialer Deklassierung beschleunigt, ohne sie jedoch selber hervorgebracht zu haben.

Zu den struktur- und machtpolitisch bedingten Einbußen der Sudetendeutschen nach 1918 kamen freilich auch bewußte Benachteiligungen von seiten der tschechischen Bürokratie (z. B. in der Anwendung des Sprachgesetzes) und Anfeindungen in der tschechischen Öffentlichkeit. ›To je náš stát‹ (das ist unser Staat) lautete die apodiktische Formel des jungen tschechischen Nationalstaatsbewußtseins. Dieser Staat wurde als das exklusive Eigentum der tschechischen Nation begriffen. Die Deutschen in den böhmischen Ländern waren aus dieser Sicht keine potentiellen Partner, sondern wurden gleichsam der örtlichen Konkursmasse des Habsburgerreiches zugerechnet. In der tschechischen Publizistik war darum häufig vereinnahmend von ›naši Němci‹ (unsere Deutschen) die Rede.

Will man die Grundproblematik der sudetendeutschen Lage in der ČSR knapp zusammenfassen, so muß man auf den ungelösten Widerspruch zwischen der multinationalen Struktur der Tschechoslowakei und dem nationalstaatlichen Anspruch der Tschechen, die nur 51% der Gesamtbevölkerung ausmachten, in Rechnung stellen. Damit war der deutsch-tschechische Konflikt vorprogrammiert. Auf sudetendeutscher Seite ist wiederum der Minderheitenstatus, der per se unbequem ist, von keiner politischen Kraft voll akzeptiert worden. Es wurde entweder um die Anerkennung als Staatsvolk neben den Tschechen und Slowaken gestritten oder das Selbstbestimmungsrecht ›der Deutschen‹ in Anspruch genommen, sei es in Form einer Autonomieforderung oder einer behaupteten Vorpostenfunktion des Gesamtdeutschtums in Ostmitteleuropa.

Bei einer solchen Grundhaltung konnte auch die Tatsache nicht zufriedenstellen, daß die Sudetendeutschen selbst in den national umstrittenen Bereichen des öffentlichen Lebens, wie dem Schulwesen, meistens ihrem proportionalen Anteil entsprechend repräsentiert gewesen sind. Es ging nicht vorrangig um die Wahrung von Minderheitenrechten oder um eine bloße Existenzsicherung, sondern um einen, wenn auch ungleichen,

Machtkampf um Einflußsphären in der Tschechoslowakei. Das erklärt das verhältnismäßig geringe Engagement der Sudetendeutschen innerhalb der Minderheitenbewegung im Europa der Zwischenkriegszeit. Es gab damals in ganz Ostmitteleuropa kaum eine zweite deutsche Minderheit, die sich wirtschaftlich so frei entfalten und politisch so uneingeschränkt hatte artikulieren und organisieren können wie die Sudetendeutschen in der ČSR.

Die erste Reaktion der Sudetendeutschen auf die tschechoslowakische Staatsgründung war einstimmig ›negativ‹ ausgefallen. Selbst Sozialdemokraten und Kommunisten hatten sich gegen eine Einbeziehung der deutsch besiedelten Randzonen der böhmischen Länder in den neuen Staat ausgesprochen. Der Versuch, sich als Provinzen Deutsch-Österreichs zu konstituieren und dann einen Anschluß an das Deutsche Reich zu erreichen, war in Anbetracht der konkreten Machtverhältnisse in Europa und in den böhmischen Ländern von vornherein zum Scheitern verurteilt gewesen. Dem Separationswillen der Sudetendeutschen stand ein ebenso rigoroser Herrschaftsanspruch der provisorischen tschechischen Nationalversammlung auf die Sudetengebiete entgegen. Die Anerkennung des tschechoslowakischen Staates und seines betont tschechischen Charakters wurde von den Deutschen ohne Verhandlungen verlangt. In dieser Konfrontation verfestigte sich der sudetendeutsche Negativismus, eine politische Richtung, welche die nationalstaatliche Konstruktion der ČSR prinzipiell in Frage stellte und strikt auf dem Prinzip der Nicht-Kooperation beharrte. Hauptpräsentanten dieser Konzeption waren die ›Nationaldemokratische Partei‹ (DNP) und die ›Deutsche Nationalsozialistische Arbeiterpartei‹ (DNSAP), eine ältere Variante der reichsdeutschen NSDAP.

Der sudetendeutsche Negativismus war aus einer Protesthaltung hervorgegangen. Das erklärt seinen manifestativen, nach außen hin gerichteten Charakter. Er verstand sich als das wache nationale Gewissen der Sudetendeutschen, als ihr Anwalt und Sprecher. Seine Ziele waren maximal und global gestellt. Mit diesem Konzept war aber der Alltag im Rahmen des neuen Staates nicht zu bewältigen. Eben auf dieser Ebene wurden schon sehr bald nach Kriegsende die ersten pragmatischen Kompromisse mit der neuen Staatsmacht geschlossen. Und je länger die ungewollte Einverleibung in den tschechoslowakischen Staatsverband zurücklag und je dauerhafter sich die herrschenden Verhältnisse erwiesen, desto lauter wurden die Stimmen, die zu einer Umorientierung der sudetendeutschen Politik rieten. Die sudetendeutschen Interessen sollten fortan in kleinen Schritten durch aktive Mitarbeit im Staat erkämpft werden. Zum Durchbruch gelangten diese politischen Kräfte Mitte der zwanziger Jahre. Eine tschechoslowakische Regierungskrise, eine Getreidezollvorlage und ein

Gesetzentwurf zur Verbesserung der Gehälter der Geistlichen aller Konfessionen hatten die allnationale Koalition der tschechischen Regierungsparteien endgültig gesprengt und den Regierungseintritt der sudetendeutschen Christlichsozialen und des Bundes der Landwirte im Jahre 1926 möglich gemacht. 1929 folgten ihnen die sudetendeutschen Sozialdemokraten in die Regierungsverantwortlichkeit. Bis zum Frühjahr 1938 waren die ›aktivistischen‹ Parteien in wechselnden Kombinationen und Funktionen ständig in der Regierung der Tschechoslowakei vertreten, und bis zu den Parlamentswahlen im Jahre 1935 hatten sie bis zu 80 % der sudetendeutschen Stimmen auf sich vereinigen können.
Man kann also mit einer gewissen Berechtigung die Erfolge des sudetendeutschen Aktivismus als einen Sieg der politischen Vernunft über die nationalen Leidenschaften bezeichnen. Dazu sind aber einige einschränkende Bemerkungen zu machen. Zunächst ist einmal festzuhalten, daß der sudetendeutsche Aktivismus ein Produkt eines allgemeinen Normalisierungsprozesses innerhalb der ČSR gewesen ist und letztlich nicht mehr war als der fällige Übergang der sudetendeutschen Politik zu parlamentarischen Methoden. Es waren klar umrissene Interessenziele, welche die sudetendeutschen Agrarier und Christlichsozialen im Jahr 1926 zur Teilnahme an der Regierungsverantwortung veranlaßt hatten, und nicht ein prinzipielles deutsch-tschechisches Ausgleichsprogramm. Der sudetendeutsche Aktivismus ist in allen seinen Varianten und Entwicklungsphasen stets eine Haltung mit schlechtem nationalen Gewissen geblieben. In der ständigen Sorge, des nationalen Verrats bezichtigt zu werden, ist er nicht imstande gewesen, einen umfassenden Umdenkungsprozeß bei den Sudetendeutschen in Gang zu setzen. Die öffentliche Meinung in den Sudetenländern wurde weitgehend von den schneidigeren, durch keinerlei Kompromißzwänge abgeschwächten Parolen der Negativisten beherrscht. In der sudetendeutschen Provinzpresse gaben Negativisten, vor allem die der DNP nahestehenden Blätter, den Ton an. Ähnlich wie bei den Tschechen, so waren auch bei den Sudetendeutschen die Meinungsmacher und vielleicht sogar auch die Stimmung in der Bevölkerung nicht unbedingt deckungsgleich mit den parlamentarischen Mehrheiten. Dergestalt blieb während der ganzen Zwischenkriegszeit eine breite negativistische Strömung unter den Sudetendeutschen erhalten, die durch die aktivistische Politik seit Mitte der zwanziger Jahre verdeckt, zurückgedrängt, aber niemals völlig außer Kraft gesetzt worden ist.
Das Negativismus-Aktivismus-Schema versagt aber nicht nur für eine Periodisierung der sudetendeutschen Politik, es reicht bei genauerem Zusehen auch nicht für eine zufriedenstellende Charakterisierung der politischen Lager der Sudetendeutschen aus. Beide Positionen waren taktisch austauschbar und in allen Parteien vertreten. So gab es ausgesprochene

Aktivisten in der DNSAP, aber auch negativistisch eingestellte Politiker im Bund der Landwirte und bei den Christlichsozialen. Bei solchen Überschneidungen verliert nicht nur der sudetendeutsche Aktivismus an Glanz, sondern auch die negativistische Richtung an Schärfe. Die Verweigerungspose der sudetendeutschen Nationalisten erstarrte zu einem letztlich unverbindlichen Ritual. Ihren irredentistischen Parolen fehlte die flankierende nationalrevolutionäre Tat.

Diese Unschärfen im ideologischen Profil der sudetendeutschen Parteien verweisen auf tieferliegende Strukturprobleme des sudetendeutschen Parteiensystems. Es hatte sich nach 1918 völlig neu konstituieren müssen, und mit Ausnahme der Sozialdemokraten fehlte es den meisten sudetendeutschen Parteien an zuverlässigen Massenbasen. Die nach altösterreichischem Muster übernommene Parteienlandschaft war für die verengten sudetendeutschen Verhältnisse zu groß geschnitten und wirkte daher auch für die sudetendeutsche Wählerschaft artifiziell. In Anbetracht der gemeinsamen Probleme der 3,2 Millionen Sudetendeutschen in der ČSR wirkten viele Parteifehden gewollt, wenn nicht sogar überflüssig. Diese Schwierigkeit der sudetendeutschen, vornehmlich der bürgerlichen Parteien, ihre Gefolgschaft auch ideologisch zu binden und zu repräsentieren, förderte die Suche nach überparteilichen Idealen und Organisationen.

Träger der politischen Kultur in den Sudetenländern waren die bodenständigen überparteilichen Volkstumsorganisationen (nationale Schutzbünde, Genossenschaften, Volksbildungs- und Heimatvereine usw.) und nicht die politischen Parteien. Dieses gut ausgebaute Vereinswesen war in den letzten Jahrzehnten des 19. Jahrhunderts entstanden, großenteils in Reaktion auf entsprechende tschechische Gründungen und in Abstimmung auf die örtlichen und regionalen Verhältnisse. 1918 hatte man dieses Organisationsnetz uneingeschränkt und intakt in den tschechoslowakischen Staat hinüberretten können. Die Ziele waren weitgehend gleichgeblieben: die nationale Eigenart der Sudetendeutschen sollte bewahrt, ihre kollektiven Rechte sollten verteidigt werden. Gleichgeblieben waren auch die Mittel und Aktionsfelder des ›Volkstumskampfes‹. Nach innen wurde eine intensive nationale Gesinnungsarbeit betrieben, nach außen hin um den deutschen Charakter des sudetendeutschen Besitzstandes (Schulen, Bauernhöfe, Läden) gekämpft.

Die verschärfte nationalpolitische Drucksituation im Rahmen des tschechoslowakischen Staates trug zu einer allgemeinen Aufwertung und Verbreitung der ›Schutz- und Volkstumsarbeit‹ bei. Der ›Deutsche Kulturverband‹, in dem die sudetendeutschen Teilorganisationen des altösterreichischen ›Deutschen Schulvereins‹ zusammengeschlossen waren, zählte z. B. in den zwanziger Jahren fast eine halbe Million Mitglieder.

Zahlreiche Vereinsneugründungen nach 1918 vergrößerten und verdichteten dieses ›unpolitische‹ Organisationsgefüge. Dabei hatten es die sudetendeutschen Volkstumsorganisationen fortan nicht nur mit den gegnerischen tschechischen Kampfbünden (jednoty) zu tun, sondern mit einem von der gegnerischen Nation beherrschten Staatsapparat. Auch trat unter den neuen Umständen die Zersplitterung des sudetendeutschen Organisationswesens noch deutlicher zum Vorschein als in der Vorkriegszeit. Es fehlte allenthalben an geregelter Zusammenarbeit und ausreichender Zentralisation. Von innen heraus war das stark differenzierte Sudetendeutschtum offensichtlich nicht als eine geschlossene Volksgemeinschaft zu organisieren. Das mußte jenen Bestrebungen Auftrieb geben, welche die eigene Uneinigkeit mit Hilfe einer gesamtdeutschen Perspektive zu überwinden suchten.

Die meisten sudetendeutschen Volkstumsorganisationen waren in irgendeiner Weise gesamtdeutsch eingebunden, sei es in Form kontinuierlicher Kontakte und Arbeitsverbindungen zu vergleichbaren Vereinigungen in Deutschland oder Österreich, sei es durch direkten korporativen Zusammenschluß. So gab es eine grenzübergreifende ›Großschlesische Stammesbewegung‹ und einen regen Austausch zwischen der bündischen Jugend. Dem ›Deutschnationalen Handlungsgehilfenverband‹ war ein ›Sudetengau‹ assoziiert, der ›Deutschen Studentenschaft‹ ein Kreis IX ›Sudetenland‹ angeschlossen. Tradition hatten solche Verbindungen bei den großdeutsch gesinnten und organisierten Burschenschaften, Sänger- und Turnerbünden.

Neben diesen Verbandskontakten auf gesamtdeutscher Ebene existierten Querverbindungen zwischen den sudetendeutschen Schutzbünden im engeren Sinn (z. B. der Bünde der Deutschen) und den Institutionen und Organisationen der sogenannten ›Pflege des Grenz- und Auslandsdeutschtums‹ in Deutschland, wie z. B. zum ›Deutschen Schutzbund‹ oder zum ›Verein für das Deutschtum im Ausland (VDA)‹. Von diesen Verbänden bezogen die sudetendeutschen Volkstumsorganisationen eine beachtliche ideologische und finanzielle Rückendeckung schon zur Zeit der Weimarer Republik. Über diese Kanäle floß ein Teil der Gelder, die das Auswärtige Amt und das Reichsinnenministerium zur Unterstützung des Sudetendeutschtums bereitstellte. Amtlich gefördert wurden deutsche Privat- und Konfessionsschulen in der ČSR, Büchereien, Theater, Vereine aller Art, Zeitungen und Verlage, Deutschlandreisen führender sudetendeutscher Volkstumspolitiker und ähnliches mehr. Wenngleich das Schwergewicht solcher Unterstützungsprogramme stets auf die deutschen Ostgebiete im engeren Sinne konzentriert blieb, kam doch im Verbund mit den Patenschaften diverser Vereine und der Schirmherrschaft einzelner Länder (z. B. Bayern) ein beachtliches Förderungssystem zusammen. Seine Bedeutung dürfte weniger im tatsächlich erbrachten finanziellen Aufwand gelegen haben als vielmehr in seiner psychologischen Wirkung auf die politische Mentalität vieler Sudetendeutscher.

Das weitverzweigte Beziehungsnetz zu Deutschland und Österreich minderte den Wert vergleichbarer Verbandskontakte mit entsprechenden tschechischen Organisationen oder schien sie sogar völlig überflüssig zu machen. Die gesamtdeutsche Einbettung der sudetendeutschen Volkstumsorganisationen ermunterte zu nationalistischer Intransigenz innerhalb der Tschechoslowakei, eröffnete ein breites Spektrum reichsdeutscher Einflußmöglichkeiten auf die sudetendeutsche Politik und hat damit die Selbständigkeit des sudetendeutschen Volkstumskampfes wie die Chance eines deutsch-tschechischen Ausgleichs innerhalb der tschechoslowakischen Staatsgrenzen in Frage gestellt, auf jeden Fall aber nachhaltig behindert. Der gesamtdeutsche Aspekt der sudetendeutschen Volkstumspolitik kann gar nicht überschätzt werden. Er hat wesentlich dazu beigetragen, sudetendeutsche Vereinigungsvisionen mit den deutschen Mutterlanden wachzuhalten. Diese Wunschvorstellungen waren nicht sonderlich konkret und – das sei ausdrücklich hervorgehoben – in den seltensten Fällen irredentistisch. Sicher war nur die vage Hoffnung, daß Deutschland wieder einmal ›hochkommen‹ und daß sich dann auch die Situation der Sudetendeutschen irgendwie bessern werde.

In den Jahren 1925 bis 1935 hatten die Sudetendeutschen mehrheitlich die Parteien des Aktivismus in das Prager Parlament gewählt, bis dann die neugegründete, betont nationalistische ›Sudetendeutsche Partei‹ des Konrad Henlein bei den Parlamentswahlen von 1935 auf Anhieb 68 % der sudetendeutschen Stimmen auf sich vereinigen konnte und zugleich zur größten Partei in der ganzen Tschechoslowakei avancierte. Für diesen spektakulären Erdrutsch in der sudetendeutschen Politik war eine Reihe von Faktoren verantwortlich. Zunächst hatte die Weltwirtschaftskrise die kapitalarmen, arbeitsintensiven und exportorientierten Konsumgüterindustrien in den Sudetengebieten besonders schwer getroffen. Zahlreiche Fabrikstillegungen waren die Folge, und daraus ergab sich auch eine doppelt so hohe Arbeitslosenzahl wie im übrigen Staatsgebiet. 1936 befanden sich unter den 846000 Arbeitslosen der Tschechoslowakei 525000 Deutsche. Die gesteigerte soziale Unzufriedenheit drückte sich den gegebenen Umständen entsprechend in einer nationalistischen Radikalisierung breitester Bevölkerungsschichten aus. »Auch du wirst wieder rauchen, wenn dich wird Hitler brauchen!« lautete die Aufschrift auf einem Fabrikschlot im Sudetengebiet. Hitlers Wahlerfolg im Jahr 1932 und die nationalsozialistische Machtergreifung in Deutschland 1933 wirkten von außen verschärfend auf den Nationalitätenkonflikt innerhalb der ČSR. Die sudetendeutschen Nationalisten sahen sich in ihren Ansichten bestätigt und schmiedeten Volksfrontpläne in der parlamentarischen Opposition und innerhalb der Volkstumsorganisationen.

Die tschechische Öffentlichkeit reagierte auf diese Aufbruchsstimmung mit steigender Unruhe. Auch die tschechoslowakischen Behörden hatten sich von der Panik anstecken lassen. Hochverratsprozesse, Vereinsauflösungen und Zeitungsbeschlagnahmen folgten einander in hektischer Eile und ließen den Wunsch erkennen, durch drakonische Maßnahmen eine nationalsozialistische Infiltration der deutschsprachigen Randgebiete der ČSR zu unterbinden. Die beiden negativistischen Parteien DNP und DNSAP waren einem staatlichen Verbot durch Selbstauflösung im Jahr 1933 zuvorgekommen. Noch im selben Jahr hatte der bis dahin politisch unbekannte Turnlehrer aus Asch, Konrad Henlein, eine ›Sudetendeutsche Heimatfront‹ ins Leben gerufen, eine überparteiliche nationale Sammlungsbewegung, die sich einerseits bewußt auf den Boden des tschechoslowakischen Staates stellte, andererseits aber eine konsequente nationale Interessenvertretung der Sudetendeutschen versprach. Damit wurde erfolgreich an eine gewisse Parteienmüdigkeit unter den Sudetendeutschen appelliert. Die Negativisten hatten zwar Standvermögen in nationalen Angelegenheiten gezeigt, waren aber in der praktischen Politik erfolglos geblieben, die Aktivisten andererseits hatten mit ihrer Politik der kleinen Schritte nicht schnell genug die erhoffte Verbesserung in der Lage der Sudetendeutschen herbeiführen können. Und als letzter äußerer Wirkungsfaktor sei in diesem Zusammenhang noch auf die Haltung der tschechoslowakischen Regierungskreise hingewiesen, die durch unzureichende Konzessionsbereitschaft ihrerseits zum Scheitern des sudetendeutschen Aktivismus beigetragen haben.

Es gab aber auch gewichtige Gründe für den durchschlagenden Erfolg der Henleinbewegung, die in der politischen Struktur und Mentalität der Sudetendeutschen zu suchen sind. Die sudetendeutschen Negativisten waren ja in der ›aktivistischen Ära‹ nicht gänzlich verschwunden gewesen, und ihre Stärke hatte schon immer in außerparlamentarischen, nichtparteilichen Bereichen gelegen. In den Volkstumsorganisationen hatten sie weiterhin einen sicheren Halt. Auch wenn die Henleinbewegung nicht einfach die Fortsetzung des sudetendeutschen Negativismus und des sudetendeutschen Volkstumskampfes der 20er Jahre gewesen ist, konnte sie doch auf diesem Fundament aufbauen. Denn unter dem Druck der angeführten äußeren Krisenerscheinungen waren zwar der sudetendeutsche Aktivismus und das sudetendeutsche Parteiensystem weitgehend zusammengebrochen, nicht aber das Netz der Volkstumsorganisationen. Die Verbindung von parlamentarischer Demokratie und national getrennten Parteiorganisationen hatte sich als wenig belastbar erwiesen. Die Institutionen des sudetendeutschen Volkstumskampfes verfügten dagegen in ihrer ethnischen Beschränkung über stabile Strukturen und Massenbasen.

Die Henlein-Partei selbst war aus einer Volkstumsorganisation hervorgegangen, aus dem völkischen ›Deutschen Turnverband‹. Und bei der Lektüre von Henleins Programmreden und -schriften wird man eher die Sprache des sudetendeutschen Volkstumskampfes wiederfinden als den nationalsozialistischen Jargon reichsdeutscher Prägung. Der Henleinfaschismus ist kein Importartikel gewesen, er hatte seine eigenen ideologischen und organisatorischen Wurzeln in den Sudetenländern. Das unterscheidet ihn von vielen Sammlungsbewegungen der ›Grenz- und Auslandsdeutschen‹ in den 30er Jahren, die meistens von Anfang an von Hitlerdeutschland aus gegängelt, wenn nicht sogar ins Leben gerufen worden waren. Es wäre daher zu einfach, im Falle der Sudetendeutschen nur von einer äußeren Verführung oder von einer ›Fünften Kolonne‹ Hitlers zu sprechen. Henleins erste Anlaufstellen in Deutschland waren die der traditionellen gesamtdeutschen Volkstumspflege. In der NSDAP selbst, wie nach 1933 auch im nationalsozialistischen Herrschaftsapparat, gab es bis 1935 Skepsis und Vorbehalte gegenüber der Henleinbewegung, nicht zuletzt wegen ihrer Eigenständigkeit. Diese Zurückhaltung schloß finanzielle Zuwendungen aber nicht aus.

Hitler selber begann sich erst im Jahr 1936 für die Sudetendeutschen zu interessieren. Und erst ein Jahr darauf hatte Konrad Henlein in einem Brief an Hitler das Schicksal der Sudetendeutschen vertrauensvoll in die Hände des Führers gelegt. Von da ab nahmen die Dinge einen Lauf, der nur noch mittelbar an die Entwicklung des deutsch-tschechischen Verhältnisses innerhalb der ČSR rückgebunden war. Hitler brauchte der Eskalation des Nationalitätenstreites nur die ihm genehme Richtung zu geben, um seine Ziele durchzusetzen. Dabei ging es längst nicht mehr um verletzte Minderheitenschutzgesetze oder um das Selbstbestimmungsrecht der Sudetendeutschen, sondern um die Zerschlagung der Tschechoslowakei. Die Abtretung der Sudetengebiete an Deutschland, wie sie im Münchner Abkommen von 1938 bestimmt worden war, bildete nur die erste Etappe auf diesem Weg.

Bei der Beurteilung des gescheiterten deutsch-tschechischen Ausgleichs im Rahmen der Ersten Tschechoslowakischen Republik sollte man auch die kurze Zeitspanne mitberücksichtigen, die einer solchen Entwicklung zur Verfügung gestanden hat. Zwanzig Jahre waren zu wenig, um innerhalb der tschechischen Bevölkerung das Hochgefühl nationaler Selbständigkeit durch nüchterne staatspolitische Vernunft zu ersetzen, und derselbe Zeitraum hatte auch für die Sudetendeutschen nicht ausgereicht, sich vorbehaltslos auf die neue Minderheitensituation einzustellen. 1933 hat der sudetendeutsche Volkswitz dem tschechoslowakischen Außenminister Edvard Beneš in der deutsch-tschechischen Ausgleichsfrage den Satz in den Mund gelegt: »Gebt mir hundert Jahre Zeit!« Damit war unfreiwillig die Tragik der gesamten Ersten Tschechoslowakischen Republik gekennzeichnet; es fehlte ihr an Zeit zur inneren Konsolidierung, bei der die Herstellung des nationalen Friedens zwar ein zentrales, aber längst nicht das einzige Problem gewesen ist. Doch nicht Evolution entschied zuletzt über den deutsch-tschechischen Konflikt, sondern Radikallösungen setzten sich auf beiden Seiten durch. Die Abtrennung der Sudetenländer durch das Münchner Abkommen im Jahr 1938 und der ›odsun Němců (Abschub der Deutschen) ab 1945 zerstörten schließlich eine jahrhundertealte Nachbarschaft und damit ein wichtiges Bindeglied in den deutsch-tschechischen Beziehungen.

WOLFGANG BENZ

Der Generalplan Ost

Zur Germanisierungspolitik des NS-Regimes in den besetzten Ostgebieten 1939–1945

Fünf Wochen nach dem deutschen Überfall auf Polen unterzeichnete Hitler einen Erlaß, der den Chef der SS Heinrich Himmler zum »Reichskommissar für die Festigung deutschen Volkstums« machte und ihn dadurch mit der »Zurückführung« der Reichs- und Volksdeutschen aus dem Ausland und mit der »Ausschaltung des schädigenden Einflusses volksfremder Bevölkerungsteile« beauftragte. Außerdem wurde Himmler zur »Gestaltung neuer Siedlungsgebiete durch Umsiedlung« ermächtigt[1]. Polens staatliche Existenz war zu diesem Zeitpunkt bereits vernichtet. Im geheimen Zusatzprotokoll zum deutsch-sowjetischen Nichtangriffspakt vom August 1939 hatten Hitler und Stalin Osteuropa in Interessensphären aufgeteilt, und ohne Zögern wurde im Oktober mit der »Eindeutschung« der besetzten westpolnischen Gebiete begonnen.

Unter der Bezeichnung »Eingegliederte Ostgebiete« verbarg sich mehr als nur die staatsrechtliche Annexion des polnischen Territoriums, das, von 10 Millionen Menschen bewohnt, nun »Reichsgau Danzig-Westpreußen« und »Reichsgau Posen« (später »Wartheland«) hieß bzw. zu Schlesien (Regierungsbezirk Kattowitz) und Ostpreußen (Regierungsbezirk Zichenau) geschlagen wurde. Diese Gebiete, in denen die deutsche Bevölkerung damals 10 % betrug, sollten binnen zehn Jahren restlos »eingedeutscht« werden, das hieß: ungefähr 7,8 Millionen Polen und etwa 700 000 Juden sollten aus diesem Landstrich verjagt und durch »Volksdeutsche« aus dem Baltikum, aus Bessarabien, der Bukowina und anderen Gegenden, die nach dem Hitler-Stalin-Pakt sowjetische Einflußsphäre wurden, ersetzt werden. Wie sehr bei diesen Umsiedlungsaktionen ökonomisches Kalkül und machtpolitische Interessen im Vordergrund standen und wie wenig die vielbeschworenen »volkstumspolitischen« Ideale galten, zeigte sich ebenso darin, daß die Südtiroler dem deutsch-italienischen Freundschaftsbund geopfert und in den Osten verpflanzt werden sollten, wie in der Umsiedlung der 70 000 Deutschbalten. Denen hatten die Nationalsozialisten noch wenige Jahre zuvor die Rückwanderung ins Deutsche Reich verboten, weil jahrhundertelang besiedeltes Gebiet von den Deutschstämmigen nicht aufgegeben werden durfte. Diese, nach den Staatsgründungen Estlands, Lettlands und Litauens in den Jahren nach dem Ersten Weltkrieg für ihr deutsches Volkstum kämp-

fenden Menschen wurden nach dem Polenfeldzug 1939 der vorübergehenden Interessenabgrenzung zwischen Berlin und Moskau geopfert. In den eindreiviertel Jahren bis zum Beginn des Rußlandkriegs wurden im westlichen Polen – den eingegliederten Ostgebieten – etwa 370000 »Reichsdeutsche« und rund 350000 »Volksdeutsche« angesiedelt. Etwa gleichviele Polen und 500000 Juden – zusammen rund 1,2 Millionen polnische Bürger – waren deportiert worden, 1,7 Millionen »eindeutschungsfähige« Ansässige hatten die deutsche Staatsangehörigkeit erhalten. Etwa 6 Millionen Polen lebten, ihres Eigentums und ihrer Rechte beraubt und als billiges Arbeitskräftereservoir benutzt, in Erwartung der späteren Aussiedlung in den annektierten Gebieten. Ironischerweise sollte die nationalsozialistische Bevölkerungspolitik wenige Jahre später Bodenreform und Verstaatlichung im Nachkriegspolen erleichtern: die alten Eigentumsverhältnisse in Westpolen waren durch Expropriation restlos zerstört, die neuen Besitzer flohen 1945 nach Westen, oder sie wurden Opfer der Vertreibung, die früheren Eigentümer meldeten sich selten genug[2].
Die Umsiedlung der Polen wurde im September 1939 hastig und planlos begonnen, diesen ersten Aktionen fielen etwa 135000 polnische Bürger zum Opfer. Die im Dezember 1939 beginnenden planmäßigen Aussiedlungen waren freilich nicht weniger brutal und ebenso sinnlos. In ihrem Verlauf wurden bis Anfang 1941 etwa 800000 ins »Generalgouvernement« abgeschoben, nicht gerechnet diejenigen, die als Zwangsarbeiter nach Deutschland, ins »Altreich« deportiert wurden. Die vom NS-Regime vor allem im Warthegau und im Reichsgau Danzig-Westpreußen im Zuge der Germanisierungspolitik neu Angesiedelten waren weder der Zahl noch der beruflichen Qualifikation nach in der Lage, das entstandene Vakuum auszufüllen.
Im Generalgouvernement, dem mittleren und südlichen Teil Polens (Bezirke Warschau, Krakau, Radom und Lublin, 1941 kam noch Galizien dazu), der unter deutsche Herrschaft geraten war, wurde ein Regime installiert, das allein auf Terror und Ausplünderung der polnischen Ressourcen ausgerichtet war. Juristisch war das Generalgouvernement ein »Nebenland« des Deutschen Reichs, also eine Art Kolonie mit einem ähnlichen Status, wie ihn die »Resttschechei« seit März 1939 unter der Bezeichnung »Protektorat Böhmen und Mähren« hatte. Ein Unterschied lag darin, daß in Prag neben dem deutschen Reichsprotektor (der die Funktion eines Vertreters des »Führers und Reichskanzlers« und die Stellung eines Beauftragten der Reichsregierung hatte) ein tschechischer Staatspräsident als Galionsfigur beibehalten wurde[3]. In Krakau, dem Sitz des Generalgouverneurs Hans Frank, hatte man auf solche Attrappen von vorneherein verzichtet. Die Macht im Generalgouvernement hatten je länger desto mehr aber auch andere als Frank, nämlich die

Schergen Himmlers, die im okkupierten Polen ein solches Schreckensregime der SS ausübten, daß es schließlich sogar dem Generalgouverneur, einem alten Nationalsozialisten, der schon am Münchener Hitlerputsch von 1923 teilgenommen hatte, grauste[4].

Die Nah- und die Fernziele der deutschen Herrschaft über Polen[5] konterkarierten sich nicht selten. Die Nahziele, die von der Administration des Generalgouverneurs, der Wehrmacht und dem Beauftragten für den Vierjahresplan verfolgt wurden, bestanden darin, alle Möglichkeiten und Reserven des Landes für die deutsche Kriegswirtschaft einzusetzen. Die SS, repräsentiert durch Himmlers Befehlsempfänger, die als »SS- und Polizeiführer« für die »Sicherheit« im Lande zuständig waren, verfolgte ihre rassistischen Fernziele. Durch die Germanisierungspolitik der SS sollte der deutsche Lebensraum weit in den Osten vorgeschoben werden, auf Kosten der Fremdvölkischen, die je nachdem ermordet, deportiert, versklavt wurden. Gegen sechs Millionen polnischer Bürger fielen der deutschen Herrschaft im Zweiten Weltkrieg zum Opfer; das heißt: jeder fünfte Einwohner kam ums Leben durch Mord – das galt insbesondere für den jüdischen Teil der Bevölkerung und für Angehörige der polnischen Intelligenz – oder bei Deportationen zum Arbeitseinsatz ins Reich, bei Aussiedlungsaktionen, als Folge von Strafmaßnahmen oder als Opfer der Zustände.

Charakteristisch für die Methoden der Germanisierungspolitik war die Zamosc-Aktion. Himmler hatte, gegen den Widerstand der zivilen deutschen Behörden in Krakau, im Juli 1942 die »Einsiedlung« von 27000 Volksdeutschen im Kreis Zamosc, dem ersten »deutschen Großsiedlungsgebiet« im Generalgouvernement, angeordnet[6]. Im November wurde der Befehl im Stil eines Überfalls ausgeführt. Tausende polnischer Bauern wurden zwangsevakuiert, um Platz für die Volksdeutschen zu schaffen. Die katastrophalen Folgen der Aktion – katastrophal in deutschen Augen, weil sich die Sicherheitslage verschlechterte, die Ablieferungsquoten der Landwirtschaft zurückgingen und der polnische Widerstand zunahm – wurden spät erkannt, im Frühjahr 1943 wurden dann der deutschen Kriegs- und Rüstungswirtschaft zuliebe Experimente wie die Zamosc-Aktion eingestellt. An den Planungen der Experten für die »Festigung deutschen Volkstums« und der Fachleute für Rasse- und Siedlungsfragen im Stabe des Reichsführers SS Himmler änderte sich aber nichts. Im Gegenteil.

Himmler hatte, wohl schon Ende des Jahres 1939, »einige Gedanken über die Behandlung der Fremdvölkischen im Osten« zu Papier gebracht, die die Essenz der deutschen Germanisierungs- und Ostpolitik enthielten. Am 28. Mai 1940 nahm Hitler von der Denkschrift Kenntnis und fand sie »sehr gut und richtig«, wie Himmler anschließend stolz notierte. Das Papier, in dem die Gedanken, die Hitler in seinem Bekenntnisbuch »Mein Kampf« 1925/26 schon angedeutet hatte, fortgeführt wurden, sollte nach Hitlers Willen nur einem kleinen Kreis von Eingeweihten im Wortlaut bekannt werden. Das bedeutete nicht, daß gegen die Umsetzung dieser Gedankengänge in Taten irgendwelche Bedenken bestanden. Und tatsächlich wurden Himmlers Postulate in der Praxis der Besatzungsjahre in vielem noch übertroffen. Die Grundidee bestand darin, die Bevölkerung des Ostens zunächst in möglichst viele Teile zu zersplittern und die in deutschen Augen »rassisch Minderwertigen« – das war die überwiegende Mehrheit – physisch und psychisch bis hin zum Genozid zu unterdrücken.

Gemeint war die Bevölkerung des Generalgouvernements, wenn Himmler schrieb: »Eine grundsätzliche Frage bei der Lösung aller dieser Probleme ist die Schulfrage und damit die Frage der Sichtung und Siebung der Jugend. Für die nichtdeutsche Bevölkerung des Ostens darf es keine höhere Schule geben als die vierklassige Volksschule. Das Ziel dieser Volksschule hat lediglich zu sein: Einfaches Rechnen bis höchstens 500, Schreiben des Namens, eine Lehre, daß es ein göttliches Gebot ist, den Deutschen gehorsam zu sein und ehrlich, fleißig und brav zu sein. Lesen halte ich nicht für erforderlich. Außer dieser Schule darf es im Osten überhaupt keine Schule geben.« Das Ergebnis dieser Politik würde in der Vision des Heinrich Himmler folgendermaßen ausgesehen haben: »Die Bevölkerung des Generalgouvernements setzt sich dann zwangsläufig nach einer konsequenten Durchführung dieser Maßnahmen im Laufe der nächsten zehn Jahre aus einer verbleibenden minderwertigen Bevölkerung, die noch (vermehrt wird) durch abgeschobene Bevölkerung der Ostprovinzen sowie all der Teile des deutschen Reiches, die dieselbe rassische und menschliche Art haben (Teile z. B. der Sorben und Wenden), zusammen. Diese Bevölkerung wird als führerloses Arbeitsvolk zur Verfügung stehen und Deutschland jährlich Wanderarbeiter und Arbeiter für besondere Arbeitsvorkommen (Straßen, Steinbrüche, Bauten) stellen; sie wird selbst dabei mehr zu essen und zu leben haben als unter der polnischen Herrschaft und bei eigener Kulturlosigkeit unter der strengen, konsequenten und gerechten Leitung des deutschen Volkes berufen sein, an dessen ewigen Kulturtaten und Bauwerken mitzuarbeiten und diese, was die Menge der groben Arbeit anlangt, vielleicht erst ermöglichen.«[7]

Irgendwann 1940 oder 1941 hatte Himmler den Befehl zur Ausarbeitung einer Gesamtkonzeption gegeben, die den Rahmen der Germanisierungspolitik in den bereits annektierten und noch zu erobernden Ostgebieten zwischen Oder und Ural abstecken sollte. Das unter der Bezeichnung »Generalplan Ost« bekanntgewordene umfangreiche Dokument galt lange Zeit als verschollen. An der Ausarbeitung, deren erste Fassung

Mitte 1941 entstand, waren mehrere Dienststellen der SS beteiligt, bezeichnenderweise in erster Linie das Reichssicherheitshauptamt (RSHA) – das war die Zentrale aller Polizei- und Sicherheitsorgane des NS-Staats, Geheimdienst und Gestapo eingeschlossen – sowie das »Stabshauptamt des Reichskommissars für die Festigung deutschen Volkstums«. Das eigentliche Planen besorgte der SS-Standartenführer (der Rang entsprach dem eines Obersten der Wehrmacht) Konrad Meyer, Chef der Planungsabteilung des RSHA, der auch den Beruf eines Professors für Agrarwissenschaften ausübte.

Unter dem unverfänglichen Briefkopf des Instituts für Agrarwesen und Agrarpolitik der Universität Berlin sandte Meyer Ende Mai 1942 dem Reichsführer SS die befohlene Denkschrift »Generalplan Ost – Rechtliche, wirtschaftliche und räumliche Grundlagen des Ostaufbaus«[8]. Im ersten Teil des Elaborats waren die Grundzüge eines besonderen Bodenrechts in den deutschen Ostkolonien skizziert. Unter ausschließlicher Hoheit der SS sollte die Besiedelung auf »Lehenshöfen« erfolgen, die Verfügungsgewalt über Grund und Boden würde beim Deutschen Reich liegen, Himmler als Reichsführer SS bzw. als Reichskommissar für die Festigung deutschen Volkstums würde das Recht haben, Siedlungsgrund in der Form der »Belehnung« zu vergeben. Entsprechend dem postulierten Bodenmonopol war auch an eine besondere Verwaltungsstruktur in den neu eroberten oder noch zu erobernden – das hieß: vor allem in den ukrainischen, weißruthenischen und russischen – Gebieten gedacht. Wiederum unter der absoluten Hoheitsgewalt des Reichsführers SS sollten »Siedlungsmarken« gebildet werden, in denen jeweils unter der Leitung eines Markhauptmannes – »1. Siedlungspolitik und Planung, 2. Siedlerauslese und Einsatz, 3. Siedlungsdurchführung, 4. Verwaltung und Finanzierung« betrieben werden sollten.

Die Kosten des kühnen Projekts, das nach den Vorstellungen der Planer in fünf Fünfjahresabschnitten realisiert werden könnte, wurden mit 45,7 Milliarden Reichsmark errechnet; die Finanzierung erhofften sie sich u. a. durch Mittel des Reichshaushalts, durch »Tributleistungen der besiegten Gegner«, durch Kreditschöpfung und durch eine »Oststeuer«.

Als Siedlungsmarken waren zunächst das Ingermanland (das Petersburger Gebiet), der »Gotengau« (Krim und Chersongebiet) und das Memel- und Narewgebiet (Bezirk Bialystok und Westlitauen), außerdem 36 »Siedlungsstützpunkte« geplant. Unter der Überschrift »Menschenbesatz für die Eindeutschung der eingegliederten Ostgebiete« hieß es: »Die Eindeutschung wird als vollzogen angenommen, wenn einmal der Grund und Boden in deutsche Hand übergeführt worden ist, zum anderen, wenn die beruflichen (so!) Selbständigen, die Beamten, Angestellten, die gehobenen Arbeiter und die dazugehörigen Familien deutsch sind. Aufgrund der in den Raumordnungsskizzen niedergelegten Zielplanungen wird die ländliche Bevölkerung rund 2,9 Millionen Menschen, die städtische Bevölkerung etwa 4,3 Millionen Menschen betragen. Für die Eindeutschung wird auf dem Lande eine Bevölkerungszahl von rund 1,8 Millionen, in der Stadt von etwa 2,2 Millionen deutscher Menschen für erforderlich gehalten.«[9] Dieser »Menschenbedarf« sollte aus dem Altreich, durch Umsiedler aus Übersee, durch »germanische Siedler« aus Europa und durch »Eindeutschungsfähige« in den besetzten Ostgebieten selbst gedeckt werden.

Welches Schicksal war in diesen Berechnungen aber den in den reklamierten Gegenden lebenden Völkern zugedacht, die dem nationalsozialistischen Rassenideal nicht entsprachen? Die Skala der Möglichkeiten, über die in deutschen Behörden und Planungsstäben nachgedacht wurde, reichte von Enteignung und Entrechtung mit Pflicht zur Sklavenarbeit für die neuen Siedler über Deportation – nach Sibirien – bis zur Ausrottung. In einer Sitzung im Februar 1942, bei der Experten und Vertreter der interessierten Dienststellen vor allem über das Problem der Eindeutschung in den baltischen Ländern debattierten, meinte ein Vertreter des Reichsministeriums für die besetzten Ostgebiete: »Es sei zu erwägen, ob nicht durch die Industrialisierung des baltischen Raumes zweckmäßigerweise die rassisch unerwünschten Teile der Bevölkerung verschrottet werden könnten.«[10] Der Ausdruck »verschrotten« war anscheinend auf Befremden gestoßen, sicherlich nicht wegen besonderer Zimperlichkeit der Leute, die sich mit der NS-Volkstumspolitik beschäftigten, sondern eher deswegen, weil für derlei Aktionen im Nazideutsch eigene Ausdrücke der Tarnung und Verharmlosung im Schwange waren wie »Endlösung« für den millionenfachen Mord an Juden. Mindestens für die baltischen Länder wurde aber auch die Methode der Ausrottung Unerwünschter selbst abgelehnt: Einige wollten sie durch zwangsweise oder freiwillige Evakuierung nach Rußland abschieben, andere träumten von einer Dreiklassengesellschaft, bei der die »Fremdvölkischen« im Lande bleiben konnten; die Deutschen wären die Herren, Esten und Letten würden eine Art Mittelschicht minderen Rechts und die Russen die Stellung von rechtlosem Arbeitskräftepotential haben.

Der Mann, in dessen Wortschatz die Vokabel »verschrotten« eine so makabre Rolle spielte, ein Jurist namens Wetzel, verfaßte im April 1942 eine ausführliche Stellungnahme zu dem im Vorbereitungsstadium befindlichen Generalplan Ost. Wetzel beschäftigte sich in mehrfacher Eigenschaft mit der Materie; er war ein wichtiges Rädchen im Getriebe des Rassenpolitischen Amts der NSDAP, und er war Sonderdezernent für Rassenpolitik im Reichsministerium für die besetzten Ostgebiete, das im

Sommer 1941 für Alfred Rosenberg, den verschrobenen Parteiphilosophen und viel verspotteten NS-Ideologen, errichtet worden war. Das Reichsostministerium war keineswegs die Schaltstelle nationalsozialistischer Ostpolitik, und daß Rosenbergs Ministerium im Ämterchaos des Dritten Reiches keine entscheidende Rolle spielen konnte, dafür sorgten Himmler und Goebbels, Göring und Bormann in seltener Einmütigkeit.

Die Rivalitäten waren allerdings kein Indiz dafür, daß in der Rassen- und Volkstumspolitik Differenzen zwischen der SS und den Leuten vom Ostministerium bestanden hätten. Das zeigte sich auch in den Stellungnahmen Wetzels zum Generalplan Ost, die er für das Ostministerium verfertigte. »In seiner Zielsetzung, nämlich der beabsichtigten Eindeutschung der in Betracht kommenden Ostgebiete ist der Plan zu billigen«[11], schrieb Wetzel, der dann auf gewisse Mängel hinsichtlich der realistischen Einschätzung der Probleme aufmerksam machte: »Wie aus dem Plan hervorgeht, sollen 14 Millionen Fremdvölkische in dem Raum verbleiben. Ob diese jedoch innerhalb der vorgesehenen Zeit von 30 Jahren wirklich umgevolkt und eingedeutscht werden, erscheint mehr als zweifelhaft, da auch nach dem vorliegenden Plan die Anzahl der deutschen Siedler nicht gerade beträchtlich ist.« (Die Dreißigjahresperspektive war auf Drängen Himmlers in der späteren Version des Generalplans Ost verkürzt worden auf 25 Jahre, das war ihm aber immer noch nicht schnell genug, in zwanzig Jahren müßten die Ostgebiete eingedeutscht sein, schrieb der Chef der SS im Juni 1942.) Das Hauptproblem bei diesen Sandkastenspielen mit Völkern und Territorien schien den Verantwortlichen in der Weckung und Stärkung des Siedlungstriebs (der Drang in den Osten war nämlich, wie sich schon bei der Eindeutschung des Warthegaus zeigte, bei der Bevölkerung des Deutschen Reiches gar nicht so stark) und in der Förderung des Willens zum Kinde zu liegen. Mit anderen Worten: Das »Volk ohne Raum« drängte bei weitem nicht so heftig in neue Siedlungsräume, wie das die Propagandisten des Nationalsozialismus verkündeten und wie es die Vollstrecker des Germanisierungswahns wünschten.

Ungeachtet dieser Tatsachen zerbrach sich der Vertreter des Ostministeriums den Kopf darüber, was mit den Menschen geschehen sollte, die man aus ihrer Heimat zu vertreiben gedachte. Er kam hinsichtlich der Polen zu folgendem Ergebnis: »Im Ostministerium interessiert nun aber ganz besonders die Frage, wo die rassisch unerwünschten Polen verbleiben sollen. Mehr oder minder 20 Millionen Polen in Westsibirien zwangsweise geschlossen anzusetzen, bedeutet zweifellos eine ständige, kompakte Gefahr des sibirischen Raumes, ein Herd ständigen Aufruhrs gegen die deutsche Ordnungsmacht ... Daß man die Polenfrage nicht in dem Sinne lösen kann, daß man die Polen, wie die Juden, liquidiert, dürfte auf der

Hand liegen. Eine derartige Lösung der Polenfrage würde das deutsche Volk bis in die ferne Zukunft belasten und uns überall die Sympathien nehmen, zumal auch die anderen Nachbarvölker damit rechnen müßten, bei gegebener Zeit ähnlich behandelt zu werden ... Mehrere Millionen der uns gefährlichsten Polen im Wege der Auswanderung in Südamerika, insbesondere Brasilien unterzubringen, erscheint nicht unmöglich. Hierbei könnte man evt. die Südamerikadeutschen, insbesondere die Deutschen aus Südbrasilien austauschweise zurückzuholen versuchen und sie in den neuen Siedlungsgebieten evt. in Taurien und der Krim bezw. im Dnjeprbogen ansetzen ... Eine Verbreitung des Polentums in Südamerika dürfte, insbesondere, wenn sich die Auswanderung nach Brasilien erstrecken sollte, keine erhebliche politische Gefahr bedeuten, da dem fanatischen katholischen Klerus in Brasilien verhältnismäßig leicht die Umvolkung der katholischen Polen gelingen sollte.«[12]
Mit gleichem Scharfsinn und unter Anwendung der gleichen rassebiologischen Phrasen wurde auch untersucht, wie die Ukrainer, die Weißruthenen, die Russen zukünftig, nach dem Verlust ihrer Heimat, zu behandeln seien, und dabei kam der Vertreter des Ostministeriums auch etlichen Umgereimtheiten des SS-Planes auf die Spur, wobei er freilich die Abstrusitäten des Generalplans Ost mühelos durch eigene Phantasiegebilde zu übertrumpfen wußte.
Aber auch Himmler war mit dem Elaborat, als es ihm im Juni 1942 vorgelegt wurde, nicht recht zufrieden. Insgesamt gefalle ihm der Plan ganz gut und gelegentlich wolle er ihn auch dem Führer geben, schrieb er an den formal zuständigen SS-Gruppenführer Greifelt[13], aber er sei teilweise falsch verstanden worden: In dem Zwanzigjahresplan müsse die totale Eindeutschung von Estland und Lettland sowie des gesamten Generalgouvernements enthalten sein. Der Vorschlag, nur mit Stützpunkten zu arbeiten, gefiel Himmler ebenfalls nicht. Er stellte sich die Germanisierung des Ostens flächendeckend vor.
Von diesen Visionen und Wunschträumen, bei deren Realisierung ganze Völker vertrieben, versklavt, vernichtet werden sollten, ließen die Anhänger des Germanisierungswahns auch nicht ab, als sich das Kriegsglück längst gewendet hatte. Am 3. August 1944 verkündete Himmler bei einer Gauleitertagung in Posen, unter stürmischem Beifall der Funktionäre des NS-Regimes, wie es weitergehen würde im Osten: »Über das Problem, daß wir die Hunderttausende von Quadratkilometern oder die Million Quadratkilometer, die wir verloren haben, im Osten wieder holen, brauchen wir uns überhaupt gar nicht zu unterhalten. Das ist ganz selbstverständlich. Das Programm ist unverrückbar. Es ist unverrückbar, daß wir die Volkstumsgrenze um 500 km herausschieben, daß wir hier siedeln. Es ist unverrückbar, daß wir ein germanisches Reich gründen werden. Es ist

unverrückbar, daß zu den 90 Millionen die 30 Millionen übrigen Germanen dazukommen werden, so daß wir unsere Blutbasis auf 120 Millionen Germanen vermehren. Es ist unverrückbar, daß wir die Ordnungsmacht auf dem Balkan und sonst in Europa sein werden, daß wir dieses ganze Volk wirtschaftlich, politisch und militärisch ausrichten und ordnen werden. Es ist unverrückbar, daß wir diesen Siedlungsraum erfüllen, daß wir hier den Pflanzgarten germanischen Blutes im Osten errichten, und es ist unverrückbar, daß wir eine Wehrgrenze weit nach dem Osten hinausschieben. Denn unsere Enkel und Urenkel hätten den nächsten Krieg verloren, der sicher wieder kommen wird, sei es in einer oder in zwei Generationen, wenn nicht die Luftwaffe im Osten – sprechen wir es ruhig aus – am Ural stehen würde. Wer für den künftigen Luftkrieg nicht einen Spielraum von 2000, 3000 km hat, der hat den nächsten Krieg verloren. Außerdem finde ich es wunderbar, wenn wir uns heute schon darüber klar sind: Unsere politischen, wirtschaftlichen, menschlichen, militärischen Aufgaben haben wir in dem herrlichen Osten. Wenn es den Kosaken geglückt ist, sich für den russischen Zaren bis ans Gelbe Meer durchzufressen und das ganze Gebiet allmählich zu erobern, dann werden wir und unsere Söhne es in drei Teufels Namen fertigbringen, Jahr für Jahr, Generation für Generation unsere Bauerntrecks auszurüsten und von dem Gebiet, das wir zunächst hinter der militärischen Grenze haben, immer einige hundert Kilometer zunächst mit Stützpunkten zu versehen und dann allmählich flächenmäßig zu besiedeln und die anderen herauszudrängen. Das ist unsere Aufgabe.«[14]

Das war im August 1944, im gleichen Monat, in dem die Rote Armee Ostpreußen erreichte. Wenig später begann die Flucht aus den Ostgebieten, begann – im Oktober 1944 – der Leidensweg der Volksdeutschen aus Nord-Siebenbürgen und Ungarn, die auf Anordnung aus Berlin zunächst nach Schlesien und nach Österreich evakuiert wurden, begann der Exodus der Deutschen aus dem Memelland und aus Ostpreußen nach Pommern.

Zu dieser Zeit stand auf seiten der Alliierten auch längst fest, daß Polen in der Nachkriegszeit auf deutsche Kosten entschädigt werden sollte, und zwar nicht nur für die Gebietsverluste, die es im Osten zugunsten der Sowjetunion hinnehmen mußte, sondern darüber hinaus sollte nach dem Willen der Alliierten das deutsch-polnische Problem durch die Vertreibung aller Deutschen aus Polen – auch aus dem künftigen polnischen Territorium – radikal gelöst werden. Angesichts der deutschen Herrschaft auf polnischem Boden und der deutschen Besatzungspolitik 1941–1944 in Rußland[15] waren Regungen des Mitleids für die künftigen Opfer der Vertreibung unwahrscheinlich. Der Aufstand der Polen in Warschau, der im August 1944 begann und den die Wehrmacht und die Waffen-SS unter den

Augen der Gewehr bei Fuß stehenden Roten Armee zwei Monate später endgültig niederschlugen, war eine der letzten Stationen des deutschen Terrorregimes in Polen. Der nationalsozialistische Drang nach Osten und die Methoden, mit denen er für kurze Zeit verwirklicht wurde, zerstörten auch die Grundlagen des Zusammenlebens der deutschen Volksgruppen in Rumänien, in Ungarn, in der Tschechoslowakei, in Jugoslawien und in Rußland mit ihrer Umgebung. Die nationalsozialistische Politik war Ursache des Unglücks, das am Ende des Zweiten Weltkriegs über die Opfer von Flucht und Vertreibung hereinbrach.

KLAUS-DIETMAR HENKE

Der Weg nach Potsdam – Die Alliierten und die Vertreibung

Es gehört zu den einschneidendsten Ergebnissen des Zweiten Weltkrieges, daß er etwa zwanzig Millionen Menschen in Europa den Verlust ihrer Heimat brachte. Polen, Tschechen, Slowaken, Ukrainer, Weißrussen, Litauer, Ungarn und etwa vierzehn Millionen Deutsche traf ein Schicksal, für das die Sprache der Diplomatie und des Völkerrechts den Terminus »Bevölkerungstransfer« bereithält. Die radikalste Bevölkerungsumsetzung der modernen Geschichte, die schon begann, noch ehe die Waffen schwiegen, ist in den politischen Verhandlungen während des Krieges zumeist eine Frage zweiten Ranges gewesen. Insbesondere die Umsiedlung der Deutschen ist von den Führungsmächten der Anti-Hitler-Koalition allenfalls als unvermeidlicher Folgeschaden von Großmachtentscheidungen betrachtet worden, den die deutschen Friedensstörer im übrigen ihrem fehlgeschlagenen Versuch zuzuschreiben hatten, dem Kontinent ein rassistisches Hegemonialkonzept aufzuzwingen. Dem namenlosen Leid der einzelnen inmitten eines Massenschicksals hat die im Auftrag der Bundesregierung erarbeitete, seit dreißig Jahren vorliegende »Dokumentation der Vertreibung der Deutschen aus Ost-Mitteleuropa« ein bleibendes Denkmal errichtet.[1] Doch wie kam es im Laufe der internationalen Verhandlungen während des Zweiten Weltkrieges dazu, daß das Instrument des »Transfers« von Reichs- und Volksdeutschen als beinahe natürliche Begleitmaßnahme territorialer Umgestaltung bzw. als angemessenes Mittel zur Lösung ethnischer Konflikte betrachtet wurde? Welche Überlegungen, welche Übereinkünfte der Anti-Hitler-Koalition führten zu jenem förmlichen Beschluß einer »ordnungsgemäßen Überführung deutscher Bevölkerungsteile« aus Ost- und Südosteuropa, der der Welt nach der Dreimächtekonferenz in Potsdam am 2. August 1945 mitgeteilt wurde?

Die Idee, durch die Aussiedlung ethnischer Minderheiten aus einem Staatsverband eine »nationale Purifizierung«[2] zu erzielen und Volksgruppenkonflikte dauerhaft zu lösen, wurde nicht an den Konferenztischen der Alliierten geboren. In wechselnder Tönung, von akademischen Gedankenspielen zu aggressiv-chauvinistischen Austreibungsvorschlägen, begleitete sie den Aufstieg des modernen Nationalismus und der nationalen Einigungsbewegungen. Zu einem erstrangigen Problem der internationalen Politik wurde die Minderheitenfrage bei der Bildung der ethnisch so heterogenen Staaten in Ost- und Südosteuropa nach dem Ersten Weltkrieg. Völkerrechtliche Hoffähigkeit erlangte der Gedanke des Bevölkerungstransfers erstmals im Vertrag zwischen Bulgarien und der Türkei vom November 1913, in dem die *freiwillige* Umsiedlung von jeweils etwa 50000 zur Minorität zählenden Staatsangehörigen vereinbart wurde. Auf dieses Vorbild konnten Großbritannien und Frankreich, die Führungsmächte des Völkerbundes, zurückgreifen, als sie 1922/23 auf der Konferenz von Lausanne in langwierigen Verhandlungen den Konflikt zwischen Griechenland und der Türkei beilegten. Bestandteil der Friedensregelung war nämlich eine am 30. Januar 1923 von beiden Mittelmeerländern unterzeichnete Konvention über den *zwangsweisen* griechisch-türkischen Bevölkerungsaustausch. Der Zwangstransfer, so sagte der britische Außenminister Lord Curzon in Lausanne, werde von allen mit Abscheu, ja fast Entsetzen betrachtet. Die Konferenzteilnehmer hätten sich darauf nur geeinigt, weil alle Experten darin übereinstimmten, daß »das zweifellos damit verbundene große Leid durch den Vorteil wettgemacht würde, der beiden Ländern letztendlich aus einer größeren Homogenität der Bevölkerung und der Beseitigung alter und tiefwurzelnder Streitfragen erwachsen dürfte«.[3] Der Transfer hatte tatsächlich diese Wirkung, doch damals war die Aussiedlung von etwa 400000 Türken und insgesamt ungefähr 1,3 Millionen Griechen (eine Million war bereits vor Abschluß der Lausanner Konvention aus Ostthrakien und Anatolien geflohen) eine leidvolle Operation, die sich über Jahre hinzog. Trotz der Überwachung der Transaktion durch eine gemischte Völkerbundskommission und trotz genauer Festlegung von Minoritätsrechten für Nicht-Transferierbare ergaben sich für die Betroffenen zahllose Härten und Ungerechtigkeiten. Zudem stellte die Wiederansiedlung der häufig mittellosen Auslandsgriechen die Regierung in Athen vor Probleme, die ihre Kräfte lange Zeit zu übersteigen schienen. In der Türkei führte der Exodus der Griechen, die in den kleinasiatischen Städten meist Handel und Handwerk in Händen hatten, zu einer ernsten wirtschaftlichen Stagnation. Wer näher hinsah, konnte erkennen, daß der Bevölkerungstransfer im östlichen Mittelmeerraum durchaus keine Patentlösung, sondern eine barbarische und anfangs auch ruinöse Aktion gewesen war. Doch je länger sie zurücklag, desto selbstverständlicher galt er Politikern und Diplomaten als ein faszinierendes Muster für die Durchführbarkeit radikaler ethnischer Entmischung. In den politischen Verhandlungen während des Krieges wurde das historische Beispiel des griechisch-türkischen Bevölkerungsaustausches geradezu zu einer fixen Idee und avancierte zum Standardargument führender Staatsmänner der Anti-Hitler-Koalition.

Sechzig Prozent der zwischen 1944 und 1951 Geflohenen und Vertriebenen stammten aus den östlichen Gebieten des Deutschen Reiches, aus Ostpreußen, Pommern, Brandenburg und Schlesien. Die Bewohner dieses alten deutschen Siedlungsgebietes wurden erst durch die umfassenden territorialen Veränderungen 1945 zu einer, allerdings gewaltigen, Minorität im neuen, aus dem Zweiten Weltkrieg hervorgehenden polnischen Staat. Die Vertreibung der deutschen Staatsbürger aus den Ostgebieten diente nicht der Beseitigung schwelender Minderheitenkonflikte, sollte eher schon künftigen vorbeugen, war vor allem aber die unmittelbare Folge der Vereinbarungen der anglo-amerikanisch-sowjetischen Allianz über die polnischen Nachkriegsgrenzen.

Polen war am 1. September 1939 von seinem deutschen Nachbarn überfallen und kurz darauf zwischen Wehrmacht und Roter Armee zerdrückt worden. Die sowjetischen Truppen rückten in Ostpolen bis zu der im geheimen Zusatzprotokoll des Hitler-Stalin-Paktes festgelegten Demarkationslinie vor, mit der die feindlichen Partner noch kurz vor Kriegsausbruch ihre Interessensphären in Osteuropa abgegrenzt hatten. Dadurch verlor Polen seine nach dem sowjetisch-polnischen Krieg im Frieden von Riga 1921 gewonnenen Gebiete zwanzig Jahre danach wieder an die Sowjetunion. Stalin ließ nie einen Zweifel daran, daß er an der neuen Grenze festhalten wollte. Mit Abweichungen im Norden und Süden entsprach sie in etwa der auf der Versailler Friedenskonferenz vom britischen Außenminister vorgeschlagenen, in der Zwischenkriegszeit gemeinhin als angemessenste Grenzziehung empfundenen Curzon-Linie. Hitler selbst war es, der durch seine taktisch gemeinten, aber deshalb nicht weniger bindenden Zusagen an Stalin Polens Anspruch auf territoriale Entschädigung im Westen, und das hieß: auf Kosten des Deutschen Reiches, geschaffen hatte.

Die Interessenlage und die innere Dynamik im Bündnis der drei von Hitler zusammengezwungenen Großmächte brachten es mit sich, daß sich die britischen und die amerikanischen Politiker bei der territorialen Neugestaltung Polens mit zunehmender Kriegsdauer immer weniger an den Wünschen ihres polnischen Bündnispartners, vertreten durch die Exilregierung in London, als vielmehr an den Vorstellungen des erstarkenden sowjetischen Verbündeten orientierten. Dieser war nicht nur der wichtigste Partner der Westmächte auf dem Schlachtfeld, Roosevelt gedachte die Kooperation mit der Sowjetunion auch über den Krieg hinaus aufrechtzuerhalten und zum Eckpfeiler einer neuen Weltordnung zu machen. Die Engländer, die die Notwendigkeit eines Arrangements mit der UdSSR früh erkannten, versuchten, die zukünftig stärkste Kontinentalmacht durch eine Politik der Zugeständnisse zu frühzeitigen Absprachen und damit zu einer Selbstbindung zu bewegen. Dadurch hofften sie, die Berechenbarkeit der UdSSR erhöhen und den eigenen Großmachtstatus wahren zu können. Diese übergeordneten Ziele führten die beiden Westmächte in einem an Widersprüchen reichen und oftmals dramatischen Prozeß dazu, sich allmählich bewußt über die anti-sowjetisch orientierte polnische Exilregierung in London hinwegzusetzen. Die UdSSR sollte ihre 1939/40 in Komplicenschaft mit Hitler eingebrachte Beute behalten können, das neue Polen für die Gebietsverluste im Osten auf Kosten des deutschen Aggressors entschädigt werden. Die Möglichkeiten der Amerikaner und Briten, ihrem russischen Verbündeten die Erfüllung seines ja nicht für gänzlich unbegründet erachteten Anspruchs auf Ostpolen zu verwehren, waren von Anfang an gering und wurden mit dem Vormarsch der Roten Armee täglich geringer. Es war die Tragik der Polen, daß die sogenannte Westverschiebung ihres Staates ausschließlich »Resultat einer gegen die ausdrücklichen Interessen Polens gerichteten Großmachtpolitik« gewesen ist.[4] In dieser Hinsicht war ihr Schicksal dem ihrer Nachbarn im Westen nicht unähnlich.

Auf ihrer ersten Kriegskonferenz in Teheran Ende November 1943 kamen Roosevelt, Churchill und Stalin überein, daß die russische Westgrenze in etwa entlang der Curzon-Linie verlaufen sollte. Sie verständigten sich auch über das Prinzip der »Westverschiebung« Nachkriegspolens, doch der genaue Verlauf der neuen deutsch-polnischen Grenze blieb offen. Die Londoner Exilpolen, zu denen Moskau inzwischen die Beziehungen abgebrochen hatte, weigerten sich nicht nur, der Abtretung Ostpolens zuzustimmen, sie scheuten auch vor einer übermäßigen Ausdehnung Polens nach Westen zurück. Das würde, so nahmen sie an, die Feindschaft mit Deutschland auf unabsehbare Zeit zementieren und ihr Land in eine gefährliche Abhängigkeit von der Sowjetunion bringen. Da die UdSSR kaum verfehlen würde, den Preis für den Schutz des neuen Polen gegen einen deutschen Revisionismus zu diktieren, hielten es die Exilpolen ebenso wie die Experten im Foreign Office für »töricht, bis zur Oder-Linie zu gehen«.[5] Churchill, der in Teheran von einer Heimstatt der Polen zwischen Curzon-Linie und Oder zu sprechen begonnen hatte, vermochte 1944 die Londoner Polen weder für die neue Ostgrenze noch für die in Aussicht genommene Westgrenze ihres Landes zu gewinnen. Der internationale Kurswert der Exilregierung war allerdings schon rapide gesunken. Stalin, dessen Truppen inzwischen in Polen standen, hatte dort bereits die Bildung eines pro-sowjetischen »Polnischen Komitees der Nationalen Befreiung« (»Lubliner Komitee«) veranlaßt, das er als de facto Regierung der befreiten Teile Polens behandelte. Am 27. Juli 1944 schloß die Sowjetregierung ein geheimes Grenzabkommen mit dem eben konstituierten Komitee ab. Darin erkannten die Lubliner Polen eine Grenzregelung entsprechend den sowjetischen Wünschen an und erhielten die Zusage Moskaus, eine deutsch-polnische Grenzziehung entlang der

Oder-Neiße-Linie in den internationalen Verhandlungen zu unterstützen.[6] Ende des Jahres trat die UdSSR erstmals öffentlich für diesen Grenzverlauf ein. Kurz darauf, einen Monat bevor die Großen Drei in Jalta erneut zusammentrafen, sprach die Sowjetunion – sehr zum Unwillen der Westmächte – die offizielle Anerkennung der gänzlich von ihr abhängigen »Provisorischen Regierung der Polnischen Republik« aus. Für die Westmächte, die, durch mannigfache Indizien beunruhigt, 1944 Polen zum Prüfstein sowjetischer Verläßlichkeit zu machen begannen, trat die territoriale Umgestaltung in ihrer politischen Bedeutung immer mehr hinter der künftigen inneren Neugestaltung des Landes zurück.

Als Stalin, Roosevelt und Churchill Anfang Februar 1945 im Liwadischen Palais in Jalta ihre Beratungen aufnahmen, war angesichts der besorgniserregenden inneren Entwicklung in Polen die Grenzfrage auf der Tagesordnung weit nach unten gerutscht. Da Stalin hinsichtlich der inneren Ordnung des Landes, in dem jetzt seine Armeen standen, kompromißbereit schien, bestätigten die Westmächte die russische Westgrenze entlang der Curzon-Linie (mit einigen Abweichungen zugunsten Polens) nunmehr formell und billigten auch die Oder-Linie. Der Verhandlungsverlauf machte zudem deutlich, daß Roosevelt und Churchill auch gegen eine Grenzziehung entlang der (westlichen) Lausitzer Neiße keine Einwände prinzipieller Natur erhoben. Sie warnten jedoch vor den enormen praktischen Problemen, mit denen die polnische Nachkriegsregierung bei der Integration eines so großen deutschen Gebietes konfrontiert sein würde. Die Frage blieb in der Schwebe. Die Alliierten kamen überein, die Festlegung der polnischen Westgrenze einer Friedenskonferenz vorzubehalten. Faktisch schufen sie in Jalta aber einen Zustand der Rechtsunsicherheit hinsichtlich des Grenzverlaufes, forderten damit dazu heraus, »vollendete Tatsachen zu schaffen und so die Grenzdelimitation der Friedenskonferenz zu präjudizieren«.[7]

Damit war die Taktik der Sowjetunion und ihrer polnischen Marionettenregierung zwischen der Krim-Konferenz und dem Treffen der Großen Drei in Potsdam im Juli 1945 freilich noch nicht vorgezeichnet. Viel hing davon ab, ob die Westmächte den deutsch-polnischen Grenzverlauf doch noch zu einem erstrangigen Streitpunkt erheben würden oder nicht. Stalin signalisierte daher der Regierung in Warschau, während der alliierten Gespräche in Jalta einen Versuchsballon aufsteigen zu lassen. Am 5. Februar 1945 erklärte die – von London und Washington nicht anerkannte – provisorische Regierung, sie habe »in der Ausführung ihres Programms, die polnische Westgrenze an die Oder und Neiße vorzuschieben, schon mit der Eingliederung der deutschen Vorkriegsterritorien in Polen begonnen«.[8] Es hätte einer härteren Haltung der Westmächte in Jalta bedurft, um Polen von der faktischen Inbesitznahme seiner neuen Westgebiete abzuschrecken. So aber sah der Oberste Verteidigungsrat der UdSSR kein politisches Risiko darin, einer nach Moskau gereisten Vertretung der Polnischen Provisorischen Regierung drei Tage nach dem Ende der Krim-Konferenz grünes Licht für die Einsetzung der polnischen Verwaltung in den von der Roten Armee eroberten deutschen Gebieten zu geben. Einige Wochen später, im März 1945, wurden die fünf neuen Woiwodschaften Masuren, Pommern, Oberschlesien, Niederschlesien und Danzig geschaffen. Die Vereinigten Staaten legten zwar Protest in Moskau ein, mußten sich jedoch mit der zwar nicht ungeschickten, wenn auch fadenscheinigen Erklärung zufriedengeben, die Errichtung örtlich notwendiger polnischer Verwaltungsorgane habe nichts mit der endgültigen Grenzziehung auf einer Friedenskonferenz zu tun. In Warschau sprach man bereits von den »Wiedergewonnenen Gebieten«. Zu gleicher Zeit erreichte die scharfe Kontroverse innerhalb der bröckelnden Anti-Hitler-Koalition wegen des »zynischen« sowjetischen Umgangs[9] mit den Vereinbarungen von Jalta einen ersten Höhepunkt. Charakteristischerweise entzündete sie sich aber nicht an der faktischen Inbesitznahme der deutschen Ostgebiete durch Polen, sondern an den intransigenten Bestrebungen Stalins, eine »echte Reorganisation des Lubliner Régimes zu verhindern«.[10]

Auf der Konferenz von Potsdam fielen in der Grenzfrage die Würfel. Wiederum waren Engländer und Amerikaner nicht so sehr über die Tatsache empört, daß die Sowjetunion die deutschen Gebiete östlich von Oder-Neiße faktisch aus ihrer Besatzungszone ausgegliedert hatte, sondern weil das in einem einseitigen polnisch-sowjetischen Akt geschehen war. Vor allem aber verwahrten sich die Westmächte dagegen, weil damit schwerwiegende Fragen hinsichtlich der Lebensfähigkeit des besetzten Gesamtdeutschland und der von ihm zu erbringenden Reparationen aufgeworfen wurden. In letzter Minute fanden die Großen Drei in der eng miteinander verknüpften Grenz- und Reparationenfrage zu einem Kompromiß. Die Lösung von Potsdam bestand darin, daß die sowjetischen Zugeständnisse bei der Regelung der Reparationen mit der angloamerikanischen Sanktionierung der polnischen Verwaltung der »früher deutschen Gebiete« östlich der Oder-Neiße-Linie und der Zustimmung Washingtons und Londons zur Massenausweisung der deutschen Bevölkerung aus »Polen«, der Tschechoslowakei und Ungarn honoriert wurden. Damit waren, ungeachtet der Übereinkunft der drei Großmächte, »daß die endgültige Festlegung Polens bis zu der Friedenskonferenz zurückgestellt werden soll«,[11] faits accomplis bestätigt und Tatsachen geschaffen, die den Verlauf der deutsch-polnischen Grenze zwar nicht juristisch, aber effektiv festschrieben.

Keinem, der in den westlichen Hauptstädten und in Moskau über die territorialen Veränderungen nachdachte, die der militärische Triumph der Allianz über Hitler mit sich bringen würde, ist der enge Zusammenhang zwischen der Verschiebung der Grenzen und dem ungewissen Schicksal der ansässigen Bevölkerung verborgen geblieben. Auch die Aussiedlung ethnischer Minderheiten aus den intakt gebliebenen oder nach der Niederlage der Achsenmächte wiederhergestellten Staaten Ost- und Südosteuropas war bereits ein politisches Thema, als das Deutsche Reich noch im Zenit seiner Macht stand. Die kühnste Phantasie konnte aber nicht erahnen, in welchem Ausmaß sämtliche unter dem Stichwort Transfer der Reichs- und Volksdeutschen ventilierten Pläne am Ende von der Wirklichkeit überholt werden sollten.

Es entsprach dem traditionellen britischen Engagement in Ost- und Südosteuropa und ergab sich zudem aus dem Versuch, in dieser Region zu einem tragfähigen Arrangement mit der Sowjetunion zu kommen, daß in London schon wesentlich früher als in Washington Pläne und Entscheidungen zum Bevölkerungstransfer heranreiften. Als der britische Außenminister Anthony Eden Ende 1941 die sowjetischen Gebietsansprüche kennengelernt und sich die daraus resultierenden möglichen Veränderungen der europäischen Landkarte vor Augen geführt hatte, ließ er von den Experten des Foreign Office sofort berechnen, wieviel Ostvertriebene vom besiegten Deutschland wohl maximal aufgenommen werden könnten. Die eingehende Expertise kam auf eine Zahl von etwa sieben Millionen Flüchtlingen und Vertriebenen. Damit lieferte sie der britischen Politik einen wichtigen Orientierungsrahmen und wurde zur Entscheidungsgrundlage des War Cabinet, das sich im Juli 1942 über das allgemeine Prinzip verständigte, nach dem Krieg, »dort wo es notwendig und wünschenswert erscheint«, deutsche Minderheiten aus Ost- und Südosteuropa nach Deutschland zu transferieren.[12] Dieser Beschluß bedeutet freilich nicht, daß Großbritannien seit der Geburtsstunde der Anti-Hitler-Koalition auf eine gigantische Bevölkerungsumsetzung hinzusteuern begann. In der Entscheidung kam nur die frühzeitige Einsicht zum Ausdruck, daß es im Interesse der im Kampf gegen das Dritte Reich stehenden Mächte liegen könnte, aus übergeordneten politischen Erwägungen heraus eine Massenausweisung von Deutschen aus dem Osten zu akzeptieren, und daß dabei mit der Vertreibung von ungefähr sechs bis sieben Millionen Menschen gerechnet werden mußte. Die Regierung in London hielt sich diese Option offen, obwohl ihr durchaus bewußt gewesen ist, daß ein in dieser Größenordnung historisch präzedenzloser Transfer ein brutales Mittel der Politik war.

Die amerikanische Haltung zum Bevölkerungstransfer war zunächst weniger dezidiert, doch schon im Frühjahr 1943, als Präsident Roosevelt mit Anthony Eden eine Abtretung Ostpreußens an Polen erörterte, meinte er: »Wir sollten Vorkehrungen treffen, um die Preußen aus Ostpreußen auf die gleiche Weise zu entfernen, wie die Griechen nach dem letzten Krieg aus der Türkei entfernt wurden.« Das sei zwar eine grobe Prozedur, aber der einzige Weg, den Frieden aufrechtzuerhalten.[13] Damit gab der amerikanische Präsident seinem britischen Verbündeten persönlich zu verstehen, daß auch die Vereinigten Staaten kein Veto gegen zwangsweise Bevölkerungsumsiedlungen einlegen würden. Letzten Endes hat sich Washington dem Kurs der Briten, die im Krieg auf westlicher Seite hier die treibende Kraft waren, niemals ernstlich widersetzt. Bis Anfang 1945 brachte die amerikanische Regierung, der es nicht leichtfiel, sich auf die Linie Londons zu begeben, ihrem Verbündeten jedoch wieder und wieder ihr ceterum censeo zu Gehör. Danach sollten sich die Aussiedlungsmaßnahmen in Europa nach Möglichkeit nur auf besonders belastete Gruppen oder einzelne erstrecken (selektiver Transfer), ohne Hast, nach genauen Regelungen und in humaner Weise durchgeführt und international überwacht werden. Gegenüber der amerikanischen Öffentlichkeit, der in der Atlantik-Charta die Prinzipien einer aufgeklärten Großmachtpolitik verkündet worden waren, und gegenüber den Vertretern der osteuropäischen Exilregierungen äußerten sich Weißes Haus und State Department meist noch sehr viel zurückhaltender.

Man wird mit der Annahme nicht fehlgehen, daß politische Skrupel und moralische Bedenken die sowjetische Haltung zum Bevölkerungstransfer in keiner Phase des Krieges beeinflußt haben. Das Maß an Gewalttätigkeit, das Stalin zur Durchsetzung seines Willens zeigen konnte, deutet nicht weniger als die radikalen Umsiedlungsmaßnahmen im eigenen Lande darauf hin, daß es ihm nicht schwergefallen sein kann, sich mit der Idee einer Austreibung der Deutschen aus Osteuropa anzufreunden. Die Sowjetunion hat diesen Gedanken wohl im Sommer 1943 als feste Größe in ihre politische Rechnung eingesetzt. Außenminister Molotow sagte vierzehn Tage nach seiner Rückkehr aus Teheran in einem Gespräch mit dem tschechoslowakischen Staatspräsidenten Beneš, die Vertreibung von Millionen ostdeutscher Menschen sei »eine Kleinigkeit«.[14] Damit gab er die Einstellung der Sowjetregierung zur Austreibung wohl präzise wieder. Moskau hielt es zeitweilig zwar für geboten, sich weniger eindeutig zu äußern, doch die Wucht des sowjetischen Engagements in diesem Punkt wurde in Osteuropa sofort fühlbar, als die kommunistischen Parteien in den von der Roten Armee besetzten Ländern die Führungsrolle bei der Agitation gegen die deutschen Minderheiten übernahmen.

Schon geraume Zeit bevor es die Absprachen der Großen Drei in Teheran zur Gewißheit werden ließen, daß die Niederlage Deutschlands zwangsweise Bevölkerungsumsetzungen ungekannten Ausmaßes nach sich ziehen würde, machten sich die Briten eingehende Gedanken über die praktische Durchführbarkeit des Transfers. In der regierungsinternen Debatte 1943/44[15], die kaum einen politischen und moralischen Aspekt der Austreibung unerörtert ließ, tauchte erneut die Zahl von sechs bis sieben Millionen Vertriebenen auf, die von Deutschland eingegliedert werden könnten, ohne den Besatzungsmächten damit untragbare zusätzliche Belastungen aufzubürden; die Deutschen aus dem Osten würden mehr oder weniger nur die durch die hohen Kriegsverluste entstandenen Lücken in der Bevölkerung füllen. Erwägungen, einen Teil der Vertriebenen vielleicht in »Sibirien oder anderswo« anzusiedeln, wurden wieder fallengelassen. Das Foreign Office suchte auch nach geeigneten Formen der Überwachung des Transfers durch inter-alliierte Truppenkontingente, versprach sich wegen der voraussichtlichen Dominanz der Roten Armee in Osteuropa aber wenig davon. Nüchtern bemerkte ein Memorandum von Anfang 1944, in den von sowjetischen Truppen besetzten Gebieten dürften die Deutschen einer unerfreulichen Zeit entgegengehen, was das Problem der Umsiedlung insofern aber vereinfachen könne, als sehr viele fliehen, die Vertreibungsgebiete also freiwillig verlassen würden.

London setzte nach der Konferenz von Teheran – bekanntlich vergebens – alles daran, die Exilpolen von der Notwendigkeit und Weisheit der Westverschiebung ihres Landes zu überzeugen. Die amerikanische Regierung unterstützte die Bemühungen und bot den Londoner Polen im November 1944 an, sie bei den nötig werdenden Umsiedlungen zu unterstützen.[16] Vier Wochen später, am 15. Dezember, ging der britische Premierminister noch einen großen Schritt weiter. In einer zwischen politischer Nüchternheit und irreführendem Zweckoptimismus irisierenden Rede über die Zukunft Polens legte Churchill vor dem Unterhaus seine Haltung zur Vertreibung der Deutschen aus den Ostgebieten rückhaltlos offen. Dabei hat ihn keineswegs sein rhetorisches Temperament zu einer zügellosen Philippika hingerissen, wie gesagt wurde. Dies eine Mal sprach er lediglich offen aus, was in London seit langem diskutiert wurde und Ende 1944 die tatsächliche Haltung der Regierung Seiner Majestät war. Er könne nicht glauben, so sagte Winston Churchill vor dem Parlament, daß die Polen das attraktive »Angebot« der Großmächte zur territorialen Umgestaltung ihres Landes verwerfen wollten. Er versuchte die Konsequenzen der Westverschiebung nicht zu beschönigen. Sie werde eine Umsiedlung von mehreren Millionen Menschen zur Folge haben, sagte er, darunter auch die »Vertreibung der Deutschen – denn das wurde vorgeschlagen: Völlige Vertreibung der Deutschen«. Im gleichen Atemzug bemühte sich Churchill aber, die Durchführbarkeit und die politische Klugheit eines Bevölkerungstransfers herauszustellen. Die Vertreibung sei unter modernen Bedingungen viel leichter möglich als je zuvor und sie sei das befriedigendste und dauerhafteste Mittel, »endlose Unannehmlichkeiten« mit einer Mischbevölkerung zu vermeiden. Dabei nahm er ausdrücklich auf den angeblich so erfolgreichen griechisch-türkischen Bevölkerungsaustausch Bezug, der auch »zuerst unmöglich schien«. Schließlich führte er die hohe Zahl der deutschen Kriegstoten an, die die ganze Operation vereinfachen werde.[17]

Die Amerikaner hatten indessen ihre moderatere Haltung noch nicht gänzlich aufgegeben. Die Vertreibung der Deutschen aus dem neuen polnischen und aus anderen ost- und südosteuropäischen Staaten, so hieß es in einem Grundsatzpapier des Committee on Post-War Programs vom Sommer 1944, würde gewiß zu deren innerer Stabilität beitragen, da sich die Minderheiten dort in der jüngsten Vergangenheit als »Vorhut nationalsozialistischer Penetration« erwiesen hätten und in diesen Ländern ein »wohlbegründeter Groll« gegen die Deutschen bestehe. Gleichwohl sei ein pauschaler Massentransfer abzulehnen, weil dadurch eine zu große Belastung des von den Alliierten besetzten Deutschlands entstünde. Die USA sollten sich deshalb für eine international überwachte selektive Aussiedlung einsetzen.[18] Auch in den Gesprächen und vorbereitenden Papieren der amerikanischen Delegation für die Krim-Konferenz dominierte der Gedanke einer begrenzten und geregelten Umsiedlung; die Überlegungen zum Bevölkerungstransfer aus Osteuropa waren aber schon mit einem gewissen fatalistischen Realismus untermischt. »Wir glauben nicht«, schrieb das State Department, »daß es für die Vereinigten Staaten tunlich wäre, sich solchen allgemeinen Transfers zu widersetzen, falls darauf von den tschechischen und polnischen Regierungen, die die Unterstützung der britischen und sowjetischen Regierung haben, bestanden wird.«[19] Als die Delegationen der Westmächte zur Anfang Februar 1945 stattfindenden Konferenz von Jalta aufbrachen, waren sie sich ebenso wie die Vertreter der Sowjetunion über die gewaltige Größenordnung der zu erwartenden Bevölkerungsumsetzungen völlig im klaren, auch wenn sich ihr Gesamtumfang erst mit der endgültigen Festlegung der deutsch-polnischen Grenze genauer bestimmen lassen würde. Die Umsiedlung von fünf bis sechs Millionen Deutschen, mit der er rechne, so stellte Churchill Ende Januar in einer Sitzung des War Cabinet fest, sei keine Kleinigkeit, die Aussiedlung von acht bis neun Millionen Menschen dagegen hielt er für »völlig undurchführbar«.[20]

Die Amerikaner brachten eine mit den nötigen Statistiken versehene Landkarte der Abtretungs- und Aussiedlungsgebiete mit, aus der die Korrelation von Vertriebenenzahl und deutsch-polnischem Grenzverlauf genau zu ersehen war. Anthony Eden und der amerikanische Außenminister Stettinius schätzten die Zahl der Deutschen, die allein aus Ostpreußen, Danzig, Pommern, Brandenburg und Schlesien in die Besatzungszonen strömen würden, falls sich die Großen Drei auf die Oder-Neiße-Linie verständigten, in einer Unterredung drei Tage vor Konferenzbeginn auf acht Millionen Menschen. Die amerikanischen Konferenzunterlagen sprachen an einer Stelle sogar von insgesamt zehn Millionen.[21]

Auf der vierten Vollsitzung der Krim-Konferenz, am Nachmittag des 7. Februar 1945, streiften Roosevelt, Stalin und Churchill, als sie über Polen und die neue Grenzziehung sprachen, einige Minuten auch die notwendig werdende Umsiedlung der Deutschen.[22] Der britische Premierminister war es, der diesen Nebenaspekt aufgriff. Er sagte, anders als einen erheblichen Teil der öffentlichen Meinung in England würde ihn persönlich eine gewaltsame Massenaussiedlung nicht schockieren. Sechs Millionen Vertriebene könnten vielleicht gehandhabt werden; was darüber hinausginge, müsse aber große Probleme aufwerfen. Als Stalin daraufhin bemerkte, die meisten Deutschen seien bereits vor der Roten Armee geflohen, erwiderte Churchill, dadurch und durch die zahlreichen deutschen Kriegstoten würde das Problem natürlich vereinfacht. Den »großen Erfolg« des griechisch-türkischen Bevölkerungsaustausches, über den die Experten im Foreign Office allerdings ganz anders dachten, hat der Premierminister wohl nur aufgeführt, um etwaigen Einsprüchen Roosevelts vorzubeugen, der dieses Beispiel beinahe zwei Jahre zuvor in seinem Gespräch mit Eden bemüht hatte. Der amerikanische Präsident machte angesichts der Übereinstimmung seiner beiden europäischen Partner keinen Versuch, die in seiner Regierung bis zuletzt noch lebendigen Vorbehalte gegen einen Massentransfer vorzubringen oder wenigstens auf eine internationale Überwachung der Aktion zu dringen; Roosevelt ergriff während des kurzen Dialogs überhaupt nicht das Wort. Der Modus der Bevölkerungsumsetzung in Osteuropa blieb unerörtert. Das lag durchaus in der Logik der Konferenz von Jalta, ja großer Konferenzen schlechthin, wo nebensächliche Anliegen häufig unerwähnt bleiben, um die Verhandlungsatmosphäre nicht zu belasten. Für Stalin war auf der Krim-Konferenz deutlich geworden, daß die Westmächte, die schon die Oder-Neiße-Linie nicht zu einem ernsthaften Streitpunkt erheben wollten, der Sowjetunion und Polen bei der Austreibung der Deutschen gewiß nicht in den Arm fallen würden. So verschiedenartig die Wurzeln des deutschen Minderheitenproblems in Ost- und Südosteuropa waren und so unterschiedliche Überlegungen zu seiner Lösung angestellt wurden, das in Jalta sichtbar gewordene Maß an Übereinstimmung der Anti-Hitler-Koalition in der Vertreibungsfrage war für die betroffenen Länder wohl eine zusätzliche Ermunterung, die Gelegenheit der Niederlage des Deutschen Reiches zu nutzen, um mit den Deutschen – wie Churchill es in seiner Unterhausrede formuliert hatte – ein für allemal »reinen Tisch« zu machen.

Schon lange bevor die Großmächte die »polnische Westverschiebung« auf ihre Agenda setzten, hatte die volksdeutsche Minderheit in der Tschechoslowakei die Aufmerksamkeit der Welt auf sich gezogen. Im Jahr vor dem Ausbruch des Zweiten Weltkrieges war es Hitler gelungen, die große Gruppe der 3,2 Millionen Sudetendeutschen als hochwirksames Instrument seiner expansionistischen Außenpolitik zu mißbrauchen. Dabei kam ihm zugute, daß die Versöhnung der Nationalitäten der ČSR in der kurzen Zwischenkriegsspanne nicht geglückt war, die Tschechen seit 1918 insbesondere »nie ein für die Deutschen akzeptables Integrierungsprinzip entwickelt hatten, das mehr als eine provisorische Mitarbeit am Staat ermöglicht hätte«.[23] Mit den eindrucksvollen wirtschaftlichen und außenpolitischen Erfolgen des nationalsozialistischen Deutschland geriet die sudetendeutsche Volksgruppe zunehmend in den Bannkreis Berlins. Zur Fünften Kolonne wurde die mitgliedsstarke Sudetendeutsche Partei, hinter der mittlerweile der Großteil der deutschen Wähler stand, aber erst Ende 1937, als ihr Führer Konrad Henlein sie dem deutschen Reichskanzler als Werkzeug zum Aufbrechen der Ersten Tschechoslowakischen Republik in die Hand gab. Als die Prager Regierung und der 1935 zum Staatspräsidenten gewählte Eduard Beneš sich unter deutschem und internationalem Druck zu weitreichenden Zugeständnissen bereit fanden, war es zu spät. Am 30. September 1938 gaben Großbritannien und Frankreich in München ihre Zustimmung zur Amputation des tschechoslowakischen Staates, der dadurch gut ein Fünftel seines Gebietes an Deutschland verlor. Noch ehe ein Jahr vergangen war, mußten die beiden Westmächte einsehen, daß Hitler die Abtretung des Sudetenlandes und die bald darauf erfolgende »Zerschlagung der Resttschechei« als Etappe auf dem Weg in seinen Krieg und die suggestive Propagierung des Selbstbestimmungsrechtes aller Deutschen lediglich als passende Begleitmusik dazu betrachtet hatte. Die Nachkriegspläne der tschechischen Exilregierung in London und der Alliierten zur Lösung der Sudetenfrage sind von dieser bestürzenden Erkenntnis gezeichnet.

»München«, das nach der Überzeugung von Churchill und Eden direkt in den Krieg und beinahe zum Untergang Großbritanniens geführt hatte, hinterließ bei ihnen ein Trauma, das sie selbst radikalsten Lösungen der friedensbedrohenden sudetendeutschen Frage aufgeschlossen gegenübertreten ließ. Überhaupt war für die beiden britischen Staatsmänner und ihre Partner in der Allianz der Großen Drei die Entscheidung über die Zukunft der von Hitler zerstörten Tschechoslowakei ein weniger komplizierter und dramatischer Prozeß als die Verhandlungen um Polen. Neben dem viel spannungsfreieren sowjetisch-tschechoslowakischen Verhältnis trug dazu wesentlich auch die in Staatspräsident Beneš, der überragenden Figur der Londoner Exilregierung, gleichsam personifizierte staatsrechtliche Kontinuität der ČSR und die von ihm verkörperte politische Autorität bei. Seit 1941 war seine Regierung von den drei Großmächten anerkannt, und im Sommer 1942 hatte sie ihr vorerst wichtigstes Ziel bereits erreicht: Die Führungsmächte der Anti-Hitler-Koalition ließen erkennen, daß sie die Tschechoslowakei nach dem Krieg in ihren alten Grenzen wiederherzustellen gedachten. Das bedeutete aber, daß das Land wiederum mit dem Problem seiner volksdeutschen Minderheit belastet sein würde, in der viele inzwischen nur noch ein Trojanisches Pferd sehen konnten. Das war seit der Sudetenkrise 1938 ein gängiges Pauschalurteil, mit dem freilich vielen staatsloyalen und demokratisch gesinnten, zum Teil im Kampf gegen Hitler stehenden Sudetendeutschen bitter Unrecht getan wurde. Beneš selbst, der wohl schon Mitte der dreißiger Jahre die Hoffnung auf eine Assimilation der deutschen Minorität aufgegeben hatte, begann unter der Wirkung des Schocks von München noch vor Kriegsausbruch mit dem Gedanken der Aussiedlung zu spielen. Seine Suche nach einer Lösung der sudetendeutschen Frage ähnelte einem politischen Akrobatenstück, weil Beneš nicht nur die innerhalb des tschechoslowakischen Exils und des tschechischen Widerstands weit auseinandergehenden Auffassungen in Rechnung stellen mußte, sondern vor allem die Vorstellungen der Großmächte zu berücksichtigen hatte, ohne deren Placet ein Bevölkerungstransfer undurchführbar war. Lange haftete deshalb den wechselnden Konzeptionen und vorsichtigen Sondierungen des Staatspräsidenten der Charakter variantenreicher Planspielerei an. Noch ehe er mit seinen Vorstellungen an die Öffentlichkeit trat, teilte er im Herbst 1940 der tschechoslowakischen Widerstandsbewegung mit, man dürfe nicht »naiverweise« annehmen, daß es möglich sein werde, »drei Millionen Deutsche zu vernichten oder auszutreiben«; die Umsiedlung von einer Million Sudetendeutschen wäre schon ein »ungeheurer Erfolg und eine starke Sicherung unseres Staates«.[24] Öffentlich bekannten sich Beneš und sein Staatssekretär im Exil-Außenministerium Hubert Ripka seit Mai 1941 in Vorträgen und Aufsätzen, unter ausdrücklicher Berufung auf die griechisch-türkischen Umsiedlungen, zum Prinzip des Bevölkerungstransfers in einem geregelten Verfahren und unter internationaler Aufsicht. Sie machten aus ihrer politischen Stoßrichtung kein Hehl, wenn sie sagten, Deutschland müsse daran gehindert werden, »seine nationalen Minderheiten für pangermanistische Ziele zu mißbrauchen«.[25]

Als Mitte 1942 die Restauration der Tschechoslowakei in ihren alten Grenzen politisch gesichert schien, konnte die Willensbildung auf seiten der Exilregierung und der Großmächte festere Konturen annehmen. Großbritannien übernahm dabei die Rolle des Vorreiters. Beneš selbst schwebte im Sommer 1942 noch eine von kleineren Gebietsabtretungen flankierte Halbierung des deutschen Minderheitenblocks vor; die verbleibenden 1,5 Millionen Volksdeutschen wollte er in drei Gauen des Landes konzentrieren. Generell sollte die Verhängung von Aussiedlungsmaßnahmen am Schuldprinzip (ein freilich fast beliebig dehnbarer Grundsatz) orientiert sein. Im Vergleich zu dem, was er im Herbst desselben Jahres von britischer Regierungsseite erfuhr, mußten Beneš seine eigenen Vorstellungen beinahe wie Humanitätsduselei anmuten. Der britische Botschafter und führende Beamte des Foreign Office machten ihm nämlich – was einer Sensation gleichkam – deutlich, daß das deutsche Minderheitenproblem, das den europäischen Frieden so schwer gefährdet habe, in radikaler Weise gelöst werden müsse. Die dafür maßgebenden Kriterien, nämlich die Aufnahmefähigkeit des besetzten Deutschland und die politische Zweckmäßigkeit dieser Maßnahme, so ihre Auffassung, brauchten nicht mit Prinzipien wie der persönlichen politischen Schuld der Vertriebenen getarnt zu werden. Eden selbst warnte davor, daß eine Anwendung des Schuldprinzips »das eventuell wünschenswerte Ausmaß von Bevölkerungsverschiebungen begrenzen könnte«.

Von derart unzweideutigen Stellungnahmen ihres britischen Verbündeten – die freilich in erheblichem Widerspruch zu öffentlichen Stellungnahmen Londons und zu einem Großteil der öffentlichen Meinung in England standen – ist die tschechoslowakische Exilregierung fraglos entscheidend dazu ermuntert worden, eine möglichst weitgehende Reduzierung der deutschen Minderheit in der Nachkriegstschechoslowakei anzustreben. Eine formelle Billigung der Austreibung von etwa zwei Dritteln der sudetendeutschen Bevölkerung, die Beneš nun ins Auge zu fassen begann, sprach Großbritannien freilich den ganzen Krieg hindurch nicht aus. Auch die beiden anderen Führungsmächte der Anti-Hitler-Koalition vermieden es bis 1945, Beneš rechtsverbindliche und damit womöglich zur Unzeit einklagbare Zusicherungen zu geben. Die Haltung der Vereinigten Staaten glich ihrer Einstellung zur Umsetzung der deutschen Bevölkerung aus den Ostgebieten des Reiches. Washington sprach sich nie prinzipiell gegen Umsiedlungsmaßnahmen aus, warnte aber stets vor einseitigen tschechoslowakischen Schritten. Obwohl es an beweiskräftigen Unterlagen mangelt, hat Präsident Roosevelt den ihm im Mai 1943 von Beneš vorgetragenen Gedanken eines Transfers der Sudetendeutschen wohl im Grundsatz gebilligt, ihm jedenfalls keine Absage erteilt. Zweifellos gelang es dem tschechoslowakischen Staatspräsidenten, wie seine Gesprächspartner bemerken mußten und was heute mancher Historiker beklagt, seit 1942 immer wieder auch, mit seiner an Vorspiegelung falscher Tatsachen grenzenden Verhandlungstaktik Zugeständnisse bei den Führungsmächten der Anti-Hitler-Koalition herauszuholen. Die geschichtliche Bedeutung Benešschen Taktierens erfährt aber eine erhebliche Relativierung durch den Gedanken, daß er ohne den bei den Großmächten, insbesondere in London und Moskau, vorhandenen starken politischen Willen zu einer Bereinigung des Minderheitenproblems mit diplomatischen Finessen allein nichts hätte ausrichten können.

Neben dem nachdrücklichen Eintreten Großbritanniens für eine möglichst weitgehende Lösung der Sudetenfrage bestimmten vor allem die Konsequenzen der 1942/43 von Beneš vollzogenen Anlehnung an Moskau das weitere Schicksal der volksdeutschen Minderheit. Die Erinnerung an München, die Furcht vor einem erneuten deutschen Revisionismus, die Aussicht, daß die ČSR ohnehin Operationsgebiet der Roten Armee werden würde, und die Vision von der Tschechoslowakei als einem Bindeglied zwischen Ost und West ließen ihm eine »russische Vormachtstellung in Ostmitteleuropa nicht nur unvermeidlich, sondern auch erwünscht« erscheinen.[26] Der sowjetisch-tschechoslowakische Vertrag vom 12. Dezember 1943 besiegelte die »eindeutige und freiwillige Unterordnung« unter den mächtigen Nachbarn.[27] Bei seinen Gesprächen mit Stalin und Molotow anläßlich der Vertragsunterzeichnung in Moskau konnte Beneš sich davon überzeugen, wie wenig Kopfschmerzen beiden der Gedanke an Bevölkerungsverschiebungen größten Stils bereitete. Der Staatspräsident erwähnte die informelle britische Befürwortung eines großangelegten Transfers und erhielt, wie schon ein halbes Jahr zuvor vom sowjetischen Botschafter in London, auch von Stalin persönlich eine mündliche Zusage. Zu Molotow meinte Beneš, der in Moskau nicht die Verbindung dieser nationalen mit einer sozialen Revolution zu betonen vergaß, die ČSR strebe eine Totalaustreibung, wenigstens aber die Vertreibung von zwei Dritteln der sudetendeutschen Volksgruppe an; dazu überreichte er dem sowjetischen Außenminister ein entsprechendes Memorandum. Das Einvernehmen zwischen Stalin und Beneš war auch für die tschechoslowakischen Kommunisten, die bis dahin recht zurückhaltend taktiert hatten, das Signal zur Umorientierung.[28] Anfang 1944 begannen sie in die zunehmend populärer werdende Rolle des Promotors einer Entgermanisierung und damit der Homogenisierung der tschechoslowakischen Nation zu schlüpfen, die sie nach Kriegsende so erfolgreich spielen konnten.

Die Haltung der Großmächte zum Transfer der Sudetendeutschen erfuhr zwischen dem Besuch des tschechoslowakischen Staatspräsidenten in Moskau und der Konferenz von Jalta vierzehn Monate später keine wesentliche Veränderung mehr. Die Vereinigten Staaten plädierten wie gewohnt für eine geregelte, sukzessive und international überwachte Umsiedlung, folgten zugleich aber, wie es in einem Grundsatzpapier des State Department vom Juli 1944 hieß, »mit Interesse den Plänen der tschechoslowakischen Regierung, hinsichtlich ihrer Minderheiten eine stabilere Lage zu schaffen«.[29] Auch in den für Präsident Roosevelt bestimmten Instruktionspapieren zur Krim-Konferenz wurde empfohlen, daß sich die USA generell gegen einseitige Transfermaßnahmen in Osteuropa wenden sollten, solange keine interalliierten Vereinbarungen getroffen seien. Die Engländer, die Beneš seit langem ihre Sympathie für radikale Lösungen zu erkennen gegeben und ihn auch unmißverständlich dazu ermuntert hatten, die zurückhaltendere Position der Amerikaner aber kannten, zogen sich gegenüber den Vereinigten Staaten weiterhin auf die korrekte Halbwahrheit zurück, einem Transfer nur prinzipiell, aber noch keinem Detailplan formell zugestimmt zu haben. Es hieße nun Diplomatie und Politik verwechseln, wollte man – wie es geschieht – aus der Tatsache, daß sich vor der Potsdamer Konferenz keine der drei Großmächte auf verbindliche Zusagen einließ, den Schluß ziehen, daß der weitgehende Abbau der sudetendeutschen Minderheit den Intentionen der Anti-Hitler-Koalition, insbesondere Großbritanniens oder der UdSSR, etwa zuwidergelaufen sei. Im Gegenteil, soweit sich die Großen Drei überhaupt damit befaßten, standen sie dem Gedanken des Bevölkerungstransfers mit Sympathie gegenüber. Deshalb erhoben sie auch keinerlei grundsätzliche Bedenken gegen den detaillierten Transferplan, der ihnen von der Exilregierung der ČSR am 23. November 1944 vorgelegt wurde.[30] In dem Memorandum tauchten fast alle Elemente auf, die zwischen Beneš, der sowjetischen und der britischen Regierung seit langem erörtert und stillschweigend auch weitgehend gebilligt worden waren.

Weil die Regierung der ČSR »ein für allemal« eine gefährliche Bedrohung der tschechoslowakischen und der allgemeinen europäischen Sicherheit beseitigen wolle, so erläuterte sie ihren Plan, ziele sie auf die »Eliminierung der deutschen Minderheit in der Tschechoslowakei« ab. Etwa zwei Drittel der über drei Millionen Sudetendeutschen würden das Land verlassen müssen, mehr als 800000 Deutsche würden nicht geduldet. Aus der genaueren Darlegung des eng mit dem Entzug der Staatsbürgerschaft verknüpften Selektions- und Anerkennungsverfahrens (unter anderem für Deutsche, die für die tschechoslowakische Integrität gekämpft hatten oder die von den Nationalsozialisten verfolgt worden waren) wurde allerdings ersichtlich, daß letztlich nicht viele Sudetendeutsche auf den Verbleib in ihrer Heimat hoffen konnten; für sie waren keinerlei, der Assimilierung nur hinderliche, Minoritätsrechte vorgesehen. Der zur nationalen Homogenisierung der ČSR nötige Abbau der deutschen (und ungarischen) Volksgruppe sollte graduell, innerhalb von ungefähr zwei Jahren, durchgeführt sein; Entschädigungsleistungen waren vorgesehen. Um die Berechtigung ihrer Forderungen noch zu unterstreichen, verwies die Exilregierung die Alliierten auf die während des Krieges von Deutschen begangenen »beispiellosen Akte der Barbarei«, die allein schon ein zukünftiges friedliches Zusammenleben unmöglich machen würden. Die künftigen Besatzungsmächte wurden dann gebeten, dafür Sorge zu tragen, daß sich das besiegte Reich der Aufnahme seiner Volksdeutschen nicht widersetze. Weder die Vereinigten Staaten noch Großbritannien fanden ein einziges Wort der Kritik für den Plan der Exilregierung. Sie wiesen nur auf die internationalen und deutschland-politischen Aspekte des Transfers hin und baten die tschechoslowakische Regierung, alliierte Beschlüsse abzuwarten und bis dahin keine einseitigen oder überstürzten Maßnahmen einzuleiten. Ansonsten, so schrieb Außenminister Stettinius, wollten die USA, »die das Unrecht, das die Tschechoslowakei von seiten Deutschlands und der deutschen Minderheit erlitten« habe, voll würdigten, bei der Suche nach einer zufriedenstellenden Lösung des Problems helfen. Die britische Regierung wollte den tschechischen Plan sorgfältig und wohlwollend studieren.[31] Auf der Konferenz von Jalta Anfang Februar 1945 wurde die Vertreibung der Deutschen aus der Tschechoslowakei von den Großen Drei nicht einmal gestreift. So fand der amerikanische Präsident – anders als bei der kurzen Erörterung des Transfers der drei- bis vierfachen Anzahl von Ostdeutschen aus dem neuen polnischen Staatsgebiet – nicht einmal Gelegenheit, zu den Vorstellungen Stalins und Churchills zu schweigen.

Seit der Krim-Konferenz mußten die maßgeblichen Politiker der Sowjetunion und der osteuropäischen Länder das sichere Gefühl gewonnen haben, daß ihre Partner in Washington und London kaum in der Lage, aber auch nicht wirklich willens waren, ihren durchaus ernst gemeinten Ermahnungen zu einer geordneten Durchführung des Bevölkerungstransfers Nachdruck zu verleihen. Wo die russischen Truppen standen, begann die Vertreibung deshalb als eine, von den betroffenen Staaten beinahe wie eine rein innere Angelegenheit gehandhabte, pauschale Abrechnung mit den Deutschen. Das am 5. April 1945 im ostslowakischen Kaschau verkündete Regierungsprogramm der Nationalen Front der Tschechen und Slowaken ließ die unbedingte Entschlossenheit noch nicht voll erkennen, mit der ab Anfang Mai (außer im amerikanisch besetzten Westteil) überall in der ČSR gegen die Sudetendeutschen vorgegangen wurde. Ein Sturm von Vergeltung, Rache und Haß fegte durch das Land. Wo die Truppen der Svoboda-Armee und die Revolutionsgardisten auftauchten, fragten sie nicht nach Schuldigen oder Unschuldigen, sie suchten nach Deutschen. Blieb manches Dorf in diesen Wochen noch fast unbehelligt und verdankten nicht wenige Sudetendeutsche »der persönlichen Hilfsbereitschaft und dem Entgegenkommen mancher Tschechen« eine Erleichterung ihres schweren Schicksals,[32] so kam es in manchem Sammellager und mancher Stadt, in Aussig etwa, zu gräßlichen Verbrechen. Die brutalen Aktionen der ersten Monate waren nicht von oben gelenkt, doch ohne Duldung der Regierung in Prag hätten sie sich kaum bis zum Sommer hinziehen können. Neben den ultra-national auftretenden Kommunisten unter Klement Gottwald goß auch Staatspräsident Beneš in öffentlichen Erklärungen wiederholt Öl in die Flammen. Parallel zu den »wilden« Austreibungen begann die tschechoslowakische Regierung in mehreren Dekreten mit der Zerstörung der Lebensgrundlagen der Sudetendeutschen und bereitete damit den Boden für die endgültige Beseitigung der deutschen Minorität in der ČSR. Etwa 700000–800000 Deutsche, meist ältere Menschen, Frauen und Kinder, sind vor der Konferenz von Potsdam vertrieben worden.

Schon im Sommer 1945 erhoben sich anklagende Stimmen in der angloamerikanischen Öffentlichkeit. Auch der Botschafter Großbritanniens in Prag ließ gegenüber Beneš das britische Unbehagen wegen der vorgefallenen Exzesse erkennen, die der tschechoslowakischen Sache auf der bevorstehenden Dreimächte-Konferenz nur abträglich sein könnten. Anfang Juli bat die Regierung Fierlinger die Führungsmächte der Anti-Hitler-Koalition um eine rasche und definitive Entscheidung zum Bevölkerungstransfer, der als das »zweifellos brennendste Problem« der ČSR bezeichnet wurde.[33] Die amerikanische Botschaft in Prag empfahl ebenfalls eine rasche alliierte Beschlußfassung und stellte in ihren Berichten nach Washington innenpolitische Aspekte der Vertreibung heraus. Ein Zögern der Alliierten in diesem erstrangigen nationalen Anliegen, so hieß es in einem Bericht, könnte die politische Autorität von Beneš schwächen und radikaleren Kräften Auftrieb geben.[34] Der britische Botschafter beurteilte die Lage ruhiger, sah aber auch kaum eine Möglichkeit, die Austreibung zu steuern oder sie gar aufzuhalten.[35]

Auch jenseits von Oder und Neiße hatten sich vor der Potsdamer Konferenz schon dramatische Geschehnisse vollzogen. Mehr als die Hälfte der etwa zehn Millionen in den Ostgebieten lebenden Deutschen hatten seit Oktober 1944 und vor allem mit Beginn der sowjetischen Großoffensive Mitte Januar 1945 die Flucht vor der Roten Armee ergriffen.[36] Hunderttausende von ihnen blieben in den Schneestürmen liegen, erlagen der Entkräftung, verbluteten zwischen den Fronten, wurden beraubt und erschlagen oder fielen Exzessen zum Opfer. Von denen, die sich damals retten konnten, ahnten die wenigsten, daß sie niemals zurückkehren würden. Die Beschlüsse der Alliierten und die Verwaltungsmaßnahmen Warschaus zur Inkorporation der deutschen Gebiete in das neue Polen blieben meist unbekannt, die Möglichkeit einer definitiven Austreibung aus der Heimat überstieg zudem alle Vorstellung. Mehr als eine Million Menschen wanderten deshalb nach dem Ende der Kampfhandlungen wieder in ihre Städte und Dörfer zurück. Im Juni wurde der Rückstrom von der polnischen Regierung gestoppt, die inzwischen – der Taktik der Prager Regierung vergleichbar – schon das deutsche Vermögen eingezogen und Zurückgekehrte wie Verbliebene faktisch rechtlos gemacht hatte. Gleichzeitig strömten bereits polnische Siedler in die deutschen Ostgebiete ein, seit Juni planmäßig unter der Koordination des »Staatlichen Repatriierungsamtes«. Es mag sein, daß das radikale Vorgehen der Besatzungstruppen und die Deportation von Zehntausenden von Ostdeutschen in die Sowjetunion auch als »Vorarbeit« der bevorstehenden Austreibung verstanden wurde, fest steht, daß die »innere Entfremdung von der Heimat« bei einem Großteil der deutschen Bevölkerung »schon erreicht war, ehe mit der Ausweisung der letzte Schritt getan wurde«. Die erste und zugleich brutalste Phase der eigentlichen Vertreibung begann im Juni 1945 und endete unmittelbar vor Beginn der Potsdamer Konferenz. Davon waren zunächst die Danziger und danach die Deutschen im Hinterland der Oder-Neiße-Linie betroffen. Als die Vereinigten Staaten, Großbritannien und die Sowjetunion am 17. Juli 1945 ihre Beratungen im Schloß Cecilienhof in Potsdam aufnahmen, befanden sich neben den Millionen Ostflüchtlingen auch schon 200000–300000 aus den neuen polnischen Woiwodschaften Vertriebene auf dem Westufer von Oder und Lausitzer Neiße.

In Potsdam machten die Westmächte den Versuch, den »Transfer deutscher Bevölkerungsteile« als Druckmittel einzusetzen. Da sie mit dem festen Vorsatz angereist waren, dem einseitig eingeleiteten Ausgreifen Polens bis zur westlichen Neiße ihre Zustimmung zu versagen, stellten sie die mit den Aussiedlungsmaßnahmen aus diesem Gebiet verbundenen Probleme in den ersten Tagen der Verhandlungen in ganz ungewohnter Weise heraus. Churchill, einer der konsequentesten Verfechter des Transfergedankens, hob mehrfach, gewiß zum nicht geringen Erstaunen Stalins (der seinerseits einfach behauptete, aus den Ostgebieten seien alle Deutschen geflohen), die schwerwiegenden moralischen Bedenken Großbritanniens gegen Massenausweisungen hervor. Die Skrupel des britischen Premierministers ergaben sich wohl auch aus der Tatsache, daß die bevorstehende Bevölkerungsumsetzung die, vom Foreign Office schon Ende 1941 errechnete, Zahl von ungefähr sechs bis sieben Millionen deutschen Vertriebenen nun zu übersteigen drohte. Sir Alexander Cadogan, Staatssekretär im britischen Außenministerium, faßte diese Sorge in Potsdam in die nüchterne Feststellung, daß sich die Schwierigkeiten der Transaktion vor allem im besetzten Deutschland ergeben würden.[37] Der weitere Verlauf der Konferenz zeigte, daß die Debatte über Form und Umfang des Bevölkerungstransfers nur ein Scharmützel am Rande war, das in erster Linie die Verhandlungsposition der USA und Großbritanniens verbessern sollte. Denn in dem Augenblick, als in Potsdam der Kompromiß in der Frage der Reparationenregelung gefunden war, der es Washington und London ermöglichte, einer Verwaltung der deutschen Ostgebiete durch Polen zuzustimmen[38], wurde die Vertreibung der Deutschen aus dem Osten wieder zu dem Nebenaspekt, der er in den politischen Gefechten der Anti-Hitler-Koalition immer gewesen ist: nicht mehr nämlich als eine unschöne, aber unvermeidliche Folge der Neuordnung Europas nach dem Willen der Großmächte.

Sobald der amerikanische Außenminister Byrnes mit seinem Kompromißvorschlag den Weg aus der Sackgasse gewiesen hatte, akzeptierten die Westmächte sofort auch die Vertreibung in einer wenige Tage zuvor aus praktischen und moralischen Gründen noch unannehmbaren Größenordnung. Im Eilverfahren arbeitete nun ein Unterausschuß den berühmten Artikel XIII des »Potsdamer Abkommens« über die ordnungsgemäße Überführung deutscher Bevölkerungsteile aus Polen, der Tschechoslowakei und Ungarn aus. Der britische Vertreter in der Kommission berichtete nach der Konferenz dem Foreign Office über die Verhandlungen. Weil die Anglo-Amerikaner den Massentransfer nicht hätten verhindern können, so schrieb er nach London, seien sie bemüht gewesen sicherzustellen, daß die Austreibung wenigstens so menschlich und geordnet wie möglich durchgeführt würde.[39]

Die Hoffnungen, die von den Deutschen, denen die Ausweisung noch bevorstand, auf die Abmachungen von Potsdam gesetzt wurden, haben sich meist nicht erfüllt. Der Einfluß der Westmächte auf den Ablauf der Aussiedlung war von vorneherein sehr begrenzt. Es gibt aber auch kein Anzeichen dafür, daß Truman und Attlee jemals mit dem Gedanken gespielt hätten, Sanktionen für den Fall einer Verletzung der Transfer-Vereinbarungen anzudrohen. Weshalb hätten sich die Sieger in dem von Hitler-Deutschland vom Zaun gebrochenen, blutigsten Krieg der Geschichte in der Stunde ihres Triumphes auch ausgerechnet zum Anwalt eines Volkes machen sollen, das so viel Leid über die Welt – und vor allem über Osteuropa – gebracht hatte? Es ging den Alliierten am Ende des Krieges, wie hätte es anders sein können, nicht um eine Verständigung mit, sondern auf Kosten von Deutschland. Mit einem – in ihrer Perspektive – sekundären Problem hätten die Großen Drei ihre ohnehin diffizile Konsensfindung belasten sollen, deren Grenzen in Potsdam so scharf zutage traten? Es war wohl unvermeidlich, daß der Keim zu später lieb gewordenen und erhebliche politische Wirksamkeit entfaltenden Legenden schon gelegt wurde, noch ehe die Delegationen die Heimreise vom letzten Treffen der Anti-Hitler-Koalition angetreten hatten. Denn wie anders wäre es zu bewerten, daß der amerikanische und britische Vertreter in dem kurzlebigen Unterausschuß für Fragen des Bevölkerungstransfers ihrem sowjetischen Gegenüber allen Ernstes erklärten, daß sie, und das konnte nur heißen: die beiden westlichen Regierungen, »für den Gedanken von Massenausweisungen eigentlich nichts übrig hätten (that we did not like the idea of mass transfers anyway)«? Vielleicht sollte die kühne Behauptung verdecken, daß Großbritannien, und mit Abstrichen auch die USA, sich schon früh für Umsiedlungen in Osteuropa starkgemacht und Transfers in der Größenordnung von einigen Millionen Menschen für unproblematisch gehalten hatten. Die westlichen Regierungen, noch weniger die öffentliche Meinung in England und Amerika, standen deshalb dem Schicksal der Flüchtlinge und Vertriebenen gewiß nicht indifferent gegenüber. London und Washington nahmen den Bevölkerungstransfer mit einem nicht ohne Grund »verstörten Gewissen«[40] aber so hin, wie er nun einmal begonnen hatte, gaben ihr Placet zu weiteren Ausweisungen und hofften im übrigen auf eine segensreiche Wirkung des Artikels XIII der Potsdamer Vereinbarungen.

Es war das tragische Schicksal der Vertriebenen, daß sie als Gruppe Objekt von Großmachtentscheidungen waren und zugleich als einzelne in ihrer ost- und südosteuropäischen Heimat für die menschenverachtende Politik und Kriegführung des Deutschen Reiches persönlich haftbar gemacht wurden.[41] Mit dem Ende des Krieges rückten dort zunehmend Revanche für nationale Demütigungen und Vergeltung für in deutschem Namen verübte Verbrechen als Movens und Rechtfertigung der Austreibung in den Vordergrund. Auch deshalb, weil viele von denen, die jetzt verjagt wurden, dem Nationalsozialismus fern gestanden hatten, und die wenigsten von ihnen eine persönliche Schuld an den deutschen Untaten im Osten traf, vollzog sich mit ihrer Entwurzelung, wie Winston Churchill am 16. August 1945 in seiner ersten Rede als Oppositionsführer vor dem britischen Unterhaus sagte, in der Tat eine »Tragödie ungeheueren Ausmaßes«.[42]

JOSEF FOSCHEPOTH

Potsdam und danach: Die Westmächte, Adenauer und die Vertriebenen

Die Konferenz von Potsdam, die letzte der drei Gipfelkonferenzen der im Krieg gegen das nationalsozialistische Deutschland verbündeten Großmächte, genießt gemeinhin keine sonderliche Wertschätzung. Dies gilt vor allem für die westliche Geschichtsschreibung, nota bene die westdeutsche. Wichtige Fragen seien ungelöst geblieben, zentrale Begriffe nicht näher definiert und einander widersprechende Formulierungen in das gemeinsame Kommuniqué aufgenommen, kurz: ein Formelkompromiß sei erzielt worden, der die prinzipielle Uneinigkeit der Alliierten verschleierte und in der Praxis daher gar nicht erst zu einer gemeinsamen Politik der Siegermächte führen konnte. Nimmt man die weitverbreitete Vorstellung hinzu, wonach der Westen in Potsdam der Sowjetunion ein letztes Mal auf den Leim gegangen sei, so ist es nicht sehr schwer, den eigentlichen Übeltäter für alles, was seit dem Ende des Zweiten Weltkriegs schiefgelaufen ist, dingfest zu machen. Die in den verschiedenen Hauptstädten des sowjetischen Imperiums von Moskau bis Ost-Berlin propagandistisch immer wieder wirksam in Szene gesetzte Forderung nach Einhaltung und Erfüllung des Potsdamer Abkommens tat ihr übriges, um den Eindruck einer ausschließlich zugunsten der Sowjetunion verlaufenen Konferenz zu verstärken. Im Westen machten sich ganze Bataillone von Publizisten, Politikern, Politologen, Historikern, Juristen, Völkerrechtlern usw. an die Arbeit, um die Widersprüchlichkeit, Nichtigkeit oder auch Ungültigkeit der Potsdamer Vereinbarungen zu beweisen, in jedem Falle aber eine Abkehr von Potsdam politisch, moralisch, völkerrechtlich oder wie sonst auch immer zu legitimieren.[1]

Das letzte Wort über die Potsdamer Konferenz ist noch nicht gesprochen, eine umfassende, auf breiter Quellengrundlage basierende Darstellung steht noch aus. Natürlich ist die Kritik am »Protokoll über die Verhandlungen der Berliner Konferenz« bzw. an dessen als »Potsdamer Abkommen« bekannt gewordener und in Form eines Kommuniqués gekleideter gekürzter Fassung in vieler Hinsicht berechtigt. Ein Vorwurf trifft jedoch nicht zu, wonach auf seiten der Westmächte Illusionisten am Werk gewesen seien, die die Lage nicht richtig eingeschätzt, den eigenen Handlungsspielraum unterschätzt und die Konsequenzen ihrer Entscheidungen nicht vorausgesehen hätten.[2] Kennzeichnend für Potsdam war viel-

mehr ein nüchterner Realismus. Eine Haltung, der aufseiten der Amerikaner und der Briten eine klare Analyse der Ziele und Methoden der sowjetischen Außenpolitik, aber auch der eigenen wirtschaftlichen und politischen Handlungsmöglichkeiten zugrunde lag. Hieraus resultierte – nicht zuletzt im Hinblick darauf, auch in Zukunft miteinander auskommen zu müssen – auf *allen* Seiten die Bereitschaft zum Kompromiß, zum Geben und Nehmen. Weder Stalin noch Truman oder Attlee verließen den Konferenztisch in dem Gefühl, einen Sieg über den anderen errungen zu haben. Die getroffenen Vereinbarungen waren vielmehr, wie Chruschtschow in seinen Erinnerungen schrieb, »ein Kompromiß auf der Grundlage der Machtverteilung zwischen den Alliierten zu Kriegsende«.[3]
Grundlage dieses Kompromisses war – allen Beteuerungen zur Zusammenarbeit zum Trotz – die Eingrenzung der Handlungsmöglichkeiten der jeweils anderen Seite auf die von ihr maßgeblich beherrschte Einflußsphäre. Wenn es in Potsdam Illusionen gegeben hat, dann nachweislich nicht darüber, daß die Vereinbarungen der drei Großmächte *nicht* zu einer dauerhaften territorialen Beschneidung Deutschlands im Osten führen würden; ja nicht einmal darüber, daß sich eine Zweiteilung Restdeutschlands auf Dauer nicht vermeiden lasse; wohl aber darüber, inwieweit es gelingen würde, der westlichen Öffentlichkeit die politischen Folgen und wirtschaftlichen Kosten der machtpolitisch sehr nüchtern kalkulierten Entscheidungen von Potsdam klarzumachen. Dies führte sehr bald zu jener doppelbödigen Politik, die auf der deklamatorischen Ebene eine Revision der Potsdamer Beschlüsse und somit des territorialen Status quo forderte, auf der politisch-praktischen Ebene jedoch eine konsequente Politik der Stabilisierung gerade jenes Status quo betrieb, wie er sich als Folge der Potsdamer Beschlüsse herausgebildet hatte. Die Politik in der Frage der Abtretung der deutschen Ostgebiete jenseits von Oder und Neiße an Polen und das damit eng zusammenhängende Problem der Umsiedlung, Flucht und Vertreibung der deutschen Bevölkerung aus diesen und anderen Gebieten Osteuropas bieten dafür ein aufschlußreiches Beispiel.

I

Als Mitte Juli 1945 die Verhandlungsdelegationen der drei Großmächte in Berlin eintrafen, hatten sowohl die Amerikaner als auch die Briten die Direktive in ihrem Diplomatengepäck, auf keinen Fall eine territoriale Erweiterung Polens auf Kosten Deutschlands bis an die Oder und die westliche Neiße hinzunehmen. Das Fait accompli, mit dem sich die Westmächte durch die Übertragung der Verwaltungshoheit östlich von Oder und Neiße an Polen seitens der Sowjetunion konfrontiert sahen, betrach-

tete man als einen schweren Verstoß gegen bislang getroffene Vereinbarungen, wonach die Grenzfrage erst auf einer Friedenskonferenz entschieden und Deutschland bis dahin in den Grenzen von 1937 von allen Besatzungsmächten gemeinsam verwaltet werden sollten.[4] Hinsichtlich der in Aussicht genommenen Westerweiterung Polens gingen die Amerikaner mit dem festen Vorsatz in die Verhandlungen, die Polen nach Möglichkeit nicht bis an die Oder vordringen zu lassen. Vielmehr sollten neben dem südlichen Teil Ostpreußens lediglich Danzig, Oberschlesien und nur ein Teil Pommerns weit östlich von Stettin an Polen abgetreten werden. Da die Briten jedoch zu weitergehenden Konzessionen bereit zu sein schienen und gegen eine Ausdehnung Polens bis an die Oder nichts einzuwenden hatten, war man in Washington notfalls bereit, auch eine solche Lösung zu akzeptieren, wenn sich herausstellen sollte, daß Amerika mit dem eigenen Vorschlag auf einsamem Posten gegenüber den Forderungen der Sowjetunion stehen würde.[5]
In London hatte sich seit Beginn des Jahres 1945 in der dortigen Administration die Einstellung gegenüber der Sowjetunion deutlich gewandelt. Während britische Politiker sich während des Krieges gerade in Fragen territorialer Zugeständnisse an Moskau sehr großzügig gezeigt hatten, waren sie nun nicht mehr bereit, voreilige Zugeständnisse zu machen, ohne dafür entsprechende Gegenleistungen zu erhalten, da ein solches Verhalten von den Sowjets nur »als Zeichen der Schwäche gedeutet werden und weitere überzogene Forderungen in anderen Bereichen nach sich ziehen würde«.[6] Eine Anerkennung der Linie entlang von Oder und westlicher Neiße kam daher nicht in Frage. Allenfalls wollte Großbritannien einer Ausdehnung Polens bis zur Oder und östlichen Neiße zustimmen, was immerhin Niederschlesien mit seiner überwiegend deutschen Bevölkerung von ca. 3 Millionen Einwohnern beim Deutschen Reich belassen hätte. Sollten die Sowjets einer solchen Lösung zustimmen, waren die Briten bereit, einer dauerhaften Abtretung dieser Gebiete an Polen, vorbehaltlich einer endgültigen Bestätigung auf der Friedenskonferenz, zuzustimmen. Sollten die Sowjets sich jedoch einer Einigung in diesem Sinne versagen und gegen den Willen der übrigen Alliierten auch die Gebiete bis zur westlichen Neiße unter polnischer Verwaltung belassen, wollte die britische Regierung die Vereinigten Staaten drängen, gemeinsam mit ihr auf einer Reduzierung des sowjetischen Anspruchs auf deutsche Wiedergutmachungsleistungen zu bestehen. Notfalls wollten die Briten sogar der Sowjetunion androhen, jede Form von Reparationslieferungen aus der amerikanischen und britischen Zone zu untersagen, falls Moskau nicht bereit sei, Niederschlesien der polnischen Verwaltungshoheit wieder zu entziehen.[7]
Die Entscheidung von Potsdam fiel bekanntlich anders aus. Weder die

amerikanische noch die britische Vorstellung setzte sich durch. Dagegen wurde die sowjetische Forderung nach Sanktionierung des Fait accompli in vollem Umfang erfüllt. Nordostpreußen wurde mit Königsberg an die Sowjetunion abgetreten, zwar vorbehaltlich einer endgültigen Regelung auf der Friedenskonferenz, doch mit der ausdrücklichen Zusicherung der beiden Westmächte, diesen Vorschlag der Konferenz bei den Verhandlungen über einen Friedensvertrag zu unterstützen. Hinsichtlich der künftigen Westgrenze Polens stimmten sie – wiederum unter dem Vorbehalt einer endgültigen Festsetzung der Grenze auf der Friedenskonferenz – überein, »die früheren deutschen Gebiete« östlich von Oder und westlicher Neiße der Verwaltung des polnischen Staates zu unterstellen und nicht länger mehr als einen Teil der sowjetischen Besatzungszone und damit Deutschlands anzusehen, indem sie diese ausdrücklich der Oberhoheit des Alliierten Kontrollrats in Berlin entzogen. Zwar fiel der westliche Vorbehalt gegenüber dieser Gebietsabtretung stärker aus als gegenüber jener an die Sowjetunion, insofern nur von einer Anerkennung der polnischen Verwaltungshoheit, nicht jedoch von polnischer Souveränität o. ä. die Rede war. Auch fehlte hier der ausdrückliche Hinweis darauf, daß die Westmächte die neue Westgrenze Polens auf der für die nahe Zukunft erwarteten Friedenskonferenz bestätigen würden. Daß London jedoch auch zu einer solchen Erklärung bereit war, ist dem Entwurf für ein Statement des Premierministers zu entnehmen, das Attlee an einem der letzten Verhandlungstage abgeben sollte. Voraussetzung war allerdings, daß die Sowjetunion in den die wirtschaftliche Zukunft Deutschlands und nicht zuletzt Großbritanniens selbst berührenden Fragen der Regelung der Lebensmittelimporte und der Reparationsfrage Entgegenkommen zeige. So hieß es in dem besagten Entwurf, daß die britische Regierung unter den genannten Bedingungen bereit sei, das Fait accompli der Sowjetunion zu akzeptieren und »auf der Friedenskonferenz den polnischen Anspruch auf jene Gebiete zu unterstützen«.[8]
Zwar hat der britische Premier laut britischen und amerikanischen Verhandlungsprotokollen eine solche Erklärung dann offensichtlich doch nicht abgegeben, was jedoch an der prinzipiellen Entschlossenheit der Westmächte, in Potsdam eine, wenn auch nicht De-jure-, so doch De-facto-Regelung der Grenzfrage anzustreben, nichts änderte. Wenn überhaupt, bestand allenfalls nur jetzt noch die Möglichkeit, die Hinnahme vollendeter Tatsachen, die man ja keineswegs prinzipiell, sondern nur von ihrem Umfang her in Frage stellte, als Verhandlungspoker einzusetzen. Nicht die Sorge um den territorialen Bestand des Deutschen Reiches, nicht die Sorge um die Ausweisung und Umsiedlung von mehreren Millionen Menschen in die eine oder andere Richtung plagte die Alliierten – das schien vielmehr eine natürliche Folge des verlorenen Krieges

und die Voraussetzung für die Verhinderung eines neuen, dritten Krieges zu sein –, sondern die Sorge um die möglichst gleichmäßige Verteilung der Kosten des Sieges. Eine Regelung, die darauf hinauslief, ca. 25% des deutschen Territoriums einschließlich wichtiger landwirtschaftlicher Gebiete an Polen und die Sowjetunion abzutreten, konnte nicht ohne erhebliche negative Auswirkungen auf die Ernährung und Versorgung der Bevölkerung im »Rumpf-Reich« bleiben. Ein Beschluß über die Ausweisung der Deutschen aus jenen und anderen Gebieten Osteuropas mußte die Lage im Hoheitsgebiet des Kontrollrats zusätzlich verschärfen. Selbst wenn die Flüchtlinge und Vertriebenen zunächst einmal in der sowjetisch besetzten Zone blieben, konnte dies nicht ohne Auswirkungen auf die westlichen Zonen bleiben. Denn nach dem Verlust der Ostgebiete hätte sich auch dieses traditionell landwirtschaftliche Überschüsse produzierende Gebiet sehr bald in ein Notstandsgebiet verwandelt. Folglich wäre den Westmächten nichts anderes übriggeblieben, als ihre eigenen Ressourcen anzuzapfen, um die Bevölkerung in ihren Zonen nicht verhungern zu lassen. Hinzu kam, daß nun ein territorial verkleinertes, aber um so dichter bevölkertes Gebiet für die Befriedigung der verschiedenen Reparationsansprüche zuständig war. Ohne eine deutliche Reduzierung der sowjetischen Wiedergutmachungsforderungen und ohne einen zonenübergreifenden Nahrungsmittelausgleich war eine »kostenneutrale« Lösung der polnisch-deutschen Grenzfrage nicht möglich.[9]

Zwischen der Lösung der Reparations- und Grenzfrage im Osten Deutschlands bestand somit ein unmittelbarer, ja konditionaler Zusammenhang. In der Tat drohte die Konferenz zu scheitern, als es nicht gelang, eine Lösung dieses Problems zu finden. Briten und Sowjets beharrten hartnäckig auf ihren Positionen, nur die Amerikaner zeigten sich beweglich. Des Feilschens um Details überdrüssig und am raschen und erfolgreichen Ende der Beratungen interessiert, unterbreiteten sie einen Kompromißvorschlag, den der amerikanische Außenminister Byrnes zunächst mit Molotow abgeklärt und danach erst – sehr zum Ärger der Briten – mit Bevin besprochen hatte. Nach der Devise: ›Akzeptierst du meinen Reparationsplan, akzeptiere ich deine Grenzvorstellungen‹ wurden beide Fragen miteinander verknüpft und in die Verhandlungen eingebracht. Nachdem die Sowjets bereits prinzipiell zugestimmt hatten, sahen sich die Briten mehr oder weniger gezwungen, dieses auch zu tun. Verglichen mit der ursprünglichen Absicht der Amerikaner, nicht einmal die Oder als Grenze zu akzeptieren, war ihr jetziger Vorschlag geradezu revolutionär: Die Oder und die westliche Neiße sollten die künftige Grenze Polens bilden.

Die Zugeständnisse, die die Sowjetunion in der Reparationsfrage machen mußte, waren jedoch nicht weniger beträchtlich: Die deutschen Reparationsleistungen wurden nicht, wie von Moskau immer wieder gefordert, auf einen festen Betrag, sondern lediglich hinsichtlich ihrer prozentualen Verteilung auf die Empfängerländer festgelegt. Eine genaue Festlegung blieb weiteren Verhandlungen vorbehalten. Von Reparationen aus laufender Produktion war überhaupt nicht mehr die Rede. Die Reparationsansprüche Polens hatte die Sowjetunion aus dem eigenen Reparationsanteil zu decken. Ferner blieb ihr der direkte Zugriff auf die Industrie der westlichen Zonen, insbesondere des Ruhrgebiets, verwehrt. Nur 10% der in den westlichen Zonen anfallenden Reparationen sollten an die Sowjetunion gehen. Weitere 15% sollten nur gegen entsprechende Lieferungen von Lebensmitteln, Kohle usw. abgegeben werden. Schließlich sollte der Kontrollrat zwar darüber befinden, welche Industrien für den Wiederaufbau einer deutschen Friedenswirtschaft notwendig waren und welche nicht, die letzte Entscheidung jedoch, ob ein bestimmtes Werk oder eine bestimmte Anlage abgebaut werden sollten, lag beim jeweiligen Befehlshaber der vier Besatzungszonen.[10]

Die Annahme des amerikanischen Vorschlags hatte für die Zukunft Deutschlands erhebliche Konsequenzen. Er bedeutete nicht nur den Verzicht auf die Gebiete östlich von Oder und westlicher Neiße, sondern führte faktisch auch zu einer reparationspolitischen und damit machtpolitischen Aufteilung Restdeutschlands in eine östliche und eine westliche Einflußsphäre. Im Londoner Außenministerium konnte man sich mit Recht kaum vorstellen, daß die angestrebte Lösung »Deutschland nicht vollständig in zwei Teile teilen wird, so sehr wir uns auch bemühen mögen, ein solches Ergebnis zu verhindern«.[11]

In Kreisen der britischen Verhandlungsdelegation in Potsdam sah man dies nicht anders: »Der amerikanische Plan wird es daher, wenn er so ausgeführt wird, wie die Amerikaner ihn allem Anschein nach verstehen, von Anfang an unmöglich machen, Deutschland als eine Einheit zu verwalten, so sehr wir auch auf dem Papier das Prinzip der wirtschaftlichen Einheit bewahren mögen.« Vielmehr schien es unvorstellbar, »daß ein Deutschland, das nicht als eine wirtschaftliche Einheit behandelt wird, noch lange als eine politische Einheit behandelt werden könnte«.[12]

Nicht Illusionisten, sondern Realisten waren in Potsdam am Werk, die sich schließlich darauf einigten, was machtpolitisch allein noch möglich zu sein schien: nämlich den eigenen Einflußbereich vor den Eingriffen des anderen zu schützen und im übrigen dem anderen das zuzugestehen, was er ohnehin schon hatte. Jene Passagen des Potsdamer Abkommens aber, denen es an einer klaren Definition mangelte – und derer gab es viele –, sollten sich sehr bald als ein willkommenes Mittel erweisen, um dem andern – gemäß der eigenen Interpretation des Abkommens – Mißachtung, Verletzung oder gar den Bruch der Potsdamer Vereinbarungen vorzuwerfen. In der Grenzfrage war die Vorbehaltsklausel hinsichtlich einer endgültigen Regelung auf der Friedenskonferenz die Stelle, an der der Hebel angesetzt werden konnte.

Die Entwicklung seit Potsdam ist durch eine wachsende Kluft zwischen politischer Praxis und politischer Propaganda gekennzeichnet. Einerseits erstrebten die Alliierten eine rasche Stabilisierung der neuen territorialen Verhältnisse [13], andererseits wies man im Westen immer häufiger darauf hin, daß die Grenzfrage noch offen sei. Dies geschah jedoch nicht in der Absicht, den territorialen Status quo tatsächlich noch einmal revidieren zu wollen, sondern vielmehr mit dem Ziel, durch eine Politik propagandistischer Destabilisierung des gegnerischen Einflußbereichs die eigene Interessensphäre zu stabilisieren. Am 9. August 1945 hatte der amerikanische Präsident in einer Rundfunkansprache über die Ergebnisse der Potsdamer Beratungen keinen Zweifel daran gelassen, daß für ihn die Regelung der polnischen Westgrenze keineswegs nur provisorisch sei.[14] Entsprechend hieß es in einer Erläuterung des amerikanischen Außenministeriums vom 11. Dezember 1945 zu den in Potsdam gefaßten wirtschaftlichen Beschlüssen, daß für die Festsetzung der Leistungskraft der deutschen Friedenswirtschaft die in der Potsdamer Erklärung vorgesehenen geographischen Grenzen zugrundegelegt werden sollten.[15] Am 26. März 1946 definierte der Alliierte Kontrollrat: »Deutschland besteht aus dem gegenwärtigen deutschen Gebiet zwischen der Oder-Neiße-Linie und den gegenwärtigen Westgrenzen«.[16] Selbst als im Frühjahr 1947 die amerikanischen Revisionsforderungen Wellen schlugen, dachte man im State Department in Washington weiterhin pragmatisch und stimmte in den Verhandlungen über die Entschädigung nationalisierten amerikanischen Besitzes in Polen ohne Umschweife einer Formulierung zu, wonach »der Begriff ›Polen‹ auch die ehemaligen deutschen Gebiete umfassen sollte«.[17]

Sieht man einmal davon ab, daß Frankreich, obwohl es in Potsdam nicht am Konferenztisch vertreten war, ohnehin keine Probleme mit einer Anerkennung der Oder-Neiße-Linie hatte,[18] so waren die Briten zwar die geschickteren Diplomaten und hielten sich mit eindeutigen öffentlichen Festlegungen zurück, doch kann bei aufmerksamer Lektüre nicht nur der internen Aufzeichnungen, sondern auch der öffentlichen Äußerungen kein Zweifel daran bestehen, daß auch sie die Grenzregelung als definitiv betrachteten. Im Gegenteil, es waren gerade die Briten, die die Oder-Neiße-Grenze sehr bald schon gegen jede Art von Revisionsbestrebungen verteidigten.[19] In Großbritannien ließ man zunächst keinen Zweifel daran, daß man nur widerwillig der Grenzregelung zugestimmt hatte. Obwohl Churchill, inzwischen Oppositionsführer, sie als schlechtes Omen für die Zukunft Europas wertete, sah er keine andere Möglichkeit, wie dieses Problem bei den widerstreitenden Interessen anders als auf dem Wege des Kompromisses hätte gelöst werden können. Trotz dieses Unbehagens wollte der Expremier an den gefaßten Beschlüssen nicht rütteln und er sprach in der Debatte des Unterhauses am 20. August 1945 sehr deutlich vom »neuen Polen«. Außenminister Bevin drückte sich hingegen wesentlich sibyllinischer aus. Er erinnerte an Versprechungen, die die neue polnische Regierung über die Abhaltung demokratischer Wahlen, die Verwirklichung bestimmter bürgerlicher Freiheiten und die wirtschaftliche Nutzung der neu hinzugewonnenen Gebiete gemacht habe, und versuchte so einen gewissen Zusammenhang zwischen der inneren und äußeren polnischen Frage herzustellen. Die endgültige Festlegung der Grenze hing nach Bevin ganz entscheidend davon ab, wie schnell und in welchem Umfang es den Polen gelingen würde, die ehemaligen deutschen Gebiete wieder zu besiedeln.[20] Die ehrenwerten Mitglieder des englischen Parlaments unterließen es, wenigstens zu diesem Zeitpunkt, unangenehme Fragen zu stellen. War die Entscheidung zur Westverschiebung etwa richtig, wenn in Polen in absehbarer Zeit freie Wahlen abgehalten wurden? Falsch, wenn dies nicht der Fall sein würde? Wäre eine erneute Vertreibung der Polen, die sich bereits in den ehemaligen deutschen Ostgebieten angesiedelt hatten, damit zu rechtfertigen, daß noch nicht genug Polen in die verlassenen Gebiete übergesiedelt waren? Welche Mittel standen der britischen, amerikanischen oder welcher Regierung auch immer zur Verfügung, um die einmal beschlossene Grenze wieder zu revidieren oder auch nur ihre endgültige Anerkennung an immer neue Bedingungen knüpfen zu wollen? Im britischen Parlament verstand man sehr wohl, was der Minister eigentlich sagen wollte: Nicht die Revision vollzogener Tatsachen, sondern ihre rasche Vollendung lag im erklärten Interesse Großbritanniens, der Westmächte insgesamt und der Sowjetunion ohnehin.[21]

Interne Überlegungen, wie sie im britischen Außenministerium angestellt wurden, machten in der Tat deutlich, wie wenig es zur Anerkennung der Oder-Neiße-Linie eine »praktische Alternative« gab. Jede Forderung nach Revision mußte Polen noch enger an die Seite der Sowjetunion treiben. In keiner Frage waren die verschiedenen gesellschaftlichen und politischen Gruppen des neuen Polens so einig wie in der Frage der Westerweiterung ihres Landes. Jedes Offenhalten der Grenzfrage konnte nur die gewünschte schnelle Inbesitznahme der von den Deutschen verlassenen Gebiete verhindern, was wiederum nicht im Interesse eines zügigen wirtschaftlichen Wiederaufbaus Europas war. Gleichzeitig wurden durch eine solche Taktik auf seiten der Deutschen nur unerfüllbare Hoffnungen auf Rückkehr in die alte Heimat geweckt. Die Entstehung eines neuen deutschen Nationalismus war demnach vorauszusehen.

Polen selbst lag wirtschaftlich am Boden. Von den ungeheuren politischen und wirtschaftlichen Problemen einer erneuten Vertreibung der Polen und eines Rücktransfers der ehemaligen deutschen Bevölkerung ganz abgesehen, war kurzfristig von einer Rückgliederung der ehemaligen Ostgebiete an das Deutsche Reich kein Vorteil zu erwarten. Die Produktivitätsraten lagen weit unter Vorkriegsniveau. Geringe Überschüsse in der landwirtschaftlichen Produktion des neuen Polens wurden frühestens für das Jahr 1948 erwartet. Warum, so fragten sich die Beamten des Foreign Office, sollte man den ganzen Ärger auf sich nehmen, wenn die Sowjets ohnehin nur die Gewinner wären, da die zurückgewonnenen Gebiete auf jeden Fall ihrer Zone zugeschlagen würden. Ferner: Ließ sich die allein auf die Westzonen gerichtete Rekonstruktionspolitik des Westens nicht um so besser als Gegenmaßnahme gegen die von der Sowjetunion betriebene ›Zerstückelungs- und Verelendungspolitik‹ gegenüber Deutschland legitimieren? Und schließlich: Garantierte die Oder-Neiße-Grenze nicht auch, daß der größere Teil des unter der Viermächtekontrolle stehenden Deutschlands unter dem direkten Zugriff des Westens stand? »Je mehr wir im Falle einer Teilung Deutschlands von Deutschland haben«, notierte am 25. Oktober 1946 ein leitender Beamter des Foreign Office, »um so besser. Ost-Deutschland ist dann zumindest im Verhältnis kleiner. Selbst wenn Deutschland nicht geteilt werden sollte, wird die Oder-Neiße-Grenze es den Russen sehr viel schwerer machen, sich der vollen Unterstützung der Deutschen zu versichern. Nicht daß die Deutschen *jemals* den Verlust von Ostpreußen, Danzig oder Oberschlesien vergessen werden. Die jüngste deutsche Geschichte scheint vielmehr zu zeigen, daß die Deutschen niemals zufrieden sein werden. Aber wenn wir wirklich der Gefahr gewärtig sein müssen, daß die Russen die Sympathien eines geeinten Deutschlands gewinnen könnten, dann ist die Oder-Neiße-Grenze für sie eine schwer zu überwindende Barriere.«[22]

Als diese Zeilen im Herbst 1946 niedergeschrieben wurden, war klar, daß die Haltung gegenüber der Oder-Neiße-Grenze zu einer wichtigen taktischen Frage in der Auseinandersetzung mit der Sowjetunion um die Zukunft Deutschlands geworden war. Während die Politiker in London es für das Sinnvollste hielten, reinen Tisch zu machen und die neue polnisch-deutsche Grenze anzuerkennen, um sich ganz der Aufgabe der wirtschaftlichen und politischen Rekonstruktion Westeuropas, einschließlich der westlichen Besatzungszonen, widmen zu können, war man sich in Washington zwar in der Zielsetzung mit den Briten einig, differierte jedoch in der Frage des besten taktischen Vorgehens. Am 6. September hatte der amerikanische Außenminister Byrnes in Stuttgart eine Rede gehalten, in der er die Abkehr von einer bislang als destruktiv eingeschätzten amerikanischen Deutschlandpolitik signalisierte. Da die Deutschen in der globalstrategischen Konzeption der USA inzwischen eine wichtigere Rolle einnahmen als Polen, unterließ Byrnes es nicht, auch eine Bemerkung zu der inzwischen heftig umstrittenen Potsdamer Entscheidung in der polnisch-deutschen Grenzfrage zu machen. Er sagte, die Großmächte hätten zwar, vorbehaltlich einer endgültigen Regelung, der Abtretung der deutschen Ostgebiete an die Sowjetunion und Polen zugestimmt, sich jedoch »nicht verpflichtet«, »auf der Friedenskonferenz die Überlassung eines dieser Gebiete zu unterstützen«.[23]

Dieser Satz klang, zumal in deutschen Ohren, wie der Ruf nach Revision, obgleich der Außenminister nichts sagte, was nicht mit dem Text der Potsdamer Erklärung vereinbar gewesen wäre. Freilich hätte er auch sagen können, daß sich die drei Regierungschefs in Potsdam nicht verpflichtet hätten, auf der Friedenskonferenz die endgültige Übertragung der Oder-Neiße-Gebiete an Polen *nicht* zu unterstützen. Ein solcher Satz wäre allerdings mehr polenfreundlich gewesen, während jener deutlich auf das deutsche Publikum zugeschnitten war. Vom Inhalt her meinten beide das gleiche: Erst auf der Friedenskonferenz und nicht vorher sollte die polnische Westgrenze endgültig festgelegt werden. So war es in Potsdam vereinbart worden. Ob angesichts der großen wirtschaftlichen und politischen Probleme eine Revision der Grenze noch möglich und angesichts der Potenzierung menschlichen Elends durch erneute Flucht und Vertreibung moralisch überhaupt noch zu verantworten war, es mithin über die eingegangenen, ausgesprochenen und unausgesprochenen, Verpflichtungen hinaus nicht sehr wohl eine Verpflichtung gab, an der Endgültigkeit der Oder-Neiße-Grenze nicht mehr zu rütteln, darüber waren die Regierungen in Washington und London offensichtlich unterschiedlicher Meinung.

Ähnlich wie sich die Amerikaner in Potsdam kurzerhand über die Bedenken der Briten hinweggesetzt hatten und weit mehr als diese zu konzedieren bereit waren, machte sich der neue Außenminister der Vereinigten Staaten, Marshall, auf der Moskauer Außenministerkonferenz im Frühjahr 1947 plötzlich, und ohne Großbritannien konsultiert zu haben, zum Anwalt einer Grenzrevision zugunsten Deutschlands. Zwar müsse Polen für seine territorialen Verluste an die Sowjetunion entschädigt werden, doch dürfe nicht übersehen werden, daß die deutsche Bevölkerung hungere, weil ihr Land übervölkert sei und durch den Zustrom von Millionen Flüchtlingen und Vertriebenen keine ausreichende Ernährung möglich sei. Deshalb sei es unbedingt erforderlich, daß Polen etwa die Hälfte der ehemaligen deutschen, vor allem der landwirtschaftlich genutzten Gebiete wieder zurückgebe. Nur so könnten das Entstehen einer deutschen Irredenta und – als Folge davon – neue internationale Konflikte vermieden werden.

Die Argumente waren nicht neu. Überzeugend waren sie nicht. Die Amerikaner dürften selbst am wenigsten daran geglaubt haben, durch einen erneuten Bevölkerungstransfer in Mitteleuropa den Hunger beseitigen und Spannungen in dieser Region abbauen zu können.[24] Darum ging es im Grunde auch nicht. Vielmehr darum, den eigentlichen Verursacher für die Westverschiebung Polens, den Verlust der deutschen Ostgebiete, den Hunger der Deutschen, das Wiederaufleben eines deutschen Nationalismus, die Verschärfung der internationalen Lage usw. dingfest zu machen: nämlich Moskau. Wenn Marshall die Revision der polnischen Westgrenze im Interesse einer raschen wirtschaftlichen Stabilisierung Deutschlands wirklich gewollt hätte, hätte er sie nicht erst am 9. April 1947 kurz vor dem ergebnislosen Abbruch der Moskauer Außenministerkonferenz zur Sprache gebracht. Seine Intention war es vielmehr, noch einmal all jene Punkte anzusprechen und gleichsam in Form eines Sündenregisters aufzulisten, über die mit der Sowjetunion keine Einigung erzielt werden konnte. Daß eine solche Einigung nicht zustande kam, lag deshalb, wie der amerikanische Außenminister nach seiner Rückkehr aus Moskau in einer Rundfunkansprache betonte, auch ausschließlich an der mangelnden Kooperationsbereitschaft der Sowjetunion.[25]

Gegen Ende des Jahres wiederholte sich auf der Londoner Außenministerkonferenz das bekannte Spielchen noch einmal, ehe beschlossen wurde, auf dieser Ebene nicht mehr miteinander zu reden. Die Westmächte schlugen die Einsetzung einer Grenzkommission vor, die die endgültige Regelung sämtlicher Grenzen, auch der im Westen Deutschlands, beraten sollte. Dies hatte den Vorteil, daß der Westen seine eigenen unterschiedlichen Positionen und Interessen nicht nur in der Oder-Neiße-, sondern z. B. auch in der Saarfrage nicht offen austragen mußte. Schließlich konnte man sicher sein, daß Molotow einen solchen Vorschlag ohnehin ablehnen würde. So hatte der amerikanische Vorstoß an der Faktizität der Oder-Neiße-Grenze zwar nichts geändert, den Deutschen jedoch den Eindruck vermittelt, als könnten sie bei ihren Forderungen nach Revision von Potsdam voll auf die Amerikaner setzen. Die Briten gerieten wieder einmal in Zugzwang. Obwohl sie in der Anerkennungsfrage eine bessere Politik vertraten, erforderte es der Kalte Krieg gegen die Sowjetunion, es in dieser Frage nicht mit den Deutschen zu verderben. Damit waren der Entstehung eines neuen deutschen Revisionismus Tür und Tor geöffnet. Wie konnten die Westmächte einer Forderung nach Rückgabe der deutschen Ostgebiete in Zukunft glaubhaft widerstehen, wenn, gleichsam von höchster Stelle, zumindest auf amerikanischer Seite, deutlich gemacht wurde, daß man die Oder-Neiße-Grenze nicht mehr nur für offen, sondern gar für revisionsbedürftig hielt. Angesichts dieser Entwicklung sahen auch die Briten keine Möglichkeit mehr, ihren lange Zeit durchgehaltenen pragmatischen Standpunkt hinsichtlich einer endgültigen Regelung der Grenzfrage im Sinne der Bestätigung des Status quo aufrechtzuerhalten. Zwar hielt London eine Revision der Grenze auch weiterhin weder für möglich noch für wünschenswert, doch legten taktische Überlegungen es jetzt nahe, wie der Staatsminister im britischen Außenministerium, Hector McNeil, formulierte, »so lange wie möglich die De-jure-Anerkennung der neuen Grenze zurückzuhalten«.[26]

II

Wie wenig den Siegermächten des Zweiten Weltkriegs – und nicht nur diesen, sondern auch allen Anrainerstaaten Deutschlands – nach der Entscheidung von Potsdam daran gelegen war, Deutschland im Osten über die Oder und westliche Neiße hinaus wieder zu erweitern, läßt sich am besten an ihrem Verhalten in der Flüchtlingsfrage ablesen. In Artikel 13 des Potsdamer Protokolls hieß es, die Regierungen der drei Mächte seien zu der Erkenntnis gekommen, daß eine Umsiedlung der deutschen Bevölkerung oder deutscher Bevölkerungsgruppen aus Polen, der Tschechoslowakei und Ungarn durchgeführt werden müsse. Sie stimmten darin überein, daß dies auf geordnete und humane Weise vonstatten gehen sollte. Da durch den Zustrom von Millionen Menschen nach Deutschland (hier und künftig verstanden als das Deutschland in den Grenzen diesseits von Oder und Neiße) mit erheblichen zusätzlichen Belastungen gerechnet wurde, war es Aufgabe des Alliierten Kontrollrats, sich dieses Problems vorrangig anzunehmen und eine gleichmäßige Verteilung dieser Deutschen auf die vier Besatzungszonen sicherzustellen. Die Regierung der Tschechoslowakei, die Provisorische Regierung Polens und der Kontrollrat Ungarns wurden über diesen Beschluß informiert und gleichzeitig gebeten, weitere Ausweisungen zu unterlassen, bis die drei Regierungen den Bericht geprüft hätten, den der Alliierte Kontrollrat über Ausmaß und Bewältigung des Flüchtlingsproblems in den vier Besatzungszonen Deutschlands erstellen sollte.[27]

Die Diktion dieses Paragraphen läßt wieder das Bemühen erkennen, über alle unterschiedlichen Interessen, Befürchtungen und Zwänge hinweg eine sprachlich harmonisierende Formel zu finden. Die Kernaussage dieses Beschlusses war jedoch ein eindeutiges Ja zur massenhaften Umsiedlung der deutschen Bevölkerung aus den drei genannten Ländern in das um ein Viertel seines Territoriums verkleinerte Deutschland zwischen der bestehenden Grenze im Westen und der Oder-Neiße-Linie im Osten. Vereinbart wurde weder, die Deutschen nur für eine gewisse Übergangszeit nach Deutschland kommen zu lassen, noch die Grenzen sofort dicht zu machen, wenn die Umsiedlung nicht auf geordnete und humane Weise durchgeführt würde oder die Polen, Tschechen und Ungarn die erbetene Unterbrechung der Vertreibung nicht einhielten. Vielmehr war es Sache der für Deutschland zuständigen Regierung, des Alliierten Kontrollrats in Berlin, die Angelegenheit – nach Absprache mit den Regierungen der betroffenen Länder natürlich – intern, d. h., auf nationaler Ebene zu regeln. Die Frage von Flucht und Vertreibung war nach dem Verständnis der Siegermächte somit kein internationales, sondern ein nationales, ein innerdeutsches Problem.

Am 21. November 1945 verabschiedete der Kontrollrat einen entsprechenden Plan, um die gesamte deutsche Bevölkerung, die sich noch in den genannten Ländern, einschließlich Österreichs, aufhielt und auf 6,65 Millionen Menschen geschätzt wurde, nach Deutschland zu holen. 2,75 Millionen sollten in der sowjetischen, 2,25 Millionen in der amerikanischen, 1,5 Millionen in der britischen und 150000 Flüchtlinge in der französischen Zone angesiedelt werden. Bilaterale Vereinbarungen über die Durchführung dieses Beschlusses folgten. So regelten z. B. Vertreter der britischen und der polnischen Regierung am 14. Februar 1946, daß die »geordnete und humane Umsiedlung« von 1,5 Millionen Deutschen aus den Oder-Neiße-Gebieten in die britische Besatzungszone am 20. Februar beginnen sollte. Sammelstellen, Abfahrtszeiten der Züge und Schiffe, Umfang des erlaubten Handgepäcks, Reiseproviants und Geldes wurden ebenso geregelt wie Maßnahmen zur Desinfizierung – die britischen Behörden sagten die Lieferung von mehreren Tonnen DDT zu – und zum Schutz kranker Personen sowie schwangerer Frauen. Sechs Wochen vor und nach einer Entbindung sollten Frauen nicht mehr bzw. noch nicht reisen dürfen. War ein Familienmitglied krank, so sollte die ganze Familie so lange nicht ausreisen dürfen, um Trennungen von Familien möglichst zu vermeiden.[28]

Die Realität sah allerdings anders aus. Der Flüchtlingsstrom aus dem Osten – der lange vor Potsdam begonnen hatte – hielt unvermindert an. Die Art und Weise der Vertreibungen, nicht die Tatsache als solche, geriet zunehmend in das Schußfeld öffentlicher Kritik. Auf eine Anfrage im britischen Parlament berichtete Deutschlandminister Hynd, daß zwei Züge, die Ende Dezember 1946 aus Polen in der britischen Zone eintrafen, überfüllt und ungeheizt gewesen seien. 20 Tote und über 160 Fälle von Erfrierungen wurden registriert. Weitere Menschen starben kurze Zeit später an den Folgen des Transports. »Die Flüchtlinge berichteten, daß sie von den polnischen Behörden aufgefordert worden waren, sich am 7. und 8. Dezember an der Sammelstelle in Polen einzufinden, Unterbringungsmöglichkeiten jedoch nicht vorhanden waren und sie daher in Regen und Hagel ausharren mußten, ehe sie am 11. Dezember in den Zug einsteigen konnten. Die Reise selbst wurde durch einen Lokomotivenschaden innerhalb der russischen Zone erheblich in die Länge gezogen, da es einige Zeit dauerte, ehe die Lokomotive ausgetauscht werden konnte.«[29] Am 28. Dezember traf der Zug schließlich in der britischen Zone ein.

Schätzungen, die im Dezember 1945 angestellt wurden, um das Ausmaß des Flüchtlingsproblems zu ermitteln, gingen davon aus, daß zwischen vier und fünf Millionen Deutsche die Tschechoslowakei und Polen bereits verlassen hatten und im Gebiet der vier Besatzungszonen angekommen waren. 6,75 Millionen Menschen sollten zusätzlich laut Kontrollratsbeschluß im folgenden Jahr nach Deutschland umgesiedelt werden. Insgesamt rechnete man mit 14,7 Millionen Deutschen, die von außerhalb der neuen Grenzen in das Rumpf-Reich aufgenommen werden mußten. Selbst wenn man annahm, daß Tausende, ja Millionen ihr Ziel nicht lebend erreichten, hatte das Flüchtlingsproblem eine Dimension erreicht, die die Besatzungsmächte nahezu überforderte. »Wie man glauben soll, daß das gegenwärtige Deutschland diese hungernde Bevölkerung in einer Größenordnung bis zu 14 Millionen aufnehmen kann«, notierte im Dezember 1945 der stellvertretende Staatssekretär im Foreign Office, Sir Orme Sargent, »übersteigt meine Phantasie«.[30] Trotzdem dürfte kein Politiker in dieser Situation – von den politischen Komplikationen einmal ganz abgesehen – das Bedürfnis verspüren, den Flüchtlingstreck möglichst bald wieder in die andere Richtung in Bewegung zu setzen.

Wie groß im Gegenteil das Interesse der Siegermächte und der Nachbarstaaten war, die Frage deutscher Bevölkerungsgruppen und Minderheiten außerhalb der neuen deutschen Grenzen ein für allemal zu lösen, zeigt ein Blick auf die verschiedenen Kategorien von Flüchtlingen. Die zahlenmäßig größte Gruppe waren die »Reichsdeutschen«, jene Deutschen, die bei Ende des Krieges außerhalb der in Potsdam neu gezogenen Grenzen, also jenseits von Oder und westlicher Neiße, lebten. Die zweite Gruppe waren die »Volksdeutschen«, deutschstämmige Minderheiten, die in verschiedenen Staaten Europas, vor allem Osteuropas lebten und denen Hitler als Teil seines Programms zur Schaffung eines großdeutschen Reiches die deutsche Staatsbürgerschaft angeboten hatte. Davon betroffen waren 166000 Volksdeutsche in Rumänien, 500000 in Ungarn, 195000 in der UdSSR, 100000 in Jugoslawien. Über eine halbe Million Volksdeutscher waren außerdem während des Krieges aus Litauen und Estland, Polen und Rumänien in von Deutschen besetzte Gebiete umgesiedelt worden. Auf sie wartete erneut die Deportation, oder aber sie gingen aus mehr oder weniger freien Stücken.[31] Ein Sonderproblem stellten jene 170000 Reichsdeutschen dar, die in den Gebieten jenseits von Oder und Neiße gelebt hatten, gegen Ende des Krieges aber zum Schutz vor der näherrückenden Roten Armee nach Dänemark evakuiert worden waren. Die dänische Regierung drängte nun darauf, die seit Kriegsende internierten Deutschen möglichst schnell loszuwerden und ins Reich zurückzuschicken.[32] Umgekehrt wünschte beispielsweise die polnische Regierung die Rückkehr ihrer Landsleute aus dem Ruhrgebiet, vor allem der arbeitsfähigen Bergarbeiter, die teils vor mehreren Generationen auf Arbeitssuche dorthin gewandert waren. Für zusätzlichen politischen Zündstoff sorgten die »displaced persons«, jene unter der Nazi-Herrschaft nach Deutschland verschleppten Fremdarbeiter, sei es, daß sie rückgeführt werden sollten, sei es, daß sie in Deutschland bleiben wollten, legal oder illegal.[33]

Die Fluktuation innerhalb Deutschlands wurde schließlich noch durch zwei weitere Gruppen erhöht: die »Interzonenflüchtlinge« und die »Evakuierten«. Die bessere Ernährungslage in der sowjetischen Zone führte anfangs zu einer gewissen Wanderungsbewegung von West nach Ost, während sich der Trend seit 1947 aus denselben oder später auch aus politischen Gründen wieder umkehrte. Die Evakuierten – diejenigen also, die während des Krieges aus den Ballungsgebieten in ländliche Regionen ausgesiedelt worden waren – stellten ebenfalls in jeder Hinsicht eine Belastung dar, ob sie nun an ihren alten Wohnort zurückkehren oder auch an ihrem neuen Wohnsitz bleiben wollten. In Bayern waren beispielsweise im April 1949 noch 178000 Evakuierte aus den übrigen Zonen registriert. Nimmt man noch die drei Millionen Flüchtlinge und Vertriebenen hinzu, die in dieses Land gekommen waren, so bedeutete das bei einer einheimischen Bevölkerung von ca. 9 Millionen Menschen einen Zuwachs von 32,7%. Die entsprechenden Zuwachsraten für Niedersachsen und Schleswig-Holstein lauteten gar 51,9% bzw. 73,1%.[34] Die Zahl der Bevölkerung in den drei westlichen Besatzungszonen insgesamt war 1948 im Vergleich zum Stand des Jahres 1939 in dem entsprechenden Gebiet trotz der hohen Kriegsverluste mehr als ausgeglichen, nämlich um 6,2 Millionen angestiegen.[35]

Daß Menschen aus ihrer Heimat vertrieben wurden bzw. flüchteten, um in ihr Heimatland getrieben zu werden, stellt in der bisherigen Geschichte, zumal in diesem Ausmaß, einen einmaligen Vorgang dar. Hierin ist u. a. auch eine Erklärung dafür zu finden, warum die Siegermächte es immer wieder ablehnten, die deutsche Flüchtlingsfrage als ein internationales Problem zu begreifen. Die Flüchtlingsorganisation der Vereinten Nationen erklärte sich in ihrer Satzung vom Dezember 1946 ausdrücklich in deutschen Angelegenheiten für nicht zuständig. Sache der Besatzungsmächte war es, den Transfer der Deutschen nach Deutschland zu organisieren, nicht jedoch eine eigene Flüchtlingspolitik zur wirtschaftlichen, politischen und sozialen Integration der Neuankömmlinge in ihrer Zone oder für ganz Deutschland zu entwickeln. Das war Angelegenheit der Deutschen selbst, zunächst auf der lokalen, dann auf der Länder- und schließlich auf der Bundesebene. Die Besatzungsbehörden sahen ihre Aufgabe vor allem darin, die wirtschaftliche, politische und soziale Gleichstellung und Gleichberechtigung von Flüchtlingen und Einheimischen zu fördern und zu überwachen. Entsprechend hieß es in einer Direktive für den amerikanischen Militärgouverneur vom 9. Juli 1947: »Sie werden Sorge dafür tragen, daß Personen deutscher Abstammung, die nach Deutschland umgesiedelt wurden, die deutsche Staatsbürgerschaft mit allen bürgerlichen und politischen Rechten gewährt wird. ... Sie werden ihnen geeignet erscheinende Maßnahmen ergreifen, um die deutschen Behörden bei der Durchführung eines Programms zur Wiederansiedlung zu unterstützen.«[36]

Natürlich verschlossen die Siegermächte nicht die Augen vor den internationalen Folgen einer ungelösten deutschen Flüchtlingsfrage. Gerade weil sie dies nicht taten, drängten sie die Deutschen immer wieder auf wirksame Maßnahmen zur Integration der Flüchtlinge in die wirtschaftliche, politische und soziale Ordnung des neuen, territorial verkleinerten Deutschlands. Nicht Sonderbehandlung und provisorische Maßnahmen, sondern Integration und Assimilation waren die Prinzipien, von denen sie sich in der Flüchtlingsfrage leiten ließen. Nur so schien die Entstehung eines neuen bedrohlichen Nationalismus und Revanchismus vermeidbar zu sein. Nur so schien vor allem aber auch die Gefahr einer Verzögerung des wirtschaftlichen Wiederaufbaus Deutschlands und Europas gebannt werden zu können, da jeder Hinweis auf »nur vorübergehende Maßnahmen« den Keim des Scheiterns jener übergreifenden Strategie in sich barg, wie sie im amerikanischen Wiederaufbauprogramm für Europa zum Ausdruck kam. So kamen denn auch die Mitglieder der amerikanischen Sonderkommission in ihrem Bericht über die Flüchtlingsfrage in Deutschland zu dem Ergebnis, daß eine Rückkehr der Flüchtlinge und Vertriebenen in ihre alte Heimat »völlig im Bereich der Theorie« angesiedelt sei. Eine solche Möglichkeit schien ihnen selbst für den Fall einer Beseitigung der sowjetischen Herrschaft in Osteuropa »höchst unwahrscheinlich« zu sein. »Denn selbst ein Wechsel der Regime würde kaum die Einstellung der Bevölkerung in den osteuropäischen Ländern gegenüber den Deutschen ändern, die in ihrer Mitte gelebt haben. Die schmerzliche Erinnerung daran, wie sich einige von ihnen während der Nazi-Herrschaft – und in vielen Fällen auch vor dieser schrecklichen Zeit – verhalten haben, dürfte kaum die geeignete Voraussetzung dafür sein, ihre Rückkehr gelassen hinzunehmen.« Die einzige Lösung dieses Problems konnte daher nur in der lokalen Assimilation der Vertriebenen und Flüchtlinge in die deutsche Wirtschaft liegen. »Die volle Hinnahme dieser unvermeidlichen Tatsache seitens der deutschen regierungsamtlichen Stellen, des deutschen Volkes und der Flüchtlinge selbst ist die entscheidende Voraussetzung dafür, daß die Integration gelingt. Ohne eine solche Einstellung und Bereitschaft, gleichzeitig die Verantwortung für eine schnelle und wirksame Integration zu übernehmen, wird das ganze Problem in der Schwebe bleiben.«[37]

Die überregionale Organisierung der Flüchtlinge in Landsmannschaften und die Gründung einer eigenständigen Flüchtlingspartei, des BHE (»Block der Heimatvertriebenen und Entrechteten«), im Sommer 1950 war jedoch genau das, was die Siegermächte eigentlich vermeiden wollten. Einerseits förderte dies in den übrigen Parteien die Neigung, die Sache der Flüchtlinge den Flüchtlingen zu überlassen und führte so zu einer weiteren Segmentierung der politischen Landschaft, andererseits drohten die Flüchtlingsorganisationen sich zur größten geschlossenen Pressure Group der jungen Republik zu entwickeln, was nicht ohne Auswirkungen auf die Politik der übrigen Parteien bleiben konnte. Der Trend zur Radikalisierung war nicht mehr aufzuhalten. Der Wahlerfolg der neugegründeten Partei bei den Landtagswahlen in Schleswig-Holstein im Juli 1950, bei der der BHE auf Anhieb 23,4% der Stimmen erhielt und künftig an der Regierung beteiligt werden mußte, war ein deutliches Signal. Die nationalistischen und revanchistischen Töne wurden lauter, selbst wenn sie in der Regel weniger dazu dienten, zu einem Kreuzzug nach Osten aufzurufen, als die wirtschaftliche und soziale Gleichstellung und Integration der Flüchtlinge in die bundesdeutsche Gesellschaft voranzutreiben.[38]

Symbolische Handlungen, propagandistische Leerformeln und unrealistische Forderungen wurden zum Ersatz einer nicht realisierbaren Politik. Die Wiederherstellung des Reiches wurde beschworen, um die teilstaatliche Einheit nach innen zu forcieren. »Tage der Heimat« kamen in Mode, um die Vergangenheit in die Gegenwart hinüberzuretten. Bei feierlichen Anlässen – zum ersten Mal geschah dies am zweiten Jahrestag der Wahl von Theodor Heuss zum Bundespräsidenten – wurden die Flaggen sämtlicher deutscher Länder in West und Ost, einschließlich der ehemaligen Provinzen jenseits von Oder und Neiße, im Bundestag dekoriert. Zum Zeichen dafür, wer die Wiederherstellung der äußeren Einheit und inneren Freiheit für ein einheitliches Deutsches Reich eigentlich verhinderte und gegen den es daher im Innern um so fester zusammenzustehen galt, wurde am 25. Juni 1950 auf einem Berg bei Bad Harzburg und in unmittelbarer Nähe zur DDR-Grenze das sog. »Kreuz des deutschen Ostens« errichtet, das seitdem – angestrahlt bei Nacht – weit nach Osten leuchtete. 20000 Menschen waren gekommen, um den bewegenden und aufwühlenden nationalistischen Reden der Flüchtlings- und Vertriebenenfunktionäre zu lauschen: »Eine Massenveranstaltung, wie sie den Deutschen immer schon gefallen hat«[39], berichtete der britische Hochkommissar, Sir Brian Robertson, lakonisch nach London.

Selbst Adenauer – ohnehin dem Vorwurf ausgesetzt, er habe nichts anderes als die dauerhafte Teilung Deutschlands und die feste Einbindung des Weststaates in den Westen im Sinn – entdeckte nun in seinen öffentlichen Äußerungen das Reich in seinen Grenzen von 1937 wieder. So schrieb er am 5. Mai 1951 im Vorwort zu einer regierungsamtlichen Broschüre, daß Deutschland in den Grenzen von 1937 nicht aufgehört habe, »ein Staat zu sein«.[40] In einer Rede des Kanzlers anläßlich einer Kundgebung am Berliner Funkturm hieß es am 6. Oktober: »Lassen Sie mich mit letzter Klarheit sagen: das Land jenseits der Oder-Neiße gehört für uns zu Deutschland«.[41] Anfang November desselben Jahres ging Adenauer vor Vertriebenen in Hannover noch einen Schritt weiter, indem er versicherte, daß er bei seinen Verhandlungen um den EVG-Vertrag die Wiedergewinnung ihrer Heimat, die für sie von so großer Bedeutung sei, niemals aus den Augen verlieren werde. Die Bundesrepublik Deutschland werde ein gleichberechtigter Partner in der Europäischen Verteidigungsgemeinschaft und durch sie auch in der Atlantischen Gemeinschaft sein. Und wörtlich fuhr er fort: »Ich glaube, daß dies eine Frage von größter Bedeutung ist, insbesondere für Sie.«[42]

Ging es also bei den Verhandlungen um die Aufrüstung der Bundesrepublik tatsächlich darum, von den Westmächten – quasi als Gegenleistung für einen westdeutschen Beitrag zur Verteidigung Westeuropas – die Zusage zur Rückgewinnung der deutschen Ostgebiete zu bekommen? Natürlich nicht. Wie hätte dies auch geschehen sollen, wenn die EVG – wie Adenauer in der zuletzt zitierten Rede selbst betonte – nur eine Verteidigungsorganisation sein sollte? Verständlich also, daß die Besatzungsmächte empfindlich reagierten und den Zeitpunkt für gekommen hielten, um Adenauer in die Schranken zu weisen und an das Gentlemen's Agreement während der vergangenen Jahre zu erinnern, wonach die Westmächte und der deutsche Kanzler es weder für möglich noch für erstrebenswert hielten, das Deutsche Reich jemals in den Grenzen von 1937 wiederherzustellen.

Ehe es am 15. November 1950 aus diesem Anlaß zu einer bemerkenswerten Unterredung zwischen Adenauer und den drei Hohen Kommissaren kam, hatten sich diese auf amerikanische Initiative hin darauf geeinigt, dem Kanzler eindeutig klarzumachen, »daß die drei Mächte, wenn sie von einem wiedervereinigten Deutschland sprächen, damit die Wiedervereinigung der östlichen Zone und Berlins mit der Bundesrepublik meinten, unter keinen Umständen jedoch an die Gebiete östlich der Oder-Neiße-Linie dächten.« So geschah es. »Wir alle machten dem Kanzler klar«, berichtete der neue britische Hochkommissar, Sir Ivone Kirkpatrick nach London, »daß wir mit unsern Äußerungen zur Wiedervereinigung Deutschlands niemals die Absicht verfolgt hätten, darunter mehr als die Einbeziehung der sowjetischen Zone und Berlins zu verstehen: Sämtliche Gespräche, die jemals mit den Deutschen, auf welcher Ebene auch immer, in dieser Frage geführt worden seien, erlaubten einfach keine gegenteilige Interpretation.« Neu sei nicht etwa die Weigerung der Besatzungsmächte, die Gebiete östlich von Oder und Neiße weiterhin als zu Deutschland gehörig zu betrachten, sondern vielmehr die Forderung Adenauers, ihrer Zugehörigkeit zum deutschen Territorium ausdrücklich zuzustimmen.

Der Kanzler zeigte sich von der Haltung der Besatzungsmächte äußerst überrascht und versuchte während des gesamten Gesprächs eine betont harte Haltung einzunehmen. Daß es ihm hierbei jedoch auch wieder weniger um die Ostgebiete als um die Westverträge ging, wurde deutlich, als er betonte, daß ein Verzicht auf die Gebiete jenseits von Oder und Neiße »einen außerordentlich ungünstigen Effekt auf die deutsche öffentliche Meinung haben würde und jede Chance einer Ratifizierung des Vertrags durch den Bundestag zunichte machen würde«. Einen solchen Zusammenhang wollten die Hohen Kommissare jedoch nicht akzeptieren. Die Haltung der Alliierten sei vielmehr immer klar gewesen und werde sich auch durch eine Aufrüstung der Bundesrepublik nicht ändern. Im übrigen würden ja die Deutschen selbst hinsichtlich einer Wiedervereinigung Deutschlands deutlich zwischen den Oder-Neiße-Gebieten und der sowjetisch besetzten Zone unterscheiden, wie der britische Vertreter deutlich machte. Oder wie sollte man sich sonst die Tatsache erklären, daß die zur Zeit heftig diskutierten gesamtdeutschen Wahlen lediglich in der sowjetischen Besatzungszone und nicht etwa auch weiter östlich abgehalten werden sollten?

Im weiteren Verlauf der Unterredung versuchte Adenauer erneut einen Zusammenhang zwischen dem geplanten westdeutschen Wehrbeitrag und dem Anspruch auf die ehemaligen deutschen Ostgebiete herzustellen. Unter Hinweis auf das soeben bei den EVG-Verhandlungen in Paris genannte Kontingent von 400000 deutschen Soldaten im Rahmen einer Europäischen Verteidigungsgemeinschaft meinte der Kanzler, Deutschland würde nicht bereit sein, »diese zur Verfügung zu stellen, wenn die Alliierten zu verstehen gäben, daß sie sich für die Zukunft hinsichtlich der Gebiete jenseits der Oder-Neiße-Linie völlige Handlungsfreiheit vorbehielten«. Dies war nun dem französischen Hochkommissar, François-Poncet, endgültig zu viel. Sollte das, was der Kanzler gerade gesagt hatte, in Frankreich publik werden, »dann würde die französische öffentliche Meinung mit Sicherheit den Schluß ziehen, daß es bei einem Beitrag zur europäischen Verteidigung das Ziel des Kanzlers sei, einen Revanche-Krieg zu führen, um die Ostgebiete zurückzuerobern. Dies sei ganz und gar nicht unsere Idee«, hieß es weiter in dem Bericht von Kirkpatrick an das Foreign Office. »Vielmehr solle sich der Kanzler darüber im klaren sein, daß er eingeladen sei, nicht einen Beitrag zur Ostexpansion Europas, sondern zu seiner Verteidigung gegen die unmittelbare russische Gefahr zu leisten.«[43]

Das Gespräch endete ohne konkretes Ergebnis. Eine Woche später trafen sich jedoch die Außenminister der drei Westmächte erneut mit Adenauer – diesmal auch in seiner Eigenschaft als Außenminister der Bundesrepublik – in Paris zu gemeinsamen Beratungen. Es war das erste Mal, daß die westdeutsche Seite als gleichberechtigter Partner auf dieser Ebene vertreten war. In westlichen Delegationskreisen war man darauf gefaßt, mit einer harten Haltung Adenauers in der Oder-Neiße-Frage konfrontiert zu werden. Nichts dergleichen geschah. Das, was vor einer Woche noch ein Herzensanliegen des deutschen Kanzlers gewesen zu sein schien, war nicht einmal wert, ausführlich auf der Außenministerkonferenz diskutiert zu werden, die sich immerhin ausschließlich mit der künftigen Rolle Deutschlands in Europa beschäftigte. Im Kommuniqué unterstrichen die vier Außenminister ihre Einigkeit darüber, daß eine endgültige Regelung der deutschen Grenzen nicht vor Abschluß eines »zwischen Deutschland und seinen ehemaligen Feinden frei vereinbarten Friedensvertrag(s) für ganz Deutschland« möglich sei. »Die vier Minister wiederholten ihre Absicht, sich um die Schaffung der deutschen Einheit zu bemühen.« Wie diese Einheit nur aussehen konnte, wurde mit dem Hinweis auf die Bedeutung freier Wahlen in der Bundesrepublik, der DDR und Berlin bekräftigt. Die Oder-Neiße-Grenze wurde mit keinem Wort erwähnt. Dagegen wurde jedoch betont, daß die Westverträge eine wichtige Etappe auf dem Weg zu dem gemeinsamen Ziel »eines geeinten Deutschlands im Schoße der westeuropäischen Gemeinschaft«[44] seien.

Wer Ohren hatte, um zu hören, oder Augen, um zu lesen, konnte unschwer erkennen, daß hier ein Formelkompromiß à la Potsdam gefunden war, den jede Seite für ihre Zwecke nutzen konnte, ohne die wahren Intentionen offenlegen zu müssen, was die Westintegration des Weststaates nur gefährden konnte. Wozu also das ganze? Wozu das Offenhalten der Grenzfrage im Osten wider die bessere Einsicht, daß diese Gebiete niemals wieder an Deutschland zurückfallen würden? Wozu die bewußte Irreführung der Öffentlichkeit, die anders als Adenauer und die Westmächte zumindest in der Bundesrepublik 1951 noch mit einem Anteil von 66% daran glaubte, daß die Ostgebiete irgendwann einmal wieder zu Deutschland gehören würden.[45] Der Grund ist einzig und allein darin zu suchen, daß die Oder-Neiße-Frage ein wichtiges Mittel im Kampf zwischen Ost und West zur Lösung der Deutschlandfrage nach dem Zweiten Weltkrieg geworden war. Nicht, daß man daran glaubte, die Ostgebiete jemals wiedererlangen zu können – solche Illusionen darf man einem so pragmatischen Politiker wie Adenauer wohl zu allerletzt unterstellen –, sondern die Tatsache, daß viele daran glaubten und sich durch entsprechend vage Formulierungen der Politiker in diesem Glauben immer wieder bestätigt fühlten, ließ die Frage der deutschen Ostgebiete buchstäblich zu einem »Stachel im Fleisch des Kommunismus« werden. Je länger die dadurch erzeugte Wunde offengehalten und die Bedrohungsangst vor dem Osten geschürt werden konnte, um so leichter konnte die volle Integration des westdeutschen Teilstaates in den Westen legitimiert und abgesichert werden. Daß selbst die Mehrzahl der Flüchtlinge und Vertriebenen nicht in ihre alte Heimat zurückkehren wollte, davon war schon 1950 ein so nüchterner Beobachter wie Sir Brian Robertson überzeugt: »Haß gegenüber Rußland und dem Kommunismus ist unter diesen unglücklichen Menschen eine weitaus stärkere gefühlsmäßige Kraft als das Heimweh.«[46]

Hier schließt sich der Kreis: Der Haß gegen Rußland und den Kommunismus war das verbindende Element der verschiedenen politischen und gesellschaftlichen Gruppen, der Flüchtlinge und Alteingesessenen, der CDU- und SPD-Anhänger, der Kirchen, Gewerkschaften usw. usf. Dies war es, woraus der neue Staat seine Identität gewann: Bollwerk gegen den Osten zu sein. Um dieses Werk zu vollenden, mußte es doch erlaubt sein, die Oder-Neiße-Frage als politisch-taktisches Mittel einzusetzen, auch wenn sie faktisch in Potsdam längst entschieden war.

JOSEF HENKE

Exodus aus Ostpreußen und Schlesien. Vier Erlebnisberichte

Schicksale von Flüchtlingen und Vertriebenen gehören zu den historischen Vorgängen, die in amtlichen Unterlagen der Natur der Sache nach nur höchst unzulänglich dokumentiert sind oder deren Erforschung an Hand von amtlichen Unterlagen oft aus politischen Gründen erschwert wird. Hierzu gehören eindeutig auch Flucht und Vertreibung der Deutschen aus den deutschen Ostgebieten bzw. aus Ost- und Südosteuropa seit 1944. Aus diesem Grunde hat der Bundesminister für Vertriebene seit 1950 bereits vorhandene Aufzeichnungen privater Herkunft systematisch sammeln und durch methodisch moderne Befragungsverfahren so entscheidend ergänzen lassen, daß in den Jahren 1953 bis 1961 eine vielbändige (Auswahl-)Dokumentation der Vertreibung der Deutschen publiziert werden konnte.[1]

Noch viel reichhaltiger sind die seit langem in der Ost-Dokumentation des Bundesarchivs zusammengefaßten und für die Öffentlichkeit von Anfang an zugänglichen Ausgangsmaterialien jenes publizierten Dokumentationswerkes sowie die seit deren Übernahme in das Bundesarchiv zusätzlich erworbenen oder neu erarbeiteten Sammlungen in Form von Aufzeichnungen Betroffener, Befragungen, wissenschaftlichen Zusammenfassungen und nicht zuletzt nachgelassenen Papieren von Privatpersonen.[2] Amtlichen Ursprungs dagegen ist die aufgrund eines Auftrages der Bundesregierung vom Sommer 1969 im Bundesarchiv aus der Ost-Dokumentation erarbeitete Dokumentation der Vertreibungsverbrechen.[3] Während die Erhebungsbögen dieser Dokumentation nach Vorlage des zusammenfassenden Berichts des Bundesarchivs an den Bundesminister des Innern vom 28. Mai 1974 im Jahre 1975 trotz ihres amtlichen Charakters, der grundsätzlich eine 30jährige Sperrfrist bedingt, vorzeitig für die öffentliche Nutzung freigegeben wurde, ist der durch einen Raubdruck rechtswidrig veröffentlichte zusammenfassende Bericht[4] im Einvernehmen mit dem Bundesminister des Innern vom Bundesarchiv im Dezember 1982 – ebenfalls vorzeitig – allgemein zugänglich gemacht worden.[5]

Der 30-Jahres-Frist entsprechend sind inzwischen auch die amtlichen Akten von Zonen- und Bundesbehörden bis 1955 für die Forschung zugänglich und dokumentieren vorwiegend das Schicksal der Betroffenen nach deren Ankunft in den westlichen Besatzungszonen. Wenn auch diese Unterlagen ebenso wie die Masse des Schriftguts der Lastenausgleichsverwaltung das Vertreibungsgeschehen im engeren Sinne meist nur mittelbar veranschaulichen, so wird es dennoch Aufgabe der Forschung sein, angemessene Methoden zur wissenschaftlichen Auswertung dieser Materialien zu entwickeln. Eher noch reichhaltiger ist die Überlieferung auf Landesebene, vor allem aus den für Vertriebene und Flüchtlinge zuständigen Ministerien, aber auch aus den Mittelinstanzen, Landkreisen und Gemeinden. Hinzu kommen die Materialsammlungen der Heimatauskunftsstellen (vorwiegend zur Dokumentation der Vermögensverhältnisse), der im Kirchlichen Suchdienst zusammengeschlossenen Heimatortskarteien (vorwiegend statistisches Material zur Bevölkerungsgeschichte) und des Suchdienstes vom Deutschen Roten Kreuz (vorwiegend zum Schicksal von Internierten, Verschleppten und Heimkehrern).

Aus dem nichtamtlichen Bereich verdienen die Registraturen, Sammlungen und Archive der Verbände und Organisationen der Vertriebenen und Flüchtlinge von der zentralen bis zur Ortsebene eine besondere Beachtung. In diesem Zusammenhang sind auch die Bemühungen von Patenkreisen und -städten einschließlich der sogenannten Heimatstuben für örtliche Schwerpunkte des Vertreibungsgeschehens zu erwähnen.

Die hier abgedruckten, bislang nicht veröffentlichten Quellen sind ausnahmslos der Ost-Dokumentation des Bundesarchivs (Bestand Ost-Dok. 2 – Erlebnisberichte) entnommen. Dabei wurde ein geographischer Proporz bewußt vermieden, um der Sache nach typische Beispiele für die damaligen Ereignisse zu geben: Das erste Dokument schildert ein Flüchtlingsschicksal, das die Betroffenen durch den Heiligenbeiler Kessel, über das Eis des Frischen Haffs und nach langen Irrwegen schließlich mit einem Schiff über die Ostsee nach Dänemark führte. Dokument 2 belegt den nicht seltenen Fall vorübergehender Rückkehr in die Heimat nach Überrollen des Flüchtlingstrecks durch die Rote Armee, die Zerstörung der Lebensgrundlagen durch sowjetische und polnische Besatzung sowie schließlich Ausweisung und Drangsalierung bis zum Erreichen der sowjetischen Besatzungszone an der Oder. Ein drittes typisches Schicksal war die Verschleppung von Zivilpersonen durch die sowjetische Besatzungsmacht ins Innere Rußlands; dafür steht das dritte Dokument. Das Schicksal von Schlesiern, die beim Einmarsch der Roten Armee nicht geflohen waren, ihre Drangsalierung in der Heimat und ihre Vertreibung durch Polen schildert schließlich der vierte Bericht.

Erlebnisberichte dieser Art veranschaulichen bei aller Subjektivität der Darstellung und der offenkundigen Begrenztheit des menschlichen Wahrnehmungs-, Erinnerungs- und Darstellungsvermögens die Vorgänge oft besser als zusammenfassende Darstellungen, die durch die notwendige

Abstraktion zwangsläufig an Eindringlichkeit verlieren. Statistische Aussagen und andere Arten der Quantifizierung – nicht einmal Sicherheit hinsichtlich der in allen Einzelheiten korrekten Wiedergabe der Tatsachen im Sinne eines juristischen Beweises – sind bei dieser Quellengattung letztlich nicht zu erreichen. Die Summierung der in den Erlebnisberichten niedergelegten Einzelschicksale verdeutlicht indessen eindringlich und unwiderlegbar Flucht und Vertreibung der Deutschen als einen historischen Gesamtvorgang, der künftigen Generationen bekannt sein muß, um Wiederholungen zu verhindern.[6]

Unser Fluchtweg aus Deutsch Thierau, Krs. Heiligenbeil 1945[7]

Man erinnert sich nicht gerne dieser schicksalsschweren Zeit, es ist nicht so leicht, alles auf Papier zu bringen. Wir haben das Elend der Flucht schon seit dem Spätsommer 1944 gesehen, als die ersten Flüchtlinge aus Litauen und später aus den nordöstlichen Kreisen unserer Provinz kamen. Da unser Hof unmittelbar an der Autobahn Königsberg–Elbing liegt, auf welcher Trecks fuhren, baten viele um Nachtquartier. Oft war nicht nur das Wohnhaus belegt, sondern auch die Scheunen. Als der Flüchtlingsstrom dann immer größer wurde, haben wir die Leute am Tage noch weiter geschickt, um dann für die Spätkommenden noch Herberge zu haben. Es war ein trauriger Anblick, die ganze Habe immer auf einem Wagen. Die alten Leute und die kleinen Kinder waren immer am bedauernswertesten. Ihr Ziel: über die Weichsel. Fast jeder sagte zu uns: »Bleiben Sie, wo Sie sind; denn wenn Sie erst auf der Straße sind, ist's aus und vorbei.« Damals ahnten wir noch nicht, daß uns das gleiche bevorstand. Ende Januar hörten wir den Beschuß auf Königsberg. Dann folgte ein großer Fliegerangriff auf Zinten, der sehr viele Opfer forderte, denn die Stadt lag voller Flüchtlinge. Alles, was sich nun noch aus der brennenden Stadt retten konnte, setzte sich in Bewegung Richtung Heiligenbeil. Die Straßen waren vollgestopft, oft mußten die Trecks auf Landwegen umgeleitet werden, damit die Wehrmacht schneller vorwärts konnte. Auf dem Bahnhof Dt. Thierau – 300 m entfernt – standen oft tagelang Güterzüge mit Flüchtlingen, meistenteils aus Masuren, die nicht weiterfahren konnten. Schwangere Frauen, die geboren hatten, waren am Fußboden angefroren, Tote wurden aus dem Fenster geworfen, die Kälte nahm zu. Nun mußten auch wir uns mit dem Gedanken der Flucht immer mehr vertraut machen. Bald hatten wir auf unserem Hof nichts mehr zu sagen. Außer dem Militär hatten wir noch an 40 Mann vom Arbeitsdienst im Stall, das Vieh wurde uns enger gebunden, um Platz zu haben. Am Abend kamen dann immer noch etliche Flüchtlinge mit ihren Fuhrwerken dazu. Öfters machten auch wir uns schon ein Lager am Fußboden, um alten und kranken Flüchtlingen mal eine angenehme Schlafstelle zu bieten. Dauernd kam die Feldgendarmerie, denn das Dorf hatte schon Räumungsbefehl, und es waren nur noch wenige Einwohner am Ort, und alle sollten nun mit Gewalt raus. Es ging alles durcheinander, unser Herd stand uns nur selten zur Verfügung. Unsere Flucht verschob sich noch immer, da unsere Tochter erst am 12.2. von ihrem 2. Kind entbunden wurde. Dazu kam noch eine weitere Sorge. Auch wir mußten ein Fuhrwerk stellen, um verwundete Soldaten von Heiligenbeil über das Haff nach Pillau zu fahren. Mein Mann schickte den Polen, der dann endlich nach 3 Tagen wiederkam. Er hatte mehrmals fahren müssen. Mein Mann war bis auf weiteres vom Volkssturm beurlaubt.

So haben auch wir nun unsere Heimat schweren Herzens, gegen Kälte wohl gerüstet, am 19. Febr. 45 verlassen. Fuhren mit 2 Wagen, hatten ein festes Dach darüber. Außer meinem Mann und mir, der Tochter, ihrem 16 Monate alten Kind und dem Säugling, die Schwiegermutter im 81. Jahr, eine Verwandte aus Königsberg und dem Polen, verließen wir den Hof. Nun sollten auch wir am eigenen Leibe erfahren, was Flucht und Beschuß heißt. Nachbar Thuraus fuhren hinter uns.

Doch nach 5 Tagen waren wir schon auseinander, da die Wehrmacht die Trecks mal nach hier, mal nach dort umleitete. Selbst wir mußten sehr acht auf unsere Wagen geben, wenn wir auf Quartierssuche für unsere Angehörigen gingen, denn wir selbst und der Pole übernachteten immer auf dem Wagen. Wir sind dann immer nur schrittweise bis Leysuhnen zum Haff gefahren, und gegen Mittag erreichten wir das Eis. Der Russe hatte schon lange durchgegeben, daß er ab 15.2. die Flüchtlinge auf dem Eis unter Beschuß nehmen wollte. So hörten wir dann starken Bordwaffenbeschuß. Hier und da traf es Menschen und Pferde, und das Eis krachte auseinander. Eine Bahn ging von Leysuhnen aus, die andere von Dt. Bahnau. Über brüchige Stellen waren Brücken gebaut. Von einem Fuhrwerk zum anderen sollte immer ein größerer Abstand sein, wegen der Einbrechgefahr. Viele wollten bis Pillau und von dort zum Verschiffen. Da ihnen aber die Pferde von der Wehrmacht genommen wurden, kamen sie nur mit Handgepäck aufs Schiff. Wir hatten die Absicht, mit dem Treck nach dem Westen zu fahren. Dann kam eine stockfinstere, grausige Nacht, dauernd Bordwaffenbeschuß. Die Geschosse und Eisstücke krachten auf dem Blechdach des Wagens. Schießen, Schreien und Gekreische durchbrach die Stille der Nacht. Nach Mitternacht war ein heller Mondschein. Da das Vorderrad des ersten Wagens etwas aus der Bahn kam, brach das Eis, und wir mußten alles abladen, da uns niemand die Pferde vorlegte. Es war sich immer jeder selbst der Nächste, um so schnell wie möglich das brüchige Eis verlassen zu können. Im Augenblick hatte

der Beschuß auch etwas nachgelassen. Im Morgengrauen kam nun erst der füchterlichste Anblick: Leichen über Leichen, Menschen und Pferde. Oft stachen nur noch die Wagendeichseln aus dem Eis, der Tod hatte reiche Ernte gehalten.
So fuhren wir am Mittag auf die Nehrung in der Nähe von Kahlberg und übernachteten in Kahlberg in einer Kirche. Am nächsten Tage ging es wieder auf das Eis, da die Wege unbefahrbar waren. Dann erreichten wir Stutthof, hier war ein ganzes Heer von Flüchtlingen.
Da die Schwiegermutter schon sehr krank war und auch die Stute verfohlte, hielten wir uns hier in dem sehr unsauberen Lager ein paar Tage auf. Nun ging es bei überfüllten Straßen jeden Tag langsam weiter. Nach Danzig kamen wir nicht mehr rein. Die ganzen Trecks wurden über Dirschau umgeleitet. Nachdem wir nochmal in Tiegenhof übernachtet hatten, kamen wir nach Gardschau. Hier starb die Schwiegermutter in den frühen Morgenstunden des 28. Februar, und am gleichen Nachmittag wurde sie, nur in Decken gehüllt, daselbst beerdigt.
Am nächsten Tage fuhren wir nach Demlin. Hier hielten wir uns eine Woche auf, da gabs auch schon öfters Bordwaffenbeschuß. Weiter fuhren wir dann bei tüchtigem Schneefall bis Kamerau, wo wir von einem Bauer Drell aufgenommen wurden. Hier verfohlte die 2. Stute. Da die Front wieder ganz in der Nähe war, mußten wir am übernächsten Tag wieder weiter, und Familie Drell kam gleich mit. Die folgende Nacht verbrachten wir in einer Brennerei in Kleschkau. Am nächsten Tag kamen wir bei heftigem Schneesturm durch Praust nach Landau. Was haben nur die armen Pferde aushalten müssen, sind doch oft nicht aus den Sielen gekommen, dazu die Kälte, schwere Last und unpassierbare Wege. Hier in Landau hielten wir uns 2 Wochen in einem kleinen Zimmer auf, hatten da schon Ungeziefer.
Dann mußte sich mein Mann wieder am 10.3. in Danzig-Langfuhr beim Volkssturm melden. Fast jeden Abend wurde Danzig bombardiert, wir sahen dann immer die Tannenbäume am Himmel stehen. Am 24.3. wurden wir nachts von der Wehrmacht fortgewiesen. Nun wurde in der Dunkelheit alles aufgeladen, und dann ging es allein weiter bei sehr schlechten, aufgetauten Wegen und wohin? Oft mußten wir wenden und zurück, da uns die Posten nicht durchließen. So kamen wir bis Sperlingsdorf. Hier gab es keine Bleibe, da die Leute auch flüchteten. Hielten bis zum Morgen auf der Straße und mußten zurück nach Wotzlaw. Dort gabs auch Räumungsbefehl. Mit den dortigen und noch dazukommenden Flüchtlingen blieben wir in der Karwoche angekommen bis Sonntag nach Ostern, den 8. April. Die Wehrmacht mußte uns immer zum Weiterfahren veranlassen, doch wohin? An der Weichsel lagen schon die ganzen Wälder voller Flüchtlinge, und die Gefahr war groß. Es waren bange Tage, immer den Tod vor Augen oder gar

lebend den Russen in die Hände fallen. Die Front war ganz in der Nähe, zeitweise war der Russe schon im Ort und dauernd Fliegerbeschuß; es brannte viel, Tote wurden im Park beerdigt. Wir durften tagelang nicht aus dem Keller. Ein Sanitäter hat viel auf uns eingeredet, daß wir uns doch entschlossen, noch einmal dieser Hölle zu entrinnen.
In den frühen Morgenstunden des 8. April, als die Kampftätigkeit etwas nachgelassen hatte, haben wir das Allernotwendigste auf den kleinen Wagen geladen und haben uns dann wieder mit dem Polen zusammen auf den Weg gemacht. In dieser Zeit war die Frische Nehrung wieder freigekämpft, und so war es unser Ziel, bis Käsemark über die Weichsel, dann auf die Nehrung zurück ins Samland zu fahren. Doch das Schicksal bestimmte es anders, und jetzt können wir sagen »Gott sei Dank«, denn da wären wir bestimmt den Russen in die Hände gefallen, und wer weiß, wo und wie wir noch gelandet wären. Es war eine fürchterliche Fahrt, die Straßen aufgerissen, die Kugeln pfiffen um die Ohren, Groß-Zünder ganz zerstört. Ja, wir kamen auch nur bis Letzkau. Beim ersten Tieffliegerangriff gings noch gut, dann um 10 Uhr der zweite. Unter einem großen Baum stehend, hielt Gott über uns seine schützende Hand, und wir kamen alle mit dem Leben davon, auch der Pole, der auf der Erde vor dem Wagen lag. Wie leicht hätte es uns alle 3 Frauen treffen können, wer hätte sich dann der hilflosen Kleinen angenommen? Doch die Pferde mußten hier später getötet werden. Zweien wurden die Vorderbeine durchschossen, das dritte hatte eine tiefe stark blutende Wunde auf dem Rücken; so wurden sie denn nach dem Angriff alle 3 erschossen. Nun blieb auch uns nichts anderes übrig, als noch den Rest unserer Habe stehen zu lassen und uns mit Handgepäck verschiffen zu lassen. Das war am 12. April von Einlage (Weichsel). Bei Hela auf offener See nahm uns der Dampfer Urundi auf. Urundi war natürlich auch überfüllt, etwa 10000 Mann. Wir fuhren zum Glück bei ruhiger See, mit Begleitschiffen, auch ohne Fliegerbeschuß und ohne unser Ziel zu wissen. So trafen wir am 15. April in Kopenhagen (Dänemark) ein. Von hier gings in das große Lager Ansage zur Aufteilung. Dann kamen wir in dem größten Lager Oksböl an der Westküste Jütlands unter, in welchem 35000–38000 Flüchtlinge waren. Endlich November 1948 sahen wir Deutschland wieder.

Vertreibung aus Ostpreußen[8]

[...]
Es ist Sonntag, der 21. Januar [1945]. Alles ist in großer Unruhe. Befehl: Alles Eissperren bauen auf den Seen! Am Nachmittag Gasmasken abholen! Da ein ganz roter Himmel, tiefrot, blutrot. Von Osten, Richtung

Locken bis Osterode rechts, Allenstein links, Aufblitzen, dumpfes Rollen. Trotzdem kein Bescheid. Der Ortsgruppenleiter schweigt, weiß nichts, erwartet Bericht. Endlich abends heißt es: Alles zur Flucht, Bauern im Treck, Familien ohne Pferde eben mitnehmen! Abfahrt Montag früh, 5 Uhr! Leider war das viel zu spät. Die Straßen waren schon einige Tage von Trecks aus dem Osten vollkommen gesperrt. Also nach dem Heilsberger Dreieck! Ich hatte meine Tochter Else Paschke mit einem 7 Monate alten Töchterchen zur Bahn gebracht, Elise und Gerda blieben. Ach, wären sie lieber mitgefahren! In Seubersdorf ging es nicht mehr weiter, und am 24. 1. kam der Russe. Mit großer Mühe haben wir dem Ortsgruppenleiter die Parteikluft ausgezogen und im Mist vergraben, sonst wären wir alle erledigt gewesen. Abends waren meine Frau und ich an die Wand gestellt, die Maschinenpistole im Genick. Nur durch den Protest polnischer Mädchen wurden wir gerettet. Nun kamen furchtbare Tage. Die Töchter von Ernst L. wurden von einer ganzen russischen Panzerabteilung geschändet, und zwar von 8 Uhr abends bis 9 Uhr morgens, ca. 13 Stunden lang. Wir haben uns alle zusammengefunden: Wersel, Lingner, Neumann Paul, Neumann Karl, Döbel, Kempowski, Schulz-Zölp, hielten Rat, ob es ratsam sei, aus dieser Welt zu gehen, doch ist es unterblieben. Die Genannten fuhren nach Horn zurück, während ich mit Familie und Schulz-Zölp, Emma Schulz, Karl Schulz und Ernst Piephans in Seubersdorf-Abbau beim Bauern Ed. Fleischmann Quartier suchten und bis zum 15. Mai dort blieben. Eine schreckliche Leidenszeit ging los. Der Besitzer unseres Quartiers, Ed. Fleischmann, wurde vor unseren Augen erschossen. Unsere Töchter Elise, 22 Jahre alt, Trude Schulz, 23 Jahre und Gerda Fischer, 13 Jahre alt, waren das Ziel der Russen. Wir haben die armen Mädels im verschneiten Wald und bei großer Kälte versteckt gehalten bis zum 26. Februar. Am Abend des 25. Februar ging ich zum Walde, die Mädels zu warnen, als 4 Wagen mit Russen mich anriefen: Äh, Stoi! Ich lief aber zum Walde. Sie stiegen ab und eröffneten eine Schießerei, aber ich ließ mich nicht beirren und entkam, um auf Umwegen mein Quartier zu erreichen. Da ein Gepolter! Und eine Horde mit aufgepflanztem Gewehr kam auf mich zu. Ich hatte den Rock abgelegt und mich ans Herdfeuer gesetzt. Sie traten auf mich zu und sagten: »Pan, du paschtoll gemacht! Wald gelaufen!« Ich blieb ruhig, und sie betasteten mich, fanden mich trocken (draußen war nasser Schneefall) und ließen ab von mir. Es wäre sonst mein Tod gewesen. Am 26. Februar kamen sie wieder durch Gerda, die nach Hause kam; sie lief den Russen in die Arme. Mit brutaler Gewalt nahmen sie Elise mit ohne Handschuhe und Kopfbedeckung. Tags darauf, am 27. Febr., holten sie Trude Schulz; von beiden Mädels ist bisher keine Spur zu ermitteln gewesen. Mutter meint, daß sie tot sind ... Ich glaube, daß sie recht behalten wird.

Dann kamen Banden alle Tage, raubten, plünderten und schossen. Gerda wurde zum russ. Wirtschaftskommando abgeholt und hatte Glück, hier zu bleiben. Alle Mädels, Mütter, Männer fast jeden Alters wurden abtransportiert. Lingner Ernst, Karl Neumann, Hermann Gniffke, Eduard Klautke, Abbau-Grünhagel-Kranthau; die beiden letzteren wurden, nachdem das russ. Auto auf dem Weg nach Hohenstein gegen einen Baum fuhr, schwer verletzt und dann von den Russen erschossen.
Für uns wurde die Lage immer furchtbarer. Alles Vieh, Pferde, Schafe, Schweine, sämtliches Geflügel, unsere letzten Lebensmittel, Fett oder Fleisch, keine Milch, keine Eier, alles hatten die Russen weggenommen, alles ausgeraubt, Kleider, Schuhe, Wäsche, sämtliches Getreide. Ich mußte helfen verladen und obwohl dabei so mancher mit nach Sibirien mußte, hat mich Gott davor behütet. Im Mai zogen wir wieder nach Horn. Eine Übergangszeit brach an, und wir hofften, uns wieder heimisch einzurichten. Aus den zerstörten Sachen der ausgeraubten und verwüsteten Wohnungen haben wir uns das Notwendigste gesucht, die Wohnung in Ordnung gebracht. Zum Essen blieben Kartoffeln genug, da die Keller und Mieten überall voll waren. Eine schwere Sorge war: Die Familien Schulz Ida mit Georg, Ilse und Kurt (letzterer hatte vor der Flucht einen Beinbruch) sowie Frau Emma Schulz mit Kind, dann Großvater Schulz, 81 Jahre alt, und Ernst Piephans, der ein halbgelähmter Mensch und Epileptiker war, sowie dessen Frau von Seubersdorf nach Hause zu holen. Wir hatten von dem russ. Wirtschaftskommandanten ein Fuhrwerk zum Mistfahren bestellt und konnten durch diesen Trick die Familien heimbefördern. Dann haben wir uns gemeinsam an Pflug und Egge gespannt und etwa 4 Morgen Kartoffeln gepflanzt, die dann auch für die Polen gepflanzt waren. Ferner haben wir den Roggen gemäht und eingebracht, bis der Pole kam, über uns verfügte und uns unter schweren Arbeitsbedingungen ohne jede Nahrung drangsalierte. Ich habe Roggen gemahlen mit Schrotmühle und Motor. Somit konnte ich etwas Mehl erhalten und verwahren. Die Erntearbeiten gingen ununterbrochen bis in den November hinein. Die Lage wurde immer schlimmer. Ich, Podlech, Krokowski, Neumann Paul, Neubert Emil mußten mit unserer Armkraft eine Schrotmühle in Betrieb bringen und ein Quantum von 5 Ztr. jeden Tag mahlen für die polnischen Militärpferde und zum Schnapsbrennen. Mittlerweile starben Frida Klautke, Frau Tibulski, Graudenz, Frau Klautke und Preuß. Ich habe den meisten davon die Särge gezimmert und sie auch begraben. Ich habe die Gräber unten gesehen, 11 Personen, Paul Bisler bei Morgenrot vor der Haustür begraben (gestorben oder erschossen und halb verwest von dem Schüler Max Neumann in einem Bett gefunden); bei Neumann-Zölp liegen zwei Frauen begraben, die sich selbst getötet hatten; ein Kind davon hatten Wersels angenommen. Gustav Anders-

Horn, erschossen und von den Schweinen angefressen, Altsitzer Gruhn erschossen. Also überall Gräber. Traurig und öde sahen die Dörfer aus, Trümmer überall, Möbel, Türen, Fenster herausgerissen und zertrümmert. Der Wind heulte in den offenen Häusern und Gebäuden. Eine verwesende, modrige Luft, krepiertes Vieh, Schwärme von Ratten und Mäusen, verwilderte Felder mit einer wilden Flora, unzählige Mücken- und Fliegenschwärme.

Dann kam der 11. November, ein Sonntag, und damit unsere Ausweisung und Abtransport aus der Heimat. Nachdem die Polen eine Inventuraufnahme gemacht hatten und uns am Sonnabend noch alles Brauchbare an Kleidungsstücken geraubt hatten, gingen wir mit je 20 Pfund Handgepäck zur Sammelstelle, wurden registriert und unter bewaffneter Begleitung nach Sonnenborn gebracht, wo unser polnisches Amt ansässig war. Dort mußten wir zwei Tage bleiben und nach Durchsuchung und nochmaliger Beraubung nach Mohrungen zum Bahnhof marschieren. Bei völliger Dunkelheit und zum Tode ermattet kamen wir in Mohrungen an. Die Stadt ist fast vollständig in Asche. Nachdem die Polen von ringsum uns überall anfielen und raubten, kamen wir zum Transportzuge (ca. 45 Viehwagen für 4500 Personen). In meinem Wagen waren 116 Menschen. Es war weder zu stehen noch zu sitzen die Möglichkeit. Einer saß auf dem andern. Nachdem die Polen nochmals gründlich geräubert hatten, setzte sich der Zug in Bewegung, um aber nach einiger Zeit wieder stehen zu bleiben, irgendwo auf freier Strecke oder dem toten Gleis eines Bahnhofs, bei steter Beraubung 11 Tage lang. [...] In unserem Abteil gab es fast alle Tage 2–3 Tote. Da kamen wir von Posen nach Frankfurt/O. Da kam ein neuer Schlag für uns. Auf der letzten Station vor Frankfurt holten die Polen-Soldaten unsere jüngste und letzte Tochter Gerda gewaltsam heraus. Alles Bitten und Bemühen war umsonst. Also nun war alles aus, jede Hoffnung verloren. Dann starben die Menschen wie Fliegen; das ging so in Luckenwalde, in Brahlsdorf und überall. Von 4500 sind ca. 1500 gestorben. Krause-Eckersdorf, Krokowski-Horn, Wehrau-Kranthau, Lingner-Kranthau u. s. w.

Endlich, am 4. Januar, kamen wir aus dem Lager Brahlsdorf, Mecklenburg, nach Haar, bei Neuhaus a. d. Elbe, zu einer Familie Dr. Panz ins Quartier. Wir hatten die verwaisten 3 Kinder der Frau Ida Schulz aus der Zölp angenommen, welche in Luckenwalde gestorben war, und diese haben von hier aus ihren Vater gefunden im Kreise Soltau, Hannover. Inzwischen hatten wir durch unsere Schwiegertochter aus Württemberg die ersten freudigen Nachrichten erhalten; Tochter Else Paschke mit Töchterchen Ute ist in Berkel-Maasen, Krs. Diepholz. Die älteste Tochter Elfriede hat die jüngste verlorene Schwester aus der russischen Zone geholt. Sie wurde in Württemberg neu eingekleidet, ging bis Ostern zur

Schule und ist dort konfirmiert. Ihre Erlebnisse waren schaurig, denn sie war ohne Nahrungsmittel, und halbnackend, ohne Geld. Gott hatte sie dennoch sicher hindurchgeführt, und heute sind wir wieder mit ihr zusammen. Dann haben wir noch unseren zweiten Sohn Paul hier gefunden. Er war in engl. Gefangenschaft, und da er Berufssoldat war, hat er bei der engl. Militärregierung die Stelle eines Schirrmeisters erhalten und hätte somit eine sichere Stelle. Es fehlen noch zwei Söhne, Bruno, 36 Jahre alt, Heinz, 22 Jahre, und Elise, 24 Jahre alt. Der Älteste hat sich aus Rußland gemeldet. Aber wo sind die beiden anderen? Wie kann man Auskunft darüber erhalten? Falls Heinz nicht tot ist, müßte er auch in Rußland sein. [...]

Bericht über meine Erlebnisse beim Russen-Einfall in Ostpreußen 1945 sowie über meine Verschleppung nach der UdSSR[9]

Ich versuchte am 20. Januar 1945 beim Herannahen der russischen Front aus meinem Wohnort Mohrungen in Ostpreußen zu fliehen. Der letzte aus Mohrungen abgehende Zug verunglückte bei Grünhagen (Krs. Pr. Holland) und blieb liegen. Ich versuchte zu Fuß, die deutschen Linien zu erreichen, was mir aber nicht gelang. Auf einem Bauernhof in der Nähe von Pr. Holland an der Straße nach Elbing erlebte ich die ersten russischen Truppen. Der Hofinhaber wurde von den Russen herausgeschafft, weil man in der Wohnung ein E.K. II gefunden hatte. Er wurde sofort mit seiner Frau, die ihm nachgestürzt war, im Pferdestall erschossen (Genickschuß). Ich versuchte nun, zu meiner Mutter nach Stobnitt (Krs. Mohrungen) zu gelangen. Auf meiner dreiwöchentlichen Wanderung dorthin war ich der Willkür der russischen Soldateska ausgeliefert. In Wiese (Krs. Mohrungen) hatte ich die furchtbarste Nacht zu durchstehen. Die Russen hatten sich aus den Vorräten eines Proviant-Depots betrunken. Fast alle Männer des Dorfes wurden erschossen, die Frauen bestialisch vergewaltigt. Ich selbst wurde in dieser Nacht etwa zwanzigmal vergewaltigt.
Mitte Februar langte ich auf dem Hof meiner Eltern an, um festzustellen, daß es die Russen in meinem Heimatort nicht minder schlimm trieben. Die Behausungen wurden demoliert, Mobiliar und Hausgerät verschleppt oder zerschlagen. Auch hier wurden viele männliche Einwohner erschossen, u. a. die Bauern Wersel und Deutschländer sowie der Chausseewärter Böhnke. Die Vergewaltigungen gingen ununterbrochen weiter. Eine Nachbarsfrau, die vor drei Tagen entbunden hatte, wurde von den Russen ebensowenig geschont wie meine 56jährige Mutter. Die mir bekannte Frau Emma Stamer, geborene Reisberg, aus dem Nachbardorf

Silberbach nahm sich zusammen mit ihrem Manne Fritz Stamer durch Einnehmen von Akkusäure das Leben, weil sie die Vergewaltigungen im Beisein ihres Mannes nicht mehr ertragen konnte. In der Scheune von Bauer Browatzki lagen etwa 30 erschossene deutsche Soldaten.
Außer den täglichen Vergewaltigungen, die ich ebenso wie alle anderen weiblichen Wesen zu erdulden hatte, bin ich 7 Tage von einer russischen Bande, bestehend aus 2 Offizieren und 7 Soldaten, die offenbar desertiert oder von ihrer Truppe abgekommen waren und in einem Waldarbeiterhaus in Kl. Hermenau hausten, dorthin verschleppt worden. Unter diesen Marodeuren ging es besonders toll zu. Sie hatten insgesamt 9 Frauen, darunter ein 14jähriges Mädchen, zusammengeholt und veranstalteten unbeschreibliche Exzesse mit uns. Erst das Eingreifen der GPU machte diesem Treiben ein Ende. Von der GPU wurde ich nach Goldbach mitgenommen, wo ich festgesetzt wurde. Ich wurde drei Nächte von betrunkenen GPU-Leuten vernommen und bedroht. Man wollte uns zwingen, irgendeine Parteizugehörigkeit zuzugeben. Einer alten Frau aus meinem Keller wurden bei der Vernehmung die Zähne ausgeschlagen. Mit einer Schüssel Blut im Vernehmungsraum, bereit liegenden Pistolen und ähnlichen Hinweisen versuchte man uns einzuschüchtern. Nachts hörten wir oft Schüsse. Morgens, wenn ich für die Russenküche Wasser vom Brunnen holen mußte, lagen fast täglich Leichen von deutschen Männern am Gartenzaun. Ich wurde dann zusammen mit anderen Leidensgefährten per LKW über Gefängnisse in Mohrungen, Rastenburg und Insterburg transportiert.
In Insterburg wurden wir zu 50 Frauen in Güterwagen gepreßt und nach Rußland abgefahren. In den Waggons hatten wir weder Stroh, Decken noch Sitzgelegenheiten. Die Fahrt über Stalingrad nach Nischny-Tagil nordostwärts des Urals dauerte etwa 3 Wochen. Während dieser Zeit erhielten wir nur zweimal warmes Essen, sonst nur wenig Brot und nur ganz selten Wasser, so daß wir gezwungen waren, das gefrorene Kondenswasser von den Wänden abzukratzen, um unseren rasenden Durst wenigstens etwas zu stillen. Offenbar um unsere unbeschreiblichen Qualen während dieser Fahrt zu steigern, wurden uns verschiedentlich Salzheringe gereicht. Bereits während dieser Schreckensfahrt brachen schwere Krankheiten wie Typhus, Gesichtsrose, Ruhr und schwere nervliche Störungen aus. Während des Transportes starben fünf Frauen. Unterbringung und Verpflegung im Lager waren derart unzureichend, daß in den ersten vier Wochen etwa ein Drittel der Lagerinsassen verstarben. Ich hatte das Glück, mit dem ersten Heimkehrertransport im August 1945, wenn auch gesundheitlich schwer geschädigt, entlassen zu werden. Meine obigen Ausführungen enthalten die volle Wahrheit. Ich bin jederzeit bereit, sie zu beeiden.

Unsere Ausweisung aus Glatz (Schlesien) [10]

Von Beruf Bankbeamter, zuletzt Bankdirektor und Leiter der Deutschen Bank Zweigstelle Glatz. Im Jahre 1945 Alter 63 Jahre.
Die Ausweisung von mir und meiner Familie erfolgte am 3. März 1946, so daß wir noch 10 Monate unter Russen und Polen deren Schreckensherrschaft über uns ergehen lassen mußten. Die Besetzung der Stadt Glatz erfolgte in der Nacht vom 8. zum 9. Mai 1945. Wir wurden früh um 4.30 Uhr durch betrunkene Russenhorden aus tiefstem Schlaf herausgeholt. Die Entreetür wurde eingeschlagen. Der erste Ruf war der nach unseren Uhren. Ich hatte eine alte unbrauchbare Uhr meines Sohnes, mit der sie sich zufriedengaben. Im Laufe des 9. Mai erschienen wiederholt andere Russenhorden, die die Wohnung durchsuchten. Im meiner Wohnung waren außer meiner Frau und meiner 26jährigen Tochter eine Frau G. aus Frankenstein mit ihren beiden Töchtern Elisabeth – Laborantin – und Ruth G. – in Ausbildung – Alter 21 und 19 Jahre. Letztere beiden jungen Mädchen wurden von 4 Russen hintereinander in meiner Wohnung vergewaltigt, während ich meiner Tochter im letzten Augenblick die Flucht aus der Wohnung ermöglichen konnte. Am Nachmittag kamen zwei ältere Russen in Uniform, anscheinend von der GPU, um Dokumente zu suchen, wobei sie meinen Schreibtisch durchsuchten und sich alle glitzernden und glänzenden Gegenstände sowie meinen letzten Tabak aneigneten. Sie gaben an, nach deutschen Offizieren zu suchen. Am späten Nachmittag erschienen zwei russische Offiziere, die sich als Majore ausgaben und uns in Aussicht stellten, abends ein Gelage bei uns abzuhalten. Sie konnten etwas Deutsch sprechen. Der wahre Grund konnte nur sein, abends unsere jungen Mädchen erneut zu vergewaltigen. Wir entgingen diesem Schicksal, indem wir die Nacht auf dem dunklen Boden verbrachten.
Am 10. Mai, also zwei Tage nach dem Einmarsch der Russen, mußten wir binnen 2 Stunden unsere Wohnung verlassen. Wir konnten nur das Notwendigste packen und saßen auf der Straße. Ähnliche Situationen erlebten wir noch viermal, wobei uns jedesmal ein Teil der restlichen Habe, soweit wir sie tragen konnten, mit Gewalt entrissen wurde.
Ich bin später einmal an einem Vormittag gegen 10 Uhr an einer weniger begangenen Straße, die parallel zu der Eisenbahnlinie Glatz Stadt–Rengersdorf verlief, von zwei russischen Offizieren angehalten worden, ihnen in das Haus zu folgen, das sie bewohnten. Ich ließ sie durch den Vorgarten vorangehen und machte kurz kehrt, um so schnell wie ich konnte die Flucht zu ergreifen. Es war Tagesgespräch, daß die Deutschen auf diese Weise durchsucht wurden, um nach Wegnahme ihrer Kleidungsstücke und Schuhe in Unterkleidung wieder auf die Straße gesetzt zu werden.

Was uns unter russischer Besatzung an Ernährung zugewiesen wurde, war kläglich. Es konnten sich nur diejenigen durchhalten, die in ihren Wohnungen verbleiben durften, wo ihnen ihre eigenen Vorräte zugute kamen. Uns war das durch die Heraussetzung aus der Wohnung nicht möglich.

Am 28. Mai wurde am Rathaus die polnische Fahne gehißt, womit der polnische Terror seinen Anfang nahm. Alle Deutschen mußten weiße Armbinden tragen. Auf die ausgegebenen Lebensmittelkarten, um die man stundenlang Schlange stehen mußte, gab es so gut wie nichts. Nach Brot mußte man sich morgens um 4 Uhr anstellen, um günstigsten Falles um 7 Uhr ein Brot gegen Zloty zu erhalten. Die Umrechnung erfolgte für 2 RM = 1 Zloty. Zu dieser Zeit brach im Krankenstift Scheibe unmittelbar am Stadtrand von Glatz eine Typhusepidemie aus, die viele Opfer forderte. Alle möglichen Drangsalierungen wurden angekündigt, z. B., Räumung aller Wohnungen bis 12 Uhr Mittags u. s. w., um dann in letzter Minute widerrufen zu werden.

Nach 8 Wochen zog sich die russische Besatzung zurück und überließ den Polen die Alleinherrschaft. Zu diesem Zeitpunkt konnten wir in unsere Wohnung zurück, fanden jedoch nur noch die halbe Wohnungseinrichtung vor. Alle Vorräte besonders alle Weckgläser und sämtlicher Wein waren verbraucht. Die leeren Flaschen standen in der Wohnung. Wir haben 4 Wochen gebraucht, um den Unrat, der sich angesammelt hatte (wie z. B. Eimer mit verfaultem Sauerkraut), zu beseitigen, um dann erneut innerhalb 15 Minuten, am 10. August 1945, von den Polen aus unserer Wohnung herausgesetzt zu werden.

Was wir uns, um unsere Ernährung zu sichern, an Kartoffeln, Karotten und dergl. aus den umliegenden Dörfern heranholten, wurde uns meistens an der Stadtgrenze von bewaffneten Polen abgenommen. (Ich nenne Herrn Werner Babel, der nach einer Exkursion aufs Land bei seiner Rückkehr furchtbar zerschlagen wurde und ihm alle Lebensmittel abgenommmen wurden.)

Die Ernährungslage unter polnischer Besetzung wurde immer schlimmer und unerträglicher. Nur diejenigen, die etwas zu versetzen hatten, konnten sich durch den Verkauf ihrer Sachen polnische Zloty-Währung verschaffen, für die in den Läden, wenn auch enorm teuer, vieles zu haben war. Da wir nur noch das allernotwendigste besaßen, war uns dieser Weg verschlossen, so daß wir eine schwere Hungerszeit durchmachen mußten. Alle Deutschen, durch weiße Armbinden kenntlich, wurden von der Straße weg zum Arbeitseinsatz geholt, notfalls unter Gebrauch von Knüppeln oder Stecken. Ich habe selbst gesehen, wie man den Frisör von unserer Straße, der dringend in seinem Betrieb gebraucht wurde, mit Fußtritten bearbeitete, weil er in seinen Betrieb wollte. Ich

möchte nicht unerwähnt lassen, daß wir bei den National-Polen wiederholt Hilfe und Entgegenkommen gefunden haben.
Am 23.11.45 wurden wir aus einem unserer Notquartiere, aus dem Hause von Frau Cläre Hünerfeld in Glatz, die in Grenzeck bei Kudowa eine Zigarrenfabrik hatte, während der Verkauf der Zigarren in Glatz erfolgte, gewaltsam herausgesetzt. Frau Hünerfeld, die an diesem Tage zu einer Beerdigung in Kudowa war, wurde bei ihrer Rückkehr nicht mehr in ihr Haus eingelassen. Sie hat unermeßliche Werte verloren.
Daß nächtliche Einbrüche in die Besitzungen der Deutschen an der Tagesordnung waren, konnten wir während unseres Aufenthaltes bei Frau Hünerfeld zweimal selbst miterleben. [...] Wir Schlesier konnten es nie begreifen, daß sich die Alliierten bereit finden würden, uns aus der Heimat zu vertreiben. Selbst als der Beschluß der Internat. Kontrollkommission in Glatz angeschlagen wurde, nach welchem alle Deutschen ausgewiesen wurden, glaubte niemand an diese Unmenschlichkeit. Ich habe diesen Beschluß, datiert Breslau 7. Lutego noch in Abschrift vorliegen, in welchem es heißt, daß auf Grund des Beschlusses der Internat. Kontrollkommission in Deutschland in den nächsten Tagen mit der Repatriierung der deutschen Bevölkerung aus Niederschlesien nach der englischen Okkupationszone Deutschlands begonnen wird. [...]
Unsere Ausweisung erfolgte am 3. März 1946. Nach straßenweiser Zusammenziehung der Deutschen im Finanzamt Glatz wurde nach Durchsuchung des Gepäcks ein Transport zusammengestellt, der geschlossen unter Bewachung durch poln. Miliz zum Bahnhof geführt wurde. Wir wurden in Güterwagen verfrachtet und kamen in 4 Tagen in Alversleben an. Von dort aus wurden wir in Personenwagen mit zerschlagenen Fenstern bei 6° Kälte die Nacht hindurch bis Nachmittag 16.00 Uhr des nächsten Tages bis nach Aurich (Ostfriesland) transportiert. Diese Fahrt glaubten wir kaum zu überleben. [...]

ALOIS HARASKO

Die Vertreibung der Sudetendeutschen. Sechs Erlebnisberichte

Den in großer Zahl schriftlich niedergelegten Erlebnisberichten über die Vertreibung der Sudetendeutschen aus ihrer Heimat kommt ein bedeutender historischer Quellenwert zu. Andere Quellengattungen, wie z. B. erhaltene Aktenbestände und schriftliche Hilfsmittel aus Durchgangslagern können zwar einerseits ein wertvolles Gerüst von nüchternen Daten bieten, andererseits mangelt es ihnen aber an Aussagekraft zu diesem Vorgang, der so tief in die individuelle Verantwortlichkeit und in den menschlichen Bereich der an der Vertreibung Beteiligten, nämlich der handelnden und der über 3 Millionen betroffenen Personen, hineinwirkt. Freilich bedarf die Subjektivität des jeweiligen Berichterstatters, die vornehmlich von der natürlichen Begrenzung seines Erlebnisbereiches und von seiner Erinnerungs- und schriftlichen Ausdrucksfähigkeit geprägt ist, der Bestätigung, Ergänzung und differenzierenden Wertung durch Mitteilungen aus weiteren, davon unabhängigen Berichten. Erst eine Mehrzahl solcher Berichte zu ein und demselben Ereignis wird also facettenartig dessen Gesamtumfang verbürgen können.
Daß gesicherte Erkenntnisse über die im konkreten Vollzug sehr vielschichtige Vertreibung der Deutschen aus der Tschechoslowakei und deren Einzelaktionen gewonnen werden konnten, ist vor allem den auf breiter Ebene von landsmannschaftlichen Einrichtungen oder mit deren Hilfe gesammelten Erlebnisberichten zu verdanken, die in den Bestand Ostdokumentation des Bundesarchivs in Koblenz eingegangen sind. Nur zu einem geringen Teil wurden sie in dem von der Arbeitsgemeinschaft zur Wahrung sudetendeutscher Interessen bereits im Jahre 1951 herausgegebenen Weißbuch »Dokumente zur Austreibung der Sudetendeutschen« und in Band IV der vom Bundesministerium für Vertriebene, Flüchtlinge und Kriegsgeschädigte im Jahre 1957 herausgegebenen Dokumentation der Vertreibung der Deutschen aus Ost-Mitteleuropa publiziert.
Die vermutlich früheste Sammlung von Berichten über die Vertreibung der Sudetendeutschen, also ein Vorläuferbestand der genannten Sammlung im Bundesarchiv Koblenz, wurde aus einem privaten Nachlaß erst im Jahre 1975 dem Sudetendeutschen Archiv in München zugeführt. Es sind dies 390 Dokumente, die in einer verhältnismäßig frühen Zeit, nämlich von Februar bis Mai 1947 an den Sudetendeutschen Adolf Tutsch

in Höchheim/Bayern zur Weiterleitung an den sozialdemokratischen Abgeordneten Wenzel Jaksch, der sich zu dieser Zeit noch in der Emigration in London befand, eingesandt worden waren. Der Bestand setzt sich aus 370 Erlebnisberichten einzelner und aus 20 Sammelberichten, Protokollaufnahmen und mit zahlreichen Unterschriften versehenen Petitionen sudetendeutscher Heimatvertriebener zusammen, die für den Alliierten Kontrollrat bestimmt waren. Die Berichterstatter, deren Identität gewöhnlich u. a. von Polizeidienststellen, Bürgermeister- und Pfarrämtern beglaubigt ist, hatten zu dieser Zeit ihren Wohnsitz in der russischen, amerikanischen und englischen Zone sowie in Österreich. Einige Berichterstatter nehmen eingangs zu ihrem Bericht auf eine bislang nicht näher feststellbare Tagung der Sudetendeutschen am 2.1.1947 oder auf einen Aufruf bzw. ein Rundschreiben Adolf Tutschs vom 5. März 1947 Bezug. Ob die Aktion von Wenzel Jaksch selbst angeregt war, ist aus den Berichten nicht erkennbar, wohl aber wird mehrfach angegeben, daß ihm die Berichte als Beweismittel bei bevorstehenden Friedensverhandlungen zugedacht seien. Einige Dokumente, vor allem von sudetendeutschen Sozialdemokraten, sind in Briefform an Jaksch persönlich gerichtet. Bedenkt man, daß zu dieser Zeit den Sudetendeutschen noch jegliche organisatorische Voraussetzung zur Verbreitung von Aufrufen fehlte, wie sie erst in den darauffolgenden Jahren in der Sudetendeutschen Landsmannschaft und in anderen Verbänden, insbesondere auch in eigenen Presseorganen geschaffen wurde, ist der vorliegende Erfolg dieser Aktion bereits erstaunlich, konnte doch der genannte Aufruf – wie dies aus einer größeren Anzahl von Einsendungen hervorgeht – nur durch persönliche Briefe unter Verwandten und Bekannten Verbreitung finden.
Nicht alle sudetendeutschen Heimatlandschaften sind in den Berichten gleichmäßig vertreten. Die meisten Berichte stammen aus Nordböhmen, Nordmähren, Sudetenschlesien, Südmähren und Südböhmen. Das Egerland und der Böhmerwald sind verhältnismäßig schwach vertreten. Dies hängt wohl damit zusammen, daß – vermutlich durch eine Formulierung des Aufrufes bedingt – die vorliegenden Berichte hauptsächlich das Geschehen in den Monaten Mai bis August 1945, also sog. wilde Austreibungsaktionen beschreiben, durch die vor Bekanntgabe der Potsdamer Beschlüsse zahllose Menschen aus den genannten Landschaften in die angrenzenden russisch besetzten deutschen und österreichischen Gebiete gejagt wurden, während die sudetendeutschen Nachbarlandschaften der amerikanischen Zone, das Egerland und der Böhmerwald, davon noch weitgehend verschont blieben. Hier erfolgte die systematische Entvölkerung meist erst in den darauffolgenden Monaten bis November 1946 durch besonders in die amerikanische Zone gelenkte Vertreibungstransporte.

Die Berichte der Sammlung Tutsch sind stark von der zeitlichen Situation ihrer Entstehung geprägt. In ihnen spürt man vordergründig noch die Benommenheit von dem, was der Berichterstatter am eigenen Leib erlebt hatte. Aus der völligen Verarmung und aus der allgemeinen Not der Zeit heraus ist in ihnen auch die Trauer um den Verlust der materiellen Güter verständlich. Die Hoffnung auf baldige Rückkehr in die Heimat und die Sorge um Haus und Hof kommen in den meisten Berichten sehr anschaulich zum Ausdruck. Ein weiteres auffallendes Merkmal für die zeitliche Nähe zu dem wiedergegebenen Geschehen ist die häufige Nennung von Namen und Umständen, die die Identifizierung der am Geschehen beteiligten Tschechen ermöglichen sollte. Häufig finden sich auch Hinweise darauf, daß die an den Vertreibungs- und Terroraktionen, an Plünderung, Folterung und Erschlagungen beteiligten Tschechen oft Jugendliche im Alter zwischen 16 und 25 Jahren waren.
Eine systematische historische, soziologische und psychologische oder gar kriminalistische Auswertung der sudetendeutschen Vertreibungsberichte ist bisher nicht erfolgt. Seit den Erhebungen in den 40er und frühen 50er Jahren haben sich – von einigen regionalen Dokumentationen abgesehen – auch landsmannschaftliche Gremien nicht mehr intensiv um eine weiterführende Klärung der Vertreibungsaktionen und um die Erhaltung des Wissens um die konkreten Geschehnisse im Bewußtsein der sudetendeutschen Bevölkerung bemüht. Diesem wurde vielmehr meist nur pauschal in der Errichtung zahlloser Gedenkkreuze, Kapellen und Mahnmale für die etwa 240000 im Zuge der Vertreibung zu Tode gebrachten Landsleute Genüge getan. Die an diesen Stätten seither gewöhnlich während ungezählter größerer und kleinerer Heimattreffen abgehaltenen Feiern waren im Zeichen der Versöhnungsbereitschaft vornehmlich vom Geiste der Charta der Heimatvertriebenen aus dem Jahre 1950 bestimmt. Eine gesellschaftliche Aufarbeitung selbst auch nur in dieser Form wurde aber andererseits im tschechischen Volk bisher von Staats wegen unmöglich gemacht. Nur ein einziges Beispiel für einen solchen Ansatz in der Zeit des Prager Frühlings ist bekannt geworden, als nämlich Teile der tschechischen Bevölkerung der südmährischen Stadt Pohrlitz an zwei der in der Nähe befindlichen Massengräber eine bescheidene Gedenkstätte errichten wollten. Daß aber anstatt dessen über diesen Gräbern der dort im Zuge der Austreibung der Brünner Deutschen am Fronleichnamstag 1945 zu Tode gekommenen 450 Menschen zwei landwirtschaftliche Gebäude zur Tierhaltung errichtet wurden, läßt vermuten, daß die Bewältigung eines die Nachbarschaft im Herzen Europas belastenden Geschehens, das zugleich ein die nächsten Generationen des tschechischen Volkes prägendes Trauma bedeuten dürfte, auch in der nächsten Zukunft kaum zu erwarten ist.

Die Auswahl der folgenden sechs Erlebnisberichte aus der Sammlung Tutsch soll nicht Umfang und Ablauf der Vertreibungsaktionen umreißen, sondern lediglich einen Eindruck vom besonderen Charakter dieses historischen Quellenbestandes vermitteln.[1] Die Berichte werden hier erstmals veröffentlicht.

Internierungslager in Friedek-Mistek[2]

Am 1. Mai 1945 wurde ich mit meiner Tochter evakuiert. Nach einer durch Luftangriffe gestörten Fahrt kamen wir in Iglau, unserem Bestimmungsort an. In einer Schule wurden wir untergebracht. Als die Kampfhandlungen sich der Stadt näherten, wurden wir aufgefordert, uns ruhig zu verhalten, da fremdes Militär die Stadt besetzen würde. Ohne Kampf drangen die Sowjets in den späten Abendstunden des 7. Mai in die Stadt ein. Ein russischer Offizier kam in unser Lager, hielt eine Rede an uns und suchte sich sodann junge Frauen und Mädchen zur Vergewaltigung aus. Trotz unserer Bitten behielt er seinen Willen aufrecht. Das furchtbare Angstgeschrei derjenigen hielt die ganze Nacht bis in den kommenden Tag herein an. Wir hatten alle ungeheure Angst, da wir in einer fortwährenden Furcht um unser Leben und einer quälenden Ungewißheit über unser weiteres Schicksal bleiben mußten. Eine junge Frau beging aus Verzweiflung Selbstmord. Aus diesen Gründen faßten wir den Entschluß, auf eigene Verantwortung, in unsere Heimatstadt Friedek-Mistek, wo mein Mann nach unserer Evakuierung verblieben war, zurückzukehren. Über die dort herrschenden Verhältnisse waren wir vollkommen im unklaren. Nur der Tatsache, daß meine Tochter gehbehindert war, verdanken wir es, daß wir nicht die weite Strecke zu Fuß zurücklegen mußten. Unsere Heimfahrt läßt sich kaum richtig beschreiben. Von den aus Deutschland zurückkehrenden tschechischen Arbeitern wurden wir unserer letzten Habe beraubt sowie mit Schlägen und unbeschreiblichen Schimpfworten bedacht. Halbtot vor Angst langten wir endlich am 20. Mai in Friedek ein, wurden sofort verhaftet und verbrachten die Nacht im Misteker Gerichtsgefängnis. Über meinen Mann konnte ich nichts erfahren. Nächsten Tag wurden mir die Schlüssel meiner Wohnung, welche fast ganz ausgeplündert war, ausgefolgt und bis zu deren Räumung konnte ich dort mit meiner Tochter wohnen. Von meiner Schwiegermutter erfuhr ich, daß mein Mann bei der Besetzung der Stadt von den Tschechen verhaftet worden war. Vier Tage nach unserer Ankunft wurden auch wir erneut verhaftet und in das Neumannlager in Friedek eingeliefert. Meine Tochter sollte zuerst von mir getrennt werden, wurde aber dann doch bei mir belassen. Schläge und Schimpfnamen waren die Begrüßung im Lager. Von 7 Uhr

früh bis oft in die Nacht hinein mußten wir schwere und schmutzige Arbeit verrichten. Zum Essen bekamen wir nichts anderes als Kaffee, Wassersuppe und 180 g Brot pro Tag. Oft wurden wir in der Nacht von unseren Schlafstellen herausgejagt, mußten am Lagerhof antreten, dann tanzen, singen, einander Ohrfeigen verabreichen, auf allen Vieren herumkriechen u. s. w. Diese sadistischen Akte wiederholten sich immer wieder und viele meiner Mitgefangenen begingen aus Verzweiflung Selbstmord. Wir waren vollkommen der Willkür der uns bewachenden Partisanen ausgeliefert. Da wir mit den internierten Männern nicht sprechen durften, konnte ich nichts über das Schicksal meines Mannes erfahren. Eines Tages teilte mir im Vorbeigehen beim Kaffeeholen Herr N., ein Bekannter von uns, mit, daß mein Mann tot sei. Näheres konnte er mir nicht sagen und so wollte und konnte ich es nicht glauben. Meine Schwägerin teilte mir diese Nachricht bei einem Zusammentreffen ein paar Tage später auch mit. Nun wurde das Lager nach Mistek verlegt und wir gingen täglich in eine Baumschule arbeiten. Am 14. Juni wurde ich wie auch viele andere Frauen einem Bauern zur Dienstleistung zugeteilt. Bei diesem Bauern verblieb ich bis zum Mai 1946. Er behandelte mich gut und gab mir auch ausreichend zu essen. Jeden Monat ließ er mich einmal nach Mistek, um meine dort lebenden Verwandten und meine im Lager internierte Tochter zu besuchen. Ich bekam nun auch Gewißheit über das Schicksal meines Mannes. Von einem überlebenden Zellengenossen erfuhr ich, daß er am 27. Mai 1945 verstorben ist und zwar an den Folgen des andauernden Prügelns und sonstiger Mißhandlungen. Im Totenschein stand allerdings, daß er an Körperschwäche verstorben sei. Ich aber weiß und kann bezeugen, daß mein Mann nie an Körperschwäche gelitten hat und, als wir ihn verließen, daß er vollkommen gesund war. Am 30. Mai 1946 wurde ich mit meiner Tochter nach Deutschland ausgesiedelt.
Diese Angaben habe ich nach bestem Wissen und Gewissen gemacht und kann sie jederzeit bezeugen.

Vertreibung aus Brünn[3]

Ich wurde am 30. Mai 1945 von den Tschechen ausgewiesen, und zwar mußten wir binnen einer Viertelstunde fort. Wir hatten keine Zeit, auch nur das Notwendigste mitzunehmen. Von der Wohnung aus mußten wir mit den Kindern eine ganze Nacht und einen ganzen Tag zu Fuß ins Lager gehen. Als wir die Stadt verließen, nahm man uns noch Wecker, Schere, Messer und anderes. Schon im ersten Lager war ich Augenzeuge, wie Mütter ihre kleinen Kinder selbst einscharren mußten. Den ganzen Weg über wurden wir mit Gummiknüppeln geschlagen. Heute besitze ich von meinen drei Kindern bloß noch eines. Mein jüngstes Kind liegt in Niederösterreich im Massengrab. Mein Mann war Landgerichtsrat und wurde, da er nicht zum Sondergericht wollte, einberufen. Zum Dank flog ich mit den Kindern mittellos heraus. Von meinem Mann habe ich seit 2 Jahren nicht das geringste Lebenszeichen. Er war zuletzt in Brünn selbst in der Kaserne. Meine Tochter habe ich vor Weihnachten zufällig in Wien entdeckt. Ist das nicht ein grausames Schicksal? Jetzt kann man mir nur noch das nackte Leben nehmen. Der Tod wäre die Erlösung. Wir haben bis heute noch nicht einmal das Aussiedlungsgeld. Arbeitsmöglichkeit gibt es hier auch keine.

Fußmarsch zur Reichsgrenze[4]

Ich wohnte mit meinen drei Kindern in Freiwaldau, Ostsudetenland. Mein Mann war seit Januar 1941 bei der Wehrmacht. Ich und mein Mann sind in unserem reindeutschen Heimatort Freiwaldau geboren, und daselbst hatten nachweislich schon unsere Urahnen gewohnt.
Am 26. Juli 45 kamen plötzlich drei bewaffnete tschechische Soldaten und ein Polizist in meine Wohnung und ich mußte dieselbe binnen einer halben Stunde verlassen. Ich durfte gar nichts mitnehmen. Wir wurden auf einen Sammelplatz getrieben und wußten nicht, was mit uns geschehen wird. In der großen Angst und Verwirrung über den plötzlichen Befehl hatte ich mir das verfügbare Bargeld (1200 RM) mitgenommen, wovon mir die Tschechen bei einer scharfen Kontrolle 1000 RM weggenommen haben. Unter starker Bewachung mußten wir auf dem Sammelplatz viele Stunden warten, gegen Abend wurden wir unter gräßlichen Beschimpfungen und Peitschenschlägen aus dem Heimatort fortgeführt. Nach sechsstündigem Fußmarsch mußten wir im Freien übernachten und wurden dann eine Woche lang in einem primitiven Lager, einem Kalkwerk, festgehalten. Verpflegung gab es keine und wir mußten mit dem wenigen, was wir uns an Essen mitgenommen hatten, auskommen. Es wurde uns immer noch nicht gesagt, was mit uns geschehen soll, bis wir am 2. 8. 45 zum Bahnhof mußten und auf offene Kohlenwagen und Loren verladen wurden. Vor Abfahrt des Transportes bekamen wir pro Eisenbahnwagen 1 Brot. Während der Fahrt regnete es in Strömen und wir wurden bis auf die Haut naß, abgesehen davon, daß wir dabei Todesangst ausstehen mußten. Die Kinder wurden krank und ich wußte mir vor Verzweiflung bald keinen Rat. Nach zwei Tagen wurden wir in Tetschen ausgeladen. Wir waren hungrig und erschöpft und mußten in diesem Zustand den Weg bis zur Reichsgrenze zu Fuß antreten. Wir wurden mit Peitschenhieben und Schreckschüssen immer wieder angetrieben und viele sind am Wege

liegen geblieben. Als wir endlich an den Schlagbaum kamen, wurden wir nochmals in der unwürdigsten Weise durchsucht und dann mit Schlägen über die Grenze getrieben. Beim zweiten Schlagbaum wurden unsere Ausweise von russischem Militär geprüft und dann waren wir für den weiteren Weg auf uns selbst gestellt. Elend, Hunger und Not waren unser Los. Wir wurden von einem Ort zum anderen gewiesen, bis wir endlich am 22. 8. 45 eine Unterkunft zugeteilt erhielten. Mein Mann wurde im Juni 46 als Schwerkriegsbeschädigter aus der Kriegsgefangenschaft entlassen und wir müssen hier, da wir vollständig mittellos sind, in großer Not und Sorge unser Leben fristen. Die in der Heimat zurückgelassenen Sparguthaben und andere Vermögenswerte betragen 112000,– RM. Ich und mein Mann waren in der Heimat nicht politisch tätig und die menschenunwürdige Ausweisung, durch die wir zu Bettlern gemacht worden sind, ist ein himmelschreiendes Unrecht. Wir sehnen uns in unsere geliebte Heimat zurück und hoffen, daß uns das geraubte Menschenrecht wiedergegeben wird.

Todesmarsch von Teplitz nach Geising[5]

Karl U., 70 Jahre alt, seine Frau Marie, 61 Jahre alt, und die Schwägerin Adelheid U., 59 Jahre alt, berichten, wie folgt: Am 16. Juni 1945 wurden wir mit dem inzwischen verstorbenen Wilhelm U., 68 Jahre alt, und der Österreicherin, Frau Johanna W., 81 Jahre alt, aus unserem eigenen Hause in Leitmeritz ausgetrieben und mußten ohne Wertsachen, ohne Sparkassabücher, mit nur wenig Geld und ganz geringem Gepäck in zwei Stunden in einer Kaserne gestellt sein. Hier begannen unsere Leiden. Hier wurde uns noch das wenige, das wir mit hatten, fast vollkommen weggenommen, wer etwas Unerlaubtes mit hatte, wurde geschlagen, und das Geld wurde fast restlos abgenommen. Daselbst verblieben wir zwei Nächte in verwanzten Räumen ohne Verpflegung und lagen auf Brettern. In den Nächten wurde geschossen, Türen wurden eingeschlagen, Mädchen und Frauen vergewaltigt und Männer wurden blutig geschlagen. Wilhelm U. bekam mit einem schweren Sessel Hiebe über den Kopf, was zu seinem frühzeitigen Tod mit beitrug. Erst am 3. Tage wurden wir auf den Bahnhof getrieben und in einem offenen Kohlenwagen nach Teplitz gebracht, wo wir 72 Personen mit Gepäck in diesem offenen Waggon allen Witterungsverhältnissen ausgesetzt bis zum Morgen des 4. Tages stehen blieben. Am gleichen Tage wurden wir, absichtlich in der größten Sonnenglut, zu Fuß viele Stunden lang bis nach Geising über die Grenze getrieben. Verpflegung gab es keine und auch kein Wasser. Wir waren nur auf die spärlichen Vorräte, die wir in aller Eile von daheim mitnehmen konn-

ten, angewiesen. Der unerhört anstrengende Marsch von Teplitz nach Geising wurde von uns der Todesmarsch genannt und spielte sich unter den dramatischsten Verhältnissen ab, die unbeschreiblich sind. Wer nicht mehr konnte und zurückblieb, wurde mit Peitsche und Revolver weitergejagt und die zu Tode erschöpften Menschen mußten ihre letzten Habseligkeiten wegwerfen, um nur mit dem nackten Leben durchzukommen. Trotzdem blieben aber viele tot oder entkräftet auf dem Wege liegen, unter anderem sahen wir eine alte Frau sterbend zusammenbrechen, ihre Tochter, die sich verzweifelt zu ihr niederknieen wollte, wurde mit der Peitsche von ihrer sterbenden Mutter weg und weiter getrieben. Unsere Peiniger waren lauter junge Tschechen. Von Geising zogen und fuhren wir ohne Lebensmittelkarten bettelnd über Dresden, Riesa, Zwickau, Kahla bis in das Dorf Milda bei Jena, wo wir am 3.9.45 einlangten, und bekamen hier Lebensmittelkarten. Überall, auf der erfolglosen Suche nach Arbeit und Existenzmöglichkeiten, sagte man uns: »Wer nicht arbeitet, soll auch nicht essen.«
In dem Momente dieser grausamen Ausweisung haben sich in Leitmeritz viele Leute in unserer Nachbarschaft in der Verzweiflung das Leben genommen, wie z.B. Bürgerschuldirektor J., Geschwister Oberoffiz. Fritsch, Generalstabsarztenswitwe T., Hauptm. H. und viele andere. Auf dem Wege in die Kaserne brach Hauptm. R. zusammen und verschied infolge der Aufregung. Seine Frau mußte ihn liegen lassen und ihren Weg in die Kaserne fortsetzen. – Nun ferne der geliebten Heimat erdulden wir große seelische Qualen, haben schon zwei liebe Familienmitglieder verloren, die an den Folgen der Mißhandlungen, Strapazen und Entbehrungen starben, diese sind Frau Johanna W. und Herr Wilhelm U. Selbst stehen wir völlig mittellos vor dem Nichts. Unser Hab und Gut, Haus und Hof, Erspartes und Ererbtes mußten wir zurücklassen. Kein Schmuckstück, kein Geld und kein Andenken verblieb uns, und sogar die Eheringe wurden uns in der Kaserne von den Fingern gezogen. Es fehlt uns an Bettzeug, Kleidern, Wäsche, Schuhen, kurz, wir sind vollkommene Bettler geworden.

Im Lager Maltheuern[6]

[...]
Am 9. Juni 45 wurden alle männlichen Bewohner von Komotau, im Alter von 13 bis 65 Jahren, durch öffentlichen Anschlag veranlaßt, mit dreitägiger Verpflegung um 10 Uhr am Sportplatz stellig zu sein. Nachdem sich ungefähr 5000 bis 6000 Mann eingefunden hatten, wurde der Platz bei starker Bewachung abgesperrt und bei entblößtem Oberkörper aus den in

Einzelreihen Aufgestellten diejenigen herausgesucht, welche bei der Waffen-SS der deutschen Armee gedient hatten. Sowie einer unter uns, die wir mit erhobenen Armen stehen mußten, festgestellt wurde, fielen eine Anzahl Tschechen über ihn her, rissen ihm noch die Beinkleider vom Leibe und bearbeiteten den Unglücklichen mit mehrschwänzigen Peitschen so lange, bis er kein Lebenszeichen mehr von sich gab. Einer von diesen blonden jungen Burschen setzte sich mit Faustschlägen zur Wehr, worauf man ihm, am Boden liegend, die Beine auseinander spreizte und in bestialischer Weise das Geschlechtsteil zerschlug. Dieses furchtbare Schauspiel der Erschlagung von 10 oder 12 Mann währte bis etwa 14 Uhr. Um 15 Uhr erfolgte der Abmarsch in Fünferreihen, wobei wir die Blicke auf die entstellten blutigen Leiber der auf einem Haufen beisammenliegenden Erschlagenen richten mußten. Wer dies nicht tat, wurde durch Gewehrkolbenstöße dazu gezwungen. Über Görkau und Eisenberg marschierend, immer unter stärkster Bewachung, kamen wir gegen 21 Uhr in Gebirgsneudorf an, wo wir bei sehr niedriger Temperatur die Nacht auf der Straße verbringen mußten. Beim Durchmarsch durch die Ortschaft Kunersdorf mußten wir die Blicke auf einen halbtoten furchtbar zerschlagenen Amtswalter richten, der angebunden an einer Telegrafenstange lehnend stand.
Wenige Tage später erschien ein Bericht in der Zürcher Zeitung, der diesen Zug und die Vorkommnisse an diesem Tag angeblich sehr wahrheitsgetreu schilderte. Dieses Blatt wurde erst beschlagnahmt, als es bereits Verbreitung gefunden hatte. Leute aus dieser Gegend, welche erst im Vorjahr vertrieben wurden und nach Wittenberg kamen, nannten diesen Zug Todeszug, weil zahlreiche Häftlinge, die die Strapazen des Marsches nicht durchhielten, am Schlusse durch tschechische Wachmannschaft kurzerhand umgelegt wurden. Zahlreiche Grabhügel an den Straßen, die wir durchschritten, kennzeichnen die Mordtaten der Tschechen.
Nachdem wir 3 Nächte und 2 Tage in Gebirgsneudorf verbrachten, wobei bei Exerzierübungen mit Fußtritten und Kolbenstößen nicht gespart wurde, erfolgte am 12. Juni der Abmarsch in Richtung Brüx. Sehr viele waren unter uns, die unvorbereitet mit Verpflegung, in den Straßen Komotaus gezwungen worden waren, mitzumarschieren. Für diese begann der Hunger bereits am Marsch. Unsere Hoffnung, daß sich die Marschrichtung gegen Komotau wenden würde, erfüllte sich nicht, denn am Abend des gleichen Tages kamen wir in Maltheuern bei Brüx an, wo wir in einem ehemaligen französischen Gefangenenlager interniert wurden. Erst gegen Mitternacht wurde uns schwarzer Kaffee verabreicht, innerhalb von fast 4 Tagen die erste Nahrung.
Es begann nun für uns eine äußerst schwere Zeit fast ununterbrochener Quälereien körperlicher und noch mehr seelischer Art. Täglich um

4 Uhr war Wecken und gegen 6 Uhr Abmarsch in das 30 Minuten entfernt liegende Hydrierwerk, in das wir täglich zur Arbeit geführt wurden. Die geringfügigsten Ursachen oder Ermüdungserscheinungen veranlaßten die tschechischen Wachmannschaften oder auch Aufsichtspersonen, uns mit Gummiknütteln, Gewehrkolben oder Fußtritten zu traktieren. Sogar Knaben von Aufsichtspersonen beteiligten sich an den an uns begangenen Mißhandlungen. Durch mehr als 3 bis 4 Wochen erhielten wir als Nahrung: früh nach dem Wecken schwarzen Kaffee und etwa 300 g Brot, mittags Dörrgemüsesuppe in der Zeit zwischen 13 und 14 Uhr, und zum Abendessen abermals Dörrgemüsesuppe. Das Abendessen wurde oftmals erst gegen 20 oder 21 Uhr verabreicht, weil wir nach der Rückkehr aus dem Hydrierwerk gegen 19 Uhr vorerst zum Appell antreten mußten und darauf, oft wegen geringfügigster Ursachen, vielemal innerhalb des Lagers (Tabor 27) rundherum marschieren mußten. Die Folgen des Hungers und der Überanstrengung zeigten sich sehr bald insbesondere bei uns Älteren durch Abmagerung des Oberkörpers und Anschwellen der Füße und Beine, wobei das Laufen zur Qual wurde. Für die Nachtruhe blieben 6, oftmals nur 5 Stunden. Zahlreich waren die Todesfälle. Sehr oft brachten Leidensgenossen nicht mehr die Kräfte auf, um vom Hydrierwerk nach dem Lager zu marschieren und mußten von den anderen getragen oder im Handwagen gefahren werden. Da trotz der Mißhandlungen die Arbeitsleistungen sanken, erhielten wir nach etwa 4 Wochen viermal wöchentlich eine geringe Menge Margarine und zum Abendessen Kartoffeln. Desgleichen erhielten wir im Hydrierwerk mittags eine bessere Suppe nebst einer Schnitte (etwa 80 g) Brot. Trotzdem sank unser Gesundheitszustand weiter und der Kräfteverfall nahm zu. Bis auf die Kleider, die wir am Leib trugen, wurde uns alles genommen und derjenige streng bestraft, bei dem etwas gefunden wurde. Aufzeichnungen zu machen, war nicht möglich, weil aus unserer Mitte einer zum Barackenkommandanten ernannt wurde und als solcher für alles Verbotene verantwortlich war. An einem Tag, es hieß, es wäre der Tag von Lidice, wurde vor versammelter Mannschaft, zu der auch ich gehörte, an dem Optiker S. aus Komotau samt seinen 17- und 18jährigen Söhnen sowie einem 18jährigen Burschen namens S. aus Oberdorf-Komotau die Erschießung vollzogen. Der Lagerkommandant erledigte die vier eigenhändig durch Genickschuß mit der Pistole. Die Unglücklichen hatten sich, als Uhrmacher im riesigen Hydrierwerk beschäftigt, verirrt und waren um 40 Minuten zu spät zum Abmarsch ins Lager angetreten, was als Fluchtversuch gekennzeichnet wurde. Tatsache aber war, daß die Tschechen den genannten Tag mit Blut beschließen wollten. Einige Tage vorher wurden 4 Jugendliche nach einem mißglückten Fluchtversuch derart mit Stecken und Knütteln geschlagen, bis sie blutüberströmt am Boden liegen blieben. Gezwunge-

nermaßen beteiligten sich an dieser unmenschlichen Mißhandlung auch Deutsche.
Es würde zu viel Platz in Anspruch nehmen und ganze Bände füllen, wenn ich alle die mir bekannten seelischen Quälereien und körperlichen Mißhandlungen anführen wollte, die ich in der Zeit vom 9. Juni bis 17. August 45, dem Tag meiner Entlassung aus Maltheuern, zum Teil selbst erdulden und zum Teil mitansehen mußte. Zwei Tage vor meiner Entlassung wurden wir, wie so oft schon vorher, einer Körper- und Kleidervisitation unterzogen, wobei bei mir 31 RM vorgefunden wurden. Ich und noch 8 meiner Schicksalsgefährten erhielten je 10 Schläge mit dem Gummiknüttel aufs Gesäß. Die Schläge erteilte der Lagerkommandant eigenhändig und ein deutscher Lagerpolizist, ein Kommunist aus Seestadtl. Viel härter waren sonst die Strafen wegen ähnlicher Vergehen und ich mußte einst mitansehen, wie der Färbereiinhaber G. aus Komotau 50 Schläge mit dem Gummiknüttel auf den nackten Körper erhielt, wobei er der Länge nach auf einem Tische festgehalten wurde. Eine Nierenverletzung war die Folge dieser unmenschlichen Schläge. Fast endlos ist die Kette der sich täglich abspielenden Mißhandlungen.
Mit etwa 250 bis 300 KZ-Internierten, die zum kleineren Teil aus dem Lager (Tabor 27) waren, wurde ich am 17. August 45 mittels Autobus über die nahe Reichsgrenze abgeschoben und bei Deutsch-Georgendorf freigelassen. All die in Freiheit Gesetzten waren gleich mir krank und arbeitsunfähig. Einer von ihnen starb noch vor dem Abtransport im Lager, mehrere unterwegs, einige mußten wegen völliger Transportunfähigkeit in Bienenmühle zurückbleiben. Baurat P. aus Komotau starb in Freiberg.
Die Folge dieses zehnwöchigen Hunger- und Elendlebens im KZ Maltheuern war, daß ich auf der Durchreise in der Lutherstadt Wittenberg zusammenbrach und zur Krankenhausbehandlung aufgenommen wurde. Nach 2½ Monaten wurde ich zwecks Erholung dem Kaiser-Friedrich-Siechenhaus überwiesen, wo ich neuerlich an feuchter Rippenfellentzündung erkankte, von welcher ich bis heutigen Tags noch nicht geheilt bin. Ich, der ich vor meiner Internierung vollkommen gesund war und trotz meiner damals 60 Jahre noch verschiedenen Körpersport betrieb, wurde erst kürzlich mit 70% erwerbsunfähig beurteilt.
Keiner von uns Freigelassenen hatte die Möglichkeit, nochmals nach unserer Heimatstadt Komotau zurückzukehren, um mit seinen Angehörigen in Fühlung zu treten und sich mit den notwendigsten Kleidungs- und Wäschestücken ausstatten zu können. Da uns nach unserer Festnahme alle Wert- und Gebrauchsgegenstände abgenommen worden waren, besaßen wir nur das, was wir eben am Körper trugen. Mit meiner Familie hatte ich jedwede Verbindung verloren und erst im Juli 46 brachte ich

durch Zufall in Erfahrung, daß diese im Mai nach der amerikanischen Zone evakuiert wurde, worauf ich erst wieder in schriftlichen Verkehr mit ihr treten konnte. Bisher war es mir noch nicht möglich, die Zureisegenehmigung nach dort zu erhalten, so daß wir noch immer getrennt leben müssen. Eine meiner beiden Töchter wurde im Juni 45 zwangsweise nach dem tschechischen Gebiet bei Kladno geschafft, wo sie landwirtschaftliche Arbeiten verrichten mußte. Nach ihrer Freilassung im Juni 46 wurde sie nach der russischen Zone evakuiert.
Ich erkläre, daß dieser Erlebnisbericht eine wahrheitsgetreue Wiedergabe des bei den Tschechen erduldeten Unrechts darstellt und nur eine kleine Auslese tschechischer Greueltaten darstellt, die wir Sudetendeutschen erdulden mußten. Trotz der seinerzeitigen Erklärung des H. Staatspräsidenten Benesch, daß die Evakuierung der Sudetendeutschen in humaner Weise erfolgt sei, durfte meine Frau nur einen ganz geringen Teil unserer Habseligkeiten mitnehmen, wovon ihr nachdem noch ein großer Teil genommen wurde. Die vorstehend gemachte Niederschrift kann ich jederzeit durch Eid bekräftigen.

Austreibung aus Saaz[7]

Am 3. Juni 1945 wurde die gesamte männliche Bevölkerung von Saaz früh um 8 Uhr zu einem Appell auf den Marktplatz befohlen, von 12 bis 65 Jahren. Von hier wurden alle nach Postelberg, einer kleinen Stadt, zwei Stunden von Saaz entfernt, in Marsch gesetzt. Unterwegs in einer Ortschaft Stankowitz konnten die Invaliden und solche über 65 Jahre austreten und wurden nach Saaz in ein Lager zurückgeschafft. Alle übrigen mußten teils im Dauerlauf nach Postelberg weitermarschieren. Wer den Dauerlauf nicht aushielt und zusammenbrach, wurde erschossen und in den Straßengraben geworfen, so z. B. der Guardian des Kapuzinerklosters in Saaz und andere mehr. Nach Ankunft in Postelberg ging die Marter los, und zwar wurde geprügelt, erschlagen und erschossen, so daß diese furchtbare maßlose Ausschreitung vier Tage währte und die Opfer immer größer wurden. Ja, es ging so weit, daß die Väter zusehen mußten, wenn ihre Jungens im Knabenalter furchtbar verprügelt und nachher vor den Augen der Väter erschossen wurden. Umgekehrt mußten wiederum Knaben zusehen, wenn ihre Väter erschossen wurden.
Nur um ein Beispiel von grenzenlosem Fanatismus zu geben: Ing. H., Chemiker in der Urstoffbrauerei, wurde durch einen Schuß im Fuß verwendet und nachher an ihm mittels Genickschuß die Erschießung vorgeführt. Oberlehrer R., Kriegsinvalide aus dem 1. Weltkrieg, wurde so maßlos geschlagen, daß derselbe fast zu Tode geprügelt ein viertel Jahr im

Lazarett zubringen mußte. Es sind so viele Saazer in Postelberg verschwunden, daß sie in die Hunderte gehen. Die übrigen, die nicht nach Brüx in die Hermann-Göring-Werke geschafft wurden oder in Bergwerke kamen, wurden nur zum kleinen Teil nach Saaz zurückgebracht und im Lager gefangengehalten, wo viele Selbstmord begingen. In Saaz selbst zählt die Zahl der Selbstmorde nach Hunderten. Im Saazer Bezirksgericht spielten sich furchtbare Prügelszenen ab, welche auch mit Tod endeten.

Am 13. Juni mußte die weibliche Bevölkerung von Saaz ins Lager, in die ehemalige SS-Kaserne samt Kindern, wo täglich 15 bis 20 Kinder starben. Frauen und Mädchen mußten schwer arbeiten bei ungenügender Verpflegung. Es gab auch hier schamlose Szenen, wobei sich Frauen und Mädchen nackt entkleiden mußten und Schläge erhielten. Eines Tages gegen Abend wurden in der Mädchenschule am freien Turnplatz vor den Augen von Hunderten Soldaten und Offizieren der tschechischen Armee Frauen und Mädchen entkleidet und mit Peitschen geschlagen, so daß viele Verletzungen vorkamen.

Ein deutscher Arzt namens K. wurde derart geschlagen und im Gesicht unkenntlich gemacht, daß derselbe die ganze Nacht bis früh um 5 Uhr stöhnte und dann von der dazugestellten Wache erschossen wurde. Es sind dies nur einzelne Fälle, aber Erschlagungen und Erschießungen gab es täglich.

Über das Schicksal der ehemaligen politischen Parteifunktionäre sowie der Reservepolizei und Gendarmerie, welche zum Großteil aus Saazer Kaufleuten und Gewerbetreibenden bestand, fehlt bis heute jede Nachricht, so daß ich von meinem Sohn seit dem berüchtigten 3. Juni 1945, also nach 23 Monaten, noch ohne jede Nachricht bin, und es die Frage ist, ob er noch lebt. Gott gebe es.

Am 12. Feber 1946 wurden wir mittels geschlossenem Transport 1200 Menschen mit 50 kg Gepäck pro Person abgeschoben und kamen in Viehwaggons, zu 30 Menschen samt Gepäck in je einen verstaut, nach Bayern. Haus, Geschäft, Bankeinlagen mußten wir einfach im Stich lassen und sehen einer unsicheren Zukunft entgegen, während der Sudetengau, unser fruchtbares Land und Industriegebiet, fast nicht bevölkert werden kann und von tschechischen Elementen ausgeraubt wurde. Dies ein kleiner Ausschnitt aus der Herrschaft der Tschechen. Diese Angaben beruhen auf voller Wahrheit, wozu ich meine eidesstattliche Erklärung abgebe.

BERNHARD GUTTMANN

Deutschlands künftige Grenzen

Überlegungen Weihnachten 1945*

Für die konservative Reaktion, die nach dem Sturz des ersten Napoleon in Europa die Vorherrschaft führte, war Deutschland als politische Idee nicht vorhanden. Schon der Name hatte einen verdächtigen, revolutionären Klang nach Einheit und Freiheit, die man beide verabscheute. In der Zeit des Fürsten Metternich galt Deutschland nur als »geographischer Begriff«. Das Wort hat den deutschen Patrioten vor hundert Jahren rote Köpfe gemacht. Jene weitgedehnten Landstriche, die das alte Lied ohne große Genauigkeit sich »von der Maas bis an die Memel, von der Etsch bis an den Belt« erstrecken läßt, waren für die lange ausschließlich von den liberalen und demokratischen Strömungen getragene Nationalbewegung von einem nicht nur die gleiche Sprache redenden, sondern einheitlich denkenden und wollenden Volke erfüllt, das auf politische Zusammenfassung ebenso Anspruch erheben durfte wie das französische und das englische. Seit der Erhebung von 1848 und dem Frankfurter Nationalparlament war die Idee des *einen* selbständigen Deutschland öffentlich anerkannt und hat fast hundert Jahre Kraft besessen. Sogar nach dem schrecklichen Zusammenbruch des Kaiserreiches im Jahre 1918 wurde sie von den Siegern nicht ernstlich angetastet. Hingegen gibt es seit der Kapitulation vom 8. Mai 1945 im politischen Sinne kein Deutschland, es gibt nur von einer deutsch redenden Bevölkerung bewohnte, von fremden Mächten regierte, von fremden Truppen vollständig besetzte Territorien. Deutschland ist jetzt wirklich bloß ein Begriff der Geographie. Dies das Resultat nationalsozialistischer Führung und Staatskunst.

Für die Deutschen ist das erste Erfordernis ihrer Lage, sie zu erkennen. Und gerade das ist nach der überlangen Periode, in der die Lüge geherrscht hat, der Volksgeist durch unablässige Injektionen von Phrasen zur Erfassung der Wirklichkeit unfähig gemacht wurde, für Unzählige durchaus nicht einfach. Noch haftet im Ohr der Tonfall der wohlbekannten österreichischen Stimme, die man im Radio beteuern hörte: Glaubt es mir, es wird immer schöner werden in Deutschland! Die Interpretation dazu liefert die Erklärung der Alliierten nach ihrer Potsdamer Zusam-

* Der Aufsatz wurde in der ersten Nummer der in Freiburg erscheinenden Halbmonatsschrift »Die Gegenwart« am 24. 12. 1945 publiziert

menkunft, unterzeichnet in Berlin am 2. August 1945. Obgleich schon Monate seitdem verstrichen sind, hat jede Betrachtung der deutschen Verhältnisse von diesem Dokumente auszugehen, das wohl auf lange die grundlegende Regulierung des deutschen Daseins bilden wird. Der vielleicht bezeichnendste Satz lautet: »Das deutsche Volk hat angefangen, für die schauerlichen Verbrechen Ersatz zu leisten, die unter dem Befehl derjenigen begangen wurden, denen es in der Stunde des Sieges offen Beifall gezollt und denen es blind gehorcht hat.« Diese Worte wurden, wie das ganze Schriftstück, unterzeichnet von Marschall Stalin, von dem amerikanischen Präsidenten Truman und von dem britischen Premierminister Attlee, dem Führer der sozialistischen und pazifistischen Arbeiterpartei. Die zwei letztgenannten Männer hatten ihre Ämter erst kurz vorher angetreten und werden sie voraussichtlich Jahre lang inne haben. Darf man sich mit der Hoffnung schmeicheln, daß während dieser Periode, was von ihnen signiert wurde, wesentliche Änderungen erfahren wird?

Die Stimmung gegenüber Deutschland läßt sich an der anderen Redeweise abmessen, mit der seine Verbündeten, vor allen Dingen Italien, der Hauptpartner der Hitlerschen Achse, bedacht wurden. Eigentlich ist ja der totalitäre Staat in Italien erfunden worden und hat dort zehn Jahre eher bestanden als hierzulande. Aber der Übertritt zu den Alliierten erfolgte offenbar noch rechtzeitig genug, um zur deutschen Niederlage nicht ganz unerheblich beizutragen, und Italien erntet nun die Früchte seiner Politik. In Potsdam wurde beschlossen, den Frieden mit Italien sofort in Angriff zu nehmen. Wenn er bisher nicht zustande kam, so deshalb, weil auf der Konferenz der Außenminister in London Uneinigkeit herrschte, aber nicht Italiens wegen. Die Oberherren der Erde haben dem Lande die gute Zensur erteilt, daß es seit seiner Befreiung vom Faschismus wichtige Fortschritte zu demokratischen Einrichtungen gemacht habe, es wurde ihm die Zulassung zu der in San Francisco gegründeten Weltorganisation der »Vereinten Nationen«, die den einstigen Völkerbund ersetzen soll, verheißen. Der dritte Achsenpartner Japan konnte in der Potsdamer Einigung nicht genannt werden, er hat erst ein paar Wochen nachher kapituliert. Aber trotz der ungeheuren Erbitterung, die Japans Kriegführung besonders in Amerika hervorgerufen hat, wurde seine staatliche Existenz nicht ausgelöscht. Das ostasiatische Inselreich ist, wie sich von selbst versteht, durch die Armeen der Sieger besetzt, aber es behielt seine heimische Regierung mit dem Kaiser und seiner Volksvertretung, mithin die Organe zur Vereinbarung eines Friedens. In Deutschland fehlen sie ganz. Deutschland ist eine gestaltlose Masse. Von der Absicht baldigen Friedensschlusses mit einer erst zu bildenden deutschen Regierung liest man in dem Dokument nichts. Die Alliierten bestreiten, daß sie das deutsche Volk vernichten oder versklaven wollten, sie wünschen ihm die Möglichkeit zur Vorbereitung auf demokratische Einrichtungen zu verschaffen, damit es, »wenn der Augenblick gekommen ist«, seinen Platz unter den freien und friedliebenden Nationen einnehmen könne. Daß dieser Augenblick als nahe bevorstehend angesehen werde, ist nicht zu erkennen.

Da also zunächst noch nicht damit gerechnet werden kann, daß zwischen Deutschland und seinen Kriegsgegnern ein auf Verträgen beruhender Rechtszustand eintritt, so sind auch die *Landesgrenzen* nicht mit einiger Sicherheit anzugeben, in denen das demokratische und friedliebende deutsche Zukunftsvolk einmal wohnen soll. Nur im allgemeinen läßt sich darüber sprechen. Die deutsche Nordseeküste ist von der dänischen bis zur holländischen Grenze samt dem dahinterliegenden Binnenlande von britischen Truppen okkupiert. Es liegen keine Gründe für die Annahme vor, daß England Teile dieses Gebietes endgültig in Besitz behalten wolle, aber die Nordsee wird für Deutschland einen anderen Charakter annehmen. Das Potsdamer Abkommen verbietet zur Verhütung deutscher Kriegsrüstungen nicht nur die Herstellung von Waffen und Flugzeugen, sondern auch von Hochseeschiffen. Damit dürfte der großen Fahrt von Hamburg und Bremen das Ende bereitet sein. Der deutsche Weltverkehr, wenn es künftig einen gibt, hat sich fremder Fahrzeuge zu bedienen oder er müßte im Auslande Schiffe bauen lassen. Was die spätere Zugehörigkeit der westdeutschen Gebiete angeht, so haben sehr einflußreiche französische Kreise zu erkennen gegeben, daß nicht an Annexionen gedacht werde. Zwischen »Nichtannexion« und Belassung beim deutschen Gesamtkörper besteht freilich ein Unterschied; auch sind Belgien und Holland da. Dem deutschen Süden sind die Schweiz und Österreich vorgelagert. Österreich wurde nach der erzwungenen Eingliederung in das Reich natürlich wieder ein eigenes Staatswesen. Sonst sind auf dieser Seite wohl keine Veränderungen zu befürchten. Im Osten aber hat Potsdam sehr schwerwiegende Eröffnungen gebracht.

Die Sowjetregierung verlangte für sich schon vor der Festsetzung durch Friedensverträge den nördlichen Teil der Provinz Ostpreußen mit Königsberg. Die Konferenz hat die Einverleibung dieses Gebietes durch Sowjetrußland gutgeheißen, die Mitunterzeichner verpflichteten sich, den russischen Antrag beim definitiven Frieden zu unterstützen. Weiter: Es ist beschlossen worden, das ganze Land östlich von der Oder, angefangen von ihrer Mündung in die Ostsee bis zur Einmündung der westlichen Neiße in die Oder, von da auch das westlich der Oder bis an die Neiße reichende Land bis zur Grenze der Tschechoslowakei sofort unter die Verwaltung des wiedererrichteten polnischen Staates zu stellen. Hieraus geht hervor, daß an endgültige Angliederung an Polen gedacht ist; denn warum sollte man statt der russischen Okkupation dort erst einen polnischen Zwischenzustand eintreten lassen, wenn alles nur Provisorium wäre? Es fallen also an Polen: der größere südliche, nicht zu Rußland kommende Teil von Ostpreußen, der Freistaat Danzig, der weitaus größte Teil von Pommern. Etwa zwei Drittel der deutschen Ostseeküste sind verloren. Zu Polen kommt ferner ein erheblicher Teil der Provinz Brandenburg, endlich fast ganz Schlesien, von dem nur der kleine Zipfel westlich der Neiße übrigbleibt. Das ist die fürchterliche Amputation, die am Körper Deutschlands vorgenommen wird.

Daß die Westmächte dazu mit freudigem Herzen »Ja« gesagt haben, war von vornherein nicht wahrscheinlich, Herr Churchill hat aber auch die erste Gelegenheit ergriffen, um im Parlamente sein entschiedenes Mißfallen an dieser Regelung zu bekunden. Er selber hatte der Potsdamer Konferenz bis gegen ihr Ende als erster britischer Wortführer beigewohnt, ist erst kurz vor dem Schlusse von seinem Amte zurückgetreten und kann mit seiner Kritik nicht seinen Nachfolger Attlee treffen wollen, der nur unterzeichnet hat, was vorher schon bestimmt war. Zweifellos richtet sich der Tadel auch nicht gegen Amerika, sondern gegen andere Leute. Churchill ist der Ansicht, daß die neue Grenze, die Deutschland den vierten Teil seines landwirtschaftlichen Bodens wegnehme, für das künftige Schicksal Europas nicht von guter Vorbedeutung sei. Daraus ist zu schließen, daß Großbritannien und die Vereinigten Staaten einem sehr starken Drucke Stalins nachgegeben haben, um die Konferenz nicht ohne Ergebnis abzubrechen. Daß Polen für sich allein die äußere und innere Kraft besitze, um ein so gewaltiges Gebiet zu assimilieren, ist nicht glaubhaft. Das polnische Staatswesen, das bisher nur eine erst nach starken Debatten unter den Alliierten gebildete vorläufige Regierung besitzt, wird der Schützling der Sowjet-Union sein, deren mächtige Hand seine Schritte lenkt. Wohl hat Churchill zu der Befürchtung Anlaß, daß aus dem, was sich im Osten zuträgt, neues Unheil erwachse.

Das Schrecklichste ist, was mit den Menschen geschieht. Man entfernt sie aus den Wohnsitzen, in denen sie geboren wurden. Hier im Westen hat man über allerhand Mißstände zu klagen, aber wenige stellen sich vor, was in den weiten Flächen an der Oder und Weichsel und auch in der Tschechoslowakei vorgeht. In der Zürcher »Weltwoche« stand ein Artikel von Dr. Benesch, dem Präsidenten der tschechoslowakischen Republik, der nach langem Exil in sein Vaterland und seine hohe Stellung zurückgekehrt ist. Er leitet aus dem, was sein Volk von Deutschen erlitten, für die Tschechoslowakei das Recht ab, »ihre eigene politische Struktur nach bitteren Erfahrungen durch Abschiebung des wesentlichen Teiles der deutschen und ungarischen Bevölkerung zu vereinfachen«. Es mögen

1938 etwa 3 Millionen Deutsche im Lande gewohnt haben, jetzt sind es wohl weniger. Um viel mehr Millionen handelt es sich in den ostdeutschen Provinzen. Von einem eisernen Vorhang hat Churchill in jener Rede gesprochen, hinter dem, von Westeuropa ungesehen, ein terroristisches System herrsche. Ein Mann, wie der Präsident Benesch, der in seinem Umkreise so lange für Kultur und Humanität gearbeitet hat, spricht jetzt kühl von der Abschiebung einer ganzen Nation seines Staates. Freilich wird man von draußen her zurechtgewiesen, wenn man an das Wort Menschlichkeit erinnert in einem Lande, in dem *diese* Menschen zwölf Jahre lang schalten konnten. »Ich werde ausrotten«, sagte Herr Hitler, jetzt wird das Deutschtum ausgerottet, länderweise, zur Vereinfachung der politischen Struktur. Und was wird aus den Verelendeten? Der Blick entdeckt nur einen schwarzen Horizont. Vielleicht führt nach einer gewissen Zeit gerade das Übermaß der Not selber bei den Siegern zu Erwägungen, von denen in Potsdam noch nichts sichtbar wurde. Die bloße Staatsklugheit könnte es ratsam erscheinen lassen, einen blutenden Rumpf nicht noch brandiger Entzündung zu überliefern, die auf andere Teile Europas übergreifen könnte.

Sieht man von den zahllosen Einzeltragödien ab und auf das Ganze, so hat die deutsche Nation einen Umwandlungsprozeß vor sich, wie er in der Erinnerung der Völker noch nicht dagewesen ist. Oftmals haben Länder große Distrikte eingebüßt, manche sind vollständig unter fremde Herrschaft geraten, doch ohne daß die Menschen ausgetrieben wurden. Über hundert Jahre lang war Polen unter drei Mächte aufgeteilt, aber das polnische Volk konnte seine Sitze im wesentlichen wahren. Das deutsche wird jetzt um Hunderte von Kilometern nach dem Westen zurückgeschoben. In dem stark verknappten Raume muß es eine kürzere und schmälere Struktur annehmen. Man fabelte in der hinter uns liegenden Periode des Größenwahnsinns von einem deutschen Volke, das nächstens 90 oder 100 Millionen stark sein werde. Es wird nicht allzu schlecht gehen, wenn am Schlusse seiner Wandlungen das neue Deutschland die Hälfte dieser Menschenzahl beherbergt. Mit dem Osten gehen sieben- oder achthundert Jahre staatlicher und kultureller Arbeit verloren. Die Kultur des Westens und Südens von Deutschland ist älter und dichter, aber auch die Räume zwischen der Memel und der Neiße haben nicht nur Roggen und Kartoffeln produziert. Die Stadt Immanuel Kants gehört zu Rußland. Die Heimat von Jakob Böhme, Angelus Silesius, Eichendorff soll nun polnisch reden. Kann die Zusammenpressung in ein soviel kleineres Wohnbecken von einem Volke überhaupt ertragen werden, das lebensfähig bleiben soll? Sehr leidenschaftliche, elementar empfindende Völker würden einen so harten Prozeß vielleicht nicht überstehen, aber die deutsche Anlage ist wohl kälter und realistischer. In der Natur gibt es eine Regeneration des schwer verstümmelten Körpers nur bei Organismen niedriger Stufen, in der höheren Tierwelt geht das Geschöpf zugrunde, dem ein Drittel oder Viertel seines Leibes weggerissen ist. Dagegen kennt das Mineralreich die zweckvolle Anpassung an die engere Form. Wir lesen, daß der Alaun-Kristall, dem man die Spitzen wegschneidet, in der Nährlösung seine alte Gestalt in verjüngtem Maßstabe herstellt. Die »Kristallseele«, von der gesprochen wird, bildet einen neuen, regelmäßigen, aber kleineren Oktaeder. Es könnte sein, daß eine Volksseele, wenn ihr noch Gesundheit innewohnt, selbst einen furchtbar verwundeten Volkstorso im unbewußten Wirken geistiger Kräfte wieder zum heilen Körper zu gestalten vermag.

Auf die innere Gesundheit kommt alles an, aber wer ist befugt, heute die Diagnose zu stellen? Der Mythus des Dritten Reiches gab die Deutschen für ein ganz junges Volk aus, physisch und geistig unverbraucht, berufen, den »morschen« Westen abzulösen. In Wahrheit ist das deutsche historische Dasein ungefähr so alt wie das französische, es beginnt ebenfalls bei Julius Cäsar, der ja Deutschland eigentlich entdeckt hat, Cäsar trieb die in Gallien eingedrungenen germanischen Scharen über den Rhein zurück, ließ über den mittleren Stromlauf die erste Brücke schlagen und zog selbst hinüber, um die Germanen in nachhaltigen Schrecken zu setzen. Das geschah im Jahre 55 vor Christus, und da wir jetzt 1945 schreiben, so ist es gerade zweitausend Jahre her, und so lange schon dauert die deutsche Geschichte. In diesem Zeitraume ist man mehr als einmal falschen Zielen nachgegangen und hat Katastrophen erlebt, keine so grauenhaft wie die heutige. Vor 1870 sagte Bismarck, und in seinen Worten klingt bereits der Zweifel mit: »Setzen wir Deutschland erst in den Sattel, reiten wird es schon können.« Allein es kann nicht reiten, das ist sein Schicksal. Das alte Reich hat man zerfallen lassen, es zerbrach das zweite, das Bismarcksche, nun liegt schon das dritte im Staube. Augenscheinlich sind die Deutschen nicht für die imperiale Politik bestimmt. Wenigstens soviel müßte man nun als endgültig gegeben hinnehmen und dem Gedächtnis der kommenden Generationen einprägen. Der Anfang des besseren Könnens ist, zu erkennen, was man *nicht* kann. Jedoch nicht Deutschland allein, auch andere bedeutende Nationen Europas werden den großartigen Träumen nachgerade entsagen müssen. Der ganze Erdteil ist mit Trümmern bedeckt. Ihn wieder aufzubauen, ist mit verzweifeltem Herzen, in der dumpfen Erwartung baldiger neuer Vernichtung gar nicht möglich. Jämmerlich wäre ein Friede, dessen einzige Grundlage die Furcht vor der Atombombe ist. Ein anderes Denken wird in dem zerstampften Europa endlich Macht gewinnen, oder Europa wird gänzlich zur Wüste und nachher vielleicht von Mongolen und Chinesen besiedelt. Ein anderer Begriff vom Menschen, die Erneuerung des Menschentums selbst, das möchte wohl unter allen Programmen und Konferenzbeschlüssen die wichtigste Forderung sein, und es ist eine, mit der der einzelne bei sich persönlich zu beginnen hat. Nicht so sehr der Erziehungsgang, den die Alliierten in Potsdam verabredet haben, viel eher der innerlich vorzunehmende wird das neue Deutschland und die neue Welt hervorbringen.

WALTER DIRKS UND EUGEN KOGON

Verhängnis und Hoffnung im Osten
Das Deutsch-Polnische Problem
Betrachtungen im Mai 1947 *

I

WD Nach der Eroberung und Besetzung Deutschlands sind in allen Zonen Ausschreitungen vorgekommen, Willkürakte, Plünderungen, Vergewaltigungen; in geringerem Umfang und für kürzere Zeit in der britischen und in der amerikanischen Zone, schlimmer und folgenreicher in der französischen, schwer übersehbar in der russischen, am grausamsten offenbar in dem den Polen überlassenen Gebiet; dazu kommen die Vorfälle und Methoden, die mit den Massenausweisungen der Deutschen aus den östlichen Randstaaten zusammenhängen; wegen der großen Zahl der Betroffenen und der räumlichen Nähe sind da vor allem die Leiden der Deutschen des tschechoslowakischen Staatsgebietes in unser Bewußtsein gerückt worden. Der Umfang dieser Vorgänge wird nie bekannt werden, die Tiefe der persönlichen Qualen des Leibes und der Seele ist ihrer Natur nach nicht zu messen und nicht zu ermessen. Im Großen und Ganzen aber sind diese Dinge trotz geringer offizieller Publizität bekannt: sie sind ein geschichtliches Ereignis, ein düsteres Kapitel in der dunklen Geschichte dieses kranken Erdteils. Die Frage ist: Wie stellt man sich dazu? Welche Folgen wird dies alles haben? Welche Folgerungen haben wir selbst daraus zu ziehen?
Bevor wir in die Erörterung dieser Fragen eintreten, sei festgestellt, daß wir nichts zu beschönigen wünschen. Wenngleich wir nicht in der Lage sind, die Gültigkeit irgendeines einzelnen Berichtes nachzuprüfen – nicht einmal die Autoritäten der Besatzungsmächte sind dazu immer in der Lage –, so müssen wir angesichts der großen Zahl glaubwürdiger Zeugen doch davon überzeugt sein: Es sind schreckliche Dinge geschehen, vor allem in den polnischen Gebieten, Ostpreußen, in Schlesien, Quälereien und Vergewaltigungen, wie wir sie vor den Erfahrungen der Hitlerzeit nicht für möglich gehalten hätten. Wir verstehen die unmittelbare Reaktion der unmittelbar Betroffenen: sie heißt Rache und Haß. Nicht jeder ist imstande, das qualvolle und schändliche Sterben seiner nächsten Angehörigen, unschuldiger friedlicher Menschen, in das Gesetz der Ge-

* Der Aufsatz erschien zuerst in den Frankfurter Heften (2. Jg. 1947, S. 470–487).

schichte einzuordnen, zu begreifen und zu verstehen; nicht jeder, auch nicht jeder Christ, hat die christliche Kraft, über alles Begreifen hinaus zu verzeihen. Eine andere Frage ist es, ob diese Empfindungen die Grundlage der kommenden Dinge sein können und dürfen. Sie dürfen es nicht. Um unserer eigenen Zukunft und um der Zukunft aller derer willen, die uns am Herzen liegen, mag einer nur an die nahe verwandten und befreundeten Menschen denken, mag er das eigene deutsche Volk, mag er Europa, mag er die Welt im Auge haben, müssen wir einen Ausweg aus der Wirrnis der Gefühle finden, ob es uns leichtfällt oder schwer. Wir wenden uns hier nicht an den fanatischen Nationalisten, der unbedenklich anderen zufügt, was ihm in den Sinn kommt, aber mit unbelehrbarem Haß antwortet, wenn ein Mensch *seines* Volkes der Leidtragende ist. Wir wenden uns vor allem an Menschen, die solche Ausschreitungen um so weniger begreifen können, als sie sonst nicht begriffsstutzig sind, die manches um so weniger verstehen können (die Grenzziehung, die Ausweisungen, die Lager, die Schikanen, die Quälereien), als sie an sich verständig sind. Sie werden mit uns bereit sein, von vornherein alles Mögliche zu verstehen, was im unmittelbaren Anschluß an das Kriegsende geschehen ist: Entladungen der Wut, die den Charakter eines Vulkanausbruches hatten, unvermeidliche Reaktionen auf die jahrelange Grausamkeit der SS-Menschen, das heiße Ausbrechen einer lange aufgesparten Rache. Das betrifft, so mögen sie denken, den Sommer 1945, man könnte, so werden sie sagen, da irgendwann einen Schlußstrich ziehen. Was sie nicht verstehen wollen, ist die wenn auch langsam erlahmende Dauerhaftigkeit und Konsequenz gewisser Maßnahmen, den gleichsam offiziellen und politischen Charakter wenn nicht der Grausamkeiten, so doch des ihnen zugrunde liegenden Systems, die »Passivität« der großen Vier, vor allem der beiden angelsächsischen humanitären Mächte: ist es nicht halt doch so, beginnen sie zu schließen, daß Menschlichkeit und Demokratie Geschwätz und Bauernfang sind, daß wir Deutsche vogelfrei sind, daß man uns niederhalten will, daß sich nichts geändert hat als die Besetzung der Rollen in demselben Spiel?

Ihnen müssen wir zunächst etwas Hartes zumuten: mit der »heißen« nicht nur, sondern auch mit der »kalten« Rache zu rechnen. Das uralte Gesetz »Auge um Auge, Zahn um Zahn« ist ein Grundgesetz der ungeläuterten menschlichen Natur.* Es ist »unmenschlich«, wenn man den Begriff des

* Wir wissen, daß es im Alten Testament juridisch gemeint ist, als ein Grundgesetz primitiver Rechtskultur, das die »Schadenersatz-Leistungen« regelt; hier ist dagegen von den Reaktionen der Leidenschaft die Rede.

Menschlichen auf eine höhere Gesittung einschränkt, in Wahrheit aber ist es menschlich genug, denn auch der ungeläuterte Grundstoff des leidenschaftlichen Herzens ist menschlich, und der Christ wird erkennen müssen: auch die gefallene Natur ist menschlich. Es ist ein schreckliches Gesetz, aber es ist ein Gesetz. Wir denken nicht daran, es zu rechtfertigen oder zu billigen, es ist weder das Gesetz der Kultur noch erst recht das Gesetz des väterlichen Gottes, im Gegenteil: aber wir müssen mit seiner Macht und Geltung rechnen. Bei manchen Berichten über solche Schrekkensszenen fällt auf, daß die Methoden genau dieselben sind, die wir aus den Konzentrationslagern kennen; das ist eine unheimliche Bestätigung dieser Deutung: es sind die Opfer, die zurückschlagen; sie wenden an, was sie am eigenen Leibe gelernt haben. Aber sie schlagen auf Unschuldige? Nun, sie haben nicht vergessen, daß sie »im Namen des deutschen Volkes« geschunden worden sind, und sie haben auch die Blicke der Reisenden nicht vergessen, die ihnen auf ihren Transporten begegneten, manche Taten und Millionen von Unterlassungen. Unsere Entrüstung und Empörung ist verständlich; Kinder und Frauen zu quälen ist und bleibt in jedem Falle eine Schande, – aber alle Entrüstung und Empörung hilft uns nicht darüber hinweg: wir müssen zunächst einmal mit solchen Reaktionen *rechnen*. Sie sind nach allem, was geschehen ist, nicht unbegreifliche und absonderliche verbrecherische Entartungen, sondern natürliche, wenn auch böse Reaktionen: schreckliche Folgen schrecklicher Taten. Seien wir ehrlich: wir *haben* früher, vorher, längst mit ihnen gerechnet; wie oft haben wir, wenn wir mit gedämpfter Stimme von den Juden- und Polen-Tötungen oder von der schändlichen Behandlung der Arbeitssklaven sprachen, zueinander gesagt: Wehe dem deutschen Volk, wenn das einmal über uns kommt! Nun *ist* es über uns gekommen. Es gehört zu dem Grundbestand des Nationalismus, daß solches Schicksal wahllos über Schuldige und Unschuldige kommt; die Nation gilt als eine Einheit im Guten, im Stolz, im Gewinn, im Sieg, – sie wird auch im Bösen beim Wort genommen, als eine Einheit behandelt auch in der Niederlage und in der Schande. Die armen Opfer in Schlesien und Ostpreußen leiden stellvertretend für die wahren Schuldigen, und es ist ein Zufall, daß nicht wir es sind, du und ich, die stellvertretend leiden und sterben müssen.

Aber soll es denn nun ewig bei diesem Kreislauf des Bösen bleiben? Gewiß nicht, wir müssen heraus, alle, wir und die anderen, und nicht dieser oder jener muß den Anfang machen, sondern jeder muß den Anfang machen, abermals du und ich müssen den Anfang machen, aber es muß zunächst einmal dabei bleiben: wir müssen mit der Rache rechnen. Sie fällt nicht aus der Welt heraus, sie ist nicht unverständlich: sie ist böse, aber sie ist verständlich. *Wir müssen sie verstehen.* Und wir müssen es zu würdigen wissen, daß sie nicht überall herrscht, daß sie in vielen Menschen, einfa-

chen und maßgeblichen, von höheren Empfindungen überwunden worden ist. Es spricht nicht für die Großherzigkeit vieler Deutscher, daß sie die Hilfe vor allem der angelsächsischen Besatzungsmächte so selbstverständlich annehmen und nicht einmal wahrhaben wollen: daß sie sich nicht im geringsten den Kopf über die Empfindungen der Amerikaner zerbrechen, die freiwillig höhere Steuern bewilligen und zahlen, damit wir nicht garzusehr zu hungern brauchen. Und daß sie so kühl von der Existenz Victor Gollancz' Notiz nehmen. Daß sie, die so eifrig dabei sind, aufzurechnen, schlesische Greuel gegen Kz.-Greuel, Wohnungsbeschlagnahmungen gegen Arbeitssklaverei, so gar nicht bereit sind, die aktive Leidenschaft der Versöhnung und Hilfe, die in diesem Juden am Werke ist, gegen die politisierte Rache Morgenthaus aufzurechnen.
Wir sprachen von der Ähnlichkeit der Methoden der Menschenquälerei im neuen Polen und im alten Deutschland; wir deuteten sie als Rache, als das Zurückschlagen der Opfer. Es gibt noch eine andere Deutung: die *Ansteckung*. Es werden nicht nur Gequälte sein, die heute quälen, sondern auch Quäler, grausame Naturen, Sadisten, wie sie überall unter den Menschen zu finden sind, von der Zivilisation mehr oder weniger domestiziert, Träger einer aktiven Bosheit, deren Elemente in jedem Menschen angelegt sind. Mit anderen Worten: es sind wahrscheinlich nicht nur rachsüchtige Antifaschisten, die da schinden, es sind auch geborene »Faschisten« darunter. Es war ja der Faschismus, der diese Triebe scheinbar gerechtfertigt, der sie entfesselt hat und der nun noch nach seinem Untergang seine Nachfolger zu ermutigen scheint. Auch das ist verständlich, auch das muß uns nachdenklich machen. Denn gerade Menschen unseres Volkes haben alles getan, was sie konnten, um diesen Bazillus über Europa zu verbreiten. Wir wiederholen, was wir eingangs sagten (– wir müssen in diesem Aufsatz vieles mehrmals sagen, weil es in dieser heiklen Sache auf den rechten Zusammenhang der Argumente entscheidend ankommt –): Nicht jeder ist imstande, den Quäler seiner Angehörigen aus größeren Zusammenhängen zu »verstehen«; auch ist das »Verständnis« dieser Bosheit, die eine halbe Krankheit ist, keineswegs das letzte Wort, bei dem man sich beruhigen kann; und drittens steckt in allem ja auch immer ein Moment dessen, was wir *nicht* »verstehen« können, ein Anteil an dem, was wir ebendarum ein »Geheimnis« nennen, das Geheimnis des Bösen nämlich. Aber wir insgesamt wollen doch aus allem dem heraus, und die Voraussetzung jedes weiteren Schrittes ist das Verständnis der verstehbaren unter den geschehenden Tatsachen.

Das Thema ist ernst, es geht jeden Einzelnen an, denn die Reaktion aller Einzelnen macht die Reaktion Deutschlands aus, da darf man wohl auch einmal persönlich werden. Der Verfasser kennt einen Mann, der verlor im März 1923 während der Ruhrbesetzung seinen geliebten Bruder: ein betrunkener Franzose erschoß ihn ohne Anlaß nachts auf der Straße. Der Mann, damals ein Student von wenig über zwanzig Jahren, durchlebte Wochen und Monate, die über seine Zukunft entschieden. Die erste Reaktion war Erbitterung gegen die Franzosen, deren Reitpeitschen ihm ohnehin auf die Nerven gegangen waren. Seine Freunde in der Nachbarstadt machten sich damals einen Sport daraus, der verfemten »Regiebahn« Steine auf die Schienen zu legen, – der Student hätte nach dieser Erschütterung Anlaß gehabt, diesen Ansatz eines spielerischen Widerstandes ins Ernste voranzutreiben, Haß zu wecken, Methode hineinzubringen. (Andere haben es getan.) Es war so etwas wie ein christlicher Instinkt, der ihn daran hinderte, diesen Weg zu gehen; gewiß auch eines der letzten Worte seines sterbenden Bruders, das zur Verzeihung gemahnt hatte. Er hätte hassen mögen, aber etwas in ihm drängte seine Empfindungen in eine andere Bahn: es entstand in ihm der leidenschaftliche Wille, hinter die eigentlichen Ursachen der Katastrophe zu kommen, die seine Familie betroffen hatte. Daß die Leute, die einem bewaffneten Mann erlauben, sich zu betrinken, oder anders ausgedrückt: die einem beliebigen dem Rausche ausgesetzten Mann eine Flinte in die Hand drükken, im Grunde schuldiger waren als der Schießende, war bald klar, aber gerade diese Erwägung hätte den Studenten zum Haß gegen die Franzosen geführt, wäre er dabei stehengeblieben. Aber hinter den anwesenden Offizieren und Funktionären der Franzosen erkannte er die Ruhrpolitik, das System der Franzosen, hinter diesem System eine doppelte Wirklichkeit allgemeinerer Art: das Faktum des Krieges und das System des Militarismus, und hinter diesen beiden Wirklichkeiten eine tiefere: das System des Nationalismus. Er blieb auch dabei auf die Dauer nicht stehen, aber diese Andeutungen genügen, um zu zeigen, wohin er geriet: er erkannte Ursachen tieferer Art, an der sein eigenes Volk wesentlich mitbeteiligt war, und er erkannte, daß kein Attentat auf einen französischen General die rechte Antwort auf den Verlust seines Bruders war, sondern eine Politik, die den Nationalismus überwinden sollte. *Hierhin* gehörte die Leidenschaft, welche der Frevel in ihm entzündet hatte. Es war im Grunde ein schlichter Vorgang: er hatte die Wahrheit gesucht, und die Wahrheit ist nie in der einzelnen Tatsache zu finden, sondern immer erst in der Erkenntnis des Ganzen, – eines Ganzen, das *alle* wesentlichen Umstände einbegreift, übrigens die eigene Existenz und den wirklichen lebendigen Gott eingeschlossen, – des Ganzen, soweit es sich dem Menschen, der nach der Wahrheit hungert, auch immer erschließen mag. Und die Gerechtigkeit, nach der er dürstet, ist gleichfalls die Ordnung des Ganzen und kann nur aus der Erkenntnis des Ganzen ermittelt werden, –

immer in den Grenzen, die dem endlichen und gleichsam »perspektivisch« erkennenden Menschen gezogen sind. Und schließlich kann auch das Wesen der *Politik* nicht anders als vom Ganzen her verstanden werden: sogar der selbstsüchtige Politiker muß sich auf das Ganze beziehen, um nur Erfolg haben zu können; erst recht aber soll die wahre und eigentliche Politik auf die Ordnung des Ganzen, nämlich eben auf die in Macht und Satzung verwirklichte Gerechtigkeit ausgehen. Und dies alles in einer Welt der Bruchstücke und Gegensätze, deren zerrissene Wirklichkeit sich niemals zu einem greifbaren harmonischen Ganzen zusammenfindet (und sich zur Wahrheit eines »Ganzen« nur im Glauben an Gott vollendet), deren ganzheitliche Ordnung nicht nur eine romantische Voraussetzung, sondern ein niemals erreichbarer und gleichwohl richtunggebender Horizont der politischen Tat ist.

Es wird von uns verlangt, daß wir die Leiden der Deutschen im Osten (und ebenso die Not der Flüchtlinge und unser, der verschonteren Deutschen eigenes weit geringeres Unglück und ebenso das, was uns als »Fehler der Besatzungsmächte« erscheint), *in Wahrheit erkennen*. Das bedeutet das Gegenteil von Schönfärberei oder gar vom Vertuschen des Unleidlichen. Es wird von uns verlangt, daß wir diese wenig angenehme Seite der Wirklichkeit illusionslos zur Kenntnis nehmen. Diesen Erkenntnissen sind Gefühle zugeordnet. Auch diese Gefühle sind legitim, auch die Gefühle der Entrüstung. Wer in diesen Monaten und Jahren niemals versucht war, mit der Faust auf den Tisch zu schlagen, muß Fischblut in seinen Adern haben. Aber jene »Wahrheit« ist, wie wir sahen, nur in der Erkenntnis *aller* Umstände zu finden. *Es ist uns nicht erlaubt, jene Vorgänge zu isolieren*. Wir müssen sowohl ihre Vorgeschichte mit in die Rechnung aufnehmen, die lange Kette, deren jedes Glied Ursache und Wirkung ist, als auch die »andere Seite der Sache« selbst, also die positiven Ansätze und Tatsachen der anderen und die Schwächen der eigenen Position. Wir müßten dies alles schon aus reinem Egoismus tun, wenn wir reine Egoisten sein wollten und dürften, aus illusionsloser Klugheit nämlich, die eine ganz genaue Rechnung auftun muß, wenn sie zum Erfolg kommen will, – aber freilich verfehlt gerade eine solche machiavellistische Klugheit sehr mächtige Bezirke der Wirklichkeit und wird daran scheitern, spätestens in der Enthüllung der eigentlichen Wirklichkeit, die wir das Jüngste Gericht nennen, oft aber schon in dieser Zeit, so wie Hitler gescheitert ist; er ist ja unter anderem gescheitert, weil er nicht mit der Wirklichkeit und Macht des Geistes der Freiheit rechnete. Erst recht aber müssen wir die Wahrheit des Ganzen suchen, wenn wir *in Wahrheit* »klug« sein wollen: wenn wir nicht ein kleines Glück ertrotzen wollen, sondern uns auf den Weg machen, unseren und der Welt Bestand in der *Gerechtigkeit* zu gründen.

Nun wäre also eine Analyse dieses »Ganzen« fällig. Aber sie ist in der ersten Nummer des zweiten Jahrgangs der »Frankfurter Hefte« durch Eugen Kogon in dem Beitrag »Über die Situation« bereits gegeben worden. In den dort skizzierten Zusammenhang gehört auch unsere schmerzliche Frage. Nur gleichsam als Beispiele seien noch zwei Überlegungen hervorgehoben, die gerade für die hier angeschnittene Frage von Bedeutung sind.

Als die Deutschen nach dem Vorspiel in der Tschechoslowakei Polen bedrohten, zwangen sie England (und damit das System der Westmächte) zur Solidarität mit Polen, die sich in der Übernahme der Garantie äußerte. Als die Deutschen Polen dann angriffen, zwangen sie England (und damit das System der Westmächte) zu einer Schicksalsgemeinschaft mit Polen. Als die Deutschen Sowjetrußland angriffen, zwangen sie die Westmächte zur Kampfgemeinschaft mit Sowjetrußland. Hinc illae lacrimae. Churchill hat sich nicht um der blauen Augen Stalins willen nach Jalta begeben, *wir* haben ihn dazu gezwungen. Die Bindungen, die daraus entstanden, – sie dienten dazu, den Krieg zu beendigen, den die Deutschen gemacht hatten, – sind eine Tatsache, die nachwirkt. Wir dürfen ruhig voraussetzen (und haben eindeutige Beweise dafür), daß gewisse Vorgänge im ehemals deutschen Osten sowohl in London als auch in Washington ganz ähnliche Gefühle hervorrufen wie wir sie empfinden, soweit wir nicht als Deutsche, sondern als Menschen reagieren. Wenn sie in einer gewissen Verlegenheit sind, – *wir* waren es, die sie in diese Lage gebracht haben. Sie versuchen herauszukommen. Aber auch die USA sind nicht allmächtig: sollen sie um dieser Dinge willen flugs einen neuen Krieg anfangen? Oder steht es uns nicht wahrhaft an, ihnen die Zeit zu gönnen, sich aus diesen Verstrickungen mit normalen Mitteln herauszuwickeln? Durch Verhandlungen, durch Entwicklungen, durch einen stillen Druck? Das anzuerkennen und in Geduld abzuwarten, bis es Erfolg hat, bedeutet nicht etwa, die Angelsachsen für fehlerfrei zu halten: wir beabsichtigen nicht, jeden ihrer Schritte zu rechtfertigen, aber wir müssen von uns selbst und von allen Deutschen verlangen, daß sie alle diese Schritte in den großen Zusammenhängen zu sehen versuchen, in denen sie faktisch drinstehen. Zu diesen Zusammenhängen gehört die Einflußlosigkeit der Angelsachsen in Polen, gehört die Macht Sowjetrußlands, gehört das enge Bündnis mit ihm, zu dem Hitler sie genötigt hat.

»In Geduld abzuwarten«, empfahlen wir; darin liegt ein Hinweis auf den Faktor Zeit. Nicht nur jener Versuch, sich aus den Bindungen herauszuwickeln und die volle Handlungsfreiheit zurückzugewinnen (welche die Bindungen einschließt, die man verantworten kann), *auch die Liquidation des Unheils im Ganzen kostet Zeit*, der Abbau des Hasses kostet Zeit.

Die entscheidende Frage ist, ob die Welt wirklich in der richtigen Richtung auf dem Wege ist – oder ob sie sich in einer falschen Richtung bewegt. Nein, – so ist die Frage nicht richtig gestellt, wir dürfen ja nicht die Lösung der Aufgabe zur Bedingung unserer Mitarbeit machen; sagen wir also besser: die entscheidende Frage ist, ob *noch nicht widerlegt ist, daß die Welt in der richtigen Richtung auf dem Wege ist.* Daß wir bei allen Sorgen und Befürchtungen und außerhalb jeder Gewißheit doch Hoffnung haben dürfen, das ist der entscheidende Unterschied zwischen dem jetzigen und dem nationalsozialistischen System. Es ist wichtig das zu erkennen, denn es bestimmt sehr wesentlich unser Verhalten. Es gibt neuerdings einen Widerstand aus irregeleiteter Anständigkeit, – eine gefährliche Sache, sie hängt damit zusammen, daß dieser entscheidende Unterschied verpaßt wird. Da werden Parallelen gezogen: damals haben wir geschwiegen und werden heute dafür bestraft, – heute wollen wir *nicht* schweigen; was damals Unrecht war, ist auch heute Unrecht, – und so weiter, wir kennen diese Reden. (So reden freilich meist nicht die Menschen, die wirklich den Mut zum Reden haben, sondern solche, die auch heute nur im stillen Kämmerlein, will sagen im überfüllten Eisenbahnabteil und in der Anstehschlange den Mund auftun, vor der Besatzungsmacht aber nicht weniger vorsichtig schweigen als damals.) Nun, wir dürfen heute in der Tat öffentlich noch nicht »alles« sagen. »Kritik an Anordnungen der Militärregierung« ist verboten, wir leben nicht in der vollen Demokratie, sondern an einer mehr oder weniger bestimmten Stelle des Weges, der von der absoluten Diktatur der erobernden Armee über viele Zwischenstufen zur Demokratie führen soll.* Aber sehen denn die Kritiker dieses Zustandes nicht, daß es einen Unterschied gibt zwischen einer Unfreiheit, die im Abbau begriffen ist, und einer Unfreiheit, die progressiv zunimmt? Zwischen einem Wagen, der zwar noch in der Schlucht drinsteckt und mühsam genug im Dunkeln fährt, aber daran ist, sich herauszuarbeiten und das freie Gelände zu gewinnen, und einem Wagen, der in immer schnellerem Tempo dem Abgrund zurast? Wenn damals und wenn heute ein »Schweigen« zu verantworten war und ist, so war und ist im Grunde nicht diese bestimmte Unterlassung zu verantworten, sondern das Ganze, zu dem diese Unterlassung ein Beitrag war. Solange die Hoffnung erlaubt ist, daß das Ganze von heute, einschließlich seiner Greuel und seiner Unfreiheiten, in Bewegung ist auf einen vertretbaren Zustand hin, so lange darf und soll ich im einzelnen Geduld haben. Unter

* Daß wir immerhin eine Menge Dinge sagen können, wenn wir es nur im rechten Ernst tun, wird dieser Aufsatz wie mancher ähnliche in den westlichen Besatzungszonen gezeigt haben; im Osten steht es da wieder etwas anders, aber selbst dort ist manches möglich, was unter Adolf Hitler nicht möglich gewesen wäre.

Hitler war Geduld ein Laster, heute ist es unsere Tugend. Hier steckt der Unterschied zwischen den »collaborateurs« von damals und denen, die heute mit allen produktiven Kräften gemeinsame Sache machen, ob sie Deutsche oder Ausländer sind. Das bedeutet nicht, daß man nicht auch heute verpflichtet sein kann, einem offenbaren Unrecht zu widerstehen und einem offenbaren schweren Mißgriff seine Mitarbeit zu versagen. Wir haben schon mehrmals darauf hingewiesen, daß die Front dieser guten und der bösen Kräfte heute sehr kurios und doch konsequent durch alle Lager hindurchläuft, durch USA, Frankreich und England (und gewiß auch durch die Tschechoslowakei, durch Polen und durch die Sowjetunion) ebenso wie durch Deutschland, durch die SPD (und gewiß auch durch die KPD) ebenso wie durch die CDU. Es ist die Front, die zwischen den Produktiven oder Dienenden, Unproduktiven oder Nutznießenden verläuft, in der Staatspolitik, in der Wirtschaftspolitik, in der Parteipolitik, im Großen und im Kleinen, in der Weltpolitik und in der Gemeinde-Verwaltung. Solange die Front der produktiv Dienenden in Bewegung ist, ist nichts verloren. Die ihr angehören, werden alles in ihren Dienst stellen, – auch und selbst ihre Entrüstung über Greuel in Schlesien. Wir sollen unser Herz gewiß nicht verhärten; wir sollen nicht mit den Ausländern bequeme Konjunkturpolitik betreiben und den Gedanken an die gequälten Volksgenossen als störend beiseite schieben. Wir sollen uns vielmehr bewußt ein klares Bild von diesen Vorgängen und Zuständen zu machen suchen, und wir dürfen auch den quälenden Empfindungen Raum geben, die sie in uns erwecken. Wenn diese Erkenntnisse und Empfindungen isoliert bleiben und wild wuchern, nähren sie Verzweiflung, Trotz und Ressentiment. Aber selbst und gerade ein leidenschaftliches Mit-Empfinden mit jenen und allen jetzigen späten Opfern des Krieges und des Nazismus, der Kummer um Schlesien und Ostpreußen, die Empörung über schändliche Grausamkeit, die Entrüstung über manches schwächliche Versagen sind gut und in Ordnung, wenn sie wahrhaft produktiv werden, zu mächtigen Antrieben des Handelns auf einem Wege, der nicht in einen noch tieferen Zwiespalt führt, sondern in eine zumutbare Ordnung des Ganzen, – zu leidenschaftlichen Motiven einer realistischen Politik.

II

EK Deutscher Osten. Das Wort ruft Erinnerungen wach. Landschaften treten vor den sinnenden Blick, die Wälder, die Seen, die weiten Ackerfluren Ostpreußens, Dome, Burgen, Patrizierhäuser, Schlesiens gesegnete Hügel, in Täler und Städte gebreiteter Wohlstand, Klöster von barocker Anmut, die Schlote des Industriegebietes. Wie Nachsommergold im eben noch währenden Frieden des Herbstes umfängt uns der Zauber der deutschen Kultur jenes Bodens, und man vergißt, wie blut- und unrechtgetränkt er alle Jahrhunderte hindurch doch gleichzeitig war. Aber die unerbittlichen Züge der Geschichte treten aus dem Traumgespinst hervor, das sich um Gestalten wie Kopernikus, Angelus Silesius, Kant und so viele Männer wie Frauen der Dichtung, des Wissens, der Baukunst, der Stärke, der Stille, der Geduld und der Behaglichkeit rankt, – härter und härter: die eisenklirrenden Eroberungen des Mittelalters, die schwertbewehrte Faust des Ordens, die tötete, was sich nicht in die Bindungen der Hörigkeit beugte, immer wiederkehrende Brandschatzung und Mord im Feuer leidenschaftlicher nationaler Gegensätze, der dreimalige Raubkrieg Friedrichs gegen Maria Theresia um ihr »Juwel Schlesien«, Teilungen Polens aus frechem Machiavellismus, die den Charakter des unglücklichen Volkes tief veränderten und ihm bei den Nachfahren der schuldigen Nutznießer der historischen Schandtat noch zunehmende Verachtung eintrugen, schließlich eine Politik dummdreisten Dünkels kapitalistischer Industrieherren und Piefke mit Weltallüren in frisch-fröhlichem Verein mit der Engstirnigkeit ostelbischer Junker. *Sie* haben gesiegt, nicht die edlen Kräfte des Deutschtums, das so Bedeutendes im Osten durch Tugend und Begabung hervorgebracht hat, – gesiegt, bis das Erbe von tausend Jahren vertan war, bis das Wort »deutsch« dort gleichbedeutend wurde mit Liquidationskommando, Stutthof, Treblinka, Maidanek, Auschwitz.

Und so wurde also in *Jalta* am 12. Februar 1945 beschlossen: »Wir haben unseren gemeinsamen Wunsch erneut bestätigt, ein starkes, freies unabhängiges und demokratisches Polen errichtet zu sehen ... Als Ergebnis seiner vollkommenen Befreiung durch die Rote Armee ist eine neue Lage in Polen geschaffen worden. Diese fordert die Errichtung einer Polnischen Provisorischen Regierung, die auf einer breiteren Grundlage ruhen kann, als das vor der kürzlich erfolgten Befreiung Westpolens möglich war. Die provisorische Regierung, die gegenwärtig in Polen amtiert, ist daher auf einer breiteren demokratischen Grundlage unter Hinzuziehung von demokratischen Führern in Polen selbst und von Polen im Ausland umzubilden. Die neue Regierung soll Polnische Regierung der Nationalen Befreiung heißen ... Nach der Ansicht der drei Regierungs-Chefs soll die Ostgrenze Polens entlang der Curzon-Linie verlaufen, wobei sie in einigen Gebieten fünf bis acht Kilometer zugunsten Polens davon abweichen soll. Sie erkennen an, daß Polen einen beträchtlichen Gebietszuwachs im Norden und Westen erhalten muß. Sie sind der Meinung, daß die Ansicht der neuen Polnischen Provisorischen Regierung der Nationalen Einheit über den Umfang dieser Neuerwerbungen zu gegebener Zeit einzuholen ist, und daß die endgültige Festlegung der Westgrenze Polens danach bis zur Friedenskonferenz zurückzustellen ist.« Winston Churchill, Franklin D. Roosevelt, Josef W. Stalin.

Und in *Potsdam*, sechs Monate später, am 2. August 1945: »Die Konferenz prüfte einen Vorschlag der Sowjetregierung, daß, vorbehaltlich der endgültigen Bestimmungen der territorialen Fragen bei der Friedensregelung, derjenige Abschnitt der Westgrenze der Union der Sozialistischen Sowjetrepubliken, der an die Ostsee grenzt, von einem Punkt an der östlichen Küste der Danziger Bucht in östlicher Richtung nördlich von Braunsberg–Goldap und von da zu dem Schnittpunkt der Grenzen Litauens, der Polnischen Republik und Ostpreußens verlaufen soll. Die Konferenz hat grundsätzlich dem Vorschlag der Sowjetregierung hinsichtlich der endgültigen Übergabe der Stadt Königsberg und des anliegenden Gebietes an die Sowjetunion gemäß der obigen Beschreibung zugestimmt, wobei der genaue Grenzverlauf einer sachverständigen Prüfung vorbehalten bleibt. Der Präsident der USA und der britische Premierminister haben erklärt, daß sie den Vorschlag der Konferenz bei der bevorstehenden Friedensregelung unterstützen werden ... Bezüglich der Westgrenze Polens wurde folgendes Abkommen erzielt: In Übereinstimmung mit dem Abkommen, das bei der Krim-Konferenz erzielt wurde, haben die drei Regierungs-Chefs die Meinung der Polnischen Provisorischen Regierung der Nationalen Einheit hinsichtlich des Territoriums im Norden und Westen, das Polen erhalten soll, geprüft. Der Präsident des Nationalrates Polens und die Mitglieder der Polnischen Provisorischen Regierung der Nationalen Einheit sind auf der Konferenz empfangen worden und haben ihre Auffassungen in vollem Umfang dargelegt. Die drei Regierungs-Chefs bekräftigen ihre Auffassung, daß die endgültige Festlegung der Westgrenze Polens bis zur Friedenskonferenz zurückgestellt werden soll. Die drei Regierungs-Chefs stimmen darin überein, daß bis zur endgültigen Festlegung der Westgrenze Polens die früher deutschen Gebiete östlich der Linie, die von der Ostsee unmittelbar westlich von Swinemünde und von dort die Oder entlang bis zur Einmündung der westlichen Neiße und die westliche Neiße entlang bis zur tschechoslowakischen Grenze verläuft, einschließlich des Teils von Ostpreußen, der nicht unter die Verwaltung der Union der Sozialistischen Sowjetrepubliken in Übereinstimmung mit den auf dieser Konferenz erzielten Vereinbarungen gestellt wird, und einschließlich des Gebietes der früheren Freien Stadt Danzig unter die Verwaltung des polnischen Staates kommen und in dieser Hinsicht nicht als Teil der sowjetischen Besatzungszone in Deutschland betrachtet werden sollen.« Josef W. Stalin, Harry S. Truman, C. R. Attlee.

Ferner wurde damals beschlossen: »Die Konferenz erzielte folgendes Abkommen über die Ausweisung Deutscher aus Polen, der Tschechoslowakei und Ungarn: Die drei Regierungen haben die Frage unter allen Gesichtspunkten beraten und erkennen an, daß die Überführung der deutschen Bevölkerung oder Bestandteile derselben, die in Polen, der Tschechoslowakei und Ungarn zurückgeblieben sind, nach Deutschland durchgeführt werden muß. Sie stimmen darin überein, daß jede derartige Überführung, die stattfinden wird, in ordnungsgemäßer und humaner Weise erfolgen soll.«

Die Ausweisung der Deutschen ist *nicht* in humaner Weise erfolgt, sondern in vielfach unmenschlicher, allzuoft in geradezu barbarischer Weise. Wir müssen, wie im ersten Teil dieses Aufsatzes dargelegt wurde, trotz allem die richtigen Schlüsse daraus ziehen: den Kettenlauf des Schlechten, das fortzeugend Böses gebären will, in uns, die wir ihn eröffnet haben, durchbrechen, um den Weg für eine saubere Realpolitik, wenigstens was an uns liegt, freizumachen.

Wie sehen die gegebenen Voraussetzungen einer solchen Realpolitik aus?

Ribbentrop und Molotow haben am 27. September 1939 in Moskau die vierte Teilung Polens in einem Vertrag besiegelt, der Sowjetrußland etwa zwei Fünftel des überfallenen und niedergeworfenen Landes überantwortete. In der späteren Bundesgenossenschaft der Alliierten gegen das Dritte Reich gab die UdSSR, als sie der Wiedererrichtung Polens zustimmte, diese Gebiete nicht mehr heraus. Wie die Dinge lagen, mußte der Westen die Tatsache hinnehmen. (Wir wollen im vorliegenden Zusammenhang von den psychologischen und unmittelbar praktischen Folgen für die Wirkung der Atlantic Charta und die Politik der sogenannten Umerziehung des deutschen Volkes völlig absehen. Wir warnen die Deutschen nur davor, innerlich wütig auf jede sich bietende Gelegenheit zu lauern, um in fremdem Unrecht die nachträgliche »Rechtfertigung« ihrer eigenen Schandpolitik zu finden und ungeduldig auf die Möglichkeit der Erneuerung skrupelloser Machtpolitik zu warten, die vollends jede Bemühung, einem dauerhaften Frieden bessere Grundlagen zu schaffen, vereiteln würde.) Sowjetrußland erhielt sogar einen Teil Ostpreußens endgültig zugesichert. Polen sollte im Westen den territorialen Ausgleich finden – auf Kosten Deutschlands, das zur Eroberung des Erdteils ausgezogen war, Europa versklavt, seine eigene künftige Existenz in einem ungeheuerlichen Vabanque-Spiel riskiert, und, Millionen, Abermillionen mit sich reißend, verloren hatte. Man stelle sich eine andere »Lösung« nur einmal vor: Deutschland behielte seine alten Grenzen – es sei gestattet, das Absurde mit einem österreichischen Wort, wie es nur der ironische Geist der alten Donau-Hauptstadt prägen und in den tragischsten Lagen anwenden konnte, deutlich zu machen: »*Sagen* wir, es *war* nichts!« –, Polen hätte zwei Fünftel seines Staatsgebietes und die Hälfte seiner Bevölkerung verloren, die grauenhaften Leiden des Krieges und der Knechtschaft ertragen und wäre wie zum Spott eine Siegernation, befreit von so ziemlich allem, was Wohlstand, Ansehen und Zukunft ausmacht. In Deutschland würden sehr viele sagen: Pech gehabt! Die Polen sind eben untüchtig und minderwertig, recht geschieht ihnen ...

Das in keiner Weise abänderbare Unrecht in Kongreßpolen, vom nationalsozialistischen Deutschland in die Wege geleitet, soll also seinen Ausgleich durch ein umfassendes Recht-Unrecht im Westen finden, im deutschen Osten. Recht, – gemessen am begangenen deutschen Unrecht; Unrecht, – gemessen an der proklamierten Besseren Welt, an den Methoden und am Ausmaß.

Die Festsetzung der polnisch-deutschen Grenze an der Oder und der westlichen Neiße ist aber nicht bloß eine Frage von Recht oder Unrecht, sondern auch eine Frage der Zweckmäßigkeit und des geschichtlichen Sinnes. Ich habe ihren ganzen Umfang neulich mit sehr verständigen Polen während mehrerer Tage erörtert, und wir sind zu folgendem Ergebnis gekommen:

1. Die wechselseitige Rückverfolgung von Ansprüchen und Begründungen in die Jahrhunderte der gemeinsamen Gegensatz-Geschichte führt zu keiner vernünftigen Lösung. Jeder kann aus verschiedenen Zeitabschnitten des letzten Jahrtausends »alles« für sich beweisen. Fast jeder Tatsache, aus welchem Lebensgebiet immer, die der eine für sich anzuführen vermag, steht eine andere gegenüber, die für die Gegenseite spricht.
2. Das sozusagen geopolitische Gleichgewicht Polens liegt im Gebiet der Weichsel und ihrer weitgedehnten Nebenflüsse. Dieses Gleichgewicht, das umfangreiche wirtschaftspolitische Folgen hat, ist durch die Abtrennung des polnischen Ostens empfindlich gestört. Es wird durch die Angliederung nicht im Norden, wohl aber im Westen bis zur Oder und Neiße nicht wiederhergestellt, sondern noch mehr gefährdet.
3. Es ist fraglich, ob Polens bevölkerungspolitische und kulturelle Kraft ausreichen wird, den neuen Westen so zu durchdringen, daß er nicht absinkt und ein Gefälle für das nachdrängende stärkere Ostslawentum bildet.
4. Der entsetzliche Gegensatz zum Deutschtum, durch dieses selbst schwer mitverschuldet und maßlos überschärft, wird bei der beabsichtigten Grenzziehung an der Oder-Neiße-Linie die beiden Völker auf nicht absehbare Zeit in einer Unruhe halten, die nur unheilvoll sein kann. Zahlreiche Konfliktstoffe sind gegenwärtig durch Deutschlands Schwäche und die Macht der Besatzung überdeckt; sie werden in Jahren und Jahrzehnten beängstigend wirksam werden. Weder die polnischen Siedler noch die ausgewiesenen Deutschen, wenn sie zurückgeführt würden, könnten in einem solchen Zustand Friedensarbeit von Dauer leisten; ihr Dasein wird von Sorge, Angst und Furcht – oder

deren Gegenausdruck: Übermut, Gewalt und Drohung – bestimmt werden.

5. Polens eigentliche kulturelle Aufgabe, von Europa her gesehen, liegt im Osten, nicht im Westen. Für den Fall, daß es eines Tages wieder beginnen könnte, sie zu erfüllen, muß es sichere Garantien dafür haben, daß ihm nicht ein nationalistisches Deutschland, voll von Dünkel gegenüber Polen, in den Rücken fällt. Das wahre Interesse Polens liegt daher bei einem erneuerten, demokratischen Deutschland und in enger Zusammenarbeit mit ihm. Ein solches Deutschland existiert aber nicht – die Ereignisse im deutschen Osten–polnischen Westen seit Kriegsende haben auch nicht dazu beigetragen, es zu fördern –, und es wird lange dauern, bis es, wenn überhaupt, entsteht.
6. Polen befindet sich daher in einer tragischen Zwangslage: es ist Siegerstaat ohne Sieg; um nicht weiter nur Opfer zu sein, muß es zu halten versuchen, was ihm kaum zum Heil gereichen kann; gelingt ihm die Durchdringung seines neuen Westens nicht, dann fehlt ihm die Kraft, um einer neuen Teilung »im Jahre X« zu widerstehen; gelingt sie ihm, so nur mit Hilfe Rußlands, und es wird zur Vormacht eines panslawistischen Kommunismus.
7. Folglich: Die nationalistische Lösung, ob von Polen oder von Deutschland aus, ist überhaupt keine Lösung. Der Nationalismus als Ordnungsprinzip hat in Europa insgesamt geschichtlich versagt und er versagt ganz besonders im europäischen Osten. Da er stärker auftritt denn je, obgleich er dem Untergang geweiht ist, treiben wir einer neuen Katastrophe zu. Wir können ihr nur durch ein kooperatives Ordnungsprinzip der europäischen Solidarität entgegenwirken, andernfalls ist unser aller Schicksal früher oder später besiegelt.

Man glaube nicht, daß diese Ansichten sehr verbreitet sind. Weder in Deutschland noch in Polen sind sie verbreitet. In Polen denkt niemand daran, sich auf ein Kompromiß zwischen Oder-Neiße und der alten Grenze einzulassen, und es gibt gewichtige Gründe, die den Chauvinismus vorerst stützen, – Deutschlands Verhalten gestern und seine Gesinnung heute ist einer davon, wie ja überhaupt ein Nationalismus den andern hervorruft, steigert, bis zum äußersten aufpeitscht, bis schließlich beide in den Abgrund taumeln, der so viele unschuldige und ehrliche Menschen auf beiden Seiten mitverschlingt. Nur ein freies, demokratisches Polen mit einem freien, demokratischen Deutschland anderer Art, als es war, könnten in einem freien, demokratischen Europa dauerhafte Voraussetzungen eines künftigen Friedens zwischen der Ostsee und der oberschlesischen Senke an Erzgebirge und Karpaten, zwischen Frankfurt an der Oder, Königsberg, Posen und Breslau schaffen.

Polen ist, nach westlichen Auffassungen, heute nicht frei und nicht demokratisch, Deutschland nicht frei, nicht demokratisch und nicht erneuert, Europa nicht solidarisch. Was also? Die Entscheidung liegt bei den Weltmächten, bei Amerika und Sowjetrußland in erster Linie.
Die sowjetrussische Politik ist klar: Polen ist Vorfeld gegen Europa; es soll Vormacht dessen werden, was man dortzulande »östliche Demokratie« nennt; der polnische Nationalismus, durch die nationalsozialistisch-deutsche Wahnsinnspolitik und eine grausam-methodische Härtepraxis im gesamten Osten wild aufgestachelt, dient jener Politik als Vorspann. Wird eines Tages auch Deutschland sowjetisch – als Brücke zu Frankreich, wo die Kommunistische Partei immer nahe daran ist, die Mehrheit zu erlangen –, dann werden die Probleme der nationalistischen Gegensätze in der erweiterten Union der Sowjetrepubliken auf die übliche Weise gelöst werden. Polens Chauvinisten werden keine Freude dabei erleben und sie werden mitnichten die Früchte der Politik genießen, die sie heute, freilich fast ausweglos vorwärtsgetrieben, nach Leibeskräften fördern. Wir stellen nicht im geringsten in Abrede, *daß* die sowjetische Politik eine Lösung des Gegensatzes zu bringen vermag; sie ist nur nicht nach unserem Geschmack, der die Freiheit der Person in geordneter Gemeinschaft aller Arbeitenden verlangt, also ein wirtschaftlich und gesellschaftlich gesichertes Eigenleben Aller, das heißt einen Sozialismus wirklicher Freiheit, nicht kollektivistischen Zwang mit der Freiheit auf Hoffnungs-Transparenten wider alle Erfahrung.
Die Angelsachsen unter amerikanischer Führung stehen auf allen Linien im Stellungskampf. Es wird uns hoffentlich wenigstens Kompromisse der Freiheit, wie wir sie meinen, bringen. Auch bei ihnen gibt es Kräfte, und gar nicht schwache, die in *uns* künftige Werkzeuge gegen Sowjetrußland sehen. Polen und Deutsche sind für die Gegner nur Bauern auf dem Schachbrett, das sich morgen in ein Schlachtfeld verwandeln würde. Aber noch ist alles in der Entscheidung. Männer des »Friedens durch Ordnung« sind am Werk, Männer des »Friedens durch sozialistisch-freiheitliche Ordnung« sind im Kommen. Ihr aller Bemühen ist heute darauf gerichtet, den bestehenden Zustand im europäischen und im deutschen Osten nicht endgültig werden zu lassen. In Jalta wurde ein Prinzip der territorialen Neuregelungen zugunsten Sowjetrußlands und Polens anerkannt, der Ablauf des Krieges im letzten Abschnitt hat weitere Tatsachen geschaffen, die in Potsdam vorerst zur Kenntnis genommen werden mußten. »Bei dem schnellen Vormarsch der Sowjetarmeen in der letzten Phase des Krieges flüchteten Millionen von Deutschen aus Ostdeutschland in die westlich der Oder gelegenen Gebiete«, sagte Marshall in dem Rechenschaftsbericht, den er nach Abschluß der Moskauer Konferenz am 29. April 1947 dem amerikanischen Volk in einer umfassenden Rund-

funkansprache gab. »Bereits vor Potsdam hatten die Sowjetarmeen diese von der deutschen Bevölkerung weitgehend verlassenen Gebiete den Polen unterstellt. Dies war die Lage, der sich Präsident Truman in Potsdam gegenübersah. Angesichts der bestehenden Verhältnisse erkannte der Präsident diese Lage in der Dreimächte-Erklärung vorläufig an, in der es heißt, daß ›die Regierungs-Chefs nochmals ihre Ansicht zum Ausdruck bringen, die endgültige Festlegung der polnischen Westgrenze den Verhandlungen über den Friedensvertrag vorzubehalten‹. Der sowjetische Außenminister erklärt nun, daß in Potsdam ein endgültiges Übereinkommen über die Grenzen von Deutschland und Polen erzielt worden sei und die von mir soeben zitierte Erklärung sich lediglich auf die formelle Bestätigung der bereits vereinbarten Grenze durch den Friedensvertrag beziehe, so daß seiner Meinung nach nur noch die technische Durchführung der Grenze zu erwägen übrigbleibe. Die Vereinigten Staaten haben die in Jalta übernommene Verpflichtung anerkannt, Polen im Westen für die Gebiete zu entschädigen, die östlich der Curzon-Linie in die Sowjetunion eingegliedert wurden. Eine Aufrechterhaltung der gegenwärtigen zeitweiligen Grenzlinie zwischen Deutschland und Polen würde Deutschland jedoch Gebiete nehmen, die vor dem Kriege mehr als ein Fünftel der für die deutsche Bevölkerung notwendigen Nahrungsmittel lieferten. Es steht außer Zweifel, daß Deutschland unter allen Umständen verpflichtet sein wird, innerhalb stark verkleinerter Grenzen nicht nur seiner Vorkriegsbevölkerung, sondern auch einer beträchtlichen Anzahl Deutscher aus Osteuropa Lebensunterhalt zu gewähren. Bis zu einem gewissen Grade ist die Lage unvermeidlich. Einer Verschärfung dürfen wir jedoch nicht zustimmen. Wir wünschen nicht, daß Polen schlechter gestellt sein soll als vor dem Kriege. Polen hat ein Recht auf mehr, aber wenn man ihm Grenzen gibt, aus denen ihm in der Zukunft wahrscheinlich Schwierigkeiten erwachsen werden, so leistet man ihm keinen Dienst. Wie immer auch die Grenzen gezogen werden, so sollten sie doch keine Schranken für den Handel darstellen, von dem ein gesundes Europa abhängig ist. Wir müssen unseren Blick auf eine Zukunft richten, in der ein demokratisches Polen und ein demokratisches Deutschland als gute Nachbarn leben.«

In welcher Lage sieht sich also das deutsche Volk, was seine künftige Ostgrenze anlangt? Die *kapitalistisch-imperialistische Reaktion im Westen* unterstützt – mit teilweise berechtigten und guten Gründen, aber aus schlechten Motiven – die Bestrebungen, Polen und damit Sowjetrußland (dies die besondere Komplikation der machtverfilzten Lage!) so weit wie möglich zurückzudrängen. Sie ist *für* Deutschland, zwar nicht aus Sympathie, aber aus Interesse. Heute arbeitet sie noch hintergründig, morgen würde sie schon offen mit dem deutschen Nationalismus arbeiten. (Wir sehen in diesem Zusammenhang erneut von den verderblichen Folgen ab, die sich aus solcher Politik für die notwendige Wandlung des deutschen Geistes, der deutschen Wirklichkeit und der deutschen Zukunft ergeben müssen. Wir hoffen, daß ihr die machtpolitische, national und international vertraglich festgelegte ewige Neutralisierung Deutschlands, wie die Heidelberger Aktionsgruppe um Alfred Weber, Alexander Mitscherlich, Lambert Schneider und viele andere sie anstrebt, zuvorkommen wird.) Die *realistischen Konservativen* kämpfen nüchtern, zäh und überlegen, nach der Art des amerikanischen Außenministers Marshall, für eine Revision der entstandenen Lage, für ein tragbares Kompromiß. Sie werden es wahrscheinlich erreichen, da das Tauziehen zwischen den Weltmächten an allen Ecken und Enden erfolgt, nicht nur an der Oder-Neiße, und die Sowjetunion es im jetzigen Abschnitt der Entwicklung nirgends auf einen unwiderruflichen Bruch ankommen lassen kann. Äußerungen Stalins zum Abschluß der Moskauer Konferenz haben angedeutet, daß die nächste Zusammenkunft der Machtpartner wahrscheinlich eine Annäherung in der vorliegenden Frage bringen wird. Das Kompromiß wird für Deutschland bescheiden genug sein. Die Dritten aber, die *freiheitlich-sozialistischen Politiker*, deren Zeit erst kommen wird, wenn die wirtschaftliche Nachkriegskrise sich ausgebreitet, Amerika in aller Schärfe erfaßt und ein neues politisches Bewußtsein geschaffen haben wird, sind mit den konservativen Realisten eins in der unmittelbaren Bemühung um die Revision der durch den Krieg geschaffenen Tatsachen, sie wollen aber mehr, und wie die Reaktion arbeiten sie vorerst, da ihnen andere Möglichkeiten noch nicht gegeben sind, nur mittelbar: sie wollen die *grundsätzliche Revisionsklausel für die Zukunft*. Eine solche Klausel ist eine ernste Gefahr, denn sie kann von der Internationale der Nationalisten in deren Sinn mißbraucht werden, wie wir es schon einmal, nach 1919, erlebt haben; und jeder gute Wille aus Gerechtigkeitssinn und Wohlwollen ist dieser Schandbande recht, um vor ihren Wagen gespannt zu werden, – wie wir es ebenfalls erlebt haben. Aber ohne eine grundsätzliche Revisionsklausel wäre die Schlacht um eine bessere Zukunft in Europa, um die sozialistische Solidarität freier Demokratien verloren. Der Kampf um die Entscheidung darüber, wer den Charakter der kommenden Revision bestimmen wird, muß daher gewagt werden.

Wir können, so wie die Machtverhältnisse liegen, mehr nicht anstreben und mehr nicht erreichen als: die Türe zur Zukunft offenhalten. Zu einer europäischen Zukunft, in der andere Deutsche und andere Polen eines Tages in jenem Raum zusammen leben und miteinander arbeiten werden, friedlich und in natürlichem Wettstreit, in festen Ordnungen, die den Leidenschaften ebenso Einhalt gebieten wie der Wiederkehr der abgründigen Gespenster der Vergangenheit. Es wird lange dauern, bis es so weit sein wird. Marshalls und Bevins Politik, die Politik aller, die hinter ihnen

stehen, schafft erste Voraussetzungen dafür, besonders wenn sie noch erreicht, daß ständige deutsch-polnische Arbeitsausschüsse für die mannigfaltigen schwierigen Dauerfragen eingerichtet werden, die zwischen den beiden Völkern bestehenbleiben; durch nichts lernt man sich besser kennen, durch nichts mehr aufeinander Rücksicht nehmen und, wenn es möglich ist, einander auch achten als durch gemeinsame Arbeit an Aufgaben, die gelöst werden *müssen*, wenn nicht alles zugrunde gehen soll. *Sie* ist die große Gelegenheit der Gutwilligen auf beiden Seiten.
Was soll unter diesen Umständen die Aufrechterhaltung, ja sogar die bewußte Förderung der Hoffnung bei den Millionen Evakuierter des deutschen Ostens, sie könnten über kurz oder lang in ihre Heimat zurückkehren? *Sie ist ein Verbrechen*, genau wie die Weigerung, ihnen Boden und Beruf hier und heute zu gewähren. Ein Verbrechen erst recht, wenn die Hoffnung in ihnen genährt wird, *weil* man sich weigert, die Vertriebenen für Dauer aufzunehmen! Die überwältigende Mehrheit der zwölf bis vierzehn Millionen wird *nicht* zurückkehren können. Mit den meisten, könnten sie es, würde es auch nicht gutgehen, weder für sie noch für die deutsch-polnische Zukunft. Andere, Spätere werden vielleicht zurückkehren; wir wissen nicht, wann; nicht vor vielen Jahren; möglicherweise, wahrscheinlich sogar erst eine kommende Generation. Und auch sie wird nicht zurückkehren, wenn nicht jedermann an seinem Platz schleunigst für Frieden, Verständigung und ehrlichen Willen arbeitet, – allen Hindernissen zum Trotz, zum Trotz auch den Hindernissen in der eigenen Brust.
Ein Jahrtausend deutscher Geschichte im Osten, wie sie war, ist abgeschlossen. Ein neuer Abschnitt hat begonnen: in Blut und Dreck und Tränen, aber auch unter Arbeit der Mutigen, begleitet vom Gebet der Geduldigen. Die nach uns kommen, werden Erfolg haben, Deutsche und Slawen zusammen, wenn *wir*, die Wegbereiter, in der Generation des Übergangs, und das will auch heißen: der Läuterung, nicht versagen. Die Nationalisten aber, sollten sie noch einmal siegen, obschon sie doch gräßlich verloren und an allen europäischen Fronten ihre Unfähigkeit zu wahrer Ordnung bewiesen haben, sie werden nichts anderes erreichen als Sklaverei oder Untergang, was uns, die wir Frieden, Sicherheit *und* Freiheit erstreben, beinahe das Gleiche bedeutet.

Bemerkung des Herausgebers Zu diesem Aufsatz im Mai-Heft 1947 erhielt die Redaktion der Frankfurter Hefte zahlreiche Zuschriften. Eine Auswahl wurde im Oktober-Heft 1947 publiziert (Frankfurter Hefte, 2. Jg. 1947, S. 1050–1055).

EVA SCHMIDT-HARTMANN

Menschen oder Nationen?

Die Vertreibung der Deutschen aus tschechischer Sicht

Odsun – es gibt keine äquivalente Bezeichnung für das Schicksal der Deutschen in der Tschechoslowakei nach dem Kriegsende 1945. Der Begriff, den die Tschechen dafür gewählt haben, ist auch nicht recht zu übersetzen; Vertreibung, Ausweisung, Aussiedlung oder Transfer entsprechen *odsun* in Wirklichkeit nicht genug. Vielleicht kommt das Wort »Ausschub« diesem »*odsun*« am nächsten. In älteren Wörterbüchern findet man dafür noch Fachausdrücke. *Odsun* bedeutet »Abrücken« beim Fechten oder »Abhurten« in der Gymnastik.[1] Es bildet ein Verb, das man im Deutschen mit wegschieben, verschieben, aufschieben übersetzt. *Odsun* kann auch im militärischen Bereich bedeuten: Abstransport von Verletzten. Weder dies noch jenes trifft die Vorgänge von 1945. Tatsächlich: *Odsun* gehörte im Grunde nicht zum lebendigen Wortschatz der tschechischen Sprache, und es wird, seit den Ereignissen nach Kriegsende, für die man es beansprucht, eigentlich wie eine Neuschöpfung in der tschechischen Sprache gebraucht.

Im vollen Begriff des Wortes entspricht dieser Neuschöpfung auch keine der herkömmlichen Bezeichnungen. Das ist nur konsequent. Vielleicht muß man an den emotionalen Gehalt des Wortes erinnern, um seine Bedeutung besser auszumalen. *Odsun*: das suggeriert nach seinem Klang eine alles überwältigende Schubkraft, die jeden Widerstand beiseite räumt. So gesehen, war auch die Vertreibung der Deutschen in tschechischen Augen nicht zu vergleichen mit dem immer wieder einmal in Erinnerung gerufenen Bevölkerungsaustausch etwa zwischen der Türkei und Griechenland nach dem Ersten Weltkrieg. *Odsun* war kein Tausch. Es handelte sich auch nicht um die Rückführung einer verstreuten und angeblich zusammengehörenden Bevölkerung, wie sie Hitler praktizierte, als er die Südtiroler aus ihrer Heimat nach Deutschland überführen oder die Deutschen aus Bessarabien und der Ukraine in Westpolen ansiedeln wollte. Ja selbst die Vertreibung der Polen aus eben diesem Gebiet, dem sogenannten Warthegau, war etwas anderes als der *odsun* der Deutschen, zweckgebunden nach einer infamen Planung. Es handelt sich auch nicht um eine Umsiedlung als organisatorische Maßnahme innerhalb ein und dasselben Staatsgebietes, wie sie etwa Stalin seit 1941 an den Deutschen betrieb. Trotz der Ähnlichkeiten hat der *odsun* seine Eigenheiten: aus tschechischer Sicht wurden die Deutschen 1945 aus dem Lande gedrängt mit der Kraft des Sieges im soeben beendeten Krieg. Sie wurden aus ihrer eigenen Heimat und aus dem Staatsgebiet, dem sie in seinen wechselnden Formen jahrhundertelang zugehört hatten, im tschechischen Sinn und in der tschechischen Selbstrechtfertigung nun sozusagen mit einer irrationalen Naturkraft über die Grenzen abgeschoben, weggeschoben ohne Wenn und Aber.

Der Zusammenhang zwischen Sprache und Rechtfertigung erscheint hier außerordentlich plastisch, wenn man nur einmal der Subtilität des Gedankens und seiner Sprachform folgt. Die tschechische Bezeichnung korrespondiert mit der tschechischen Sicht von 1945, so ähnlich, wie die Vielfalt der deutschen Übersetzungen unterschiedliche deutsche Interpretationen derselben Tatsache zum Ausdruck bringt – aber im allgemeinen eben nicht, in ihrer mangelnden Äquivalenz, wirklich sagt, was im tschechischen Verstand über die Deutschen »hereinbrach«.

Diese Überlegung führt uns fort zum tschechischen Rechtfertigungsdenken. Zugrunde lag den Vorgängen nach Kriegsende tatsächlich der Anspruch des tschechoslowakischen Staates, nach Belieben über seine Einwohner zu verfügen: »Die tschechoslowakische Regierung behält sich das Recht vor zu bestimmen, welche Deutschen die tschechoslowakische Staatsbürgerschaft bekommen oder behalten können. Festgelegt wird der Grundsatz, daß bis spätestens in fünf Jahren diejenigen, die die Entscheidung der ČSR erhalten, das tschechoslowakische Territorium zu verlassen, dies auch tun« – so heißt es noch im Plan des Präsidenten Edvard Beneš aus dem Jahre 1944.[2] Der Plan des »Befreierpräsidenten« sah keine zwischenstaatlichen Abmachungen oder irgendwelche andere Sicherungen der künftigen Lebensverhältnisse der von ihm ausgestoßenen ehemaligen Staatsbürger vor. Er postulierte lediglich den einseitigen Willen, jene Unerwünschten auszustoßen, unwichtig, wie und wohin.

Sowenig Beneš in seinem Staatsverständnis nach dem Recht zur Entscheidung über die Auswahl seiner Einwohnerschaft fragte, so wenig erhebt auch die Bezeichnung *odsun* die Frage nach der Legitimation zum »Abschub«. Anders als die geläufigen deutschen Übersetzungen läßt der Begriff auf keine implizierte Rechtfertigung schließen. Denn der Begriff »Vertreibung« ließe sich mit ethischen Kategorien in Einklang bringen, unbeschadet ihrer Einseitigkeit. Man vertreibt Schädlinge. Der Begriff »Ausweisung« drückt dagegen einen gesetzlich legitimierten, also einen formaljuristischen Akt aus, und er unterdrückt dabei alle Anzeichen von Gewaltsamkeit, wie sie einer Vertreibung dem Begriff nach anhaften. Die Bezeichnung »Transfer« schließlich, die man ab und zu wählt, impliziert die Bewegung von einem zum anderen Ort oder die Aussiedlung als geordneten Prozeß mit Hab und Gut. Nichts von alledem ist im *odsun* eingeschlossen. Es handelt sich vielmehr um einen wertneutralen Begriff, der allein das Vorhandensein einer überlegenen Kraft in sich schließt. Die Frage nach dem Warum oder dem Wohin wird nicht aufgeworfen. Wichtig ist allein die vorhandene Kraft. *Odsun* beinhaltet keine ethischen oder juristischen Konnotationen, und es besteht daher auch, ohne Verantwortlichkeit, auch keine Erinnerung an einen Täter, nicht an einen Vertreiber, nicht an die ausweisende Administration, nicht an Vertragspartner eines Transfers. Von da ist der gedankliche Schritt nicht weit zum »Prozeßdenken«, das sich mit »historischer Notwendigkeit« begründen läßt statt mit politischer Willensbildung.

Solcher Logik folgend wird auf tschechischer Seite bis heute behauptet, daß es sich beim *odsun* keineswegs um einen Akt der Rache gegen die Deutschen im Sinne einer Kollektivschuld gehandelt habe, daß die Vertreibung auch nicht ein Akt des gegen einzelne gerichteten Unrechts war, kein Ausdruck eines gegen die Deutschen gerichteten Hasses – zusammengefaßt, daß es sich um eine Entwicklung handelte, die man weder moralisch, rechtlich noch politisch bewerten dürfe. Bis heute berufen sich nämlich die tschechischen Verteidiger des *odsun* immer wieder auf eine »historische Notwendigkeit«, für die kein einzelner Verantwortung tragen könne. Folgerecht lehnen sie alle ethischen, rechtlichen oder politischen Analysen ab und befürworten statt dessen allein eine in ihren Augen sinnvolle »wissenschaftliche Klärung« der Vertreibungsursache. Darin erscheint der *odsun* dann als der tschechische Beitrag zur notwendigen Kriegsanstrengung gegenüber dem Nationalsozialismus im unmittelbaren Zusammenhang des Sieges von 1945 und beinahe schon eher als dessen Ursache denn als Folge. Will man nämlich die Vertreibung kritisieren, dann erschüttert man eigentlich die Rechtfertigung dieses Sieges, ja man macht ihn in gewissem Sinne nichtig und rückgängig vor den Augen dieser Verteidiger. Eine solche Argumentation ist sicherlich nicht nur vom schlechten Gewissen diktiert, auch nicht allein von der Angst vor Revanchismus, der Rückkehr der vertriebenen Sudetendeutschen oder vor der fehlenden Bereitschaft zur Übernahme der politischen Verantwortung für das Geschehene. Es sind nicht eigentlich politische Gründe, die die Verteidiger der Vertreibung bei ihrer hartnäckigen Ablehnung jeglicher Diskussion dieses Themas festhalten. Es ist vielmehr ein in sich logisch zusammenhängender Gedankenrahmen, der eine solche Auffassung plausibel macht.

Doch kann man beobachten, daß gerade in den letzten Jahren jeder Versuch um eine andere, eine kritische Betrachtung der Vorgänge die tschechischen Gemüter zutiefst bewegt. Darin läßt sich vielleicht eine interessante Parallele zu der intensiven Auseinandersetzung um dasselbe Thema unter den Sudetendeutschen in der Bundesrepublik erkennen, und es fällt schwer, in diesem Zusammenhang nicht die böhmische Vergangenheit ins Gedächtnis zu rufen. Man muß nur bedenken, wie wenig der sogenannte Nationalitätenkampf faktische Lebensbedingungen berührte. Die Vorhut solcher Nationalitätenkämpfe bildeten auf jeder Seite die Intellektuellen, und erstaunlicherweise nahmen sie bei ihrer Auseinandersetzung viel weniger Kenntnis von der anderen Nationalität als von den gedanklichen Abweichungen im eigenen Lager. So geht es auch im Augenblick bei den bewegten tschechischen Auseinandersetzungen keineswegs um Konsequenzen, die etwa die gegenwärtige politische Lage in Mitteleuropa angestoßen hätten. Es geht vielmehr um die eigene historische und nationale Identität. Paradoxerweise sind es gerade die Verteidiger der Vertreibung, die in einer solchen Diskussion sehr viel aufs Spiel setzen, wenn sie allein die Frage nach dem Warum in diesem Zusammenhang für sinnvoll halten. Es sind dann auch tatsächlich die Historiker, die die Diskussion um die Vertreibung beleben, bei den Tschechen ebenso wie bei den Sudetendeutschen. Angesichts der fehlenden faktischen politischen Dimensionen des Themas sind ihre Fragen die wichtigsten, um die Politiker herauszufordern, sowohl bei den Tschechen, die am Status quo kein Rütteln dulden, als auch bei den Sudetendeutschen, die sich um die Rechtfertigung ihrer Vergangenheit bemühen und damit die sudetendeutsche Frage lebendig erhalten wollen. Wie die Historiker mit ihren diversen Interpretationen der Vertreibung die eigentliche historische Identität ihrer jeweiligen Nation oder Volksgruppe zur Diskussion stellen, läßt sich besonders an der neuesten tschechischen Auseinandersetzung um diese Thematik demonstrieren.

Im Frühjahr 1945 begann der *odsun* und die Aktion war innerhalb von zwei Jahren mehr oder weniger vollendet, ohne daß sich in der tschechoslowakischen Öffentlichkeit eine Diskussion über diese ungeheuerlichen Ereignisse entwickelte, ja sogar, ohne daß man nennenswerte kritische Stimmen überhaupt wahrgenommen hätte. Man findet in der Geschichte selten vergleichbare Ereignisse, die von einer ähnlichen Einheitlichkeit des Volkswillens in einer freien Gesellschaft begleitet wurden. Auch wenn wir gewisse Einschränkungen im politischen System der Nachkriegstschechoslowakei gelten lassen, so war doch das Recht zur freien Meinungsäußerung weder juristisch noch faktisch beschränkt. Es wird heute viel darüber diskutiert, wer eigentlich beim Vertreibungsgedanken Pate stand: der damalige Präsident Edvard Beneš, die tschechoslowakische Exilregierung in London, der tschechische Widerstand im »Protektorat Böhmen und Mähren«, die tschechoslowakischen Kommunisten, Stalin und seine Sowjetführung oder gar die Teilnehmer der Potsdamer Konferenz vom Sommer 1945? Auf die Frage nach dem cui bono fand die Historiographie aus den zugänglichen Archivalien zum Thema bisher unzählige Varianten für eine Antwort, wobei die jeweils benannten Akteure in unterschiedlichem Maß mit der Verantwortung belastet wurden. Doch ist in unserem Zusammenhang die Frage nach der Quelle des politischen Programms und nach der Verantwortung, die hieraus fließt, nicht so wichtig wie die Tatsache, daß der Akt selbst augenscheinlich die überwiegende Unterstützung und jedenfalls keine nennenswerte Kritik in der tschechoslowakischen Öffentlichkeit erfuhr.

Zwar machte das erste Regierungsprogramm der befreiten Republik im April 1945 noch einen Unterschied zwischen den »antifaschistischen«, den »übrigen« und den »zu bestrafenden« Deutschen (wie übrigens auch den Madjaren), und seine Formulierungen lassen sich so interpretieren, als ob nur ein beschränkter Personenkreis von einer Vertreibung bedroht gewesen sei.[3] Doch folgten diesem Programm bald Einzelgesetze und Verordnungen, die deutlich darauf zielten, der deutschen Bevölkerung im Lande die Lebensmöglichkeiten abzugraben; zugleich wurde die Neubesiedlung der von den Deutschen bewohnten Gebiete gesetzgeberisch vorbereitet. Aus den inzwischen wieder vom tschechoslowakischen Staat in Besitz genommenen Sudetengebieten wurden dann die Deutschen in später so genannten »wilden« Vertreibungsaktionen verjagt. Man rechnet damit, daß bis zum Sommer 1945 etwa ¾ Millionen Sudetendeutscher dieser ersten und schwersten Phase der Vertreibung ausgeliefert worden sind. Zwar löste dieses von der tschechoslowakischen Regierung voll unterstützte spontane Vorgehen eine Welle von Kritik in der internationalen Öffentlichkeit aus und wurde schließlich auch durch die Anweisungen der in Potsdam konferierenden Politiker der drei Großmächte vorübergehend eingeschränkt oder gar zum Stillstand gebracht; doch wurde die einstimmige Unterstützung der tschechoslowakischen Öffentlichkeit für den Gedanken einer vollständigen und endgültigen Aussiedlung der Deutschen auch jetzt nicht durch nachdenkliche oder kritische Stimmen im eigenen Lande gestört. Im Gegenteil, die Reden der Politiker aus dieser Zeit erwecken heute den Eindruck, als hätten sie miteinander im Wettstreit um größere »Standhaftigkeit«, »Verdienste« und »Radikalität« in dieser Frage gerungen, gleich welcher Partei oder Richtung.

Als der Alliierte Kontrollrat in Berlin im Herbst 1945 Durchführungsbestimmungen für die Aussiedlung erließ, in denen eine »ordnungsgemäße und humane Weise« für die Aktion vorgesehen war und denen entsprechend zwischen Januar und November 1946 rund 2 Millionen Menschen mit kleinem Handgepäck über die Grenzen aus dem Staate hinausgefahren wurden, schien die Angelegenheit *odsun* für die tschechoslowakische Öffentlichkeit endgültig erledigt. Das Interesse galt nur noch der Problematik der Neubesiedlung. Es gab zwar vereinzelte Stimmen und

Gruppen, die gegen die inhumane Vorgehensweise bei der Vertreibung protestierten, doch auch hier ging es nicht um die Aussiedlung an sich, sondern lediglich um die Begleiterscheinungen. Das Ereignis selbst blieb ohne kritische Diskussion.

Selbstverständlich muß man auf die politische Entwicklung in der Tschechoslowakei hinweisen, die 20 Jahre lang keinerlei politische Diskussionen über die Eigenart und die moralischen wie die politischen Grundlagen des Staates zuließ und nach der kurzen Unterbrechung des »Prager Frühlings« auch seither nicht wieder zugelassen hat. Es läßt sich deshalb nicht abschätzen, in welchen Formen und zu welcher Bedeutung sich kritische Reflexionen und Diskussionen zum Thema Vertreibung in den vergangenen 40 Jahren entwickelt hätten, wäre die tschechoslowakische Gesellschaft etwa im westlichen Sinne »frei«. Doch die gedanklichen Wege der Befürworter bzw. die Ausgangspunkte und Argumentationsweisen ihrer Kritiker lassen sich beispielhaft aus den Diskussionen im Exil und unter Dissidenten erkennen, die sich besonders zu Ende der 70er und Anfang der 80er Jahre verdichteten.

Nach der ersten großen Emigrationswelle aus der Tschechoslowakei in die freie Welt 1948 kam zwar die Vertreibung nicht gerade an prominenter Stelle bei den Reflexionen über die soeben abgelaufene politische Entwicklung zu Wort, aber es fanden sich doch mehr kritische Stimmen, als unmittelbar nach 1945 im ganzen Lande zu hören waren. Die Haltung der wichtigsten Exilgruppen, unter anderem des Rates der Freien Tschechoslowakei, unterschied sich dabei nicht von der Haltung der Prager Regierung, in der die Aussiedlung der sudetendeutschen Bevölkerung als eine ein für allemal abgeschlossene Angelegenheit aus »historischer Notwendigkeit« erläutert wurde.[4] Dagegen gab es aber in einigen Exilzeitschriften recht interessante Diskussionen zum Thema. So etwa zu Ende der 40er Jahre in der in Genf erschienenen Zeitschrift »Skutečnost« (Die Wirklichkeit), die der Aussiedlung jede ethische Berechtigung absprach und sich eingehend mit der Analyse der politischen Folgen dieser Inhumanität gegen ein Drittel der böhmischen Bevölkerung befaßte. Ein anderer Kristallisationspunkt für die Diskussion entstand um den ehemaligen Minister Jaroslav Stránský und den Botschafter Karel Lisický, die in London im Rahmen eines Studienzentrums mit dem Namen »Beneš-Institut« mehrere Tagungen über den »Abschub«, wie es dort in deutscher Sprache hieß, veranstalteten und Diskussionstexte daraus vervielfältigten. 1950 kam es in der Bundesrepublik zur Unterzeichnung eines mit vielversprechendem Namen bezeichneten Dokuments: das Wiesbadener Abkommen zwischen dem Tschechischen Nationalausschuß des Generals Prchala und der Arbeitsgemeinschaft zur Wahrung sudetendeutscher Interessen. Zwar wurde dieses Dokument von sudetendeutscher

Seite durch prominente Politiker unterzeichnet, aber es blieb bedeutungslos, weil hinter den tschechischen Signaturen so gut wie gar keine Anhängerschaft stand. Im großen und ganzen blieb die Meinung der tschechoslowakischen Emigration in den Augen der internationalen Öffentlichkeit durch jene »offiziellen« Exilgruppen repräsentiert, deren Haltung zur Vertreibung in einer 300 Seiten umfassenden englischsprachigen Schrift des einflußreichen amerikanischen Hochschullehrers Radomír Luža zum Ausdruck kam.[5]

In der kurzen Zeit der tschechoslowakischen »Freiheit« im Jahre 1968 blieb die Frage der Vertreibung ein Randthema. Es dauerte weitere 10 Jahre, bis daraus überhaupt wieder einmal ein wichtiges Thema der tschechoslowakischen Exilwelt wurde. Vielleicht muß man an die Zusammenhänge dieser 10 Jahre als den nötigen Hintergrund erinnern, aus dem sich die neue Beschäftigung mit dem Thema ergab, um die Bedeutung der wieder aufgeflammten Diskussionen erkennen zu können. In diesen 10 Jahren hatten nämlich in der Tschechoslowakei die ehemaligen Opfer des deutschen Nationalsozialismus endgültig die politische und intellektuelle Bühne verlassen, während gleichzeitig die in der Nachkriegszeit junggewesenen kommunistischen Revolutionäre nicht umhinkonnten, die tragischen Folgen ihrer ehemaligen Bemühungen um eine sozialistische Gesellschaftsordnung anzuerkennen. Im Jahr 1977 formierte sich in Prag die überparteiliche und im herkömmlichen Sinne des Wortes unpolitische Menschenrechtsbewegung unter dem Titel »Charta '77«, und ein Jahr später, im Februar 1978, unterzeichneten auf einem von der Gemeinschaft tschechischer Katholiken »Opus Bonum« organisierten Symposion eine Gruppe tschechischer Emigranten verschiedenster politischer und geistiger Orientierung eine Erklärung, in der die Entrechtung der deutschen Bevölkerung nach 1945 als die erste Stufe der allmählichen Entrechtung der gesamten tschechoslowakischen Bevölkerung dargestellt wurde. Zu derselben Zeit veröffentlichte die wichtigste intellektuelle Exilzeitschrift »Svědectví« (Das Zeugnis) die »Thesen zur Vertreibung« eines anonymen – inzwischen als Jan Mlynarik bekannten und in der Bundesrepublik lebenden – slowakischen Historikers »Danubius«.[6]

Diese Erklärung, 22 Schreibmaschinenseiten umfassend, interpretiert die Vertreibung der deutschen Bevölkerung aus Polen, der Tschechoslowakei und aus Ungarn als ein Glied in der Kette sowjetischer Massenumsiedlungen aus den 40er Jahren, die zusammen mit Hitlers mörderischem Vorgehen gegen das europäische Judentum als eine »Frucht der totalitären Diktaturen« zu sehen sei, »die das Regime und den Staat vergöttern und die menschliche Persönlichkeit und ihre Interessen nivellieren«. In seinem Angriff gegen die tschechoslowakischen Historiker wegen ihres »Mangels an moralischem Mut«, sich mit dem Vertreibungsthema ausein-

anderzusetzen, berief sich Danubius auf eine nicht weiter belegte angebliche geheime Meinungsumfrage, in der ein Drittel der befragten tschechoslowakischen Durchschnittsbürger die Aussiedlung der Deutschen zu Anfang der 70er Jahre im Prinzip abgelehnt und in ihren politischen, wirtschaftlichen und moralischen Folgen als sehr schädlich bezeichnet haben sollen. Die »kulturellen Schichten« aller jener Völker, in deren Namen die Vertreibungen geschehen sind, sah Danubius mit der Schuld belastet, »sich mit den Problemen des weitreichendsten Aktes der Verletzung der Menschenrechte« nicht auseinanderzusetzen. »Der Transfer der tschechoslowakischen Deutschen ist vor allem eine Angelegenheit des Studiums der tschechoslowakischen Geschichtsschreibung und Literatur, unser offenes, umgangenes und häufig peinlich interpretiertes Problem.«
Im weiteren präsentierte Danubius Thesen zur Geschichte der Ersten Tschechoslowakischen Republik sowie zur Epoche des Protektorats, um zu der Schlußfolgerung zu gelangen, daß am Kriegsende etwa 300000–500000 Menschen deutscher Nationalität als aktive nazistische und faschistische Gruppe im Lande schuldig geworden seien und entsprechend den tschechoslowakischen Gesetzen hätten ausgesiedelt werden können. Statt dessen sei aber das Prinzip der Kollektivschuld mit brutaler Gewalt angewendet worden, wofür er die Sowjetunion, aber auch England und die Vereinigten Staaten, in erster Linie aber die tschechoslowakische Regierung verantwortlich machte. »Gegen die tschechoslowakischen Deutschen wurde so vorgegangen, wie die deutschen Faschisten und die Gestapo gegen die Juden vorgegangen sind ... Man ist gegen sie so vorgegangen, wie gegen die Häftlinge in den Konzentrationslagern des faschistischen Deutschlands gegen Ende des Krieges, die Todesmärsche eingeschlossen«, behauptet Danubius, ohne die Gefahren seiner Abstraktionen als Vergleichsgrundlage zu scheuen. Im weiteren werden Präsident Beneš als der »entscheidende Initiator und theoretische Begründer« und die kommunistische Partei als der größte Nutznießer der Vertreibung dargestellt. Aber auch die katholische Kirche wird der Mitschuld geziehen. Die künftige tschechische Geschichtsschreibung forderte Danubius auf, die verschiedenen Grade von Mitverantwortung einzelner gesellschaftlicher Gruppen zu erforschen. Das Prinzip einer »Kollektivschuld der Tschechoslowaken« lehnt er dann allerdings ebenso entschieden ab wie die Annahme einer »Kollektivschuld der Deutschen«.
In vier zusammenfassenden Thesen postuliert Danubius vier schwerwiegende gegenwärtige und künftige Probleme der tschechischen Gesellschaft als Folge der Vertreibung: die Zerstörung der Ausgewogenheit und Stabilität der tschechischen Beziehungen zu den beiden großen Nachbarn, zu Rußland und zu Deutschland; die Zerstörung des gesellschaftlichen Wertbewußtseins, der wertschaffenden Systeme und zivilisatori-

schen Bindungen; die gleichzeitige Zerstörung des Bewußtseins für materielle und ökonomische Werte und ihre Ausbildung in der tschechischen Gesellschaft; schließlich einen irreparablen ökonomischen Schaden durch die Verwüstung großer ehemaliger deutscher Siedlungsgebiete. Zum Schluß stellt der Autor sein eigenes Anliegen mit der Feststellung dar, daß die Massenaussiedlung der tschechoslowakischen Deutschen eine »Verletzung des grundlegenden Menschenrechtes: des Rechtes auf Heimat, des Rechtes auf ein Vaterland« bedeutet habe. »Die Aussiedlung der tschechoslowakischen Deutschen ist nicht nur eine deutsche Tragödie, sondern es ist auch unsere Tragödie. Mit ihr und mit ihren Folgen müssen wir uns, vor allem selber unter uns und für uns, auseinandersetzen. Was deutsch ist, im Bösen wie im Guten, das überlassen wir den Deutschen. Unsere Schuld müssen wir in voller Eigenverantwortung selbst erkennen, wenn wir nicht weitere, sich wiederholende Handlungen dieser Tragödie erleben wollen.«[7]

Dieser Text, sicherlich wegen etlicher Vereinfachungen an verschiedenen Stellen mancher Kritik durch Sachkenner ausgesetzt, wurde zum Objekt tschechischer Angriffe in einer Intensität, die den Mut und die intellektuelle Selbständigkeit des Autors erst richtig demonstrieren. Hand in Hand stürzten sich entsetzte Verteidiger der Vertreibung aus den Reihen des Prager Husák-Regimes mit Vertretern der Charta '77 auf den Bekenner, ebenso wie viele der führenden Intellektuellen in der Emigration. Die Pariser Zeitschrift »Svědectví« wurde nun zur Haupttribüne der Diskussion, während Prager Historiker, denen kein Platz in der zensierten gedruckten tschechischen Geschichtsschreibung zur Verfügung steht, Wichtiges in Samisdat-Sammelbänden beitrugen. Emotional, wie der Text von Danubius formuliert war, löste er nicht nur Empörung, sondern auch Bosheit bei seinen Kritikern aus. Seine Verteidiger geben sich dagegen im allgemeinen ruhig und versöhnlich.

Die empörten Gegeneinwände sollen hier, wenn man von unterschiedlichen Gewichtungen und Einzelheiten absieht, unter zwei Aspekten voneinander getrennt beleuchtet werden. Einmal wegen ihrer Ablehnung der vorgeschlagenen neuen Diskussion der Vertreibung, d. h. wegen ihrer grundsätzlichen Unfähigkeit, das einmal Unternommene überhaupt in Frage zu stellen. Ein anderer Gesichtspunkt ist, wie und womit die Vertreibung selbst gerechtfertigt wurde. Eine Vermischung dieser beiden Aspekte kommt in dieser und in ähnlichen Diskussionen nämlich häufig vor und führt zu der bekannten Symbiose persönlicher Animositäten und sachlicher Meinungsunterschiede als einer billigen, aber leider selten erkannten Manipulation des Lesers.

Überraschenderweise, wenigstens für Uneingeweihte, wurde Danubius vom prominenten Mitglied der Charta-Bewegung, dem einst der ideologischen Führung der kommunistischen Partei angehörenden Hochschullehrer Milan Hübl einer »kopflosen Handlung« beschuldigt und als ein »verspäteter Sproß« des Prager Frühlings bezeichnet.[8] Seine Thesen seien kein Ergebnis wissenschaftlicher Arbeit, sondern ein politisches Pamphlet. Der inzwischen in den USA wirkende Historiker Radomír Luža vertraute dagegen seinen Lesern an, daß es »die Grenzen seines Verstandes übersteige zu begreifen, warum manche unserer Intellektuellen sich öffentlich an die Brust schlagen und sich peitschen müssen«, womit er seinen Eindruck von der Lektüre der Thesen des Danubius und seiner Verteidiger zusammenfaßte. Offensichtlich vermutet er in jenen Haltungen den auch in der offiziellen Prager Parteizeitung Rudé právo kritisierten »nationalen Nihilismus«.[9] Ein anderer der Chartisten, Luboš Kohout, unterstellte im gleichen Zusammenhang dem nun in Wien lebenden ehemaligen Parteifunktionär Zdeněk Mlynář als Motiv seiner Parteinahme für Danubius gar die Verfolgung unmittelbarer politischer Ziele: »Durch seine bestimmte ausgeprägte – freilich verzerrte und einseitige – ahistorische und unpolitische Sicht der deutsch-tschechischen Konfliktbeziehungen in der unmittelbaren Nachkriegszeit will er [Mlynář] seine gegenwärtige Politik in der deutschen Frage unterstützen, deren Ziel ohne Zweifel die deutsch-tschechische Versöhnung im Interesse des gesamten Mitteleuropa ist.« Die Aussage wird dann ergänzt durch den Hinweis auf einen taktischen Zug Mlynářs in diesem Zusammenhang, um »die zweifelhafte politische Unterstützung« der vertriebenen Deutschen zu gewinnen. Die Aufzählung persönlicher Denunzierungen gegen Danubius und die Vertreter seiner Ansichten könnte fortgesetzt werden, diese Haltung ist charakteristischerweise gerade auf jener Seite zu beobachten, die jede Diskussion des Themas ablehnt.

Doch gibt es auch bei einigen Kritikern von Danubius noch einen anderen Grund für die Ablehnung der Vertreibungsdiskussion. Ähnlich wie die kommunistische Parteizeitung Rudé právo fürchtet etwa der Prager Politologe Milan Hübl: »Es ist erstaunlich, wie Danubius nicht begreift, daß er durch seinen Rückgriff auf das Abschubproblem in jener Form, wie er es getan hat, implizit die Forderung nach einer Revision der Ereignisse bis zur Revision der Grenzen vorlegt.« In einer ganzen Reihe von Diskussionsbeiträgen finden sich dann Hinweise auf die politische Gefahr der sudetendeutschen Vertriebenen in der Bundesrepublik, auf ihre Forderung des Rechtes nach Rückkehr und Wiedergutmachung, auf die stillschweigende Anerkennung auch der Verwandten und Kinder der Vertriebenen von ehedem, die selbst schon in der Bundesrepublik geboren sind, als Vertriebene sozusagen im Erbgang, worin die kontinuierliche Drohung einer Revision der gegenwärtigen nationalen Verhältnisse der Tschechoslowakei auch dann zu erwarten sei, wenn die Kläger und Zeugen schon längst nicht mehr am Leben sind. Hier tritt die Angst vor einer drohenden künftigen Besetzung der böhmischen Grenzgebiete ans Licht, die nach einem so langen Zeitraum seit der Vertreibung nur als Akt der Aggression oder der Neuansiedlung zu denken ist. Gerade diese Angst ist sicherlich ein wichtiger Faktor in der Unterdrückung einer kritischen Überprüfung der Gedankengänge, die einmal zur Vertreibung führten. Sie ist vielleicht realer als jene naheliegende offensichtliche Mutlosigkeit zum Schuldbekenntnis.

Wie aber wird nun der Akt der Vertreibung selbst, heute, nach 40 Jahren, im einzelnen verteidigt? Sicherlich sind, wenn man ähnliche Schriften aus der Nachkriegszeit vergleicht, viele aggressive emotionale antideutsche Ausbrüche verschwunden, nicht zuletzt, weil wir es dabei meistens mit Schriften professioneller Historiker zu tun haben. Aber noch immer räumen die Apologeten der Vertreibung nicht einmal die Vermeidbarkeit der brutalen Vorgänge ein. Alle diejenigen, die Danubius und seine Parteigänger angreifen, verteidigen auch, durchaus ohne logische Notwendigkeit, den Akt der Vertreibung selbst, um jegliche Kritik mit Ausnahme »gelegentlicher bedauerlicher Übergriffe« zu konterkarieren. Sie stützen sich primär auf die Konzeption der »historischen Notwendigkeit«: die Deutschen mußten demnach aus den böhmischen Ländern ausgesiedelt werden, dazu gab es keine Alternative. Die Begründungen dieser Notwendigkeiten variieren zwar von einem Autor zum anderen; einige beziehen sich auf die angeblich jahrhundertelang währenden Streitigkeiten der beiden Nationalitäten, andere führen die deutsche Verantwortung für den Zerfall der Ersten Republik an oder die nationalsozialistischen Verbrechen oder den angeblichen Unwillen der Deutschen, mit den Tschechen überhaupt je als Gleiche unter Gleichen zu leben. Doch spielen diese Gründe bei einer Analyse der Vertreibungsdiskussion nur eine sekundäre Rolle, das Entscheidende bleibt der Hinweis auf jene immer wieder beschworene »historische Notwendigkeit« als übergeordneter Aspekt. Das ist eine Aussage, die weit über das eigentliche Thema reicht und ein Grundsatzbekenntnis zum eigenen historischen Bewußtsein ablegt. Und tatsächlich wurde eine solche Notwendigkeit auch in den Auseinandersetzungen aufgegriffen und ist in jenen grundlegenden Diskussionen des tschechischen historischen Bewußtseins Bestandteil geworden, die sich im Anschluß an die Veröffentlichung von Danubius ergeben haben.

Freilich löst dabei der unmittelbare Zusammenhang mit der Vertreibung nicht das Problem des moralischen Urteils, wie gerade die Verteidiger der »historischen Notwendigkeit« immer wieder versichern. Danubius selbst spricht von einer tschechischen »Schuld«, die zumindest erkannt und anerkannt werden sollte, wenn man auch in unserem Zusammenhang der

Einfachheit halber von den politischen Folgen eines solchen Bekenntnisses absieht. Seine Gegner legen breite »wissenschaftlich« begründete Ausführungen vor, in denen von den Handlungen der vertriebenen Deutschen die Rede ist, die sozusagen die »historische Notwendigkeit« ihrer Vertreibung auf sich zogen. Wichtiger als eine Bewertung dieser Argumente im einzelnen ist jedoch die Erkenntnis ihrer mangelnden logischen Konsistenz.

Die Deutschen werden nämlich jeweils als handelnde historische Subjekte betrachtet, denen Alternativen zur Verfügung gestanden hätten. Die entsprechenden tschechischen Haltungen gelten dagegen ungefragt als »einzig mögliche, vernünftige, realistische«. Eine solche logische Unstimmigkeit entsteht nicht zufällig, und sicherlich nicht aus der Nachlässigkeit ihrer Autoren. Sie ist der Konzeption von der historischen Notwendigkeit bereits implizit mitgegeben, will man die Vertreibung nicht allein als ein Zufallsprodukt der momentanen politischen Situation ansprechen, nämlich des für die Deutschen verlorenen und damit für die Tschechen gewonnenen Krieges. Träfe nämlich der historische Determinismus nicht nur die Tschechen, sondern auch die Deutschen, dann müßte man zugeben, daß es gerade ein Zufall war, der die Deutschen zum Opfer jener Unmöglichkeit gemeinsamen Miteinanders der beiden Völker werden ließ. Man müßte dann, ohne eine besondere »Schuld« der Deutschen, die Vertreibung als – vermeidbares oder unvermeidbares – Unglück ansehen, das Schuld und Unschuld ausschließt. Nur die Inkonsequenz der Argumentation von der »historischen Notwendigkeit« schließt die Einseitigkeit ethischer Schuldzuweisungen ein. Zwar verweisen Danubius' Kritiker auf die Notwendigkeit »wissenschaftlicher Analysen« und lehnen ethische Urteile als »unwissenschaftlich« ab, doch implizit werden Urteile auch von ihnen getroffen. Die Konzeption der »historischen Notwendigkeit« zeigt sich damit nicht nur als problematisch, sondern auch für den konkreten Sachzusammenhang unbrauchbar.

Außerdem wird der Akt der Vertreibung allerdings heute auch noch mit dem Hinweis auf die zwar schmerzvolle, aber doch einzige Möglichkeit verteidigt, in Mitteleuropa im allgemeinen und in der Tschechoslowakei im besonderen eine homogene Bevölkerung zu schaffen und den unseligen Nationalitätenkampf zu beenden: »Auf dieser Grundlage«, heißt es in einem der gegen Danubius geschriebenen Texte, »war ein Zusammenleben der beiden Völker nach den Erfahrungen des Krieges auf dem Staatsgebiet der Tschechoslowakei nicht möglich und es hätte zu unvorstellbaren, vielleicht auch blutigen, auf jeden Fall permanenten, Generationen überdauernden Konflikten zwischen den beiden Völkern geführt. Im Gegensatz dazu hat die Vertreibung und ihre nachfolgende Entwicklung bewiesen, daß schon in der zweiten Generation die nationalen Feindseligkeiten auf beiden Seiten belanglos werden und in der dritten Generation dann ganz schwinden, wobei die nationalistischen und chauvinistischen Elemente auf beiden Seiten zunehmend in die Isolation geraten.«

Dies ist sicherlich in der heutigen Tschechoslowakei eine weitverbreitete Meinung. Und sie ist sicher auch für viele Bürger der Bundesrepublik, nicht gerade für die Vertriebenen selbst, wohl einigermaßen attraktiv. Man hat, zwar für eine Generation schmerzvoll, aber doch einen Konfliktherd ausgemerzt. Aus dem Munde eines ehemaligen tschechoslowakischen Kommunisten überrascht eine solche Haltung wenig, ist es doch eine lange Praxis der kommunistischen Parteien, die unangenehmen unter ihren Opponenten einfach zu entmachten und zum Schweigen zu bringen. Aber die Ungeheuerlichkeit einer solchen Auffassung bleibt vielleicht vielen Menschen verborgen. Einmal ist nämlich die These unbegründet, daß das Zusammenleben zwischen Deutschen und Tschechen nach der nationalsozialistischen Katastrophe »unmöglich« gewesen sein sollte; zwar ist die multinationale tschechoslowakische Republik wegen der Unterstützung des Nationalsozialismus durch die Sudetendeutschen auseinandergefallen, doch kann man zumindest heute nicht verkennen, daß dem nationalsozialistischen Fanatismus, vielleicht gegen die Erwartungen vieler, eine funktionierende demokratische Gesellschaftsordnung in Österreich oder in der Bundesrepublik hat folgen können. Zum anderen kann man ins Feld führen, daß das Zeitalter des Nationalismus vielfach seit dem Zweiten Weltkrieg in Europa ohne mit der Vertreibung vergleichbare Maßnahmen überwunden wurde. Doch es kommt noch die Frage nach der Legitimation einer »schmerzvollen«, wenn auch heilsamen Lösung hinzu.

Dementsprechend wird auch von den tschechoslowakischen Kritikern der Vertreibung keineswegs auf positive, sondern im Gegenteil auf schwerwiegende negative politische Folgen hingewiesen, die aus der Vertreibung entstanden und von ihren Befürwortern ignoriert oder verharmlost werden. Was Danubius global und in gedrängter Thesenform aufzählt, wurde schon wiederholt im einzelnen untersucht. Im Mittelpunkt und ökonomisch am greifbarsten waren dabei die schwerwiegenden negativen Folgen der Vertreibung auf die tschechoslowakische Wirtschaft. Doch auch zu Ende der vierziger und Anfang der fünfziger Jahre wurden nicht nur die indirekten politischen Vorteile, die vor allem aus der Vertreibung der kommunistischen Partei entstanden waren, sondern auch die schädlichen Folgen für die politische Kultur der tschechoslowakischen Bevölkerung diskutiert. Selbstverständlich mußte dabei die vereinfachte Formel von der »Vertreibung« als der Vorstufe der totalen Entrechtung der tschechoslowakischen Bevölkerung durch das kommunistische Regime als eine allzu abstrakte Aussage ohne eigentlichen historischen Inhalt in Rechnung gestellt werden. Doch als eine reflektive Leitidee spielt sie sicherlich eine wichtige Rolle in der Dynamik des tschechischen politischen Bewußtseins. Und gerade eine solche Dynamik, eine Belebung und Auflockerung der erstarrten gedanklichen Konzeptionen, ist als das eigentliche positive Ergebnis der gegenwärtigen Vertreibungsdiskussion zu betrachten.

Politisch ist die Diskussion für die gegenwärtige politische Lage ohne Belang. Der emphatische Beifall von Danubius alias Jan Mlynarik durch politische Organisationen der vertriebenen Sudetendeutschen nach seiner Emigration in die Bundesrepublik hat seinem Anliegen im eigenen Land geschadet und es der Gegenpropaganda leicht gemacht, ihn als heimlichen Agenten deutscher Interessen zu diffamieren. Aber die lange unbeweglichen nationalen Traditionen bei den Tschechen sind durch die Vertreibungsdiskussion im weiteren Zusammenhang nun in Bewegung geraten. Jeder, der mit den nationalen Auseinandersetzungen unter tschechischen und deutschen Intellektuellen in den böhmischen Ländern innerhalb der letzten hundert Jahre vertraut ist, wird eine solche Auflokkerung erst recht im Licht der jahrzehntelangen geistigen Erstarrung in festgefahrenen und immer wieder vorgelegten Gedankengängen begrüßen. Die unglaubliche Hartnäckigkeit, mit der etwa die tschechischen Politiker und Intellektuellen seit der Gründung der ersten Republik bis zu den gegenwärtigen Diskussionen darauf bedacht waren, auf die deutsche Forderung nach Anerkennung als staatsbildende Nationalität anstelle jenes ihnen damals zugewiesenen Minderheitenstatus nicht einzugehen, kann hier als ein Beispiel dienen. Es ist einfach kaum überlegt und diskutiert worden, worin man die Deutschen nicht befriedigen konnte, was ihrer Staatsverdrossenheit zugrunde lag. Aber das Thema selbst führt uns auch bis in den Kern des Selbstverständnisses zeitgenössischer Demokratie, wie es der sudetendeutsche Sozialdemokrat Johann Wolfgang Brügel formulierte: »Im Vergleich mit dem slowakischen Autor Danubius habe ich in meinem Buch über Tschechen und Deutsche 1919–1946 ein Argument gegen die Vertreibung mehr: daß nämlich die Entscheidung, eine Millionenzahl von Menschen abzuschieben, einer Abdikation an den Glauben von der politischen Demokratie gleichkommt, die auch die kompliziertesten Fragen auf ihre Weise zu lösen imstande sei.«[10] Lange Zeit blieben solche Gedanken ohne Echo. Der neueste Stand der Diskussionen berechtigt zu der Hoffnung, es könnten sich aus dergleichen tiefgründigen Fragen in der Tschechoslowakei zumindest in intellektuellen und dissidenten, in Exil- aber auch in offiziellen Historikerkreisen im Lande bestimmte Gesichtspunkte aus menschlichem Bekenntnis für die Geschichte nun derart weiterentwickeln, daß nicht nur die Vertreibung im neuen Licht, sondern auch die Auffassung von »historischer Notwendigkeit« sowie der immer wieder beschworene Nationalismus kritischer reflektiert werden können als bisher.

Nicht eine inhumane Aufrechnung zwischen Opfern des Nationalsozialismus und der Vertreibung, sondern eine solche kritische Reflexion der unmittelbaren historischen Erfahrung ist allein imstande, jene Gedankenwelt zu überwinden, die die Sudetendeutschen zu ihrer verhängnisvollen Allianz mit dem nationalsozialistischen Regime Hitlers und die Tschechen zu ihrer geblendeten Bejahung der Vertreibung führte.

FRANZ J. BAUER

Aufnahme und Eingliederung der Flüchtlinge und Vertriebenen

Das Beispiel Bayern 1945–1950

Das Flüchtlingsproblem[1], entstanden aus dem Zustrom einer nach Millionen zählenden Bevölkerung von Deutschen aus den Ostgebieten des Reiches und aus Siedlungsgebieten im ost- und südosteuropäischen Ausland in das Rumpfdeutschland der vier Besatzungszonen, gehörte wie Trümmerschutt und Schwarzer Markt zu den Erscheinungen, die den Jahren nach 1945 ihren eigenen Charakter verliehen. Am 29. Oktober 1946, dem Tag der ersten Nachkriegsvolkszählung, betrug die Zahl derer, die seit dem militärischen Zusammenbruch im Winter 1944/45 in das Vier-Zonen-Gebiet gelangt waren, bereits 9 Millionen – allein zwei Drittel davon, knapp 6 Millionen, befanden sich in den Ländern der britischen und der amerikanischen Besatzungszone. Bis zur nächsten Volkszählung am 13. September 1950 stieg die Zahl der Vertriebenen im Bundesgebiet auf 7,9 Millionen an und erreichte damit einen Anteil an der Gesamtbevölkerung von 16,5 %. Der Zuwachs von knapp 2 Millionen setzte sich zusammen aus dem weiteren direkten Zustrom aus den Vertreibungsgebieten, der Zuwanderung von Vertriebenen, die zunächst in die sowjetische Besatzungszone gelangt waren, der Rückkehr von Kriegsgefangenen aus den Vertreibungsgebieten und dem Geburtenüberschuß der Vertriebenen[2]. Da nach diesem Zeitpunkt Ausweisungen größeren Stils nicht mehr erfolgten und die bis 1961 anhaltende starke Zuwanderung aus der DDR in die Bundesrepublik sowohl historisch-genetisch wie von ihren integrationspolitischen Implikationen her anderen Problemkreisen zugehört, können die für 1950 angegebenen Zahlen als Bilanzdaten für den Stand des Flüchtlingsproblems am Ende der unmittelbaren Nachkriegsphase gelten.

Allein schon diese Millionen von Menschen, die zumeist alle ihre Habe bis auf kümmerliche Reste verloren hatten, in geregelter Weise aufzunehmen, unter auch nur halbwegs erträglichen Umständen unterzubringen und ihre Daseinserhaltung zu sichern, gelang nur unter größten Schwierigkeiten. Daß angesichts der allgemeinen, kaum einen Lebensbereich aussparenden Not gerade der ersten Nachkriegsjahre der Gedanke einer schnellen und dauerhaften Eingliederung dieser entwurzelten Masse damals der Mehrzahl der Zeitgenossen geradezu illusorisch erschien, kann kaum verwundern. Die Dominanz der Not des Augenblicks über die langfristige Perspektive der Problemlösung wurde noch dadurch verstärkt, daß die Last der Flüchtlingsaufnahme innerhalb des Gebiets der vier Besatzungszonen recht ungleichmäßig verteilt war. Die Bevölkerung aus den Ostgebieten des Reiches gelangte im Zuge ihrer ungelenkten, weitgehend von den Imponderabilien des militärischen Zusammenbruchs bestimmten Flucht entlang der Ostseeküste, durch Mitteldeutschland, das Sudetengebiet und das Protektorat nach Westen und massierte sich nach der Kapitulation vor allem in Mecklenburg, Schleswig-Holstein, den östlichen Teilen Niedersachsens sowie den nordöstlichen Grenzbezirken Bayerns[3].

Dieser ersten Phase unkontrollierter Fluchtbewegungen und Vertreibungsaktionen folgte als Hauptphase der organisierte »Transfer« der deutschen Bevölkerung aus den an Polen fallenden Gebieten östlich von Oder und Neiße, aus der Tschechoslowakei, aus Ungarn und aus Rumänien und Jugoslawien unter der Aufsicht der Alliierten und in Ausführung der von ihnen auf der Konferenz von Potsdam getroffenen Vereinbarungen. Der vom Alliierten Kontrollrat am 20. November 1945 gebilligte Ausweisungsplan ging davon aus, daß aus diesen Gebieten insgesamt 6,65 Millionen Deutsche in das Vier-Zonen-Deutschland umgesiedelt werden sollten, davon 2,75 Millionen in die sowjetische, 1,5 Millionen in die britische, 2,25 Millionen in die amerikanische und 0,15 Millionen in die französische Besatzungszone. Diesen groben Planvorgaben der Alliierten lag die Auffassung zugrunde, daß es im Interesse rascher Abwicklung des Transfers zunächst am zweckmäßigsten sei, die Ausgewiesenen in möglichst dünnbesiedelte, von Kriegszerstörungen relativ wenig in Mitleidenschaft gezogene, mithin primär agrarisch strukturierte Gebiete zu schleusen. Kriterien der wirtschaftlichen Trag- und Entwicklungsfähigkeit standen demgegenüber völlig im Hintergrund[4].

Die konkreten Ausformungen und Auswirkungen des allein von seinen quantitativen Dimensionen her ja immer nur abstrakt erfaßbaren Flüchtlingsproblems und die Ansätze zu seiner Bewältigung sollen im folgenden am Beispiel Bayerns veranschaulicht und erörtert werden[5]. Nach der absoluten Zahl der aufgenommenen Flüchtlinge (29. 10. 1946: 1,66 Millionen/ 13. 9. 1950: 1,92 Millionen) stand Bayern an der Spitze aller betroffenen Länder nicht nur der westlichen Besatzungszonen, gefolgt von Niedersachsen (1950: 1,85 Mio.) und Schleswig-Holstein (1950: 857000)[6]. Infolge seiner Grenzlage zur Tschechoslowakei und zur sowjetischen Besatzungszone war Bayern bereits vor Beginn der organisierten Einschleusung der Ausgewiesenentransporte einem starken Flüchtlingszustrom ausgesetzt gewesen. Es beherbergte Ende 1945 734000 Flüchtlinge, von denen sich allein die Hälfte in den Regierungsbezirken Oberfranken-Mittelfranken und Niederbayern-Oberpfalz, konzentrierte. Mehr als zwei Drittel dieses

Zustroms des Jahres 1945, nämlich über eine halbe Million, stammte aus den deutschen Gebieten jenseits von Oder und Neiße. Gemäß dem Ausweisungsplan des Alliierten Kontrollrats war Bayern vor allem für die Aufnahme der Deutschen aus den Sudetengebieten vorgesehen. Diese wurden im Laufe des Jahres 1946 in 764 organisierten Eisenbahntransporten zu durchschnittlich je 1000 Personen nach Bayern gebracht – insgesamt 786000 Ausgewiesene –, zu denen weitere 176000 als Einzelgänger über die ›grüne Grenze‹ kamen. Da die ohnehin strukturschwachen Gebiete Nord- und Ostbayerns im Hinblick auf ihre Vorbelastung durch ostdeutsche Flüchtlinge geschont werden sollten, wurde zunächst versucht, die Ausgewiesenentransporte vorrangig in die Binnenbezirke zu leiten. Soweit sich dies durchführen ließ, resultierten daraus charakteristische Gewichtungen im späteren regionalen Verteilungsbild der beiden Hauptgruppen der bayerischen Flüchtlingspopulation, der Sudetendeutschen und der Schlesier. Lebten allein 258000 der im Oktober 1946 in Bayern gezählten 432000 Schlesier in Niederbayern, der Oberpfalz und Oberfranken, so waren fast zwei Drittel aller 872000 Sudetendeutschen dieses Zeitpunkts in Oberbayern, Schwaben und Mittelfranken untergekommen.

Es war ein bemerkenswertes Phänomen, daß das traditionelle Verhältnis der Konfessionen in Bayern auch durch den plötzlichen und unorganischen Bevölkerungszuwachs insgesamt nur unwesentlich verändert wurde. Der Anteil der Katholiken an der Gesamtbevölkerung fiel von 73,2 % im Jahre 1939 nur auf 71,9 % 1950 ab, und korrespondierend stieg der Anteil der Protestanten von 24,9 % auf 26,5 % an. Gewissermaßen ›zufällig‹ nämlich war das Zahlenverhältnis zwischen den überwiegend katholischen Sudetendeutschen und den überwiegend evangelischen Flüchtlingen aus den Ostgebieten so ausgefallen, daß sich für die Flüchtlingsbevölkerung Bayerns eine Konfessionsverteilung ergab, die mit 70,8 % Katholiken und 27,9 % Protestanten der der einheimischen Bevölkerung sehr ähnlich war. Dieser globale Befund darf allerdings nicht übersehen lassen, daß der Flüchtlingszustrom auf lokaler und regionaler Ebene durchaus zu spürbaren Verschiebungen der Konfessionsverhältnisse mit insgesamt nivellierender Tendenz führte. So wird man nicht unterschätzen dürfen, was es im Einzelfall für das mobilisierende und modernisierende Aufbrechen bis dahin streng geschlossener soziokultureller Milieus bedeutet haben mag, wenn – wie im Falle Niederbayerns – die in einem Katholikenanteil von 98 % sich dokumentierende konfessionelle Homogenität binnen weniger Jahre auf 88 % doch erheblich abgeschwächt wurde. Auch in einer anderen Zahlenrelation wird dies sichtbar: Hatte es 1939 in Bayern noch 1424 konfessionell völlig homogene Gemeinden gegeben, so war ihre Zahl 1946 auf ganze 9 zurückgegangen[7].

Mit der Berufung des ehemaligen BVP-Politikers Fritz Schäffer zum Ministerpräsidenten einer ersten Nachkriegsregierung für Bayern durch die regionale amerikanische Militärregierung am 28. Mai 1945 setzte der erste Versuch einer Besatzungsmacht im besiegten Deutschland ein, für die Bewältigung der vielfältigen und drängenden Probleme des militärischen, politischen und wirtschaftlichen Zusammenbruchs wieder zu übergeordneten deutschen Verwaltungseinheiten zu gelangen. Ausschlaggebend für diesen Startvorteil einer faktischen Neugründung als Land dürfte für Bayern vor allem die über Niederlage und Zoneneinteilung hinweg erhalten gebliebene territoriale Geschlossenheit gewesen sein, die eine administrative Rekonstruktion erleichterte[8]. Neben der von der Besatzungsmacht mit Nachdruck geforderten Entnazifizierung der noch bestehenden Verwaltungsorganisationen standen auf der Aufgabenliste dieser Regierung ganz obenan die Wiederherstellung der elementaren öffentlichen Dienste, die Sicherung der Ernährung und die Konsolidierung des bayerischen staatlichen Finanzwesens als eine wichtige Voraussetzung für die treuhänderische Übernahme der Reichskompetenzen durch das Land. Die Anwesenheit der seit Anfang des Jahres nach Bayern eingeströmten Flüchtlinge, deren Zahl zu diesem Zeitpunkt bereits in die Hunderttausende ging und durch den anhaltenden, ungeregelten Zustrom aus Österreich und aus den Sudetengebieten laufend vergrößert wurde, blieb demgegenüber im Problemhorizont der Regierung Schäffer noch weitgehend konturenlos. In der Tat unterschied sich ja, solange der Verlust der deutschen Ostgebiete an Polen noch nicht als endgültig erscheinen mußte, aus der Sicht des aufnehmenden Gebietes die Problemtendenz dieses Flüchtlingszustroms nicht wesentlich von der der über 600000 nicht-bayerischen Evakuierten, die zum Teil seit Jahren im »Luftschutzkeller« Bayern lebten. So blieben denn auch terminologisch die Grenzen zwischen »Flüchtlingen« und »Evakuierten« teilweise noch bis ins Jahr 1946 hinein fließend.

Es ist bezeichnend für die gravierenden Funktionsmängel des Staatsapparats, daß es mit dem Bayerischen Roten Kreuz einer nichtstaatlichen Organisation vorbehalten blieb, Ende Juni 1945 die bayerische Regierung auf das inzwischen erreichte, ein zentral gesteuertes Eingreifen immer dringlicher forderne Ausmaß der Flüchtlingsnot aufmerksam zu machen. Dabei erbot sich das BRK auch, mit seinem eigenen, weitgehend intakt gebliebenen Apparat im Auftrage der Regierung die zentrale Betreuung der Flüchtlinge zu übernehmen, da die Landkreise und Gemeinden, die bislang die »Soforthilfe hic et nunc« geleistet hätten, angesichts der dramatisch zunehmenden Not dieser Aufgabe nicht länger gewachsen seien. Der Regierung Schäffer, der es offenbar immer noch schwerfiel, das Flüchtlingsproblem als genuin staatlichen Aufgabenbereich zu erkennen und zu akzeptieren, erschien dies durchaus als gangbarer Weg. Daß die

Flüchtlingsbetreuung dennoch nicht in die Regie des Roten Kreuzes überging, lag an Vorbehalten der amerikanischen Militärregierung gegen eine so weitgehende Übertragung staatlicher Funktionen an nichtstaatliche Organisationen. Andererseits sah aber anscheinend auch die Militärregierung selbst noch keine Veranlassung, mit Entschiedenheit auf eine staatliche Organisation der Flüchtlingsbetreuung zu drängen. So blieb auf Grund der spezifischen Prioritätensetzung innerhalb der bayerischen Regierung, mangelnder organisatorischer Kohärenz und ungeklärter besatzungspolitischer Zielsetzungen bei der amerikanischen Militärregierung sowie nicht zuletzt infolge der unzureichenden Kommunikation zwischen beiden das Problem für den Rest der Amtszeit Schäffers unerledigt und die Obsorge für die Flüchtlinge der hoffnungslos überforderten gemeindlichen und karitativen Nothilfe überlassen.
Da alle Versuche, Zentralverwaltungen für ganz Deutschland zu errichten, an der französischen Obstruktionspolitik im Alliierten Kontrollrat scheiterten, ließ sich das amerikanische Ziel, den eigenen personellen und administrativen Aufwand für die Besatzungspolitik zu verringern, nur durch die Delegation von Verantwortung an deutsche Verwaltungsstellen auf zonaler und Länderebene erreichen. Der anhaltende Zustrom von Flüchtlingen in das eigene Besatzungsgebiet und die seit Potsdam zur Gewißheit gewordene Aussicht auf eine baldige Verschärfung der gesamten Flüchtlingsproblematik verliehen dem amerikanischen Ziel höchste Dringlichkeit, auf alle Fälle noch vor dem Einsetzen des Winters mit seinen zusätzlichen Erschwernissen leistungsfähige deutsche Stellen für diese Aufgabe in die Pflicht zu nehmen. Daß mit der Errichtung von Militärregierungen – einer zentralen und jeweils einer auf Landesebene für die US-Zone – Anfang Oktober 1945 auch die längst fällige Klärung der Zuständigkeiten und Kompetenzen innerhalb der amerikanischen Besatzungspolitik geschaffen wurde, erleichterte die rasche Durchführung dieser Absicht ebenso wie die parallel dazu erfolgende Ersetzung der Regierung Schäffer durch ein breiter angelegtes Kabinett unter dem Sozialdemokraten Wilhelm Hoegner am 28. September 1945.
Diese neue Regierung war noch kaum installiert, als ihr Mitte Oktober von dem in den allerletzten Tagen der Regierungszeit Schäffers berufenen »Sonderbeauftragten für das Flüchtlingswesen« ein detaillierter Vorschlag für die staatliche Organisation der Flüchtlingsbetreuung unterbreitet wurde. Seine Konzeption, die wohl auf einen Anstoß durch die Besatzungsmacht zurückging und auch von den Vorstellungen der bereits seit dem Sommer in Bayern bestehenden Interessenvertretung der Sudetendeutschen geprägt war, markierte einen grundlegenden Wandel in der Problemauffassung: Sie sah in der Betreuung der Flüchtlinge eine ebenso drängende wie langfristige Aufgabe des Staates und hielt zu deren Bewäl-

tigung zumindest in der akuten Phase die Errichtung eines eigenen, von der regulären Bürokratie weitgehend abgelösten und mit durchgreifenden Sondervollmachten zur Beschlagnahme und Verteilung von Wohnraum und Bedarfsgegenständen ausgestatteten Verwaltungsapparats für unabdingbar.
Trotz nicht zu übersehender Bedenken gegen eine solche der traditionellen Verwaltungsstruktur fremde Sonderbehörde akzeptierte das Kabinett die vom Innenminister übernommene Vorlage in allen wesentlichen Zügen. Die Verordnung Nr. 3 über das Flüchtlingswesen vom 2. November 1945 schuf »zur Behebung der Flüchtlingsnot, zur Lösung des Problems einer gleichmäßigen Verteilung des Flüchtlingszustroms über das ganze Land und die [sic!] umfassende Betreuung der Flüchtlinge« einen besonderen Verwaltungsapparat aus einem dem Innenminister unmittelbar unterstellten Staatskommissar, Regierungskommissaren auf der Mittelstufe und Flüchtlingskommissaren in den Landkreisen. Diese drei Instanzen waren durch einen direkten, am etablierten Verwaltungsaufbau vorbeilaufenden Weisungsstrang verbunden. Der Charakter eines Ad-hoc-Instruments zur Bewältigung der außergewöhnlichen Notlage wurde noch unterstrichen durch das von der bayerischen Regierung am 14. Dezember 1945 erlassene »Flüchtlingsnotgesetz«, das den Staatskommissar für das Flüchtlingswesen im Rahmen seines Spezialauftrages mit geradezu diktatorischen Vollmachten ausstattete, die er zudem auch den ihm unterstehenden Flüchtlingskommissaren übertragen konnte. Nach Zustimmung des Innen- und des Justizministeriums war der Staatskommissar ermächtigt, »alle Maßnahmen zu ergreifen und anzuordnen, die geeignet sind, die Notstände der Unterbringung, der Ernährung und der Bekleidung der Flüchtlinge zu beheben«.
Die Verwirklichung dieses verwaltungstypologisch rigorosen Konzepts vollzog sich in den letzten Monaten des Jahres 1945 mit einer Dynamik, die um so bemerkenswerter war, als der Aufbau des kommissarischen Apparats mannigfachen Widerständen in der Regierung, vor allem aber in der regulären Bürokratie begegnete. Der Gründerelan der personellen Erstausstattung der neuen Behörde, insbesondere aber das überragende Interesse der amerikanischen Besatzungsmacht, noch vor Beginn der Ausweisungswelle einer funktionsfähigen deutschen Verwaltung die Verantwortung übertragen zu können, setzten sich dagegen rasch durch. Als der ehemalige preußische Regierungspräsident Wolfgang Jaenicke Mitte Dezember 1945 als erster offiziell ernannter Staatskommissar für das Flüchtlingswesen in Bayern sein Amt antrat, war der organisatorische Kern der neuen Behörde bereits installiert. Unter der Ägide dieses erfahrenen Verwaltungsfachmanns, der bis 1950 auf seinem Posten blieb, entfaltete sie sich binnen kurzem zu einem voll durchgegliederten bürokrati-

schen Apparat mit ausgeprägtem Eigenbewußtsein. Bis Anfang 1947 war der planmäßige Personalstand bereits auf 1458, ein Jahr später sogar auf 3325 Mitarbeiter angewachsen. Sonderbeauftragte für das Flüchtlingswesen waren im Herbst 1945 auch in Württemberg-Baden und in Hessen bestellt worden; zur Errichtung autonomer, auf der Grundlage weitreichender Sondervollmachten agierender Flüchtlingsverwaltungen nach dem Muster Bayerns kam es indes weder dort noch in der britischen Zone, wo es die Besatzungsmacht ohnehin weniger eilig hatte, Verantwortung in deutsche Hände zu delegieren. In aller Regel kamen die Flüchtlingsdienststellen in den anderen Aufnahmeländern über das Stadium von Annexen der allgemeinen Verwaltung nicht hinaus[9]. Auch in Bayern kehrte man 1948 nach dem Abschluß der akutesten Problemphase dahin zurück und reduzierte die allzu selbstbewußt gewordene Flüchtlingssonderverwaltung auf den Status einer Abteilung innerhalb des Innenministeriums.

Während in der britischen Besatzungszone Aufnahme und Verteilung der Ausgewiesenen bis auf Landkreisebene hinab weitgehend von der Militärregierung selbst durchgeführt wurden, die sich hierfür nur flankierend der Unterstützung durch deutsche »Flüchtlingsausschüsse« bediente[10], lag diese Aufgabe im amerikanischen Besatzungsgebiet zur Gänze in der Verantwortung deutscher Dienststellen. In Bayern war die Einschleusung der Sudetendeutschen in ihrem technischen Ablauf folgendermaßen organisiert: Die von den tschechoslowakischen Ausweisungsbehörden zusammengestellten Eisenbahntransporte zu jeweils etwa tausend Personen wurden in einem der Durchgangslager an der bayerischen Ostgrenze von einem »Grenzkommissar« übernommen und telefonisch dem Staatskommissar nach München gemeldet. Für die knapp 50% der Züge, die nicht nach Württemberg-Baden oder Hessen weitergeleitet wurden, teilte dieser dann umgehend den aufnehmenden Regierungsbezirk der für die verkehrstechnische Abwicklung allein zuständigen Reichsbahn und dem Grenzkommissar mit. Verpflegt und hygienisch wie medizinisch wenigstens elementar versorgt, wurde der Transport meist noch am Tag seines Eintreffens in das Auffanglager des Zielbezirks weitergeleitet, von wo aus dann die Verteilung auf die einzelnen Landkreise erfolgte. Mehr als eine Dreiviertelmillion Menschen wurde auf diese Weise 1946 über ganz Bayern verteilt, ohne daß das System kollabierte oder auch nur ein ernster Unglücksfall sich ereignete. Welch außerordentliche Leistung dies war, wird erst ermeßbar, wenn man die Größe der Aufgabe in Beziehung setzt zu der äußerst knapp bemessenen Zeit, in der sie bewältigt werden mußte. Die insgesamt 764 Transporte trafen nämlich in rasch sich verdichtender Folge ein. Waren es im Januar erst 12000 Ausgewiesene in 12 Zügen, so stieg die Monatsquote im April auf 85000 in 72 Transporten,

kulminierte im Juni 1946 mit 142000 Ausgewiesenen in 132 Zügen und fiel danach relativ rasch wieder ab.
Die hohe Geschwindigkeit der Einschleusung, verstärkt durch die apodiktische Zielvorgabe aller Besatzungsmächte, daß die Unterbringung der Ausgewiesenen in Massenunterkünften im Interesse rascher Assimilation auf die kürzeste, für die unverzügliche Bereitstellung von Einzelquartieren notwendige Zeit zu beschränken sei, ließ irgendwelcher planvoller, an den Voraussetzungen wirtschaftlicher Eingliederung orientierter Verteilungspolitik keine Chance. Oberstes, alle anderen Erwägungen in den Hintergrund drängendes Kriterium für die Zuweisung der Transporte in die Aufnahmeräume war der verfügbare Wohnraum. Da die kriegsbedingten Wohnraumverluste (auch in Bayern immerhin etwa 14% des Wohnungsbestandes von 1939) naturgemäß auf die Städte konzentriert waren und damit die – in Bayern ohnehin dünn gesäten – industriell-urbanen Agglomerationen für die Aufnahme von Flüchtlingen weitgehend ausschieden, mußten zwangsläufig die ländlichen Regionen stärker herangezogen werden. So fanden sich 60% der Flüchtlinge schließlich in Landgemeinden und Dörfern mit weniger als 2000 Einwohnern untergebracht, in denen für ihre dauerhafte produktive Eingliederung in der Regel alle Voraussetzungen fehlten. Niederbayern, die Oberpfalz und Oberfranken, Gebiete von strukturbedingt schwacher Wirtschaftskraft, die sich in niedrigem Steueraufkommen und notorisch hohen Arbeitslosigkeits- und Fürsorgequoten dokumentierte, wiesen die höchsten Flüchtlingsanteile an der Gesamtbevölkerung auf.
Die für die ersten Nachkriegsjahre charakteristische, den säkularen Trend der Landflucht in Deutschland vorübergehend unterbrechende »Überfüllung ländlicher Räume« (so das Thema einer zeitgenössischen Expertentagung) bestimmte nicht nur in entscheidendem Maße die spezifische Soziallage der Flüchtlinge, sondern veränderte schlagartig auch das Sozialmilieu ihrer einheimischen Quartiergeber. Die bäuerliche Bevölkerung trug die Hauptlast der Beherbergung. Etwa jeder zweite Flüchtling in Bayern war auf einem Bauernhof untergebracht. Da die in der agrarischen Besitzstruktur Bayerns überwiegenden klein- und mittelbäuerlichen Anwesen schon nach ihrer baulichen Anlage nicht geeignet waren, mehreren selbständigen Familien auch nur notdürftig abgeschlossene Wohneinheiten zu bieten, mußten sich Quartiergeber und Zwangsgäste zumeist konfliktträchtig in die Benützung der zentralen Funktionsräume (Küche und Kochherd, Waschküche, Waschgelegenheit, Abort etc.) teilen. Dieses bis zur Ungeschiedenheit selbst der privatesten Lebenssphären enge Zusammenhausen einander zudem in aller Regel nach ihrer jeweiligen sozialen Charakteristik fremder Bevölkerungselemente belastete generell die Begegnung von Flüchtlingen und Eingesessenen – und

dies um so mehr, als die Beschaffung von Privatquartieren und die Einweisung der Flüchtlinge in diese Wohnungen ausgesprochenen Zwangscharakter trug und angesichts der Not der Umstände wohl auch tragen mußte. Die Flüchtlingskommissare in den Landkreisen, strikt gehalten, möglichst keine Dauerlager entstehen zu lassen, verfuhren bei der Requirierung von Wohnraum kraft ihrer Sondervollmachten mit einer Rigorosität, die bei der einheimischen Bevölkerung und bei den demgegenüber weitgehend ohnmächtigen Dienststellen der regulären Verwaltung gleichermaßen als »Diktatur« verschrien wurde.

Bei aller Beengtheit und Dürftigkeit gestalteten sich indes die Lebensumstände der privat einquartierten Flüchtlinge in der Regel wohl doch bereits erträglicher als die ihrer Schicksalsgenossen, die längere Zeit in Massenunterkünften verweilen mußten. Auch im Windschatten der Autorität der Besatzungsmacht gelang es den Organen des Staatskommissars nicht zu verhindern, daß sich im Verteilungssystem ein Stau von Ausgewiesenen bildete, für die kein wie auch immer bescheidener Privatwohnraum beschafft werden konnte. Dieser Stau erreichte zum Zeitpunkt der Volkszählung Ende Oktober 1946 mit 146000 Insassen in insgesamt 1375 Lagern seinen ersten Höhepunkt. Ein Jahr später immerhin auf 64000 Lagerbewohner abgebaut, stieg deren Zahl bis Ende 1949 doch neuerlich auf 100000 an. Im Sommer 1948 in den Flüchtlingslagern bei Dachau und München-Allach ausbrechende Unruhen machten unübersehbar deutlich, daß die Lebensverhältnisse dort zumal bei längerem Aufenthalt sozial depravierend wirkten[11]. Diese Zustände in den Lagern wie die Existenz von Dauerlagern überhaupt können nicht als unausweichlich angesehen werden. Nicht so sehr an Rigorosität wie vielmehr an Gleichmäßigkeit dürfte es bei der Erfassung privaten Wohnraums gefehlt haben. Wie es scheint, mangelte es nicht an Fällen, wo auch die berechtigten Interessen der einheimischen Quartiergeber nicht geschont wurden. Doch andererseits wußte der Volksmund – und die wachsamen Nachprüfungen der Militärregierung bestätigten ihn oft genug – auch von flüchtlingsfreien Idyllen zu berichten, die sich angesichts des Funktionierens alter und neuer Solidarmechanismen in den Villen ehemaliger lokaler Nazigrößen, aber auch in Bürgerhäusern, großbäuerlichen Anwesen und katholischen Pfarrhäusern mit ungeschmälert großzügigen Wohnverhältnissen erhalten hatten. Noch 1950 ergab die Wohnungszählung für Bayern, daß die Vertriebenen mit einem Bevölkerungsanteil von 21% nur 8% der Inhaber von Normalwohnungen stellten. Die Flüchtlings-Wohnparteien wiesen eine statistische Wohndichte von 1,82 Personen je Raum auf, die übrigen Wohnparteien eine solche von 1,19. Nur in Schleswig-Holstein war diese Relation noch geringfügig ungünstiger.

Standen bisher Probleme der Aufnahme und Unterbringung der Flüchtlinge im Mittelpunkt unseres Interesses, so sollen nunmehr noch die wichtigsten Voraussetzungen und Ansätze zur wirtschaftlichen Eingliederung dieses Bevölkerungszustroms im Bayern der ersten Nachkriegsjahre in den Blick gefaßt werden. Beide Aspekte sind funktional eng miteinander verknüpft, denn die spezifische Ausformung, die das Flüchtlingsproblem in der Aufnahmephase – teils selbstläufig, teils durch die Steuerungsmaßnahmen der verantwortlichen Behörden bedingt – annahm, bestimmte in charakteristischer Weise zumindest die kurz- und mittelfristigen Möglichkeiten und Chancen der Integration. Neben der einseitigen Überlastung des flachen Landes galt dies in besonderem Maße für die Diskrepanz zwischen der vorgegebenen Arbeitsplatzstruktur und der räumlichen Verteilung der Flüchtlingsbevölkerung.

Die für die Unterbringung der Flüchtlinge auf dem Arbeitsmarkt zuständige Arbeitsverwaltung war sich schon vor Beginn der organisierten Einschleusung darüber im klaren, daß eine möglichst genaue Kenntnis der Zusammensetzung des Arbeitskräftepotentials der aufzunehmenden Bevölkerung Voraussetzung jeglicher auf rasche wirtschaftliche Integration abzielenden Flüchtlingspolitik sein würde. Es war daher geplant, die sozialstatistisch zunächst völlig unbeschriebenen Flüchtlingstransporte gleich bei ihrem Eintreffen in den Grenzübergangsstellen nach Berufsgruppen aufzuschlüsseln, um dann auf der Grundlage dieser Daten und der Bedarfsübersichten der Arbeitsämter die Flüchtlingskontingente nach den Möglichkeiten des Arbeitseinsatzes zu lenken. Die angesichts der rapiden Folge der Transporte auf ein Minimum beschränkte Verweildauer in den Grenz- und Bezirkslagern vereitelte aber dieses Vorhaben schon im Ansatz. Erst nachdem die Flüchtlinge auf ihre Bestimmungsorte in den Landkreisen verteilt und dort zur Ruhe gekommen waren, konnte darangegangen werden, ihre sozialen Merkmale zu ermitteln. Für eine die Erwerbs- und Berufsstruktur des neuen Bevölkerungselements und den spezifischen Bedarf des bayerischen Arbeitsmarktes aufeinander beziehende und einer – sei es auch groben – Gesamtplanung folgende Zuweisung des Produktionsfaktors Arbeit an die Stätten der Nachfrage war es damit jedoch bereits zu spät. Überdies waren nachträgliche individuelle oder organisierte Korrekturen dieser globalen Fehlallokation angesichts mangelnden Wohnraums, eingeschränkter Freizügigkeit und restlos ausgeschöpfter Transportkapazitäten auf absehbare Zeit kaum möglich. Für die Eingliederung der Flüchtlinge in das Erwerbsleben blieb somit vorderhand nur die Möglichkeit, zufällig sich ergebende Übereinstimmungen zwischen der Qualifikation der Flüchtlinge und dem lokalen Arbeitsplatzangebot pragmatisch zu nutzen.

Gleichwohl ergab sich in der von einem erheblichen Geldüberhang geprägten Nachkriegswirtschaft das erstaunliche Phänomen einer scheinbar problemlosen Absorption der Flüchtlinge auf dem Arbeitsmarkt. Schon im Oktober 1946 waren fast Dreiviertel der Erwerbspersonen unter den Flüchtlingen wieder, wie die amtliche Statistik es ausdrückte, »in den Arbeitsprozeß eingegliedert«. Bis Juni 1948 stieg die Zahl der erwerbstätigen Flüchtlinge auf 589000 an, die der arbeitslos gemeldeten sank auf 52000. Nach dem durch die Währungsreform herbeigeführten abrupten Ende des Wirtschaftens unter den Bedingungen einer verschleierten Inflation erwies sich die verblüffend prompte und reibungslose Einschaltung der Flüchtlinge in das Arbeitsleben ihres Aufnahmelandes dann allerdings sogleich als Trugbild. An der auch insgesamt rasch ansteigenden Freisetzung von Arbeitskräften waren die Flüchtlinge überproportional stark beteiligt. Im Februar 1950, dem Höhepunkt der allgemeinen Nachkriegsarbeitslosigkeit, standen nur mehr 472000 Flüchtlinge in Beschäftigung, 201000 waren arbeitslos. Da die überwältigende Mehrzahl der Flüchtlinge weder über die Produktionsmittel noch über das Kapital zur Begründung einer selbständigen wirtschaftlichen Existenz verfügten und die Aufnahme einer abhängigen Beschäftigung mithin für sie der einzige Weg war, wieder aktiv am Erwerbsleben teilzunehmen und so den stigmatisierenden Status eines bloßen Objekts karitativer und sozialpolitischer Betreuung abzustreifen, sind diese Zahlen ein aussagekräftiger Indikator für den dürftigen Stand der Eingliederung am Ende der unmittelbaren Nachkriegsära. Wir wissen heute, daß zu diesem Zeitpunkt der Prozeß einer beispiellos kraftvollen wirtschaftlichen Rekonstruktion, der auch dieses Problem schließlich erledigen sollte, sozusagen schon ›programmiert‹ war[12], und erkennen das Punktuelle der Situation. Dem, der als Betroffener inmitten der Probleme stand, wird die Perspektive der Integration dagegen düster und offen eher zum Scheitern hin erschienen sein.

Die Belastung durch den Zustrom von fast zwei Millionen besitzloser Menschen erschöpfte sich für das industriell noch wenig entwickelte Bayern nicht in der momentanen materiellen Bürde, die dem Land mit der Versorgung der Flüchtlinge auferlegt war. Das eigentliche Problem ergab sich erst aus der Kombination des plötzlichen Bevölkerungszuwachses mit dem von den Vertriebenen selbst erhobenen und von der Besatzungsmacht kategorisch eingeforderten Anspruch auf unverzügliche und dauerhafte Integration. In dem für alle Länder der amerikanischen Besatzungszone geltenden Flüchtlingsgesetz vom 19. Februar 1947 wurde das Postulat einer gleichberechtigten Eingliederung der Flüchtlinge, die »ihr organisches Aufgehen in der einheimischen Bevölkerung gewährleisten« sollte, zumindest als Rechtsprinzip anerkannt. Schon dies mit allen seinen Implikationen zu akzeptieren, war der fest in den Traditionen des Landes verwurzelten Führungsgarnitur nicht leichtgefallen. Wie aber sollte es verwirklicht werden? Bayern verfügte nicht entfernt über eine Industrie, die es etwa wie in Nordrhein-Westfalen erlaubt hätte, einen Bevölkerungszuwachs solchen Ausmaßes schon auf kurze Sicht als willkommenes Arbeitskräftereservoir in die Wiederaufbauplanungen zu inkorporieren[13]. Aber auch die Landwirtschaft mit ihrer ausgeprägt klein- und mittelbäuerlichen Besitzverteilung bot, selbst wenn es nicht an der politischen Bereitschaft zu einer wirksamen Bodenreform gefehlt hätte, kaum die Möglichkeit, auf dem Siedlungswege eine nennenswerte Zahl von Flüchtlingen einzugliedern[14]. Der Weg einer durch staatlichen Zwang herbeigeführten stantepede-Integration schließlich, wie er in der sowjetischen Besatzungszone zur raschen Überwindung des »Umsiedlerproblems« beschritten wurde, wäre nur um den Preis eines substantiellen Eingriffes in die wirtschaftlichen und sozialen Besitzstände der eingesessenen Bevölkerung gangbar gewesen. Daran jedoch dachte im ordnungspolitischen Klima der Marktwirtschaft und in der Atmosphäre des Kalten Krieges ernsthaft niemand. Als einziger Weg zur Lösung des Flüchtlingsproblems blieb in Bayern – neben Maßnahmen zur Behebung der Disparitäten der Flüchtlingsverteilung durch bayerische und innerdeutsche Umsiedlung von Flüchtlingen in Gebiete mit bestehendem Arbeitskräftebedarf[15] – nur eine grundlegende Erweiterung der Beschäftigungsmöglichkeiten im gewerblich-industriellen Bereich, also die verstärkte Industrialisierung des Landes.

Theoretisch war dies von den für Arbeitsmarkt, Wirtschaftspolitik und Landesplanung zuständigen Stellen schon frühzeitig erkannt worden; ob aber eine solche Fundamentallösung realisierbar wäre, mußte in den ersten, ganz unter dem Eindruck eines wirtschaftlichen Zusammenbruchs, eines restriktiven Industrieplans der Alliierten, von Demontagen sowie einer allgemein verbreiteten Unsicherheit über die wirtschaftliche und politische Zukunft Deutschlands stehenden Jahren mehr als fragwürdig erscheinen. Aber auch nachdem sich seit 1948 die Perspektiven nicht nur geklärt, sondern sogar merklich aufgehellt hatten, gab es in Bayern gegen eine forcierte Industrialisierung noch manche Widerstände, die von simpler Konkurrenzangst in der mittelständischen Wirtschaft bis zu grundsätzlichen Vorbehalten gegen den zu erwartenden gesellschaftlichen Strukturwandel in den etablierten Führungsschichten und -zirkeln des Landes reichten. Form und Tendenz der staatlichen Förderungspolitik zur Ansiedlung von Flüchtlingsbetrieben in Bayern lassen den Versuch deutlich erkennen, dem positiven Ziel einer Verbreiterung der industriellen Basis näherzukommen und dabei doch die befürchteten negativen Nebeneffekte zu vermeiden[16]. Kurzfristig mögen diese Flüchtlingsindustrien, von denen allerdings viele der für die Sudetengebiete so charakteristischen Spezialgewerbe mit ihren teilweise recht antiquierten Produktionsformen

Vertriebenensiedlungen und Schwerpunkte sudetendeutscher Industrien

* (mit inliegender Altenheimsiedlung „Hasenöhrl"-Siedlung)

D O = Vertriebenensiedlungen (Sudetendeutsche)
△ = Schwerpunkte der Vertriebenenindustrien (Sudetendeutsche)

und äußerst engen Absatzmärkten einem wenig zukunftsträchtigen Industrietypus zugehörten, durchaus eine gewisse stimulierende Funktion für die weitere Industrialisierung Bayerns gehabt haben. Grundsätzlich und auf lange Sicht freilich vollzog sich auch in Bayern dieser Strukturwandel hin zum (späten) Industrieland (und mit ihm die dann doch relativ unproblematische Eingliederung der Vertriebenen) im Rahmen und im Gefolge des mit dem Koreaboom einsetzenden, hochgradig dynamischen und langanhaltenden Wachstumsprozesses der westdeutschen Wirtschaft. In diesem umfassenderen – und nicht nur auf den Flüchtlingszustrom als auslösenden Faktor bezogenen[17] – Sinne kann man tatsächlich von einer ›exogenen‹ Industrialisierung Bayerns sprechen.

Zur Abbildung auf S. 170/171: Sudetendeutsches Archiv, München

FALK WIESEMANN

Flüchtlingspolitik in Nordrhein-Westfalen

Zum ersten Mal durfte im Jahr 1954 bei Landtagswahlen in Nordrhein-Westfalen eine Flüchtlingspartei teilnehmen: der Bund der Heimatvertriebenen und Entrechteten (BHE). Er erhielt 4,6 Prozent der Wählerstimmen, und damit kein einziges Mandat. Bei den Wahlen zum Bundestag im Jahr zuvor hatte der Stimmenanteil des BHE in diesem Bundesland sogar nur bei 2,7 Prozent gelegen – gegenüber 5,9 Prozent im Bundesdurchschnitt. Immerhin galt zu diesem Zeitpunkt bereits jeder sechste Einwohner Nordrhein-Westfalens als »Heimatvertriebener« oder war ein aus der Sowjetischen Besatzungszone bzw. aus der DDR Zugewanderter. 1954 gab es im Landtag keine Kommunisten mehr, und es gab dort keine Vertreter rechtsradikaler Parteien. Die von vielen befürchtete Radikalisierung der »Zusammenbruchsgesellschaft« der Nachkriegszeit war ausgeblieben. Dies ist um so erstaunlicher, als neben den materiellen Kriegszerstörungen die soziale Not vor allem derjenigen Bevölkerungsteile, die durch die Kriegs- und Nachkriegsereignisse räumlich entwurzelt waren, zunächst das allgemeine soziale Elend drastisch vergrößerte und eine zusätzliche starke Belastung für den Wiederaufbau darstellte. Darüber hinaus enthielt die desolate Lage der Flüchtlinge[1] einen explosiven gesellschaftspolitischen Sprengsatz, was anhand der großen Zahl von Beschwerden und Stellungnahmen zum Los der Flüchtlinge, die bei der nordrhein-westfälischen Landesregierung eingingen, verdeutlich werden kann.

Ein Betroffener beschrieb »die Not der Flüchtlinge« im Durchgangslager Wellersberg bei Siegen und resümierte: »Wenn jetzt die sogenannte Demokratie solche Mißstände nicht beseitigen kann, wie soll die Masse noch an die Demokratie glauben. Es ist daher kein Wunder, wenn das Volk sich wieder nach der Diktatur sehnt, wie 1932/33.« Eine Eingabe um Wohnungszuweisung enthielt die typische Schlußformulierung: »Ob die oben angeführten Umstände dem demokratischen Deutschland entsprechen, bezweifle ich. Man kann doch nicht glauben, daß man sich hier den Kommunismus wünscht, denn in unserem besetzten Osten, Herr Minister, ist derartiges unmöglich.« Eine Vertretung der Ostvertriebenen im Amtsbezirk Herzebrock schloß ihre Beschwerde mit der Warnung: »Wir sind uns darüber im klaren, daß, wenn nicht bald eine Änderung der jetzigen

Verhältnisse eintritt, sich die Not der Vertriebenen ... ein Ventil schaffen wird und muß, und dieses Ventil heißt Radikalismus oder Chaos.« Und noch ein letztes Zitat aus einem Schreiben an den Sozialminister zur Verbesserung der Lagerbedingungen: »Diese Maßnahmen zur Abhilfe drängen ... angesichts der Beunruhigung zur Eile. Handelt es sich doch auch um deutsche Brüder und Schwestern, die schon lange das Leid der Vertreibung aus der Heimat und des Verlustes von Hab und Gut und treuen Angehörigen tragen. Darüber hinaus droht für sie noch die Gefahr, innerlich und äußerlich in die Hände des Kommunismus getrieben zu werden.« Diese Worte stammen vom damaligen Kölner Erzbischof, Josef Kardinal Frings.[2]

Entscheidenden Anteil an der »ausgebliebenen Radikalisierung« hatte sicher die spezifische Entwicklung in Nordrhein-Westfalen, dem beim Wiederaufbau Westdeutschlands aufgrund seiner hohen Bevölkerungszahl und seines Industriepotentials eine politische und wirtschaftliche Motorfunktion zufiel. Bei Kriegsende wiesen die Wohnungen und Produktionsstätten in den industriellen Zentren an Rhein und Ruhr einen höheren Zerstörungsgrad auf, als dies in anderen Regionen der Fall war. Die Städte waren weitgehend entvölkert. Soweit sie nicht unmittelbar für die Kriegsproduktion und für die Versorgung benötigt wurde, war die Bevölkerung bereits ab 1942 in weniger bombengefährdete Gegenden evakuiert worden. Sofort nach dem Einmarsch ordneten die Alliierten einen allgemeinen Stillstand des Personenverkehrs an. Angesichts der Zerstörungen war an eine rasche Rückkehr der Evakuierten in ihre ursprünglichen Wohnorte nicht zu denken.

Im Zuge der beginnenden Reorganisierung der deutschen Verwaltung richteten die Briten im Frühsommer 1945 die Nordrheinprovinz und die Provinz Westfalen als Oberste deutsche Behörden ein, die dann im August des darauf folgenden Jahres zum Land Nordrhein-Westfalen vereinigt wurden. Die britische Militärregierung erklärte im August 1945 die meisten Stadt- und Landkreise in den Provinzen Nordrhein und Westfalen zu »restricted areas«. Damit waren die linksrheinischen Gebiete, die rheinischen Städte und das Ruhrgebiet für Zu- und Rückwanderung gesperrt, und der Flüchtlingsstrom konzentrierte sich auf die Randgebiete, vornehmlich auf Ost-Westfalen.

Wie in der amerikanischen Besatzungszone wurden auch in der britischen die Flüchtlinge in agrarisch strukturierte Gebiete abgelenkt – dort wo man sie noch unterbringen und verpflegen zu können hoffte. Im Westen gelangte so das Gros in die »Flüchtlingsaufnahmeländer« Schleswig-Holstein, Niedersachsen und Bayern. Die Franzosen weigerten sich bis 1949, von Ausnahmen abgesehen, ihre Zone den Flüchtlingen zu öffnen.

Für die deutschen Behörden waren die Flüchtlinge zunächst ausschließ-

lich Objekt sozialfürsorgerischer Betreuung. Ein Zwang zu weiterreichender Planung ergab sich nach dem Bekanntwerden des Umsiedlungsbeschlusses des Alliierten Kontrollrats vom 20. November 1945. Nun zeichnete sich der Umfang der künftigen Umsiedlung aus dem Osten deutlicher ab. Die britische Zone sollte demnach eineinhalb Millionen Deutsche aus Polen und den »neupolnischen« Gebieten aufnehmen. Mit »Unternehmen Schwalbe« (Operation Swallow) gelangten bis November 1946 rund 700000 Ausgewiesene nach Nordrhein-Westfalen.
Die Briten ebenso wie die anderen Alliierten sahen Flucht, Vertreibung, Aussiedlung nicht als temporäre Maßnahmen an. Sie ließen nie Zweifel darüber aufkommen, daß ihr Ziel die sofortige und endgültige Integration der Flüchtlinge in die neue Umgebung war. Die Flüchtlingsverwaltung sollte vollständig in Händen der Deutschen liegen. Die Briten wollten lediglich kontrollierend eingreifen.[3] Im Rahmen der Militärregierung ressortierten die fürsorgerischen Aspekte der Flüchtlingsangelegenheiten bei der *Public Health Branch* der *Internal Affairs and Communications Division*. Den Transport und die Durchgangslager überwachte die *Prisoners of War and Displaced Persons Division*. Auf britischer Seite wuchs bei der Behandlung des Flüchtlingsproblems die *Manpower Division* in eine Schlüsselposition hinein. Denn sie legte im Zusammenwirken mit den deutschen Behörden die jeweils gültige Verteilung der Neuankömmlinge auf die einzelnen Kreise fest (*Housing Branch*) und reorganisierte und steuerte den Arbeitsmarkt (*Labour Supply Branch*).
Zum Teil wurden die Flüchtlinge aus Nahrungsmittelimporten ernährt, die wiederum von Großbritannien auf dem Weltmarkt in Dollar gekauft werden mußten. Dies stellte neben den laufenden Besatzungskosten eine erhebliche Belastung für die britischen Finanzen dar. Um hier einen gewissen Ausgleich zu schaffen, waren die Briten auf Entnahmen aus der Kohle- und Stahlproduktion ihrer Zone angewiesen. Deshalb räumten sie der Wiederankurbelung des rheinisch-westfälischen Industriepotentials höchste Priorität im Rahmen ihrer Deutschland- und Besatzungspolitik ein. Hierfür notwendige Arbeitskräfte wurden zunächst in Kriegsgefangenen- und Flüchtlingslagern rekrutiert. Im Sommer 1945 arbeitete die Militärregierung einen Plan zur weiteren Evakuierung von etwa 80000 nicht unmittelbar in der Produktion notwendig erscheinenden Menschen aus dem Ruhrgebiet nach Ost-Westfalen aus. In die dadurch freiwerdenden Wohnungen sollten zunächst 30000 Bergleute, die sich in Schleswig-Holstein in Lagern befanden, mit ihren Familien einziehen. Ihr Abtransport, der Arbeitseinsatz und die gesamte Versorgung wurden von der *North German Coal Control* in Essen organisiert. In der Folgezeit wurden von den Besatzungsbehörden in Zusammenarbeit mit der deutschen Verwaltung und den Bergbauunternehmungen zahlreiche »*Ruhr Miners Pro-*

grams« zur Anwerbung von Bergleuten oder zur Umschulung als »Neubergleute« durchgeführt.[4]

Die ersten »Schwalbe«-Transporte trafen bereits im November 1945 ein. Sie kamen geschlossen in den Durchgangslagern an und wurden nach wenigen Tagen Aufenthalt von dort unter dem Gesichtspunkt der errechneten Wohnungskapazität in die Aufnahmekreise weitergeleitet. Eine Verteilung nach der beruflichen Qualifikation war zum damaligen Zeitpunkt kaum möglich. In Polen wurden viele arbeitsfähige deutsche Männer zunächst noch von den Transporten ausgenommen, da sie dort zum wirtschaftlichen Wiederaufbau dringend gebraucht wurden. Außerdem war diese Personengruppe zum größten Teil entweder zur Wehrmacht eingezogen oder von den deutschen Behörden beim Zurückweichen der Front evakuiert worden. So ist es zu erklären, daß der Anteil der Arbeitsunfähigen bei den »Schwalbe«-Transporten sehr hoch lag, wodurch die soziale Belastung in den Flüchtlingsaufnahmegebieten noch zusätzlich stieg. Im Juli 1946, als die Zahl der »Schwalbe«-Aussiedler in der britischen Zone bereits die Million überschritten hatte, sah der britische Deutschlandminister Hynd einzig in der Wiederbelebung der Industrie in großem Maßstab und in verbesserter Nahrungsmittelversorgung Lösungsmöglichkeiten des Flüchtlingsproblems.[5]

Den Flüchtlingen war durch die Alliierten jede politische Organisierung verboten worden. In Nordrhein-Westfalen hatten sich bereits ab 1945 meist durchaus unpolitische Vereinigungen auf lokaler Ebene gebildet, die von der Militärregierung und von deutschen Behörden teils verboten, teils auch ignoriert wurden, d. h. sie erhielten von dort keine Förderung. Trotz des »Koalitionsverbots« für Flüchtlinge wurden ab 1947 zahlreiche Interessengemeinschaften aktiv. Soweit sie berufsständisch orientiert waren, tolerierten (und kontrollierten) die Briten ihre Tätigkeit.

Mißtrauisch beobachtet von der Militärregierung wie von den deutschen Behörden und den Parteien entfaltete im ostwestfälisch-lippischen Raum der Geistliche Rat Georg Goebel aus Schlesien eine rege Verbandstätigkeit. Unter seiner Führung konstituierte sich im Juni 1947 in Münster ein »Hauptausschuß der Ostvertriebenen«, in dem sich 24 berufsständische, landsmannschaftliche und soziale Vereinigungen zusammenfanden. Der Hauptausschuß erhob den Anspruch, Vorläufer eines Repräsentativorgans der Ostvertriebenen zu sein. Goebel versuchte, über von ihm gesteuerte Orts- und Kreisverbände dem Hauptausschuß den Charakter einer populistischen Bewegung – fernab von innerverbandlicher Demokratie – zu verleihen, auch über Nordrhein-Westfalen hinaus. Als er aber auf Niedersachsen ausgreifen wollte, wurde er von Flüchtlingsminister Heinrich Albertz sehr rasch hinausgedrängt.

Im Zeichen des Kalten Krieges wurde das »Koalitionsverbot« in der amerikanischen und britischen Zone ab 1948 gelockert – trotz heftiger Proteste aus Polen und der Tschechoslowakei. Goebel gründete zusammen mit dem ehemaligen Oberpräsidenten von Oberschlesien, Hans Lukaschek, einen »Gesamtverband der Ostvertriebenen«, für den Lukaschek im Januar 1949 die Genehmigung der Briten auf Zonenebene erhielt. Immer bestrebt, den politischen Einfluß der Vertriebenenverbände möglichst gering zu halten, brachte das nordrhein-westfälische Sozialministerium den von ihm abhängigen Landesflüchtlingsbeirat dazu, die Initiative zur Gründung des »Landesverbands der Ostvertriebenen« (später »Landesverband vertriebener Deutscher«) zu übernehmen und dort wichtige Positionen zu besetzen. Damit war Goebels politischen Ambitionen im Landesverband weitgehend der Boden entzogen. Nur für kurze Zeit hatte er mit seinen Anhängern an den Brennpunkten der Flüchtlingskonzentration in Nordrhein-Westfalen eine gewisse politische Bedeutung erlangen können.

Goebels Nachfolge als Vorsitzender des Landesverbands übernahm 1950 der Steuerjurist und Fachmann für Lastenausgleichsfragen Bernhard Geisler. Bis 1951 konnte der Landesverband rund 21 Prozent der Ostvertriebenen als Mitglieder gewinnen. Das bedeutet umgerechnet auf Familienmitglieder, daß er die Interessen von mehr als der Hälfte der Ostvertriebenen im Lande vertrat. Zehn Jahre später hatte sich der Mitgliederbestand jedoch halbiert – wohl ein Indiz dafür, welch tiefe Wirkungen von der Lastenausgleichsregelung auf die Verbandsarbeit und auch auf die Integrationswilligkeit der Betroffenen ausgegangen waren.[6]

Zum Teil schon seit 1945 existierten in der britischen Zone die erwähnten, von der Militärregierung angeordneten Flüchtlingsausschüsse. In Nordrhein-Westfalen wurden diese mehr oder weniger zufällig zusammengesetzten Gremien im Jahr 1947 in Beiräte umbenannt und nach einem einheitlichen Verfahren gewählt. Als Kontrollorgane der Flüchtlingsämter auf den Ebenen der Regierungsbezirke, der Kreise, Städte und Gemeinden bestanden ein Landtagsflüchtlingsausschuß sowie Kontrollausschüsse bei den Kreistagen und Städten. Ferner erhielten berufsständische Organisationen einen halboffiziellen Status. Die bedeutendsten waren der »Verband der Heimatvertriebenen Wirtschaft«, in dem sich selbständige Unternehmer zusammenfanden, und der »Verband der Ostvertriebenen Landwirte«. Durch die vielfältige Einbindung von Flüchtlingsvertretern in die Tätigkeit der Verwaltungen sollte, dies war die Absicht von staatlicher Seite, ein Interessenausgleich unter staatlicher bzw. kommunaler Kontrolle herbeigeführt werden. Separatorganisationen mit politischem Anspruch mußten aus dieser Sicht als Störfaktor empfunden werden. Das Sozialministerium stützte sich auf die Beiräte bei den verschiedenen Ver-

waltungsebenen und stärkte ihre Position gegenüber den Verbänden. Dies konnte um so leichter geschehen, als die Rivalität zwischen dem »Landesverband« und den Landsmannschaften die Durchsetzungsfähigkeit von Flüchtlingsinteressen in diesen Organisationen auf weite Strekken blockierte. Um einem geschlossenen Auftreten der Flüchtlinge als Minorität entgegenzuwirken, wurde ihnen auch die Mitarbeit in den bestehenden politischen Parteien empfohlen. FDP und CDU, etwas später die SPD, verfügten über eigene Flüchtlingsvertretungen, die als Katalysatoren der Flüchtlingsinteressen dienen sollten, derer man sich innerhalb der Parteien aber meist nur im Vorfeld von Wahlen erinnerte. In Nordrhein-Westfalen wurde kein eigenes Ministerium, Staatssekretariat oder Staatskommissariat, keine staatliche Sonderbehörde für Flüchtlingsfragen errichtet. Es gab lediglich ein Landesflüchtlingsamt im Sozialministerium unter der Leitung eines Ministerialrats und entsprechende Referate im Arbeits- und im Wiederaufbauministerium.
Die Länder Niedersachsen und Schleswig-Holstein wirkten aufgrund ihrer geographischen Lage gegenüber Nordrhein-Westfalen im Hinblick auf die Flüchtlingsbewegung als eine Art Auffangbecken und Pufferzone. Dort wurden die ersten Sammellager errichtet. In den Länderverhandlungen um eine ausgewogenere Verteilung der Flüchtlingsströme kehrte Nordrhein-Westfalen immer wieder und letztlich mit Erfolg den Vorrang des Aufbaus seiner Industrie als Herzstück der deutschen Wirtschaft hervor. Auch Bayern, das auf eine rasche Rückführung der Evakuierten drängte, mußte sich diesem Argument beugen.
Während Nordrhein-Westfalen permanent seine ihm auferlegten Aufnahmequoten nicht erfüllte und sich – auch gegenüber der Militärregierung – auf die Taktik des Hinhaltens verlegte, verhandelten gleichzeitig Beamte des Sozialministeriums in den anderen Ländern, vornehmlich mit Schleswig-Holstein, über die unbürokratische Übernahme von Spezialarbeitskräften – nach der Devise, zunächst die infrastrukturelle Voraussetzungen zu schaffen und dann erst das »Sozialgepäck« nachzuholen.
Im eigenen Interesse unterstützte die britische Militärregierung die fast ausschließlich am Arbeitsmarkt und am Wiederaufbau orientierte Flüchtlingspolitik Nordrhein-Westfalens. Die Zustimmung fand allerdings ihre Begrenzung in der sozialen Verantwortung der Briten für die gesamte Zone. Die katastrophalen Zustände in den Gegenden mit hoher Flüchtlingsdichte gefährdeten die öffentliche Sicherheit, es drohte der Ausbruch von Seuchen. Nach dem Scheitern der Londoner Außenministerkonferenz im November/Dezember 1947, als Großbritannien und die USA die Weichen der Deutschlandpolitik in Richtung auf die Gründung eines Weststaats stellten, rechnete die britische Militärregierung mit einer Massenabwanderung aus der sowjetisch besetzten Zone. Um einem dann

drohenden Zusammenbruch der deutschen Flüchtlingsverwaltung vorzubeugen, entwickelte die Militärregierung zur Entlastung der Notstandsgebiete einen Plan (»Operation Caravan«) zur Umverteilung der Flüchtlinge in der britischen Zone und sogar zur direkten Übernahme der Flüchtlingsverwaltung, falls dies notwendig werden sollte.[7] Vor den Deutschen wurde diese Ultima ratio der britischen Überlegungen zunächst streng geheimgehalten, denn nur allzu gern, so argwöhnten die Offiziere von *Manpower Division*, hätten die deutschen Behörden sich der Verantwortung für die Bewältigung des Flüchtlingselends entledigt. »Operation Caravan« sah unter anderem die Unterbringung von 137 000 Flüchtlingen aus Schleswig-Holstein in Nordrhein-Westfalen vor. Außerdem sollten hierher sämtliche aus der besetzten Zone kommenden Personen direkt weitergeleitet werden, die die Grenze in Schleswig-Holstein überschritten hatten.

Zusätzlich zu diesen Verpflichtungen sah sich Nordrhein-Westfalen einem ständig wachsenden Zustrom »illegaler« Zuwanderer gegenüber, die hauptsächlich aus der sowjetischen Besatzungszone ins Land kamen. Ihr Zuzug war für die Behörden schwer zu kontrollieren, außerdem stellte er jede konkrete Planung in Frage. Teils suchten diese Menschen auf eigene Faust meist in den größeren Städten Unterkunft und Verpflegung, teils meldeten sie sich in den bereits überfüllten Hauptdurchgangslagern.

Die »illegalen« Zuwanderer wurden vom nordrhein-westfälischen Sozialministerium in zwei Kategorien eingeteilt. In die erste fielen alle, die aufgrund körperlicher Eignung, beruflicher Qualifikation und Arbeitswilligkeit umgehend in das Wirtschaftsleben eingegliedert werden konnten. An diesem Personenkreis zeigte das Land stärkstes Interesse, denn der Bedarf an Arbeitskräften war »riesengroß«.[8] Ihm stand die »asoziale Einwanderung« gegenüber. In diese Kategorie fiel nach der Definition des Sozialministeriums neben Körperbehinderten, Kriegsbeschädigten und Kranken vor allem die große Gruppe der »angeblichen« Flüchtlinge, »die an sich schon mit unreellen Absichten hier her kommen. Den ersten Eindruck, den man von ihnen hat, wenn man sie herumstehen sieht in den Lägern, ist der, daß es sich um den Typ jener Schwarzhändler handelt, die man in den Großstädten findet beispielsweise in Düsseldorf, an den Hauptbahnhöfen usw. ... Wir müssen nach Möglichkeit versuchen, diese Leute in Lägern zusammenzufassen. Es muß allerdings noch erreicht werden, wahrscheinlich durch eine gesetzliche Anordnung, daß diese Läger mit Polizeibefugnissen ausgestattet bzw. sich unter Aufsicht der Polizei befinden, damit das unerlaubte Entfernen, wie es in unseren bisherigen Lägern ständig der Fall ist, unterbunden wird ... Ein großer Teil dieser jungen Leute im Alter von 18 bis 28 Jahren ist zweifellos durch die Anwendung geeigneter Erziehungsmittel und durch die Vermittlung einer angemessenen Arbeit wieder zu erziehen und wieder zu ordentlichen Menschen zu machen. Das ist aber ein Problem, das nicht von heute auf morgen gelöst werden kann.« Unter dem Gesichtspunkt der Verhinderung unerwünschter, d. h. im Arbeitseinsatz nicht verwertbarer Zuwanderung gab der zuständige Referent des Sozialministeriums folgende Empfehlung: »Solange die britische Zone nicht wirksamer von der Ostzone abgeriegelt wird als zur Zeit, besteht die Möglichkeit, die Grenze hin und her zu überschreiten. Es müßte ein verstärkter Einsatz von Polizei und wahrscheinlich auch eine Absperrung von unübersichtlichen Strecken erfolgen, damit wir einen kontrollierten Übergang an der russischen Zonengrenze bekommen. Das ist an und für sich aus anderen Gründen bedauerlich. Wir wollen alles tun, um diese unselige Zonenaufteilung zu beenden, aber solange wir aus der russischen Zone einseitig derartige asoziale Elemente herüberbekommen, ist es eine Frage der Selbsthilfe, wie wir uns von diesen Elementen frei machen.«

Sicher überspitzt, aber im Kern doch zutreffend charakterisierte ein Besatzungsoffizier der *Manpower Division* die Landesflüchtlingspolitik mit der Bemerkung, das Land habe im Grunde nur ein Interesse an Bergleuten, Stahlarbeitern und Polizisten.[9] Den Vorschlag einer strikten Abriegelung der Zonengrenze verwarf die Militärregierung erst nach längerer Diskussion, nachdem klar geworden war, daß London – nicht zuletzt unter dem Druck der öffentlichen Meinung – an der bisherigen Politik des »open door« festhalten wollte, im Gegensatz zu den Amerikanern, die tatsächlich im Jahr 1947 die Grenze vorübergehend schlossen.

An der »illegalen« Zuwanderung drohte das nordrhein-westfälische Konzept einer in den wirtschaftlichen Wiederaufbau integrierten Flüchtlingspolitik zu scheitern. Überdies wurde die mangelnde Durchsetzungsfähigkeit der Landesregierung deutlich. Die Minister für Arbeit und Wiederaufbau gehörten der KPD an, Sozialminister Amelunxen war Mitglied der Zentrumspartei. Eine Kooperation zwischen den Ministerien fand kaum statt. Der SPD angehörende Regierungspräsidenten weigerten sich, die Anordnungen der von Karl Arnold (CDU) geführten Landesregierung durchzuführen. Auch CDU-Politiker scheuten sich, insbesondere vor Wahlen, im Lande unpopuläre Maßnahmen zur Linderung der Flüchtlingsnot gegenüber den Einheimischen durchzusetzen.

Wie stark die Spannungen innerhalb der Landesregierung in die Behandlung der Flüchtlingsangelegenheiten hineinspielten, zeigte sich zum Beispiel am Fall Espelkamp, wo das Evangelische Hilfswerk auf einem ehemaligen Wehrmachtsgelände eine Musterstadt für Flüchtlinge errichten wollte. Ministerpräsident Karl Arnold und sein ebenfalls katholischer Finanzminister sträubten sich heftig gegen derartige Pläne, da sie einerseits das Gelände für industrielle Zwecke genutzt sehen wollten, andererseits aber auch, nach dem Eindruck der Militärregierung, bei einem Gelingen des Experiments einen möglichen Prestigegewinn der Evangelischen Kirche befürchteten. Erst nachdem Eugen Gerstenmaier, Vorsitzender des Evangelischen Hilfswerks, und Landesbischof Lilje im persönlichen Kontakt den protestantischen Militärgouverneur des Landes für das Vorhaben gewonnen hatten und dieser wiederum Druck auf Arnold ausgeübt und den evangelischen Kabinettskollegen den Rücken gestärkt hatte, wurde die Genehmigung für Espelkamp erteilt.[10]

Die von Kommunal- und Kreisbehörden bis hinauf zur Ebene der Landesregierung weithin praktizierte Verweigerung oder gar Obstruktion gab der Militärregierung Anlaß, ihre Kontrollfunktion stärker als bisher wahrzunehmen. Im Sommer 1948 drohte der Militärgouverneur des Landes Nordrhein-Westfalen Ministerpräsident Arnold mit Amtsenthebung wegen Mangels an Autorität. Unter der Leitung des *Chief Manpower Officers* wurde die Flüchtlingspolitik der drei Fachministerien koordiniert, und die *Kreis Resident Officers* wurden intensiver bei der Lösung der Probleme vor Ort eingeschaltet.

Nach der Währungsreform mußten die Flüchtlinge auf dem Arbeitsmarkt größere Rückschläge hinnehmen, weil nunmehr verstärkt ein Austausch von Arbeitsplätzen zugunsten zurückkehrender Einheimischer (Evakuierte und Kriegsgefangene) stattfand und weil zahlreiche Scheinarbeitsverhältnisse gelöst wurden. Die Flüchtlinge waren als Ersatz für fehlende einheimische Arbeitnehmer zur Wiederaufnahme und zum Ausbau der Friedensproduktion unentbehrlich geworden. Insofern, wenn auch nach Ursachen und Umfang sehr verschieden, steht ihre Zuwanderung in der Tradition der Arbeitskräftebewegung von Osten nach Westen, die mit dem Beginn der Industrialisierung eingesetzt hatte. Erst durch den Bau der Berliner Mauer kam diese Bewegung zum Stillstand. An ihre Stelle trat nunmehr verstärkt die »Gastarbeiter«-Zuwanderung aus dem Süden.[11]

Sobald der wirtschaftliche Wiederaufbau in Gang gekommen war, löste er wiederum verstärkende Integrationsimpulse aus. Allerdings geschah dies von seiten der Flüchtlinge unter großen sozialen Opfern. Die Integration vollzog sich bis in die sechziger Jahre hinein offenbar als ein »Unterschichtungsprozeß«, wie er kennzeichnend auch für herkömmliche Massenmigrationsphänomene ist. Der Einstieg ins Erwerbsleben erfolgte für die Flüchtlinge, und hier vor allem für die älteren Jahrgänge, für die Selbständigen in Handel und Gewerbe und in der Landwirtschaft, mit gegenüber den Einheimischen zunächst deutlich verminderten Erwerbschancen.[12]

Staatliche Umsiedlung, Wohnungsbauförderung und Arbeitskräftelenkung waren nach der Währungsreform trotz des Postulats der Marktwirtschaft planerische Elemente der Landespolitik zur Eingliederung der

Flüchtlinge.[13] Der britische *Regional Commissioner* für Nordrhein-Westfalen bekräftigte im Sommer 1949 die Integrationsstrategie der Regierung Arnold, als er nach Berlin schrieb: »Ich glaube, es wäre möglich, die Landesregierung dazu zu überreden, große und weitreichende Pläne zur Aufnahme von Flüchtlingen als Arbeitskräfte anzunehmen, unter der Voraussetzung, daß sie die Möglichkeit erhält, die Flüchtlingsbewegung mit der Beschäftigungslage zu verbinden. Wenn dieser Prozeß verstärkt und weiter entwickelt wird, dann könnte dies, meiner Ansicht nach, wahrscheinlich *die* Lösung des Flüchtlingsproblems in Deutschland sein. Dies war auch der Grund für meinen Vorschlag, ... den Zustrom der Flüchtlinge in dieses Land so weit wie nur irgend möglich in der Form von Arbeitskräften zu lenken, die sofort in offene Stellen einrücken.«[14] Nur ein politisch und wirtschaftlich *stabiles* Westdeutschland, das das Flüchtlingsproblem im Griff hatte, konnte in den Augen des Militärgouverneurs für die britische Zone die ihm zugedachte Rolle beim Wiederaufbau Westeuropas und bei der Auseinandersetzung mit dem Kommunismus spielen.[15]

Trotz anfänglich erheblicher sozialer Belastungen stellten die Flüchtlinge für die Wirtschaft des Landes Nordrhein-Westfalen ein außerordentlich positives Entwicklungsmoment dar. Zugleich entfaltete der Arbeitsplatz seine Kraft als wirkungsmächtigste Integrations-»Agentur«.

Mit Gründung der Bundesrepublik schieden die Besatzungsmächte aus der Verantwortung für die Flüchtlinge aus. Die wesentlichen Kompetenzen in der Flüchtlingsgesetzgebung gingen von den Ländern auf den Bund über, dessen intensive sozialpolitische Ausrichtung in den Anfangsjahren der Republik zur Entschärfung des gesellschaftspolitischen Konfliktpotentials und zur Förderung des Integrationsprozesses beitrug.

REINHOLD SCHILLINGER

Der Lastenausgleich

Sogleich nach Kriegsende entwickelte sich 1945 in Deutschland eine lebhafte Expertendiskussion über die Frage, was mit der gigantischen deutschen Reichsschuld von rund 400 Milliarden Reichsmark und dem immensen Überhang an Liquidität geschehen sollte. Eine wichtige Rolle in dieser Diskussion um die finanzielle Liquidation der Kriegsfolgen spielten Forderungen nach einem Lastenausgleich zwischen denen, die alles verloren hatten und anderen, die unbeschadet oder sogar als Gewinner aus dem Krieg hervorgegangen waren.

Fast alle der damals vorgelegten Konzepte plädierten für die Nachrangigkeit eines derartigen Lastenausgleichs gegenüber einer Neuordnung des Geldwesens. Die niederschmetternde Evidenz der Verwüstung, die Deutschland vermeintlich auf ein »Jahr Null« zurückgeworfen hatte, ließ damals nur eine Schlußfolgerung zu. Angesichts eines dramatisch reduzierten Aufbringungspotentials hielt man einen raschen individuellen Lastenausgleich für vollkommen undenkbar[1]. Ausschlaggebend für die vollständige Abtrennung des Lastenausgleichs von der Währungsreform im Juni 1948 war jedoch die amerikanische Auffassung von der Eilbedürftigkeit der Währungsreform. Unter diesen Umständen wollten die USA jede Verzögerung der Währungsreform in den Westzonen durch einen gleichzeitigen Lastenausgleich vermeiden. Die bislang vorherrschende These aber, wonach die Alliierten den Westdeutschen eine – durch Abtrennung des Lastenausgleichs – unsoziale Währungsreform gegen deren Widerstand oktroyierten, muß revidiert werden[2].

Mit der von den Siegermächten sanktionierten Vertreibung von Millionen Deutschen aus Ostmitteleuropa hatte sich seit 1945 zudem der Interessentenkreis beim Lastenausgleich verlagert. Nun ging es nicht mehr nur um die Bewältigung der nationalsozialistischen Kriegsfinanzierung. Allerdings haben die Geschädigten (Flüchtlinge und Vertriebene, Fliegergeschädigte, NS-Opfer u. a.) ihre Forderungen vor der Währungsreform noch keineswegs entschieden genug artikuliert. Dies gilt besonders für die Vertriebenen, die oft in schwärmerischen Erinnerungen an der alten Heimat hingen, deren Rückgewinnung ihnen einzig und allein die Linderung ihrer Not zu verheißen schien. Wenn, wie sie dachten, ihr Aufenthalt in den westlichen Besatzungszonen nur vorübergehend war und über kurz oder lang die Rückkehr in die Heimat bevorstand, warum sollte man sich dann für Integration und Lastenausgleich engagieren? Auch der kleine Interessenverband der Fliegergeschädigten konnte nur wenig Einfluß entfalten. Die vom Bombenkrieg verursachten Schäden waren so zahlreich, daß sie – im Gegensatz zum Flüchtlingselend – die Betroffenen nicht zu einer organisationsstimulierenden gesellschaftlichen Randgruppe machten. In den westdeutschen politischen Foren, die sich allmählich herausbildeten, schoben sich deutsche Politiker und alliierte Generäle die mit einem Lastenausgleich verbundenen konfliktträchtigen Probleme wechselseitig zu, ohne sie wirklich anpacken zu wollen.

Als im Sommer 1948 nach der Währungsreform das Parlament der Bizone, der Frankfurter Wirtschaftsrat, quasi als Vorgänger des Bonner Bundestags mit gesetzgeberischen Arbeiten zum Lastenausgleich beauftragt wurde, setzte eine breite gesellschaftspolitische Grundsatzdiskussion ein. Dabei dominierten die Forderungen nach einem »sozialen Lastenausgleich«, der sich an der aktuellen Bedürftigkeit der Geschädigten und nicht an der Höhe des verlorenen Vermögens orientieren sollte[3]. Rufe nach einem »quotalen Lastenausgleich«, also einer Restauration der früheren Vermögensstruktur in verkleinertem Maßstab analog einer Konkursquote, hatten vorerst nur geringe Resonanz. Eine tiefgreifende Kontroverse darüber blieb jedoch aus, weil sich Anhänger gegensätzlicher Wirtschaftsordnungskonzeptionen in der Argumentation trafen, Deutschlands Not lasse eine solche aufwendige Vermögensrestauration nicht zu.

Das bis in den Sommer 1948 praktizierte Koalitionsverbot für Vertriebene hat diese von einer aktiven Teilnahme an der Grundsatzdiskussion um den Lastenausgleich weitgehend abgehalten. Erst als der Frankfurter Wirtschaftsrat in konkrete Beratungen über ein Lastenausgleichsgesetz eintrat, konstituierte sich im Oktober 1948 ein formeller Lastenausgleichsausschuß der zersplitterten und vielfach miteinander rivalisierenden Vertriebenengrüppchen. Allerdings konnte er nicht mehr einwirken auf die Gestaltung dieses Gesetzes, das im November 1948 als »erstes« Lastenausgleichsgesetz von CDU/CSU und SPD im Wirtschaftsrat verabschiedet wurde. Eine abschließende Regelung des »endgültigen« Lastenausgleichs sollte später nachfolgen.

Kernstück des Gesetzes, dessen Genehmigung von den Alliierten lange hinausgezögert wurde und das unter dem Namen Soforthilfegesetz im August 1949 in Kraft trat, war die monatliche Unterhaltshilfe mit einem Sockelbetrag von 70 DM. Diese mit Rechtsanspruch ausgestattete Rente war zwar nicht höher als der Durchschnittsbetrag der bis dahin an die Vertriebenen ausbezahlten Fürsorgeleistungen. Dennoch bewirkte die Unterhaltshilfe sofort eine markante sozialpsychologische Veränderung.

Vom Odium des Fürsorgeempfängerstatus befreit, entstand unter den Vertriebenen das Bewußtsein, an der langsam spürbaren Verbesserung der Lebensbedingungen zu partizipieren und nicht vom Status der Eingesessenen abgekoppelt zu werden. Der Rechtsanspruch auf Unterhaltshilfe galt als symbolhafter Beginn ihrer sozialen und ökonomischen Rehabilitation, auch wenn die ihnen außerdem zufließenden allgemeinen Sozialleistungen den Betrag der Unterhaltshilfe weit überstiegen.

Diese ersten Lastenausgleichsleistungen, die neben der Unterhaltshilfe auch (materiell sogar noch bedeutendere) Hilfen für Hausratbeschaffung, Wohnungsbau, Existenzgründung und Ausbildung der Vertriebenen vorsahen, wurden hauptsächlich durch 2–3prozentige Vermögensabgaben und die Hypothekengewinnabgabe[4] finanziert. Ihr pazifizierender Effekt wirkte der befürchteten Radikalisierung der Vertriebenen entgegen und trug zum Erfolg der bürgerlichen Parteien bei der ersten Bundestagswahl 1949 bei. Drängende sozialpolitische Erfordernisse und verbreitete Aversionen gegen eine quotale Entschädigung hatten 1948/49 einen komplizierten, restaurativ ausgerichteten Lastenausgleich vorerst verhindert.

Das Scheitern einer Einflußnahme auf das Soforthilfegesetz mußte der in viele Grüppchen zersplitterten Vertriebenenbewegung politische Konsequenzen aufdrängen. Ihre Kritik an dem »gleichmacherischen« Soforthilfegesetz hatten die Vertriebenenpolitiker nicht an die große Glocke gehängt, weil sie sich dann in Gegensatz zu einem ersten Gefühl der Erleichterung gesetzt hätten, das überall bei den Vertriebenen zu spüren war. Für die Kritiker mußte es nun darauf ankommen, einen schlagkräftigen zentralen Vertriebenenverband zu schaffen, um die im Aufbau begriffene Lastenausgleichsverwaltung zu kontrollieren und den Entscheidungsprozeß beim »endgültigen« Lastenausgleich zu beeinflussen. Entscheidende Impulse gingen vom bereits erwähnten Lastenausgleichsausschuß der Vertriebenengruppen auf die Gründung des »Zentralverbands vertriebener Deutscher« (ZvD) im April 1949 aus[5].

Der staatsrechtliche Einschnitt des Jahres 1949 bedeutete für den Lastenausgleich eine weit geringere Zäsur als die Währungsreform von 1948. Vielmehr begründete der Übergang der Lastenausgleichskompetenz von der Frankfurter Verwaltung für Finanzen auf Bundesfinanzminister Schäffer (CSU) eine wichtige institutionelle und personelle Kontinuität. Dem Bundesfinanzministerium fiel damit die – bisweilen von den Vertriebenen heftig angefochtene – Hegemonie im Entscheidungsprozeß der folgenden Jahre zu.

Adenauers erste Regierungserklärung vom Herbst 1949 definierte den Stellenwert des Lastenausgleichs gegenüber den Prioritäten des Wiederaufbaus: »Der Wiederaufbau unserer Wirtschaft ist die vornehmste, ja einzige Grundlage für jede Sozialpolitik und für die Eingliederung der Vertriebenen. Nur eine blühende Wirtschaft kann die Belastung aus dem Lastenausgleich auf die Dauer tragen«[6]. Auf eine direkte Kombination des Wiederaufbaus mit gesellschaftspolitischen Korrekturen sollte verzichtet werden. Weder die sozialdemokratische Opposition noch Gewerkschaften oder Arbeitgeber haben sich dem Vorrang der Kapitalbildung vor dem Lastenausgleich ernsthaft widersetzt. Eine andere grundlegende Entscheidung der Wirtschaft sollte 1949 ebenfalls den späteren Charakter des Lastenausgleichs prägen. Aufgrund des DM-Eröffnungsbilanzgesetzes von 1949 hatten alle Unternehmen ihr Vermögen neu zu bewerten und standen nun vor einer scheinbar schwierigen Wahl: hohe Bewertung und damit große Abschreibungsmöglichkeiten – oder aber niedrige Bewertung, um hohe Lastenausgleichsabgaben zu vermeiden. In sicherem Vorgriff auf den moderaten Charakter eines späteren Lastenausgleichs wählten die meisten Unternehmen einen hohen Wertansatz zur Ausschöpfung von Abschreibungsspielräumen. Der präjudizierende Effekt dieser Entscheidung lag auf der Hand.

Das Dilemma der Bonner Lastenausgleichspolitik bestand einerseits darin, daß ein rascher Lastenausgleich politisch unerläßlich war zur Eindämmung des damals gefährlich erscheinenden Radikalismus unter den Vertriebenen, andererseits drohte aber die damit verbundene Vermögensumverteilung die prinzipiell der Marktwirtschaft verpflichtete Wachstumspolitik zu gefährden. Es mußte deshalb für die Bundesregierung darauf ankommen, den Lastenausgleich auf die lange Bank zu schieben, bis sich absehen ließ, ob die Dynamik kapitalistischen Wirtschaftens erfolgreich in ein anhaltendes Wachstum übergeführt werden könnte. Dann würden sich dem Lastenausgleich neue Verteilungsspielräume eröffnen, ohne zum Rückgriff auf Besitzstände zu zwingen. Um die Risiken dieser Politik kalkulierbarer zu machen, bildete sich 1950 um den Vertriebenenverbandsvorsitzenden und CDU-Bundestagsabgeordneten Linus Kather eine Gruppe von speziell am Lastenausgleich interessierten Abgeordneten der Regierungsparteien. Dieses nach seinem Tagungsort als »Unkeler Kreis« bezeichnete Forum fungierte in den zwei Jahren bis zur Verabschiedung des Lastenausgleichsgesetzes (1952) als eine Art Vorkabinett für alle Streitfragen, die eines Clearings zwischen Regierung, Koalitionsparteien und Vertriebenenverband bedurften.

Schon bald nach den ersten von Bundesfinanzminister Schäffer Anfang 1950 vorgelegten Plänen für ein Lastenausgleichsgesetz eskalierte der Konflikt zwischen der Bundesregierung und den Vertriebenen. Schäffer wurde von seinem damaligen Parteifreund Kather, der ein scharfzüngiger Redner war, im Bundestag als »Laßt-den-Ausgleichs-Minister« verhöhnt. Während die Bundesregierung an einer Instrumentalisierung des Lastenausgleichs für die Erfordernisse staatlicher Wiederaufbauplanung und damit an einer Fortführung der Soforthilfeleistungen festhielt, kämpfte der Vertriebenenverband für einen quotalen Lastenausgleich mit individueller Leistungszuweisung. Exemplarisch zeigte sich dies an den vom Lastenausgleichsgesetz vorgesehenen wohnungsbaupolitischen Maßnahmen. Gegen den Vertriebenenverband, der für eine Restauration verlorenen oder zerstörten Hausbesitzes agitierte, konnte sich die Bundesregierung mit ihrer Absicht durchsetzen, den sozialen Wohnungsbau mit Hilfe des Lastenausgleichs voranzutreiben. Im Gegensatz zur plakativ verkündeten Eigenheimidee waren aber weder das Finanz- noch das Wohnungsbauministerium bereit, von der umfangreichen öffentlichen Förderung des sozialen Wohnungsbaus aus Lastenausgleichsmitteln abzurücken. Auch bei der Planung anderer Lastenausgleichsleistungen wurde gegen den Widerstand des Vertriebenenverbands, aber mit Unterstützung von Bundeswirtschaftsminister Erhard, die Möglichkeit staatlicher Steuerbarkeit eingebaut.

Vertriebenenverband und Bundesvertriebenenministerium hatten in der Auseinandersetzung mit Schäffers Lastenausgleichspolitik von vornherein mit strukturellen Defiziten zu kämpfen. So erwies sich der Vertriebenenverband infolge des bis 1948 restriktiv gehandhabten Koalitionsrechts und landsmannschaftlicher Rivalitäten als Spätkommer im westdeutschen Verbandswesen mit zunächst noch geringer Durchsetzungskraft[7]. Dem Bundesvertriebenenministerium fehlte im Gegensatz zu anderen Ministerien ein Verwaltungsunterbau, und es verfügte auch nur über geringe Haushaltsmittel. Der von 1949 bis 1953 amtierende Vertriebenenminister Hans Lukaschek (CDU), der frühere (1929–1933) Oberpräsident von Oberschlesien, galt als entscheidungsschwach und wurde im Konflikt zwischen Bundesregierung und Vertriebenenverband, der mehrmals seinen Rücktritt forderte, zerrieben.

Dennoch konnten der Vertriebenenverband und sein einflußreicher Lastenausgleichsausschuß durch geschicktes Taktieren partielle Erfolge im Kampf um einen quotalen Lastenausgleich erringen. Als die Ungeduld der Vertriebenen über das Ausbleiben des Lastenausgleichs Mitte 1950 in offenen Protest umschlug, brachten Kather und andere Vertriebenenabgeordnete den Verbandsentwurf eines Feststellungsgesetzes im Bundestag ein. Damit wollten seine Initiatoren das nachfolgende Lastenausgleichsgesetz in quotalem Sinn präjudizieren. Wenn nämlich – so ihre Überlegung – der Bundestag einer vorgezogenen Schadensfeststellung nach den Wünschen des Vertriebenenverbands zustimmen würde, könnten die bisher gegen einen quotalen Lastenausgleich geltend gemachten Kosten- und Praktikabilitätserwägungen leichter zurückgewiesen werden. Schäffer käme dann nicht umhin, einen stark quotal ausgerichteten

Lastenausgleich zu akzeptieren. Tatsächlich war dieser Taktik vorerst nur deswegen kein Erfolg beschieden, weil Regierungsparteien und SPD-Opposition gemeinsam in den Ausschußberatungen diesem Vorstoß die Spitze abbrachen.
Kather erzwang daraufhin durch außerparlamentarischen Druck (u. a. eine Großdemonstration in Bonn) im Frühjahr 1951 direkte Verhandlungen mit Adenauer, ohne die zuständigen Ressortminister – Schäffer und Lukaschek – zu beteiligen. Diese in der Folgezeit häufig wiederholten Vier-Augen-Gespräche waren ein typischer Modus zur Kanalisierung gesellschaftspolitischer Konflikte in der »Kanzlerdemokratie« der Ära Adenauer. In seinen Lastenausgleichsverhandlungen mit Adenauer hatte Kather 1951/52 mehrere Trümpfe in der Hand. So drohte er, den Vertriebenenflügel der CDU/CSU in den Block der Heimatvertriebenen und Entrechteten (BHE) zu überführen. Ein Jahr zuvor war in Schleswig-Holstein, das den höchsten Vertriebenenanteil aller Bundesländer aufwies, aufgrund der anhaltenden Wohnungsnot und wachsenden Arbeitslosigkeit der BHE als Protestpartei der Vertriebenen entstanden. Die neue Partei, die auch als Sammelbecken für ehemalige Nationalsozialisten diente, errang bei den niedersächsischen Landtagswahlen 1951 beträchtliche Erfolge auf Kosten der CDU und trat in eine Landesregierung mit der SPD ein. Ermöglicht wurde diese Koalition in Hannover durch eine auf Betreiben Kurt Schumachers und des niedersächsischen Flüchtlingsministers Heinrich Albertz ausgehandelte gemeinsame Absichtserklärung von SPD und BHE zum Lastenausgleich. Sie sollte – so Schumachers Absicht – auch die Tür für Koalitionsverhandlungen beider Parteien nach den Bundestagswahlen 1953 öffnen. Schließlich deutete Kather auf einer weiteren Protestdemonstration gegen die Lastenausgleichspolitik der Bundesregierung 1952 ein Junktim zwischen Lastenausgleich, Wiederaufrüstung und Westverträgen an: »Wir werden zu den Kanonen und Divisionen erst ja sagen, wenn die Herstellung des sozialen Friedens gewährleistet ist«[8].
In der innen- und außenpolitisch bewegten Szenerie der Jahre 1951/52 verfehlten die Winkelzüge des Vertriebenenverbandsvorsitzenden ihre Wirkung nicht. Durch Kathers Drohungen konzessionsbereit gestimmt, intervenierte Adenauer nicht nur zugunsten einer vorgezogenen Schadensfeststellung, die zuvor noch von Regierungsparteien und Opposition gemeinsam abgelehnt worden war. Entscheidend war, daß Adenauer für die stärkere Akzentuierung quotaler Elemente im Lastenausgleichsgesetz sorgte, dem der »Rebell« Kather schließlich auch in der Schlußabstimmung des Bundestages am 16. Mai 1952 zustimmte. (Linus Kather machte übrigens seine Drohung wenigstens soweit wahr, daß er 1954 zum BHE überwechselte. Ende der 60er Jahre landete er schließlich bei der NPD.)
Im Mittelpunkt des nunmehr auf 400 Paragraphen angeschwollenen La-

stenausgleichsgesetzes stand die vom Vertriebenenverband so vehement geforderte Hauptentschädigung. Vertriebene bekamen für ihre nachgewiesenen Vermögensschäden eine dem Schadensbetrag umgekehrt proportionale Entschädigung, gestaffelt von 95% (für Schäden unter 5000 RM) bis 6,5% (für Schäden über 1 Million RM). Wann der Rechtsanspruch auf Hauptentschädigung eingelöst werden sollte, war allerdings von sozialen und volkswirtschaftlichen Kriterien abhängig. Weitere Entschädigungsleistungen waren die an der früheren Einkommens- und Vermögenslage orientierte Hausratentschädigung für verlorenen Hausrat sowie ein Ausgleich für zurückgelassene Sparguthaben (»Währungsausgleich«). An Alte und Erwerbsunfähige, die keinen Vermögensverlust nachweisen konnten, wurden (in Fortführung der seit 1949 erfolgten Unterhaltshilfeleistungen nach dem Soforthilfegesetz) Kriegsschadenrenten ausbezahlt. Ohne daß dies so beabsichtigt gewesen wäre, haben die Kriegsschadenrenten später die Hauptentschädigung als wichtigste Lastenausgleichsleistung materiell übertroffen. Während auf diese vier Leistungsarten Rechtsanspruch bestand, wurde auf die vom Gesetz außerdem vorgesehenen Eingliederungsdarlehen und Wohnraumhilfen kein Rechtsanspruch eingeräumt. Sie dienten der Finanzierung von Unternehmensgründungen und der Förderung des Wohnungsbaus.

Die Einnahmen des Lastenausgleichsfonds sollten sich in erster Linie aus der 50prozentigen (in der Landwirtschaft 25prozentigen) Abgabe auf das erhalten gebliebene Vermögen speisen. Weitere Einnahmequellen waren die Hypothekengewinnabgabe und die Kreditgewinnabgabe auf die sonstigen in der Währungsreform entstandenen Schuldnergewinne. Schließlich standen noch Zuschüsse von Bund und Ländern sowie eine befristete Umlenkung der Vermögenssteuer auf den Lastenausgleich zur Verfügung.

Die Umsetzung der vom Lastenausgleichsgesetz vorgesehenen Abgaben und Leistungen in die Praxis stieß in der Anfangszeit auf gewichtige Hindernisse. Die Vermögensabgabe war mit gleichbleibenden Raten auf einen Zeitraum von 30 Jahren verteilt worden. Da sie auf den Wertansatz zum Zeitpunkt der Währungsreform starr fixiert war, blieb es bei einer weit unter 50 Prozent liegenden effektiven Belastung, die nur in den seltensten Fällen zur tatsächlichen Belastung der Vermögenssubstanz führte. Der nur langsam tröpfelnde Zufluß der Abgaben bildete in den 50er Jahren das gravierende Problem der Vorfinanzierung des Lastenausgleichs. Neben Krediten am Geld- und Kapitalmarkt mußte der Ausgleichsfonds Kassenzusagen des Bundes und Überbrückungskredite der Bank deutscher Länder (ab 1957: Bundesbank) in Anspruch nehmen. Eine Mehrbelastung der öffentlichen Haushalte – und nicht, wie ge-

plant, der privaten Vermögensbesitzer – ergab sich auch aus der Abzugsfähigkeit der Vermögensabgaben bei der Einkommen- und Körperschaftssteuer.
Es war deshalb zunächst schon aus finanziellen Gründen unumgänglich, daß der angestrebten Entschädigungsphase beim Lastenausgleich eine weitere Eingliederungsphase vorgelagert wurde, die bis 1957/58 dauerte. Auch sozialpolitische Gründe und die immensen Schwierigkeiten bei der Feststellung von Vertreibungsschäden sprachen dafür[9].
Die spürbaren Erfolge dieser Integrationspolitik ließen die schrille Begleitmusik verstummen, die dem Lastenausgleich in den Jahren 1949–52 gegolten hatte. Dadurch wurde die soziale Basis der Vertriebenenpartei stetig ausgehöhlt. In der Bundestagswahl von 1953 konnte der BHE, der sich besonders für den Lastenausgleich engagiert hatte, nur knapp die Fünfprozenthürde überspringen. Adenauer, der einen großen Wahlsieg feierte, nahm den BHE dennoch ins Kabinett auf, da die Westverträge einer Zweidrittelmehrheit im Parlament bedurften. Unter dem neuen Bundesvertriebenenminister Theodor Oberländer (BHE, ab 1956 CDU) begann der Lastenausgleichsausschuß des Vertriebenenverbands immer stärkeren Einfluß auf die Novellen des Lastenausgleichsgesetzes auszuüben. Die meisten dieser voluminösen Novellen (bis dato 29) waren – jedenfalls bis Ende der 60er Jahre – von den Verbandsexperten vorformuliert und wurden bisweilen wortwörtlich vom Bundestag übernommen. Vertriebenenverband und Landsmannschaften beschickten auch die halbamtlichen »Heimatauskunftstellen«[10], die Gutachten bei der Schadensfeststellung abgaben. So konnten Vertriebenenfunktionäre auch verstärkten Einfluß auf die Exekutive gewinnen.
Erst mit der 8. Novelle des Lastenausgleichsgesetzes von 1957 bahnte sich ein Übergang von der Eingliederungs- zur Entschädigungsphase an. Materiell wirksam wurde die Auszahlung der Hauptentschädigung allerdings erst ab 1959, weil nach wie vor bestehende Feststellungs- und Finanzierungsprobleme zu lösen waren. Da viele Geschädigte bereits verstorben waren, ohne in den Genuß einer Vermögensentschädigung gekommen zu sein, wurden ihre Rechtsansprüche aus dem Lastenausgleich vererbbar gemacht. Wie ein Rückblick ergab, sind bis 1979 durchschnittlich 22 % der Vermögensverluste von Vertriebenen durch die Hauptentschädigung wieder ausgeglichen worden; bis zur durchschnittlichen Höhe der Vertreibungsschäden (4800 RM Einheitswert) wurde vollständige Entschädigung gewährt[11]. Aber reich geworden durch den Lastenausgleich ist kein Vertriebener.
Schon Ende der 50er Jahre hatte mit dem weitgehenden Verschwinden der Arbeitslosigkeit und der Wohnungsnot unter den Vertriebenen die Diskussion um den Lastenausgleich ihre frühere Dramatik verloren. Eine

gleichmäßige Verteilung der Kriegsschäden nach dem Zweiten Weltkrieg auf Habende und Habenichtse ist zwar gescheitert, aber das anhaltende Wirtschaftswachstum der 50er und frühen 60er Jahre hat neue Verteilungsspielräume geschaffen und das vorhandene Protestpotential absorbiert. Neben dem Lastenausgleich fanden sich kriegsbedingte Sozialleistungen in allen Bereichen der Sozialpolitik, ohne daß eine systematische Trennung von ihren klassischen Zielen möglich gewesen wäre[12]. Trotz seiner relativ geringen Bedeutung für die materielle Lage der Geschädigten ist der Lastenausgleich zum Symbol für die geglückte Integration der Vertriebenen geworden. So hat der Lastenausgleich – weit über seine wirtschaftliche Bedeutung hinaus – kräftig zur Konstituierung einer sozialpolitischen Legitimation im Nachkriegsdeutschland beigetragen, die angesichts des Fortfalls traditioneller nationalstaatlicher Integrationsmechanismen eine außerordentlich hohe Bedeutung erlangen konnte.

In den 60er Jahren wurden sämtliche Lastenausgleichsleistungen kontinuierlich an Wirtschaftswachstum und Preisentwicklung angepaßt. Ermöglicht wurde diese Anpassung auch durch die seit 1967 geltende Praxis, daß Defizite des Ausgleichsfonds automatisch vom Bundeshaushalt zu tragen sind, sofern die gesetzlich vorgesehenen Einnahmen nicht ausreichen. Damit wurde ein Trend festgeschrieben, der sich in der laufenden Verringerung des Anteils der eigentlichen Lastenausgleichsabgaben (Vermögensabgabe, Hypothekengewinnabgabe, Kreditgewinnabgabe) an den Einnahmen des Ausgleichsfonds über die Jahre hinweg zeigte. Als 1979 zum letzten Mal nach 30 Jahren Lastenausgleichsabgaben erhoben wurden, machte ihr Gesamtbetrag einen Anteil von 46% an den Einnahmen des Fonds zwischen 1949 und 1979 aus. Demgegenüber kamen durch Zuschüsse aus öffentlichen Haushalten, Kreditaufnahme und sonstige Einnahmen 54% herein.

1969/70 zeichnete sich eine dritte Phase in der Lastenausgleichspolitik ab, die durch Ausdehnung des Entschädigungsrahmens auf neue Schadensgruppen charakterisiert war: Schäden von DDR-Flüchtlingen und Verluste von Spätaussiedlern. 1972 wurde mit der Dynamisierung der Rentenleistungen nach dem Lastenausgleichsgesetz die laufende Angleichung an die allgemeine Einkommensentwicklung festgelegt, wie sie auch in der gesetzlichen Rentenversicherung herrscht.

1979 hatten die Ausgaben des Ausgleichsfonds eine Gesamtsumme von 113,9 Mrd. DM erreicht. Ein Ende des Lastenausgleichs ist aber noch nicht abzusehen. Mittlerweile hat sich die Leistungsgewährung auf »Spätschäden« und »Bodensatzfälle« reduziert. Altersrenten werden bis über das Jahr 2000 hinaus gezahlt werden und weitere Finanzierungsprobleme aufwerfen. Man schätzt, daß – bei einem weiteren jährlichen Zuwachs von einer Milliarde DM – das Gesamtvolumen des Lastenausgleichs dann endgültig bei 146 Milliarden DM liegen wird.

Trotz dieser beachtlichen Summe hatten die Leistungen des Lastenausgleichs für die Existenzsicherung der Vertriebenen und der anderen Geschädigten materiell gesehen während des anhaltenden Wirtschaftswachstums der fünfziger Jahre nicht den Hauptanteil. Die Sozialleistungen für die Geschädigten überstiegen die Zahlungen aus dem Lastenausgleichsfonds, aber weit über seine materiellen Wirkungen hinaus bildete der Lastenausgleich das Symbol für die erfolgreiche Integration der Vertriebenen.

HERMANN WEISS

Die Organisationen der Vertriebenen und ihre Presse

Die alliierten Besatzungsmächte, die 1945 die Regierungsgewalt in Deutschland übernahmen, waren sich darüber im klaren, daß annähernd 10 Millionen Vertriebene unter den gegebenen sozialen und wirtschaftlichen Verhältnissen der unmittelbaren Nachkriegszeit ein gefährliches Unruhepotential darstellen konnten. Befürchtungen vor einem wiedererstarkenden Nationalsozialismus unter den grenzkampferprobten Ostdeutschen und den deutschen Minderheiten in Osteuropa mochten das ihre dazu beigetragen haben, daß die Alliierten durch ein Koalitionsverbot für die Vertriebenen die Bildung spezieller Interessengemeinschaften dieser Bevölkerungsgruppe zu verhindern suchten. Manche Veröffentlichung der Vertriebenenpublizistik, aber auch die personelle Kontinuität in den Funktionärsschichten der NS-Zeit und der Vertriebenenverbände haben diese Befürchtungen im nachhinein bestätigt. Ein anderer, positiver Aspekt, der von alliierter Seite vor allem als Begründung für das Koalitionsverbot herangezogen wurde, war der, daß eigene Interessenverbände der Vertriebenen die Eingliederung in die neue Heimat erschweren würden. Tatsächlich wählten viele Vertriebene den Weg in die westdeutschen Parteien. Die SPD etwa gab 1948 bei rd. 80000 SPD-Mitgliedern in Schleswig-Holstein einen Anteil von 65% Heimatvertriebenen an[1], ein Stand, der in dieser Höhe von keiner Partei gehalten werden konnte, weil die einheimischen Parteien in Westdeutschland nicht bereit waren, die meist nur allzu berechtigten Forderungen der Vertriebenen angemessen zu berücksichtigen. Das war sicher mit ein Grund, weshalb es schon früh zur Gründung mehr oder weniger getarnter Vertriebenenorganisationen kam, häufig in Verbindung mit den anderen Gruppen der Kriegsgeschädigten wie den Flüchtlingen und Fliegergeschädigten, die sich alle der Gruppe der »Entrechteten« zugehörig fühlten. Auf regionaler Ebene wurden diese Gruppierungen, auch wenn es sich um Wählergemeinschaften handelte, schon seit etwa 1947 kaum mehr behindert.
Der am häufigsten begangene Weg zu eigenen Vertriebenenorganisationen führte über die Kirchen. Die Protestanten konnten sich dabei ihrer eigenen, landsmannschaftlich-landeskirchlich organisierten Strukturen bedienen, die ihrerseits wiederum den Aufbau von landsmannschaftlich organisierten Vereinigungen in der neuen Heimat begünstigten. So bilde-

ten sich für alle Vertreibungsgebiete, in denen evangelische Kirchen existiert hatten, »Hilfskomitees«, wie z. B. das »Hilfskomitee evangelischer Sudetendeutscher« oder das »Hilfskomitee für die Evangelische Landeskirche aus Jugoslawien«, die alle dem »Hilfswerk der Evangelischen Kirche in Deutschland« zugeordnet waren, das von dem früheren zweiten Mann im Kirchlichen Außenamt der Evangelischen Kirche, Eugen Gerstenmaier, geleitet wurde. Im Oktober 1946 erkannte der Rat der Evangelischen Kirche den im Juli 1946 gebildeten »Ostkirchenausschuß« als Vertretung der früheren deutschen Ostkirchen an. Siebzehn der evangelischen Hilfskomitees schlossen sich schließlich im September 1950 zum »Konvent der zerstreuten evangelischen Ostkirchen« zusammen, der sich als Koordinierungsorgan für die kirchliche, soziale, aber auch politische Vertriebenenarbeit sah. Obwohl die Hilfskomitees, die schon seit 1947 mit einigen der illegalen Vertriebenenorganisationen Kontakte pflegten, das heimatregionale Organisationsprinzip der Landsmannschaften gewissermaßen erfunden hatten und eine breite Übereinstimmung auch in politischen Vorstellungen der Landsmannschaften wie etwa dem Heimatrecht bestand, kam es später zur Trennung. Die Evangelische Kirche hatte eingesehen, daß der Verselbständigungsprozeß bei den Vertriebenenorganisationen nach der stillschweigenden Aufhebung des Koalitionsverbots zu einer Radikalisierung geführt hatte, in die man sich nicht hineinziehen lassen wollte. Auf der Sitzung des Konvents der Hilfskomitees vom 28. August 1951 in Ratzeburg wurden die Landsmannschaften in die Selbständigkeit entlassen, die diese postwendend mit der Feststellung bewiesen, daß die Vertretung des Heimatrechts und die Lösung der Vertriebenenfrage durch Wiedergewinnung der alten Heimat Aufgaben seien, die von den Kirchen ohnehin nicht erfüllt werden könnten[2].

Die katholische Kirche konnte auf keine vergleichbaren Organisationsstrukturen wie die evangelischen Kirchen zurückgreifen. Trotzdem gab es gewisse Übereinstimmungen. Analog zum evangelischen Hilfswerk wurde im August 1945 die »Kirchliche Hilfsstelle« eingerichtet, die von früheren geschäftsführenden Präsidenten des »Reichsverbandes für das katholische Deutschtum im Ausland«, Prälat Büttner, geleitet wurde. Zur fachlichen Beratung der Fuldaer Bischofskonferenz diente der 1948 eingerichtete »Katholische Flüchtlingsrat«, dem der spätere erste Bundesvertriebenenminister Hans Lukaschek präsidierte. Der »Päpstliche Sonderbeauftragte für die Heimatvertriebenen in Deutschland«, der frühere Ermländer Bischof Maximilian Kaller, war bereits 1946 von der Fuldaer Bischofskonferenz zum Flüchtlingsbischof bestellt worden. In München entstand Anfang 1946 aus einem Kreis um den sudetendeutschen Priester Dr. Franz Haibach die »Ackermann-Gemeinde«, deren Mitglieder großenteils aus der katholischen Jugendbewegung und den christlichen Gewerkschaften des Sudetenlands kamen. In ihren kirchlich-sozialen wie kulturellen Zielsetzungen, deren elitärer Charakter besonders in Publikationen wie der Zeitschrift »Der neue Ackermann« zum Ausdruck kam, ging die Gemeinde zwar weit über die bloße soziale und kulturelle Betreuung der sudetendeutschen Vertriebenen hinaus, blieb aber doch immer eine betont katholische Glaubensgemeinschaft. Schlesische Vertriebene gründeten 1947 in München, anknüpfend an die schlesische Volksbildungsstätte »Heimgarten«, die »Eichendorffgilden«, die, von der Ackermanngemeinde beeinflußt, mit ihr zusammen das katholische Wochenblatt »Der Volksbote« herausgaben. Stärker auf Norddeutschland beschränkt blieb eine andere Gründung vertriebener katholischer Schlesier, das »St. Hedwigswerk«, das über Bildungsstätten und Tagungen auch mit den politischen Problemen der Vertriebenen vertraut macht und in Erinnerung an die alte Heimat landsmannschaftliche Wallfahrten organisiert. Ähnlichen Aufgaben dienten und dienen heute noch katholische Gründungen wie das »St. Gerhardswerk« oder die »Bischof-Maximilian-Kaller-Stiftung«.

Die Bedeutung der kirchlichen Einrichtungen für die Vertriebenen charakterisiert der Tätigkeitsbericht der Bundesregierung für das Jahr 1958, in dem ihnen bescheinigt wird, daß sie »in der Zeit des Koalitionsverbots den heimatlos gewordenen Massen den Zusammenschluß ermöglicht ... und den Boden für die spätere Organisationsentfaltung gesichert« hätten[3].

Bei aller Übereinstimmung der Kirchen mit den Vertriebenen auch in einzelnen politischen Fragen muß aber festgehalten werden, daß die Kirchen, die evangelischen früher als die katholische, in den für den Stellenwert der Vertriebenenverbände im politischen Leben der Bundesrepublik so entscheidenden 60er Jahren gegen deren heftigsten Widerstand die Aussöhnung mit Polen anstrebten, was faktisch die Anerkennung der Oder-Neiße-Grenze bedeutete.

Vom Weg über die Kirchen abgesehen gelang es der deutschen Seite noch über die Verwaltungen, indirekt also über die Parteien, bei den alliierten Militärregierungen Gremien durchzusetzen, die schon ab Ende 1945 als »Beiräte« oder »Ausschüsse« zunächst noch auf Gemeinde-, Kreis- und Regierungsbezirksebene die Interessen der Flüchtlinge, Bombengeschädigten und natürlich auch der Vertriebenen innerhalb der staatlichen Verwaltungen beratend vertraten. In der britischen Besatzungszone durften die Beiräte sich schließlich sogar zu Landesbeiräten zusammenschließen, die die entsprechenden Ausschüsse in den Landtagen berieten. Gegen diese Form der Selbsthilfe und Interessenvertretung der Kriegsgeschädigten hatten auch die westdeutschen Parteien, die selbst gerade erst im Aufbau begriffen waren, nichts einzuwenden, da die fachliche Beratung

durch die Geschädigten zunächst einigen politischen Druck der Betroffenen kanalisierte, ohne das politische Vertretungsmonopol der Parteien zu gefährden.
Die erste Aufweichung des alliierten Koalitionsverbots kam nicht zuletzt als Folge des Kalten Krieges, der bei den Briten und Amerikanern ab 1947 die Scheu abbaute, die osteuropäischen Staaten durch die Zulassung von Vertriebenenorganisationen zu provozieren. Interessengemeinschaften der Kriegsgeschädigten wie die im Sommer 1945 in der britischen Zone entstandene »Notgemeinschaft deutscher Flüchtlinge« hatte auch die entschärfende Namensänderung in »Arbeitsgemeinschaft deutscher Flüchtlinge« 1946 nicht vor dem Verbot retten können. Im März 1948 durfte sie sich jedoch unter dem neuen Namen »Aufbaugemeinschaft der Kriegsgeschädigten e. V.« wieder dem bisherigen Vereinszweck widmen. Einfacher war es freilich noch, wenn man wie der schon im Oktober 1945 gegründete »Baltenbund« mit der Umbenennung in das unverdächtig klingende »Hilfskomitee der evangelisch-lutherischen Deutschbalten aus Lettland und Estland« die Besatzungsmacht besänftigen konnte[4]. Im März 1947 erlaubte auch die amerikanische Militärregierung die Bildung unpolitischer regionaler Interessenverbände der Vertriebenen, ab Herbst des gleichen Jahres auch auf Länderebene.
Spätestens seit der Anordnung der Besatzungsmächte, ein Lastenausgleichsgesetz zu verabschieden, war den bis dahin existierenden Vertriebenenorganisationen eingedenk ihrer geringen Wirkung in den Beiräten und Ausschüssen klar, daß sie ihre Interessen nur über eine autonome und zentrale Organisation angemessen würden durchsetzen können. Ein erster Versuch zur Gründung einer »Hauptarbeitsgemeinschaft der Organisationen der Heimatvertriebenen« scheiterte jedoch. Die landsmannschaftlich orientierten Verbände mit ihren ausgeprägten politischen Zielsetzungen fanden bei den in erster Linie soziale und wirtschaftliche Ziele verfolgenden Interessenverbänden keine gemeinsame Basis. Daraufhin schlossen sich im April 1949 die Landesorganisationen der Interessenverbände, damals noch die höchste Organisationsebene, zum »Zentralverband vertriebener Deutscher« (ZvD) zusammen, der erst im November 1951 und nur auf den unteren Ebenen mit den großen Landsmannschaften der Sudetendeutschen und der Schlesier im »Bund vertriebener Deutscher« (BvD) zusammenging und sich erst 1954 entschließen konnte, den neuen Namen auch auf Bundesebene anzunehmen. Seine Aufgaben sah der ZvD/BvD (laut Satzung seines hessischen Landesverbands) in der Beihilfe zu Existenzgründung, der Förderung von wirtschaftlichen Unternehmungen, des Wohnungsbaus, der Siedlung und des Grunderwerbs, der Beschaffung von Hausrat und anderen Bedarfsgütern und in der Gewährung von Rechtsschutz und der Vertretung vor Behörden. Mit Beginn

des Jahres 1950 wurde der nunmehr hauptamtliche Apparat des ZvD als eine Art Hilfs- oder Ergänzungsverwaltung in die staatliche Verwaltung eingebaut. Sein Einfluß schwand aber mit dem Erlaß der grundlegenden Lastenausgleichsbestimmungen und des Bundesvertriebenengesetzes von 1953, dem Abbau der Arbeitslosigkeit und einem allgemeinen wirtschaftlichen Aufschwung in der Bundesrepublik, alles Maßnahmen und Entwicklungen, von denen die Kriegsgeschädigten erhoffen konnten, für ihre Verluste entschädigt und in den wirtschaftlichen Aufschwung gleichberechtigt mit der westdeutschen Bevölkerung einbezogen zu werden. Der ZvD, der jahrelang für den sozialen und wirtschaftlichen Ausgleich zugunsten seiner Mitglieder gekämpft hatte, hatte sich damit jedoch seine Handlungsgrundlage beschnitten.

Gleichzeitig mit der wirtschaftlichen Gesundung der Bundesrepublik verlagerten sich Mitte der 50er Jahre ihre Probleme stärker auf das Gebiet der Außenpolitik, für das sie seit dem Inkrafttreten des Deutschland-Vertrages auch die Zuständigkeit erhalten hatte. Die verschiedenen Lösungsversuche der Saarfrage, die Einbindung der Bundesrepublik in die Westeuropäische Union und in die NATO bei gleichzeitiger Anerkennung des deutschen Rechts auf Wiedervereinigung durch die neuen Bündnispartner und schließlich der deutsche Appell an die vier Besatzungsmächte wegen eines Friedensvertrages mit endgültiger Grenzregelung gegenüber Polen hatten bei den Vertriebenen und ihren Verbänden neue Hoffnungen erweckt.

Die Landsmannschaften, fast so alt wie das Vertriebenenproblem selbst und mit gewachsenen deutschlandpolitischen Vorstellungen ausgestattet, sahen ihre Stunde gekommen. Sie hatten mit ihren Organisationsformen heimatregionaler Zusammengehörigkeit, die in der Situation der Vertreibungszeit naheliegend und hilfreich war, das Selbstwertgefühl der Vertriebenen gestärkt und der westdeutschen Öffentlichkeit ein individuelles Bedürfnis signalisiert, das seinen Eindruck bei zahlreichen kulturellen Begegnungen zwischen Alt- und Neubürgern nicht verfehlte. An den Mitgliedszahlen der Landsmannschaften war und ist dieses Bedürfnis deutlich abzulesen[5]. Die Beständigkeit, die in der zum Programm erhobenen Heimatbindung der Landsmannschaften zum Ausdruck kam, machte sie – wie in den Zeiten des Lastenausgleichsgesetzes den ZvD/BvD – nunmehr in der deutschen Innen- und Außenpolitik zu einem Faktor, den man einzukalkulieren hatte. Dies galt noch mehr, als es ihnen im Dezember 1958 endlich gelang, ihren 20 Bünde einschließenden Dachverband, den »Verband der Landsmannschaften« (VdL) von 1952, der auf die schon im August 1949 gegründeten »Vereinigten Ostdeutschen Landsmannschaften« (VOL) zurückging, mit dem ZvD/BvD zum einzigen Dachverband der Vertriebenen in der Bundesrepublik zu vereinigen, der

Die Landsmannschaften

Deutsch-Baltische Landsmannschaft im Bundesgebiet e. V.
Landsmannschaft der Deutschen aus Litauen e. V. im Bundesgebiet
Landsmannschaft Ostpreußen e. V.
Bund der Danziger e. V.
Landsmannschaft Westpreußen
Pommersche Landsmannschaft
Landsmannschaft Weichsel-Warthe – Bundesverband – e. V.
Landsmannschaft Berlin-Mark Brandenburg e. V.
Landsmannschaft Schlesien – Nieder- und Oberschlesien – e. V.
Landsmannschaft der Oberschlesier e. V.
Sudetendeutsche Landsmannschaft – Bundesverband – e. V.
Karpatendeutsche Landsmannschaft Slowakei e. V.
Landsmannschaft der Siebenbürger Sachsen in Deutschland e. V.
Landsmannschaft der Buchenlanddeutschen e. V.
Landsmannschaft der Donauschwaben aus Jugoslawien
Landsmannschaft der Banater Schwaben aus Rumänien in Deutschland e. V.
Landsmannschaft der Deutschen aus Ungarn
Landsmannschaft der Deutschen aus Rußland
Landsmannschaft der Bessarabiendeutschen e. V.
Landsmannschaft der Dobrudscha- und Bulgariendeutschen

unter dem damaligen Namen »Bund der Vertriebenen – Vereinigte Landsmannschaften und Landesverbände« noch heute existiert. (Unter den »Landesverbänden« sind die sehr auf ihre Selbständigkeit bedachten 11 Landesverbände des ZvD/BvD zu verstehen.) Bei den sich jahrelang hinziehenden Fusionsbemühungen spielten auch die Person des eigenwilligen stellvertretenden Bundesvorsitzenden des »Bundes der Heimatvertriebenen und Entrechteten« (BHE), Linus Kather, und seine Rivalität mit dem Vorsitzenden der Deutsch-Baltischen Landsmannschaft, Baron Manteuffel-Szoege, eine Rolle. Erst die Kaltstellung Kathers, der in heftiger Opposition zu der Vertriebenenpolitik der regierenden CDU unter Adenauer stand, hatte den Weg für den Zusammenschluß zum neuen Bvd geebnet.

Kather, der vor 1933 einziger Vertreter des Zentrums im Hamburger Stadtparlament gewesen war und, Gründungsmitglied der Hamburger CDU, bis 1954 als Christdemokrat im Bundestag saß, hatte es als Vorsitzender des Bundestags-Vertriebenenausschusses und Vorsitzender der Ost-CDU zu großem Ansehen gebracht. Gegen den Trend schloß er sich 1954, ein Jahr vor dem spektakulären Austritt der BHE-Minister Kraft und Oberländer, dem BHE an. Von Adenauer persönlich enttäuscht und

verbittert, hatte er sowohl im BHE wie als Vorsitzender des BdV versucht, die innen- wie außenpolitische Eigenständigkeit der Vertriebenen gegen die anderen Parteien im Bundestag zu verteidigen und war damit zu einem Relikt der frühen Eingliederungsphase geworden. Der neue Präsident des BdV, Hans Krüger, der im Februar 1964 den Posten des Vertriebenenministers im ersten Kabinett Erhard wegen seiner nazistischen Vergangenheit aufgeben mußte, machte in seiner Antrittsrede klar, daß die Durchsetzung der »heimatpolitischen Anliegen«, also die Arbeit an der Rückkehr in die alte Heimat – nach Meinung der BdV-Leitung der »entscheidendste Beitrag für die Ordnung im europäischen Raum« – nur »mit den politischen Kräften unserer Bundesrepublik möglich ist«[6].
Die Integration der Heimatvertriebenen war im sozialen Bereich dank des kontinuierlichen Aufschwungs in der Bundesrepublik zu Beginn der 60er Jahre praktisch erreicht. Gradmesser für ihre politische Integration war der stete Abstieg des »Blocks der Heimatvertriebenen und Entrechteten«, der 1950 in dem von Flüchtlingen und Heimatvertriebenen überschwemmten Schleswig-Holstein von Waldemar Kraft gegründet worden war und bereits bei seiner ersten (Landtags-)Wahl 23,4 % der Stimmen erreicht hatte. Gestützt auf frühere kleine Flüchtlings- und Vertriebenenparteien wurden nach diesem Erfolg auch in den anderen Ländern der Bundesrepublik BHE-Landesgruppen aufgebaut, deren Mitglieder teilweise von den etablierten Parteien abgewandert waren. Die neue Partei gab sich ausgesprochen sozialkämpferisch und richtete dank der zahlreichen Vertriebenen in ihren Reihen die Parteiarbeit vor allem auf diese Gruppe der Kriegsgeschädigten aus. Obwohl sich die Führung des BHE gegen rechtsradikale, allerdings auch gegen sozialistische Tendenzen ausgesprochen hatte, kamen zeitweise viele seiner Wähler aus dem rechten, ehemals nationalsozialistischen Lager, wo man sich nunmehr ebenfalls zu den »Entrechteten« zählte. Um die Wählerbasis aus dieser Gruppe noch zu vergrößern und die Gefahr zu verringern, als reine Geschädigten-Partei mit der sozialen Befriedigung und Integration der Anhänger die Wähler zu verlieren, hing man sich eine »gesamtdeutsche« Komponente an, indem man den Parteinamen in »Gesamtdeutscher Block/BHE« (GB/BHE) änderte und das Brandenburger Tor zum Parteiemblem wählte. Trotz eines Wählerpotentials von über 10 Millionen Bundesbürgern mit Vertriebenen- oder Flüchtlingsstatus erhielt der GB/BHE bei der Bundestagswahl 1953 nur 1,6 Millionen (5,9 %) Zweitstimmen, konnte aber immerhin als einzige der neuen, erstmals zur Bundestagswahl angetretenen Parteien die 5-Prozent-Hürde überspringen.
Als Koalitionspartner im 2. Kabinett Adenauer mit dem stellvertretenden Parteivorsitzenden Theodor Oberländer als Vertriebenenminister und dem Parteivorsitzenden Waldemar Kraft als Sonderminister zerrieb

sich die Partei aber bald in innerparteilichen Auseinandersetzungen um die deutsche Ostpolitik und die Saarfrage. Der außenpolitische Sprecher der Bundestagsfraktion, Frank Seiboth, zugleich Bundesvorsitzender des Witiko-Bundes und führendes Mitglied der Sudetendeutschen Landsmannschaft, lehnte das Einschwenken Krafts auf die außenpolitische Linie Adenauers ab, wobei er den landsmannschaftlich orientierten Teil der Partei hinter sich wußte. Kraft, der 1950 nur in der Heimkehr der Vertriebenen in die wiedergewonnen Ostgebiete eine Möglichkeit zur Lösung der Ostprobleme gesehen hatte, schätzte vier Jahre später die Verhältnisse realistischer ein und versuchte, seinen Parteifreunden die »Abkehr vom überwundenen nationalstaatlichen Denken« nahezulegen, um mit dieser kompromißbereiten Haltung im Rahmen eines geeinten Europas die »Neuordnung« der osteuropäischen Gebiete westlich der Sowjetunion (in ihren Grenzen von 1938) zu erreichen, eine Ordnung, über die ihm eine »friedliche Rückgewinnung« der ehemaligen deutschen Ostgebiete vorstellbar erschien. Mit diesem für einen Vertriebenenpolitiker zu diesem Zeitpunkt zu flexiblen Standpunkt war Kraft isoliert und trat als Bundesvorsitzender zurück. Zusammen mit Oberländer, seinem Nachfolger im Bundesvorsitz, verließ er 1955 seine Partei und wechselte ein halbes Jahr später zur CDU über.

Umfragen und Wähleranalysen lassen erkennen, daß der GB/BHE überwiegend von älteren und verarmten Schichten der Bevölkerung in Wahlkreisen mit hohem Flüchtlingsanteil gewählt worden war. Mit der Verringerung der sozial Unterprivilegierten wanderten viele seiner Wähler, vor allem die Katholiken, zur CDU ab. Daß auch die besonders vom landsmannschaftlichen Flügel der Partei vertretene nationale Frage bei der Wahlentscheidung eine Rolle spielte, läßt eine 1958 veröffentlichte Umfrage erkennen; danach waren es 1953 noch 9 % der BHE-Wähler, die als Grund ihrer Entscheidung für den BHE dessen Eintreten für die Wiedervereinigung und die alten Grenzen angaben; 1957 war diese Gruppe auf 3 % geschrumpft[7]. Bei der Bundestagswahl 1957 erreichte der GB/BHE nur noch 4,6 % der Stimmen und kam damit nicht mehr ins Parlament. Versuche, über eine Fusion mit der ebenfalls nationalistischen, aber konservativen Deutschen Partei wieder ins Parlament zurückzukehren, erwiesen sich bei der Bundestagswahl von 1961 mit einem Stimmenanteil von 2,8 % als totaler Fehlschlag. Die meisten Mitglieder wanderten zu den Unionsparteien ab. Fortan gab es eine direkte Interessenvertretung der Vertriebenen nur noch durch den BdV und die Landsmannschaften.

Wie in den Chef-Etagen der Wirtschaft zeichnete sich das Verbandsleben der Vertriebenen durch ein Geflecht vielfältiger persönlicher Querverbindungen aus, ein Phänomen, das bei den Vertriebenenverbänden vom

Nebeneinander der sozialen Interessenverbände und der landsmannschaftlichen Gruppierungen begünstigt wurde. Besonders deutlich wird dies am Beispiel des »Witiko-Bundes«, der aus Treffen Gleichgesinnter Ende 1947 in Bayern und Südwestdeutschland entstanden ist. Viele seiner Mitglieder kannten sich aus Vereinigungen und Zirkeln des deutschen Volkstums in der Tschechoslowakei, von denen Organisationen wie der »Kameradschaftsbund« oder der »Aufbruchkreis« in der tschechoslowakischen Republik einen durchaus konspirativen Charakter besessen hatten. Eine ganze Reihe von ihnen traf sich in der höheren und mittleren Funktionärsschicht der NSDAP-Gauverwaltung im »Reichsgau Sudetenland«[8] oder in den Redaktionsstuben der gleichgeschalteten Presse im Gau wieder. Ein typisches Beispiel dieser Gruppe, aber auch für die Querverbindungen, war Franz Karmasin. Er wurde vom »Kameradschaftsbund« zur Unterstützung der dortigen Volkstumsarbeit in die Slowakei entsandt, leitete dort die Karpatendeutsche Partei, die sich unter seiner Führung der Sudetendeutschen Partei Henleins anschloß, und wurde nach der Zerschlagung der Tschechoslowakei von Hitler zum Volksgruppenführer der Karpatendeutschen berufen, die er als Staatssekretär auch in der Regierung des slowakischen Satellitenstaates vertrat; die SA verlieh ihm den Ehrenrang eines SA-Gruppenführers. Nach dem Kriege wurde er in der Tschechoslowakei in Abwesenheit zum Tode verurteilt. Wegen seiner NS-Vergangenheit durchgeführte polizeiliche Ermittlungen in der Bundesrepublik schleppten sich jahrelang hin und wurden erst mit seinem Tode eingestellt. In dieser Zeit verdiente er als Verlagsleiter bei der »Sudetendeutschen Zeitung« in München sein Brot, nachdem er einige Jahre unter falschem Namen gelebt hatte. Als Mitglied der Karpatendeutschen Landsmannschaft stieg er zu deren Sprecher auf, wurde Mitglied des »Sudetendeutsches Rates« und übernahm noch andere Funktionen in der Sudetendeutschen Landsmannschaft; schließlich übernahm er auch den geschäftsführenden Vorsitz im »Witiko-Bund«.
Einiges ist von den konspirativen Methoden der früheren Volkstumsarbeit auch auf den »Witiko-Bund« übergegangen. In internen Rundbriefen des Bundes billigte man den Mitgliedern zwar »ehrlichen Gesinnungswechsel« und freien politischen Standpunkt zu, verlangte aber gleichzeitig, daß der Bund »die Gemeinschaft einer Gesinnung bleiben muß« und das »Bekenntnis zu den Grundsätzen des Bundes den absoluten Vorrang vor jedem parteipolitischen Bekenntnis hat und behält«[9]. Die Methode der Infiltration gesellschaftlich wichtiger Institutionen und Gremien war naturgemäß bei der eigenen Landsmannschaft besonders erfolgreich; 1972 gehörten von 72 Mitgliedern der Bundesversammlung, also dem obersten Exekutivorgan der Sudetendeutschen Landsmannschaft, 39 dem »Witiko-Bund« an, fünf Jahre später auch neun der 14 Vorstandsmitglieder.

Nachfolger des tödlich verunglückten Wenzel Jaksch als Präsident der Bundesversammlung wurde 1967 Egon Schwarz, Witikone wie sein Vizepräsident Sepp Schwarz (der ehemalige Präsident der Gauschrifttumskammer im Reichsgau). Auch der damalige Sprecher der Sudetendeutschen Landsmannschaft, Walter Becher, und der Leiter ihrer Pressestelle, Erich Maier, sowie der langjährige Bundesvorsitzende der Sudetendeutschen Landsmannschaft, Franz Böhm, ehedem u. a. Leiter des NSDAP-Gaugerichts im Sudetenland, waren Mitglieder des Bundes. Seine Mitglieder nahmen bald auch führende Positionen in den Parteien und in der staatlichen Verwaltung ein. Dabei waren die Anfänge des »Witiko-Bundes« zeitgemäß bescheidener Natur, weil man Rücksicht auf die »völkische« Vergangenheit mancher seiner Mitglieder nehmen mußte. Aus Rücksicht auf die Kontrollmaßnahmen der Besatzungsmacht nannte man den Kreis unverfänglich »Arbeitskreis Südost« und hospitierte bei der »Freideutschen Landesgemeinde Württemberg-Baden«. Erst 1950 gab sich die Vereinigung den Namen »Witiko-Bund«, der sich aber trotz des Namenspatrons Adalbert Stifter weiterhin als politischer Arbeitskreis verstand, dessen Aufgabe es war, ohne parteipolitische Rücksichtnahme die »Tradition der Volkstumsarbeit in der Heimat fortzuführen«[10].
Außer zur »Ackermann-Gemeinde« pflegte der »Witiko-Bund« auch gute Beziehungen zur sudetendeutschen sozialdemokratischen »Seliger-Gemeinde«, deren Vorsitzender der seit 1953 dem Bundestag angehörende Sozialdemokrat Wenzel Jaksch war. Der Name der »Seliger-Gemeinde« war bereits Programm. Josef Seliger hatte als Vorsitzender der 1918 entstandenen »Deutschen Sozialdemokratischen Arbeiterpartei« (DSAP) in der Tschechoslowakei für die kulturelle Autonomie der geschlossen deutschsprachigen Gebiete in der tschechoslowakischen Republik gekämpft. Zum nationalistischen Flügel der DSAP gehörte Jaksch, Parteivorsitzender seit März 1938. Jaksch hatte in der Emigration für die Nachkriegszeit eine vom »heiligen Zorn« gebotene Abrechnung mit den »Henleinverbrechern« angekündigt, 1945 die bereits gemäßigtere Ansicht vertreten, daß derjenige, der einmal »vom Herrenstandpunkt aus Ostpolitik gemacht hat ... gefälligst seine Finger vom Anliegen der Heimatvertriebenen lassen« solle, war aber 1961 dann bereit, den »anständigen Gegnern von gestern die Hand zur überparteilichen Zusammenarbeit« zu reichen[11]. Im Sinne Jakschs blieb die »Seliger-Gemeinde« bis heute dem rechten Flügel der SPD verbunden. Dabei war ihr – vergleichbar dem »Witiko-Bund« – die Bewahrung und wenn möglich Durchsetzung ihrer sudetendeutschen politischen Erfahrungen ein wichtiges Gebot.
Zur Pflege und Durchsetzung ihrer Anliegen bedienen sich die Vertriebenenorganisationen vielfacher Möglichkeiten. In eigenen Jugendorganisa-

tionen, die, fast ausschließlich landsmannschaftlich organisiert und betreut, in dem Dachverband »Deutsche Jugend des Ostens« (DJO) zusammengefaßt sind, versucht man die heimatpolitischen Anliegen der Erwachsenenverbände wachzuhalten. Auffallend ist bei den DJO-Bünden die unverblümte Nähe zu den Jugendorganisationen der NSDAP in äußerlichen Dingen wie Namensgebung und Symbolik, aber auch im Kultischen und in der Führungsstruktur der Organisation – von der »volkspolitischen Erziehungsarbeit« ganz zu schweigen. Auch bei den Jugendorganisationen gab es in den Führungspositionen personelle Bezüge zum Dritten Reich, eine Erscheinung, die auch bei den kulturellen Einrichtungen der Landsmannschaften und anderer Vertriebenenorganisationen nicht zu übersehen ist[12]. In der Tradition der alten Bildungsstätten der früheren Heimat stehend, arbeiten die zentralen Kulturwerke wie das »Nordostdeutsche Kulturwerk« in Lüneburg, das »Schlesische Kulturwerk« in Würzburg und der »Adalbert-Stifter-Verein« und das »Südostdeutsche Kulturwerk« in München im Sinne ihrer landsmannschaftlichen Träger. Über Akademien, Seminare und Schulungskurse, mit Materialien für Vorträge, Kulturabende und Tagungen versuchen sie auch heute noch das Publikum in der Bundesrepublik über die historischen, politischen und kulturellen Fragen und Probleme der verlorenen Heimat und der Volksgruppen aus ihrer Sicht zu informieren und interessierten Nachwuchs zu schulen, um das geistige Erbe zu bewahren. Die zentrale Trägerorganisation, in der die Einzelorganisationen, voran die Landsmannschaften, ihre Vertreter entsenden, ist der »Ostdeutsche Kulturrat«.

Das mit Abstand wichtigste Kommunikationsmittel für die Vertriebenen waren – und sind teilweise heute noch – die zahlreichen Zeitungen und Zeitschriften, die seit der Existenz der ersten Hilfsstellen und -komitees, Arbeitsgemeinschaften und Landsmannschaften überall aus dem Boden schossen – und auch schnell wieder eingingen. Die Besatzungsmächte verhinderten allerdings in den Jahren bis 1949 durch den Lizenzzwang für die Herausgeber von Presseerzeugnissen und durch strenge Kontrollen einen freien Zeitungsmarkt und ungehinderten Nachrichtenfluß. Auch hier waren es in erster Linie die Kirchen, die helfend einsprangen, teils mit eigenen Flüchtlingszeitungen wie dem im Januar 1946 erstmals erscheinenden katholischen »Flüchtlingsseelsorger«, der ab Dezember 1946 unter dem Titel »Christ unterwegs« herauskam, oder den seit April 1947 herausgegebenen »Ermlandbriefen«, die heute noch mit einer Auflage von 35000 Exemplaren erscheinen; überwiegend bestand aber die konfessionelle Presse etwa des ersten Jahrzehnts der Vertreibung aus Gemeinde- oder Seelsorgerbriefen, die meist nur in hektographierter Form verbreitet wurden und mit dem Tod oder der Zurruhesetzung ihrer Herausgeber in der Regel ihr Erscheinen wieder einstellten.

Wichtigstes Anliegen war nach der seelsorgerischen Betreuung die Familienzusammenführung. Die Strukturierung der Presse nach Heimatkreisen ist typisch für diese Art Publikationen. Obwohl beispielsweise der jährliche Ausstoß der katholischen »Kirchlichen Hilfsstelle« in München für die damalige Zeit mit 2,25 Millionen angegeben wird[13], in die allerdings auch Flugblätter und Traktate einzubeziehen sein dürften, kann man erst nach der Aufhebung der Lizenzpflicht durch das Gesetz Nr. 5 der Alliierten Hohen Kommission vom 21. September 1949 von einer eigenen Vertriebenenpresse sprechen. Die konfessionelle Vertriebenenpresse verkleinerte sich ab diesem Zeitpunkt entsprechend; einige dieser Blätter erschienen weiter als Beilagen zu landsmannschaftlichen oder anderen, nicht-konfessionellen Blättern. So wurde etwa die »Pommersche Heimatkirche« der großen »Pommerschen Zeitung« beigelegt. Wie bei den Organisationen hat auch bei den Druckerzeugnissen die evangelische Vertriebenenpresse durch die Übernahme alter landeskirchlicher Strukturen die landsmannschaftliche Pressearbeit vorgeprägt.

Die Vertriebenen-Pressearbeit der Parteien muß allein schon von der Auflage her in ihrer Wirkung unterschiedlich beurteilt werden. Die mit Abstand auflagestärksten Titel waren hier der »Union Flüchtlingsdienst«, der seit 1949 mit einer Auflage von 70000 in Bayern herauskam, der von der »Hilfsstelle München« und der »Ackermann-Gemeinde« ins Leben gerufene »Volksbote« (Auflage 1949: 55000; 1968: 38400), der heute der CSU nahesteht, und der 1957 vom GB/BHE übernommene »Wegweiser für Heimatvertriebene«, der es 1952 noch unter seinem alten Titel »Anzeiger für Flüchtlinge und Vertriebene« auf eine Rekordauflage von 180000 Stück gebracht hatte. Bei den auf 274 bis 350 geschätzten Periodika der Vertriebenenpresse zwischen 1945 und 1952 sind folgende Zahlen errechnet worden: 1947 entfielen bei 53 Neugründungen 31 auf konfessionelle Periodika, 3 auf die allgemeine Vertriebenenpresse und 19 auf landsmannschaftliche Presseerzeugnisse; 1952 ergaben sich folgende Veränderungen: 46 Neugründungen verteilten sich mit 14 Titeln auf die allgemeine Vertriebenenpresse und mit 32 auf die landsmannschaftliche Presse, konfessionelle Blätter kamen nicht hinzu[14]. Seit Beginn der 60er Jahre stagnierte die Vertriebenenpresse oder ging sogar zurück, wobei die Zahl der Titel – oft aus wirtschaftlichen Gründen – allein schon wegen zahlreicher Zusammenlegungen schrumpfte.

Besonders rückläufig scheint die Entwicklung bei der Verbandspresse zu sein, was am Beispiel des BdV gut zu belegen ist, Hier gab es in den 50er Jahren noch eigene Mitteilungsblätter und Rundbriefe einzelner Kreisverbände und Ortsgruppen. Von den vier Titeln, die 1968 noch auf dem Markt waren, existierten 1983 noch drei; die Auflage von »Heimatrecht«

(Duisburg) kennzeichnet die gesamte Entwicklung (1968: 3500; 1983: 700). Von den Organen der Landesverbände des BdV hatten 1983 nur noch die »Deutsche Umschau« (Dortmund) für die Landesverbände Niedersachsen, Nordrhein-Westfalen, Hessen und den Kreisverband Dortmund und die »BdV-Nachrichten« (Stuttgart) für den Landesverband Baden-Württemberg überlebt.

Zur Versorgung mit einschlägigen Informationen wurden frühzeitig von Kirchen wie Parteien, vor allem aber von den Vertriebenenverbänden selbst eigene Pressedienste herausgegeben. Der gemessen an seiner Auswertung durch die Vertriebenenpresse bedeutendste ist der »Pressedienst der Heimatvertriebenen« (hvp). Er erscheint wöchentlich in einer Auflage von rd. 220 Stück und wird seit 1949 im Auftrag der landsmannschaftlichen Dachorganisation vom »Göttinger Arbeitskreis« vertriebener ostdeutscher Wissenschaftler herausgegeben. Der Dienst besteht vor allem aus Zitaten, die der osteuropäischen Presse, überwiegend der polnischen, entnommen sind, wobei von polnischer Seite bereits die Einseitigkeit durch Negativauswahl kritisiert wurde. Um Objektivität und die Übereinstimmung des westlichen Auslands mit den Vertriebenen bzw. ihren Sprechern vorzutäuschen, wurden Mitarbeiterkommentare auch schon mit ausländischen Pseudonymen versehen[15]. Der »Deutsche Ostdienst« (dod), 1959 aus der »Vertriebenen-Korrespondenz« (VK) des BdV und den »VOL-Informationen« entstanden, gilt als Sprachrohr des BdV-Präsidiums; er wird weniger nachgedruckt als der hvp.

Innerhalb der gesamten Vertriebenenpresse sind die landsmannschaftlich ausgerichteten Blätter nicht nur die auflagestärksten, sondern auch die politisch wichtigsten; naturgemäß verzeichnen die größten Landsmannschaften auch die höchsten Auflagen. Einige Zahlen sollen dies verdeutlichen, obwohl neueste Angaben in den Pressehandbüchern fehlen: »Das Ostpreußenblatt«, 1950 gegründetes Organ der Landsmannschaft Ostpreußen, mit einer höchsten Auflage von 128000 im Jahr 1959, 1970: 87000; »Die Pommersche Zeitung«, Organ der Pommerschen Landsmannschaft (vor 1954 unter dem Titel »Das Pommernblatt« herausgebracht), mit einer Auflage von 1960: 70400, 1968: 53800, 1970: 47700; »Die Sudetendeutsche Zeitung«, Organ der Sudetendeutschen Landsmannschaft, Auflage 1970: 25000; »Unser Oberschlesien«, Organ der Landsmannschaft der Oberschlesier, erreichte gegen den Trend erst 1962 seine höchste Auflage mit 22900 und hatte 1968 noch 17100. Wegen der in den letzten Jahren kaum mehr bekanntgegebenen Auflagenzahlen ist eine exakte, bis in die jüngste Zeit ergänzte Analyse nicht möglich; ältere Zahlen werden in ihrer gemeldeten Höhe teilweise auch bezweifelt[16].

Die absteigende Auflagenentwicklung ab den 60er Jahren ist jedoch an den großen landsmannschaftlichen Blättern glaubhaft nachzuweisen[17]. Zweifellos drückt sich hier eine biologische Entwicklung aus, die zwangsläufig zum Aushungern der Vertriebenenpresse führen wird. Auch die Leseranalysen, die »Das Ostpreußenblatt« 1968 durch eine Fragebogenaktion unter seinen Beziehern ermöglicht hat, bestätigt diese Feststellung. Danach waren schon 1968 drei Viertel der Leser des »Ostpreußenblattes« älter als 50 Jahre, das Interesse der Nachkommen an der Heimatzeitung gering und die Lesemotivation folgendermaßen strukturiert: 1.–5. Heimaterinnerungen in Form geschichtlicher, landsmannschaftlich-familiärer Nachrichten, auch über Landsleute im Ausland, Anzeigen; 6. Unterhaltung; 7. Lastenausgleich und Soziales; 8. Kultur; 10. Politik[18]. Nach allen Erfahrungen mit Emigranten und Auswanderern ist das Interesse an der alten Heimat in erster Linie an die persönliche Erinnerung gebunden. Zum biologischen Prozeß kommt die Integration der Vertriebenen und ihrer Nachkommen in die Gesellschaft der neuen Heimat. Gerade die Auswertung der von den Meinungsforschungsinstituten erfragten Einstellung zu politischen Problemen wie der Aussöhnung mit den Polen, der Revisionsmöglichkeit der Oder-Neiße-Linie oder der Bereitschaft zur Rückkehr in die alte Heimat belegt gelungene Integration[19]. Umstrittener ist dagegen die Behauptung, die Vertriebenen stellten einen höheren Anteil rechtsradikaler Wähler als die übrige Bevölkerung in der Bundesrepublik. Bei den Analysen der BHE-Wähler trifft dies sicherlich zu. Der Anteil der Vertriebenen an den NPD-Wählern Mitte der 60er Jahre entsprach aber etwa ihrem Bevölkerungsanteil an der Gesamtwählerschaft, war also nicht höher als der Anteil der einheimischen NPD-Wähler[20].

Die angebliche Affinität der Vertriebenen zum Rechtsextremismus wird damit mehr zu einem hausgemachten Produkt der Vertriebenenpresse und ganz besonders der Presse der Landsmannschaften. Das unbestreitbare Liebäugeln der Sudetendeutschen Landsmannschaft mit der NPD Mitte der 60er Jahre wegen des von der NPD vertretenen nationalen Programms, das das »Heimat- und Selbstbestimmungsrechtprogramm der Landsmannschaften vollinhaltlich« übernahm, mag symptomatisch für die meisten Landsmannschaften gewesen sein. Viele Kriterien rechtsradikaler Gesinnung finden sich auch in ihren Publikationen, vornehmlich in ihren Presseerzeugnissen. Dazu gehören individuelle Verhaltensweisen und Einstellungen wie Sendungs- und Elitebewußtsein, meist in Verbindung mit allgemeinem Kulturpessimismus, Ablehnung nonkonformistischen Verhaltens, ideologische Kompromißlosigkeit und die Neigung zu irrationalen Begründungen, u. a. auch des politischen Verhaltens; inhaltliche Kriterien sind u. a. der hohe Stellenwert nationaler, völkischer und militärischer Bezüge, die Ablehnung pluralistischer Gesellschaftssysteme wie der Demokratie und die bewußte, aber nur irrational begründbare Unterstellung des einzelnen unter den starken Führer. In dieses Bild passen die seit Jahren bestehenden engen Beziehungen der Vertriebenenpresse zur »Deutschen Nationalzeitung« des Dr. Gerhard Frey, der selbst mehrere unrentabel gewordene Vertriebenenblätter wie »Der Sudetendeutsche«, »Die Schlesische Rundschau« und den »Teplitz-Schönauer Anzeiger« erwarb[21].

Eine Würdigung der Vertriebenenorganisationen wird nicht übersehen dürfen, daß die Verbände und ihre Presse gerade wegen ihrer manchmal radikal vorgetragenen Forderungen zugunsten der berechtigten Ansprüche der Vertriebenen sehr erfolgreich tätig geworden sind. Die Durchsetzungsschwierigkeiten während der Besatzungszeit und der ersten Eingliederungsphase angesichts fehlender eigener bzw. rivalisierender Organisationen waren Anlaß für einen nachhaltigen Lernprozeß. Die Vertriebenenpresse übernahm dabei wichtige Funktionen, die sie besonders auf kulturellem Gebiet heute noch wahrnimmt. Ihre Bedeutung innerhalb der Presselandschaft der Bundesrepublik wird aber mit dem zunehmenden Abstand zur Vertreibung geringer. Politisch hat sich an ihrer Position rechts von der Mitte nichts geändert, eine Entscheidung, die die Basis aber nicht unbedingt nachvollzieht. Während sich die Vertriebenen auch in ostpolitischen Fragen immer mehr der Denkweise der übrigen bundesdeutschen Bevölkerung angeglichen haben, halten die Organisationen mit ihren Führungsschichten viel zäher an alten, unrealistischen politischen Vorstellungen und irrationalen Verhaltensweisen fest. Jüngstes Beispiel dafür war im Januar 1985 die Veröffentlichung eines unbedarften Hilfsredakteurs im offiziellen Organ der Landsmannschaft Schlesien »Der Schlesier – Breslauer Nachrichten«, die wohl als Beispiel dafür gedacht war, wie man sich das von der Landsmannschaft Schlesien ausgegebene Motto »Schlesien bleibt unser« vorstellen könnte. In einem Kriegsszenario wird dargelegt, wie die Sowjetunion, durch einen Krieg mit China geschwächt und von innerem Zerfall bedroht, freiwillig die Bundeswehr bis zur sowjetischen Westgrenze vorrücken läßt, wobei teilweiser Widerstand in Polen und der Tschechoslowakei schnell gebrochen wird; die Sowjets räumen freiwillig Ostpreußen, das Memelland und die Karpato-Ukraine; Österreich schließt sich ebenso freiwillig der Bundesrepublik an; alle diese Erfolge lassen sich dadurch erreichen, daß man auf deutscher Seite die wirtschaftliche, politische und militärische Macht der Bundesrepublik konsequent zur Destabilisierung des sowjetischen Machtbereichs einsetzt und damit die Deutschland- und Ostpolitik auf eine realistische Grundlage stellt. In seiner Tendenz steht dieser Artikel in der Vertriebenenpresse nicht allein. Er hat nur auf besonders peinliche Weise die Vorstellungswelt und die Denkmuster isolierter Führungsschichten einer staunenden Öffentlichkeit enthüllt und deutlich gemacht, daß die Vertriebenenverbände von ihrem alten Ruf als Kampftruppe der psychologischen Kriegführung, den sie sich während der Wiederaufrüstungskampagne und den Diskussionen um die Ostpolitik der sozialliberalen Koalition erwarben, im Grunde nichts eingebüßt haben.

DIETRICH STROTHMANN

»Schlesien bleibt unser«: Vertriebenenpolitiker und das Rad der Geschichte

Plötzlich, wie aus dem Nichts, waren sie wieder da: die Vertriebenen, in Gestalt ihrer rabulistischen Sprecher Herbert Czaja und Herbert Hupka, beide CDU, Bundestagsabgeordnete. Mit ihrem um die Jahreswende 1984/85 absichtlich vom Zaun gebrochenen Streit um das abwegige Losungswort der Schlesischen Landsmannschaft zum bevorstehenden »Deutschlandtag« in Hannover: »Schlesien bleibt unser!« Plötzlich stand, dank ihrer Schützenhilfe, selbst Bundeskanzler Helmut Kohl – der sich vorschnell als Hauptredner bei der Kundgebung angesagt hatte – in einem höchst grellen, unvorteilhaften Scheinwerferlicht. »Seine« Vertriebenen hatten der wiederaufgelebten, östlichen »Revanchismuskampagne« billige Sperrfeuermunition geliefert. Wochenlang war in der Bundesrepublik kaum von etwas anderem die Rede als von den Vertriebenen. Fast schien es so, als gäbe es in der Innenpolitik kein wichtigeres Thema als sie.

Hatte die Bonner »Wende« etwa auch sie wieder an die tagespolitische Oberfläche gespült? War es nun länger nicht mehr nur »Schnee von gestern«, den sie verbreitet hatten? Sollten sie im politischen Geschäft Bonns – als außenpolitische Stimmungsmacher, als innenpolitische Wählerklientel – doch wieder jene Rolle spielen können wie ehedem unter Konrad Adenauer während der ersten schwierigen Jahre der zweiten deutschen Republik?

Damals, mit ihren Vertriebenenministern und dem für immerhin eine Legislaturperiode mitregierenden »Block der Heimatvertriebenen und Entrechteten« (BHE), konnten sie noch politisches Gehör, Mitspracherechte sogar verlangen. Schon damals freilich zerschlugen sie auch so manches politisches Porzellan. So wußte Außenminister Brentano Klagelieder über ihre Querschüsse zu singen, mußte Kanzler Adenauer den – von ihm so genannten – »tiefbraunen« Vertriebenenminister Oberländer in die Wüste schicken, den sudetendeutschen Verkehrsminister Seebohm wegen seiner scharfmacherischen Sonntagsreden oft genug zur Ordnung rufen. Dennoch waren die Vertriebenen, schon auf Grund ihrer Zahl und ihrer genehmen konservativen Grundströmung, für die Regierenden in Bonn zu jener Zeit ein politisches Potential, das sich zumal bei Wahlen zugunsten der CDU/CSU einsetzen ließ. Es fand Politik im Einklang statt:

Adenauer brauchte weder Politik ausschließlich mit den Vertriebenen zu machen, noch wollte er sie gegen die Vertriebenen betreiben.

Zwanzig Jahre danach, zum Kalenderwechsel 84/85, mochte es so scheinen, als seien die Vertriebenen noch einmal aus ihrer Versenkung aufgetaucht, als wollten sie ein weiteres Mal den politischen »Aufstand« proben. Hatte etwa erneut ein Bundeskanzler bei seiner »Festlegung der Richtlinien der Politik« Rücksicht auf diese inzwischen vergessen gewähnte Gruppe zu nehmen? Waren sie wieder da, wieder wer? Gaben sie neuerdings den politischen Ton in Bonn mit an? Erinnerungen an jene frühen Jahre der Bundesrepublik wurden unversehens wach, als so manche Wege der Regierung an den organisierten Vertriebenen und ihren Funktionären nicht vorbeiführten.

Das war in den Jahren zuvor – als Folge der ersten Bonner »Wende«, also nach dem Wechsel von der CDU zur SPD und der damit verbundenen neuen außenpolitischen Windrichtung – anders gewesen. Seit sich der wirkungslose Sturm der entrüsteten Scharfmacher unter den Vertriebenen über die Ostverträge der sozial-liberalen Regierung Mitte der siebziger Jahre gelegt hatte, war es still um sie geworden. Denn mit den Verträgen war die ihnen günstige Phase des eingebildeten oder propagierten »deutschen Provisoriums« vorüber. Die Bundesrepublik hatte sich mit den Verträgen als Staat auf Dauer, in seinen Grenzen, auch selber anerkannt.

Es schien, als hätte sich sogar die Mehrheit der Vertriebenen in das Unabänderliche geschickt, machten ihre Sprecher ihr minimales Aufsehen allenfalls noch bei »Großveranstaltungen« mit den routinemäßigen Verweisen auf die einschränkenden Urteile des Bundesverfassungsgerichtes, mahnten eher kleinlaut Bonns Eintreten und Hilfe für die Ausreisewilligen aus Polen und der Sowjetunion an, beklagten immer wieder das Schicksal der Deutschen »unter fremder Gewaltherrschaft« in den Ostblockstaaten. Die anhanglosen CDU-Vertriebenenspezialisten Czaja und Hupka bekamen von ihrer Fraktionsgeschäftsführung gerade noch Gelegenheit, in den »Aktuellen Stunden« des Bundestages ihre bohrenden Fragen zu stellen, unbeachtet von der großen Öffentlichkeit. Sonst hockten sie einsam auf ihren Hinterbänken.

Die Schimpfkanonaden früherer Zeiten wider die »Verzichtler« und »Ausverkäufer« Brandt und Bahr, die doch ins Leere gegangen waren, wiederholten sich längst nicht mehr. Die Politik des Bundes der Vertriebenen (BdV) – wenn es sie denn je im eigentlichen Sinn des Wortes gegeben hatte – und der unter seinem Dach zusammengeschlossenen zwanzig Landsmannschaften fand in geschlossenen Sälen statt. Es waren vergebliche Vorführungen einsamer Artisten in leeren Zirkuszelten. Die Sprecher machten kein sonderliches Aufhebens mehr, so wurde auch von ihnen keines mehr gemacht. Der Alltag der Gewöhnung, auch der Einsicht in das Unwiederbringliche, der geschäftsmäßigen Verwaltung restlicher Aufgaben war selbst in diese ehemalige Kampforganisation eingekehrt.

Die Funktionäre, die einst an vorderster Front gegen die »Anerkennungsverträge« gefochten hatten, waren in die Jahre gekommen. Die natürliche Überalterung und der schon Ende der fünfziger Jahre konstatierte »Schrumpfprozeß« machten sich vor allem in der ersten Generation der Vertriebenen bemerkbar. Schon 1965, bei der vorläufig letzten Allensbach-Umfrage zum Thema Vertriebene ergab sich: Nur knapp ein Prozent gehörte einer Landsmannschaft an.

Ihre Treffen galten von Mal zu Mal mehr Wiedersehens- und Erinnerungsveranstaltungen, mit Kaffeekränzchen-Atmosphäre: »Weißt du noch?«, »Kannst du dich noch auf den besinnen?« Allmählich wurden es weniger und weniger; in manchen Zeitungen nahmen die Todesanzeigen mehr Platz ein als die Meinungsbeiträge. Die Zahl der Mitglieder (sie wird vom Bund der Vertriebenen anhand der Teilnehmerzahlen bei Kundgebungen und Heimatabenden »errechnet«) ging zurück, auch die Zahl jener, die in den sechziger Jahren noch bereit gewesen waren, ihre neue Heimat gegen die alte einzutauschen und wieder nach Breslau, Allenstein oder Oppeln zurückzugehen. Immer mehr Vertriebene hatten sich eingerichtet und abgefunden, waren integriert, mit den »Westlern« eng und unterschiedslos zusammengewachsen. Ihre Söhne und Töchter hatten Einheimische geheiratet, deren Kinder – laut »Erbstatus« im Bundesvertriebenengesetz dazu berechtigt – hatten nur in einer kaum noch meßbaren Anzahl einen Vertriebenenausweis beantragt. Dafür fuhren sie, von Jahr zu Jahr häufiger und in steigender Zahl, in die alte Heimat auf Besuch. »Heimweh-Tourismus«, durch die Verträge wesentlich erleichtert, nahm den Platz der Heimatpolemik ein: »Einmal noch auf der Schneekoppe stehen ...«

Dazu kam die Betreuung der Aussiedler, die – gleichfalls begünstigt durch die Abmachungen nach Unterzeichnung der Abkommen mit Warschau und Moskau – zu Zehntausenden in die Bundesrepublik strömten. Den ehedem wütenden, gegen die »Ausverkaufspolitik« anrennenden Vertriebenenfunktionären schien der Wind aus den Segeln genommen worden zu sein. Auch sie bequemten sich in das Unvermeidliche, Unabänderliche, schwenkten mit müde gewordenen Armen nur noch die alten, löcherigen Standarten mit den Vorbehaltsklauseln aus den Karlsruher Richtersprüchen: Gewaltverzicht, doch keine Grenzanerkennung; vorläufige fremde Besitznahme der Oder- und Neiße-Gebiete, doch kein endgültiger Souveränitätsanspruch. Ihr gelegentliches Trommelfeuer gegen den »Verzicht« vermochte nicht länger die Bekundungen zur »Versöhnung« selbst Millionen ehemals Vertriebener zu überdecken. Normalität griff Platz. Und die Organisationen samt ihren Manifestationen fielen in der breiten Öffentlichkeit unter die Kategorie »ferner liefen« – auch wenn sie noch so angestrengt als »letztes, verschworenes Häuflein« gesamtdeutsche Interessen zu wahren meinten. Sie waren einfach nicht mehr wer, wie ehedem, auch kaum als starkes, stabiles Wählerpotential.

Das erwies sich vor allem in der politischen Praxis: Nicht aus Übermut, sondern aus kühler Einsicht, daß eine Sache materiell zumindest erledigt sei, löste Willy Brandt nach Antritt seiner Kanzlerschaft alsbald das noch aus Adenauers Zeiten stammende Vertriebenenministerium auf. Weit über hundert Milliarden Mark waren nach dem Bundesentschädigungsgesetz bis dahin an Lastenausgleich gezahlt worden. Die Stützungsgelder, namentlich für die von den Landsmannschaften energischer betriebene Kulturarbeit, wurden dagegen nur unwesentlich zurückgeschnitten. Für Museen, landsmannschaftliche Zentren, für Tanz- und Theaterarbeit, wissenschaftliche Forschungsprojekte und Publikationen gab es Geld; dazu kamen noch, für denselben Zweck, erhebliche Zuschüsse aus den Patenländern und -städten der Bundesrepublik. Finanziell schlecht ging es dem Bund der Vertriebenen wie den Landsmannschaften mit ihren festangestellten Mitarbeitern trotz rapide abnehmender Anhängerschaft nicht gerade.

Keineswegs waren die neuen Männer in Bonn, mit denen die organisierten Vertriebenen eigentlich nichts im Sinn haben wollten, bereit, die historischen und kulturellen Traditionen auf den Müllhaufen der Geschichte zu werfen, die mit Schlesien, Ostpreußen, Pommern, Danzig und dem Sudetenland seit Jahrhunderten verknüpft waren. Politisch war ein Schlußstrich gezogen worden, nicht geistig. Das Kulturerbe dieser Art deutscher Nation sollte gewahrt werden.

Auch anderswo waren tiefgreifende Veränderungen spürbar: Die Siebzigjährigen waren, von Jahr zu Jahr immer deutlicher, auf den Treffen in der Überzahl. Die Jungen, oft nicht aus »reinen« Vertriebenenfamilien stammend, die auf den Photos von Massenveranstaltungen jener Zeit zu sehen sind, bildeten lediglich die Staffage, als Gesangs- und Tanzgruppen. Das Interesse an politischen Erklärungen und Ergüssen der »Sprecher« war deutlich zurückgegangen, das Engagement, die Bereitschaft auf die Straße zu gehen, erst recht. Fiktionen wurden von den Vorrednern noch rhetorisch hochgehalten, die anderen aber gaben sich mit den Fakten zufrieden, die zählten: wie sie in ihrer neuen Heimat Bundesrepublik lebten und arbeiteten; wie sie gesellschaftlich und sozial eingebunden waren; wie einfach es geworden war, nach »drüben« zu fahren, in das alte Dorf, die frühere Stadt, die Landschaft von damals. Und sie wurden –

auch dies ein Indiz – von den Demoskopen gar nicht mehr gefragt: »Wollen Sie überhaupt zurück? Wollen Sie nur unter der Bedingung zurück, wenn zuvor auch die Polen wieder zurückgegangen sind in ihre alte Heimat, nach dem jetzt sowjetischen Ostpolen?« Seit den siebziger Jahren interessierten sich Staat und Öffentlichkeit nicht mehr für derlei spekulative, den schwierigen Weg der Verständigung mit Polen und Tschechen ohnedies belastende Fragestellungen.

Aussöhnung war gefragt, nicht Ausreise. Und die »deutsche Frage« selber wurde ja verbal offengehalten, bestätigt noch ausdrücklich durch die Entscheidung des Bundesverfassungsgerichtes. Sie war unter anderem, wie in einem letzten, beinahe verzweifelten Aufbäumen wider die Realitäten der Teilung und des Verlustes, von den rechthaberischen Verbandsfunktionären selber angemahnt worden.

Herbert Czaja, seit 1970 Präsident des Bundes der Vertriebenen, und mit 70 Jahren der viertälteste Bundestagsabgeordnete, kann noch heute, zehn Jahre danach, stundenlang und pausenlos erzählen, wie er das Verfahren in Karlsruhe initiiert hatte, indem er von Pontius zu Pilatus unterwegs war, um Anwälte, Kläger und Geld einzusammeln – als sei es sein einziger Triumph vor dem endgültigen Abschied: Das wenigstens ist vor Gericht noch erreicht worden, daß nämlich

erstens, die Verträge keine Grenzfestschreibungen präjudizieren; daß sie

zweitens, nur für die Bundesrepublik Deutschland gelten, nicht für das vorläufig nicht handlungsfähige Deutsche Reich;

drittens, die Alliierten selber – laut Karlsruhe – als Siegermächte sich vorbehalten haben, in einem Friedensvertrag für das ganze Deutschland die Grenzfrage verbindlich zu regeln;

viertens, vorläufiger Besitz der Gebiete an Oder und Neiße keine Souveränitätsrechte einschließt.

Doch selbst über die Weisen von Karlsruhe und ihre Sprüche, das wurde im Laufe der Zeit auch den aktivsten Vertriebenen bewußt, ging die Wirklichkeit hinweg. Die Verhältnisse waren nicht mehr so. Mit Recht allein läßt sich Politik nicht betreiben, mit realitätsblindem Nationalismus schon gar nicht – nicht für die Menschen, nicht für das friedliche Miteinander. Willy Brandt, über dessen Kniefall vor dem Gettodenkmal in Warschau die Funktionäre und ihre treuen Anhänger noch ihre schnöden Witze und hämischen Bemerkungen gemacht hatten, war früh zu der Einsicht gelangt: Es ist nichts verloren gegeben worden, was nicht vorher verspielt worden war

Die Vertriebenen wehrten sich nur dagegen, daß sie vor allen anderen mit dem Verlust ihrer Heimat die Zeche Hitlers, seiner Raubzüge und seiner

Barbarei, bezahlen sollten: Warum wir allein? Solche verständlichen, gerechtfertigten Einsprüche selbst der besonnenen, verständigen Vertriebenen – die auch die Vorteile der Regelungen begrüßten –, mündeten dann freilich in den gespitzten Mündern mancher unverbesserlicher Sprecher in Phrasen wie diesen: »Wir finden uns mit dem Raub unserer Heimat nicht ab.« Daher auch jetzt wieder: »Schlesien bleibt unser!«

Was helfen dann, was nützen überhaupt Ratschläge, wie sie Czaja und Hupka neuerdings immer wieder gebetsmühlenhaft vortragen:

- Keine neue Vertreibung (der Polen). – Wer auch könnte das schon wollen oder gar betreiben unter den gegenwärtigen und auf Dauer angelegten Bedingungen (der DDR geographisch vor Polen, der Sowjetunion hinter Polen gelegen, dazu ohne Zustimmung der westlichen Verbündeten) etwa auf »friedliche Weise«, also ohne Leo II und Tornado? Nur ein Krieg machte das möglich, der gewonnen werden müßte.
- Endgültige Besitzregelung erst nach einem deutschen Friedensvertrag und im Rahmen einer alle Nationalgrenzen überflüssig machenden gesamteuropäischen Friedensordnung, also auch mit einem »freien Polen«, nach der utopischen Losung: »Freie Heimat in einem freien Vaterland, das freie Vaterland in einem freien Europa«. – Wann kann es soweit sein und wie wohl sollten selbst nach einer Wiedervereinigung der beiden deutschen »Teilstaaten« dann Polen und Deutsche in Allenstein, Breslau und Oppeln zusammenleben, gemeinsam arbeiten, Haus neben Haus, Wohnung neben Wohnung? Atlantis läge näher als dieses Traumgebilde eines »Goldenen Zeitalters«.
- Was die altgewordenen Visionäre ihren Vertriebenen-Anhängern inzwischen als Alternative empfehlen, ist ein »langer Atem«, wie ihn die Spanier gegenüber den Arabern (800 Jahre lang), die Polen während drei Teilungen (von 1795 bis 1916 war Polen von der politischen Landkarte verschwunden), neuerdings die Palästinenser gegenüber den Israelis besessen hätten. – Bei solchen, historisch höchst zweifelhaften Vergleichen vergessen die Wunschdenker freilich das eine: In den beiden ersten Fällen brachten Kriege den ersehnten Einigungserfolg, Palästinas »Befreiung« durch die Palästinenser ist ebenso unvorstellbar ohne Gewalt wie eine »Heimkehr« der Vertriebenen. Nur wäre dann ein Krieg weitaus grausamer, umfassender als zu allen früheren Zeiten. Er wäre also unvorstellbar. Darum plädiert ein aus Insterburg Vertriebener, der Sozialdemokrat Jürgen Schmude, auch dafür, mit dem Gewaltverzicht unzweideutig zugleich den Gebietsverzicht auszusprechen.
- Schon 1950 haben die Vertriebenen in ihrer Stuttgarter Charta auf Rache und Vergeltung verzichtet, worauf die Funktionäre und die

Festredner der Bonner »Wende« noch 35 Jahre später voller Stolz verweisen. – Als hätte es damals eine andere Zusage geben können, als könnte heute etwas anderes versprochen werden? Das Selbstverständliche wenigstens sollte inzwischen selbstverständlich sein, ohne daß es wie mit einer Siegestrompete stets von neuem hinausposaunt wird: Wir wollen keine Rache! Weil sie aber als Rechtskonservative ein zwar kleines, doch beständiges Wählerpotential für die CDU/CSU bilden, noch dazu mit der Drohung latenter Radikalisierungsgefahr – die indessen selbst zu Zeiten des Aufkommens der rechtsradikalen NPD nie ernsthaft bestanden hat –, nimmt Bonn wieder Rücksicht auf sie.

Darum auch rechnen sie, ihren eigenen Vorbehalten zum Trotz, doch immer von neuem auf: Auschwitz gegen Lamsdorf, das Lager der Vertreibungsverbrechen. »Es gab eben nicht nur Verbrechen von Deutschen, sondern auch an Deutschen« (der CDU-Bundestagsabgeordnete, BdV-Vizepräsident und Hupka-Kritiker Helmut Sauer). Darum fordern sie, entgegen ihren »ewigen Besitzansprüchen«, 300 Milliarden Mark an Entschädigung von den neuen »unrechtmäßigen« Eigentümern. Darum vor allem wittern sie nun, da ihre Regierung die Richtlinien der Politik bestimmt, Morgenluft: Die »Verzichtler« sind endlich in die Wüste der Opposition gejagt worden, die »Vertriebenen-Versöhner« haben das Heft des Handelns übernommen.

Franz Josef Strauß zum Beispiel, der 1982 lauthals verkündet hatte: »Ich habe nicht dreizehn Jahre gegen diese Ostpolitik gekämpft, um im 14. Jahr ihre Kontinuität zu verkünden.« Oder Friedrich Zimmermann, der auf die Vorläufigkeit der Grenze an Oder und Neiße pochte. Oder der Kanzler selber, der meinte, die Vertriebenen vor böswilligen Verteufelungen in Schutz nehmen zu müssen und loslegte: »Das Recht auf Heimat darf nicht für ein Linsengericht verhökert werden.«

Doch wie bitter war dann die Enttäuschung, als sogar Strauß dem angeblich so verhaßten Regime in Ost-Berlin eine Milliarde Mark verschaffte, ohne die von Vertriebenen-Sprechern stets angemahnte »Gegenleistung« (Geld gegen Menschen, Handelsgüter gegen Menschenrechte). Wie entrüstet mußten sie auch sein, als der CDU-Staatsminister im Auswärtigen Amt, Alois Mertes, ihnen unumwunden vorhielt: »Die ständige Grenzdiskussion ist eine Art politisches Trockenrudern: Kräfte werden sinnlos vertan, bewegt wird nichts – außer einer Spirale von Mißverständnissen und Bitterkeiten.« Und Minister Genscher, neuerdings Zielscheibe der »Verzichtler«-Verleumdungen, warnte aus gegebenem Anlaß: »Wir dürfen nicht zu den *Troublemakern* im Ost-West-Verhältnis werden, sonst liegen wir schnell auf der Wiese.«

Vor allem aber war es Kohl, der die berufenen Vertriebenen (die »Berufs-

vertriebenen«) am nachhaltigsten verunsicherte: Das Schlesier-Motto, an dem Czaja und Hupka lange nicht rütteln mochten, war für ihn »unzumutbar«, die Initiatoren des »Deutschland-Treffens« in Hannover, mit ihm als Festredner, seien nicht »fair« mit ihm umgegangen. Schon im Jahr zuvor, 1984, beim Braunschweiger »Tag der Heimat«, hatte ihnen der Kanzler ins Gewissen gerufen: »Wir Deutschen haben die Lektion der Geschichte gelernt. Nur eine berechenbare Politik kann uns helfen, die Lage zu stabilisieren« – wohlgemerkt: »stabilisieren«, keinesfalls verändern zugunsten eines ohnehin nicht einklagbaren Heimat- und Selbstbestimmungsrechtes der vertriebenen Deutschen für Schlesien, Ostpreußen und Pommern. Von den Danzigern und Sudetendeutschen ganz zu schweigen, die in den von den Siegermächten 1944/45 festgesetzten Grenzen des Deutschen Reiches vom 31. Dezember 1937 nicht erfaßt sind.
Dabei hatten jene Funktionäre des BdV und der Landsmannschaften, die den Wahlsieg der Christdemokraten als Befreiung aus dem Getto begrüßt hatten, einfach vergessen oder schlicht verdrängt, was derselbe Helmut Kohl bereits 1981 öffentlich festgestellt hatte: daß für die Deutschen die Erkenntnis gültig sei, wonach die »verlorene Einheit so, wie sie war, im Sinne des alten Nationalstaates, nicht mehr wiederherstellbar ist«.
Was nützt da einem Herbert Hupka noch die feingesponnene, doch realitätsferne Unterscheidung: Das Rad der Geschichte könne zwar nicht zurückgedreht werden, doch »sind wir aufgefordert, in die Speichen des Rades der Geschichte zu greifen«? Heißt das nicht doch wieder: »Schlesien bleibt unser«? Oder: »Die Steine des Breslauer Doms reden deutsch«? Was bloß bringt es dem sonst eher bedächtigen Herbert Czaja noch ein, wenn er sich auch jetzt wieder beklagt: »Es gibt zu viele deutsche Politiker, die fremder Willkür mehr als deutschen Interessen dienen«, wenn er gar »kleinmütige Verzichtler« auch in der neuen Koalition ausmacht?
Geraten sie, die Czajas und Hupkas, nicht ihres blinden Übermuts wegen schon wieder auf das Abstellgleis – als die ewigen Nörgler, Unzufriedenen, Störenfriede? Zumal wenn sie sich bei der Wahl des Schlesier-Schlagwortes derart bockbeinig verhalten, bis es länger nicht geht? Und wenn sie leichtfertig in den Wind schlagen, was ihnen noch im Oktober 1984 der damalige Kanzleramtsminister Philipp Jenninger angeraten hatte: Zum Lernprozeß eines unbefangenen Umgangs mit den Vertriebenenverbänden gehöre auch, daß diese »Klugheit und Rücksichtnahme beim Gebrauch bestimmter Reizvokabeln« zu üben hätten?
Von dem lästigen, freilich selbstverschuldeten Streit um den Reizslogan »Schlesien bleibt unser« abgesehen, muß der Gerechtigkeit halber festgehalten werden: Die hohe Zeit der Schreihälse im Lager der Vertriebenen ist schon lange vorbei. Verglichen mit dem, was in den sechziger Jahren

von aufgeregten Sonntagsrednern an schrillen Tönen zu vernehmen war, sind die Czajas und Hupkas von heute geradezu maßvolle Posaunisten.
Damals, als die zuweilen laut- und großsprecherischen Vertriebenenführer in Bonn noch Gehör zu finden hofften, bedienten sie sich eines Jargons des verhetzenden Rigorismus – Marke Hans-Christoph Seebohm oder Walter Becher, beide von den Sudetendeutschen: »Wir sind an der vordersten Front die Vorkämpfer für ein Abschütteln des Jochs des bolschewistischen Kolonialismus über Europa« – »Sehen wir denn nicht, wie aus dem Osten die Tollwut zu uns vordringt?« – »Die Haltung der Vertriebenen hat die Welt noch weit mehr vor dem Bolschewismus bewahrt als das (von den Amerikanern) in Korea und Indochina vergossene Blut« (Seebohm). »Eher nehme ich eine 4. oder 5. polnische Teilung in Kauf, als daß Breslau für immer polnisch bliebe« (Becher).
Das war das Vokabular aus der Ära des Kalten Krieges, als sich die Vertriebenen noch die Rolle der Weltrechtswahrer anmaßten und ihre Haßpolemik gelegentlich sogar Konrad Adenauer in Harnisch zu bringen vermochte. Später, während der Rückzugsgefechte im Gefolge der Ostdenkschrift und der Vertragspolitik, war dann noch einmal im groben Verzweiflungston vom »Ausverschenken« die Rede, von »westdeutscher Rumpfstaatsgesinnung«, einer »Politik der Demontage deutschen Selbstbehauptungswillens«, vom »Opiumrausch der Koexistenzialisten«.
Reinhold Rehs, damals BdV-Präsident, zog die Konsequenzen und trat aus der SPD aus und für kurze Zeit zur CDU über, bis er sich resigniert ganz von der Politik zurückzog; ihm folgte bald Herbert Hupka – Epigonen eines Michael Kohlhaas. Sie hatten geduldet, daß Willy Brandt in ihren Gazetten übel beschimpft wurde: »Es fällt einem schwer, das Wort ›deutscher Bundeskanzler‹ für diesen Mann zu gebrauchen«; daß in Verhöhnung des evangelischen Glaubensbekenntnisses geschrieben wurde: »Aber die SPD glaubt weiter an Herbert Wehner, den gerissensten aller Intriganten und mächtigen Vater in Ewigkeit. Sie glaubt an Willy Brandt, hörigen Sohn und Bundeskanzler zur Rechten Heinemanns.«
Nach Jahren der Funkstille glauben manche Scharfmacher, wiewohl maßvoller im Ton, noch einmal auf die alte, inzwischen abgenutzte Pauke schlagen zu können. So ergänzt etwa Hupka den berühmten Satz der polnischen Nationalhymne »Noch ist Polen nicht verloren« mit dem Zusatz: »Noch ist Schlesien nicht verloren«, erläutert Czaja seine Kritik an der Hinnahme eines polnischen »Faustrechtes als Recht« mit dem freundlich gemeinten Nachsatz: »Ich werfe auf die Polen nicht mit Steinen.«
Sie spielen sich dann und wann zwar noch als Racheengel auf, haben aber im Grunde doch eingesehen, daß sie keine »5. Kolonne« mehr anführen, in der Regierungsfraktion über keine Stimmführerschaft verfügen. Dafür wachen sie mit Argusaugen über Nebensächlichkeiten: über »richtige«

Landkarten, »richtige« Zeitgeschichtskapitel in den Schulbüchern, »richtige« Bezeichnungen in den Funk- und Fernsehnachrichten; fordern sie mehr Lehrstühle für ostdeutsche Geschichte, die Verbreitung der Dokumentation über Vertreibungsverbrechen (was die Kanzler Brandt und Schmidt verhindert hatten, Friedrich Zimmermann noch 1982 umgehen wollte). Nach ihrer Sprachregelung darf es zum Beispiel nur »Heimat« heißen, nicht »alte Heimat«, »jetzige Heimat« oder »neue Heimat«. Begründung: »Der Mensch hat nur eine Heimat.« Es soll im Fall Polens auch nur das Wort »Verständigung« gebraucht werden, keinesfalls »Versöhnung«, es sei denn »im religiösen Bereich«.
Kleinkarierte Federfuchserei ist ihr Geschäft. Und auf der Modeströmung eines neuerwachten Heimatbewußtseins, mit Hinweisen auf die Bucherfolge von Günter Grass, Siegfried Lenz, Manfred Bieler oder auf die Fernsehserie von Edgar Reitz, können die emsigen Paragraphenreiter guten Gewissens auch nicht mitschwimmen. Denn deren Heimatbeschwörungen haben nichts, aber auch gar nichts mit ihrem aggressiven Heimatrechtsfanatismus gemein, den sie in immer neue Vokabeln kleiden (»Haftungsgemeinschaft des deutschen Volkes«).
So sind sie denn, die Vertreter der Vertriebenen, keine »Leuchtturmwärter« mehr. Ihnen steht kein Anspruch auf irgendein »Kontrollrecht über die offizielle Politik« (nach der Devise: »Nicht über uns ohne uns«) zu. Mit ihren Klageliedern über »nationale Auflösung«, über das »Volk ohne Vaterland« und über die »moralische Müdigkeit« beschwören sie lediglich Gespenster von gestern, tummeln sich in Schattenreichen. Sie müssen sich nicht wundern, daß sie als die »Watschenmänner der Nation« bezeichnet werden, sie dürfen sich nicht beklagen, als »Prügelknaben« zu gelten, wenn sie sich selber so beharrlich und eigenbrötlerisch den Blick für die Wirklichkeit verstellen, noch in ihrem letzten Gefecht wie weiland Don Quichotte gegen Windmühlen ankämpfen. Denn gewiß ist: Ihr Tag X ist ein St.-Nimmerleins-Tag. Die Geschichte, steht zu vermuten, ist über sie längst hinweggegangen.

HELLMUTH AUERBACH

Literatur zum Thema
Ein kritischer Überblick

Wenn anläßlich des Gedenkens an die Austreibung der Deutschen aus den Ostgebieten vor vierzig Jahren zu hören oder zu lesen ist, diese schrecklichen Vorgänge, ihre Ursachen und ihre Folgen seien in der Öffentlichkeit verdrängt, ja sogar bewußt verschwiegen und von der historischen Wissenschaft absichtlich nicht behandelt worden, weil solches inopportun gewesen wäre, so muß dem doch entschieden widersprochen werden. Gerade die deutsche Geschichtswissenschaft hat dieses dunkle Kapitel der Zeitgeschichte schon sehr früh zu behandeln und darzustellen begonnen, und seit gut dreißig Jahren sind zahlreiche Bücher erschienen, die sich mit dem Vorgang der Vertreibung und dem Schicksal der Vertriebenen befassen und sich bemühen, diese Ereignisse in ihrem größeren weltpolitischen Zusammenhang zu sehen, um zu erforschen, wie es dazu gekommen ist.

Die Auflistung aller dieser Schriften würde inzwischen eine dickleibige Bibliographie ergeben; im folgenden kann daher lediglich der Versuch gemacht werden, eine Auswahl der wichtigsten Publikationen vorzustellen und kritisch zu betrachten, um dem Leser eine Handreichung für weitere Lektüre zu geben. Die Auswahl muß sich auf die allgemeine, für den Gesamtkomplex wichtige Literatur beschränken, nur in wenigen, exemplarischen Fällen wird auf regionale Untersuchungen hingewiesen; das Hauptgewicht liegt auf den in den letzten Jahren erschienenen Büchern.

Ein erster Versuch einer Zusammenstellung aller einschlägigen bis dahin erschienenen Literatur wurde schon Ende der fünfziger Jahre unternommen und vom Bundesministerium für Vertriebene herausgegeben:

ZEITTAFEL der Vorgeschichte und des Ablaufs der Vertreibung sowie der Unterbringung und Eingliederung der Vertriebenen und Bibliographie zum Vertriebenenproblem; herausgegeben vom Bundesministerium für Vertriebene, Flüchtlinge und Kriegsgeschädigte, Bonn 1959 (310 S.).

Diese Bibliographie umfaßt auch Publikationen zur Geschichte der Deutschen in den preußischen Ostprovinzen und in den osteuropäischen Staaten, wobei sehr viele vor 1945 erschienene Werke aufgenommen wurden.

Sehr viel spezieller, dafür aber das internationale Schrifttum miteinbeziehend ist die Zusammenstellung von

GABRIELE BITTERMANN: Die Oder-Neiße-Linie. Literaturbericht und Bibliographie. – In: Jahresbibliographie der Bibliothek für Zeitgeschichte Stuttgart 44 (1972), S. 444–489.

Im übrigen enthalten die meisten der im folgenden genannten wissenschaftlichen Werke ausführliche Literaturverzeichnisse.

Die Bibliographie von Frau Bittermann ist dem zentralen Problem des hier behandelten Komplexes gewidmet. Der überwiegende Teil der vertriebenen Deutschen stammte aus den ehemaligen preußischen Ostprovinzen. Die Vertreibung dieser Menschen war die Folge der Fixierung der Oder-Neiße-Linie als neuer Westgrenze Polens. Die Wiedererrichtung eines demokratisch regierten selbständigen polnischen Staates war ein wesentliches Kriegsziel der Westmächte. Es muß in diesem Zusammenhang daran erinnert werden, daß die »polnische Frage« Europa schon viel länger beschäftigte als die »deutsche Frage«. Das polnische Volks- und Staatsgebiet war innerhalb der letzten zweihundert Jahre viermal unter seinen Nachbarn aufgeteilt worden. Der 1945 wiedererrichtete polnische Staat wurde im Osten um 180000 qkm zugunsten der Sowjetunion verkleinert und im Westen dafür um 103000 qkm auf Kosten der Deutschen erweitert. Es fand also auch in Polen eine Ost-West-Verschiebung der Bevölkerung statt.

Da für das Verständnis der internationalen Diskussion um Polen während des Zweiten Weltkriegs und der Entscheidungen von 1945 die Kenntnis dieses polnischen Schicksals notwendig ist, sei hier auf die beiden besten deutschen Darstellungen der polnischen Geschichte hingewiesen:

GOTTHOLD RHODE: Geschichte Polens. Ein Überblick. – Darmstadt, 3. Aufl. 1980 (543 S.). Dieses Buch schließt mit dem Jahre 1939.

HANS ROOS: Geschichte der Polnischen Nation 1918–1978. Von der Staatsgründung im Ersten Weltkrieg bis zur Gegenwart. – Stuttgart, 3. erw. Aufl. 1979 (351 S.).

Vor allem sollte man sich aber der meist eher spannungsgeladenen als freundschaftlichen Geschichte des Verhältnisses zwischen Polen und Deutschen bewußt sein und in Erinnerung behalten, wie das polnische Volk unter der nationalsozialistischen deutschen Herrschaft zwischen 1939 und 1945 behandelt wurde. Darüber informieren auch heute noch am besten zwei Arbeiten des damaligen Mitarbeiters, jetzigen Direktors des Instituts für Zeitgeschichte:

MARTIN BROSZAT: Zweihundert Jahre deutsche Polenpolitik. – Erw. Ausg., Frankfurt/M. 1972 (331S.),

MARTIN BROSZAT: Nationalsozialistische Polenpolitik 1939–1945. – Stuttgart 1961 (200S.).

Gegenüber diesen um Objektivität bemühten und gut belegten Darstellungen fällt das Buch von

ALFRED SCHICKEL: Deutsche und Polen. Ein Jahrtausend gemeinsamer Geschichte. – Bergisch Gladbach 1984 (288 S.).

durch seinen exaltierten Stil und die Subjektivität in der Auswahl des Stoffs auf. Der Verfasser bemüht sich sehr, durch ausgewählte Zitate den Polen die Schuld am Beginn des Krieges 1939 zuzuschieben, angesichts der historischen Tatsachen gelingt ihm das aber doch nicht. Er bemüht sich, die Zahl der Opfer auf beiden Seiten gegeneinander aufzurechnen, wobei die Angaben über die polnischen Opfer unter deutscher Herrschaft aber in Zweifel gezogen werden. Die Belege für die verwendeten Quellen sind oft so vage, daß die Nachprüfung schwer oder unmöglich ist.

Angesichts des deutschen Überfalls auf Polen 1939 und der deutschen Anstrengungen, nicht nur den polnischen Staat erneut verschwinden zu lassen, sondern auch das polnische Volk zu dezimieren und seine Intelligenz zu vernichten, stellte die polnische Exilregierung in London sehr bald Überlegungen an, wie man sich künftig gegenüber Deutschland sichern könne, und machte Vorschläge für eine Grenzrevision, die die Abtretung der östlich der Oder gelegenen Teile Deutschlands an Polen vorsah – auch um Polen einen größeren Anteil an der Ostseeküste zu verschaffen. Über diese Bestrebungen der Regierung Sikorski informiert eine neue amerikanische Studie:

SARAH MEIKLEJOHN TERRY: Poland's Place in Europe. General Sikorski and the Origin of the Oder-Neisse Line, 1939–1943. – Princeton, N. J. 1983 (394 S.).

Diese Arbeit ergänzt und vertieft aufgrund neuen Quellenmaterials den schon seit längerem vorliegenden guten Überblick über die polnische Haltung in der Frage der Revision der Grenzen von

VIKTORIA VIERHELLER: Polen und die Deutschland-Frage 1939–1949. – Köln 1970 (184 S.).

Wie sich im Laufe der interalliierten Besprechungen und Konferenzen 1941–1945 die Forderung nach der Oder-Neiße-Linie als deutscher Ostgrenze allmählich entwickelt und verfestigt hat, bis sie dann auf der Potsdamer Konferenz 1945 de facto akzeptiert wurde, ist schon frühzeitig durch die Sammlung

QUELLEN zur Entstehung der Oder-Neiße-Linie in den diplomatischen Verhandlungen während des Zweiten Weltkrieges, gesammelt und herausgegeben von Gotthold Rhode und Wolfgang Wagner. – Stuttgart 1956, 2. Aufl. 1959 (292 S.)

dokumentiert und in der vom Marburger Johann-Gottfried-Herder-Institut (das sich insbesondere der Geschichte der ehemaligen deutschen Ostgebiete und Ostmitteleuropas widmet) herausgegebenen Studie von

WOLFGANG WAGNER: Die Entstehung der Oder-Neiße-Linie in den diplomatischen Verhandlungen während des Zweiten Weltkrieges. – Marburg 1953, 3. erw. Aufl. 1968 (200 S.).

historisch deskriptiv dargelegt worden. Diese beiden grundlegenden Publikationen stützten sich auf das bis dato veröffentlichte Dokumentenmaterial, vor allem von alliierter Seite. Auf ihnen bauten alle weiteren Abhandlungen und Schulbuchdarstellungen dieses Themas auf.

Vor einigen Jahren ist nun eine politikwissenschaftliche Studie erschienen:

HANS GEORG LEHMANN: Der Oder-Neiße-Konflikt. – München 1979 (294 S.),

die unter Verarbeitung aller seitdem publizierten Quellen und der Heranziehung noch unveröffentlichten deutschen Aktenmaterials einerseits eine knappe, sehr präzise historische Darstellung der Entstehung der Oder-Neiße-Linie und ihrer Folgewirkungen bietet, darüber hinaus aber außerdem die Oder-Neiße-Linie als Konfliktgegenstand des Kalten Krieges seit 1945 politologisch-systematisch untersucht. Dieses Buch kann heute als die wichtigste und beste Arbeit über die Oder-Neiße-Frage bezeichnet werden.

Hinsichtlich der Behandlung der Oder-Neiße-Frage und der Zwangsumsiedlung der Deutschen in Potsdam 1945 muß vor allem auf das Standardwerk

FRITZ FAUST: Das Potsdamer Abkommen und seine völkerrechtliche Bedeutung. – Frankfurt/M. 1959, 4. neubearb. Aufl. 1969 (420 S.)

hingewiesen werden.

Starkes Aufsehen und weite Verbreitung fand seit einigen Jahren das Buch eines amerikanischen Völkerrechtlers, das 1977 in London und in einer etwas erweiterten Fassung im selben Jahr in der Bundesrepublik erschien:

ALFRED M. DE ZAYAS: Die Anglo-Amerikaner und die Vertreibung der Deutschen. Vorgeschichte, Verlauf, Folgen. – München 1977 und weitere Aufl. (300 S.).

vielleicht gerade deshalb, weil es eigentlich keine wissenschaftliche historische Darstellung, sondern in seinem Kern eine Anklage gegen die Haltung der britischen und amerikanischen Regierungschefs auf der Potsdamer Konferenz ist. Der Verfasser hat zwar umfangreiches Aktenmaterial durchgearbeitet, führt eine immense Literaturliste an und hat viele Zeugen befragt (besonders deutsche Vertriebene), aber er argumentiert aus moralischem Impetus heraus sehr subjektiv, einseitig und in manchen Punkten (z. B. was die deutsch-tschechischen Verhältnisse betrifft) einfach historisch falsch. Daß die westlichen Regierungschefs hinsichtlich der Übernahme der deutschen Ostgebiete durch die Polen und die »humane« Durchführung des Bevölkerungstransfers von Stalin überfahren wurden und sich gezwungen sahen, die faktischen Gegebenheiten zu akzeptieren, ist nicht erst von de Zayas entdeckt worden. Seine Darstellung der britischen Haltung wird übrigens durch die neuen (in diesem Buch im Beitrag von Klaus-Dietmar Henke genannten) Arbeiten von Foschepoth und Brandes in vielem berichtigt und ergänzt.

Der Gedanke einer Bereinigung der Minderheitenprobleme in Ostmitteleuropa durch die Umsiedlung ganzer Volksgruppen ist auch nicht erst durch die Vorschläge von Beneš 1941 aufgekommen, sondern von Hitler seit Ende 1939 praktiziert worden. Die von der nationalsozialistischen Regierung abgeschlossenen Verträge, um die seit Jahrhunderten im Osten lebenden Volksdeutschen »heim ins Reich« zu holen, sind im Wortlaut abgedruckt in

HELLMUTH HECKER: Die Umsiedlungsverträge des Deutschen Reiches während des Zweiten Weltkrieges. – Hamburg 1971 (223 S.).

Daß es sich schon damals vielfach nur um eine Umsiedlung unter Druck (meist in die gerade eroberten polnischen Gebiete) handelte, zeigt beispielhaft die Darstellung von

JÜRGEN VON HEHN: Die Umsiedlung der baltischen Deutschen – das letzte Kapitel baltisch-deutscher Geschichte. – Marburg 1982 (258 S.).

Über den Gesamtumfang des Transfers deutscher Bevölkerungsgruppen im östlichen Mitteleuropa und in Ost- und Südosteuropa während und nach dem Zweiten Weltkrieg informiert allgemein und umfassend, mit sehr viel statistischem Material, das vierbändige Werk von

ALFRED BOHMANN: Menschen und Grenzen. – Köln

Bd. 1: Strukturwandel der deutschen Bevölkerung im polnischen Staats- und Verwaltungsbereich. – 1969 (448 S.).

Bd. 2: Bevölkerung und Nationalitäten in Südosteuropa. – 1969 (397 S.).

Bd. 3: Strukturwandel der deutschen Bevölkerung im sowjetischen Staats- und Verwaltungsbereich. – 1970 (426 S.),

Bd. 4: Bevölkerung und Nationalitäten in der Tschechoslowakei. – 1975 (512 S.).

Eine historische Dokumentation und Darstellung der Vertreibung der Deutschen aus den deutschen Ostgebieten, aus Ungarn, Rumänien, der Tschechoslowakei und Jugoslawien wurde schon sehr bald nach der Gründung der Bundesrepublik in Angriff genommen. Der damalige Bundesminister für Vertriebene, Dr. Hans Lukaschek, berief im Jahre 1951 eine wissenschaftliche Kommission, der die Professoren Theodor Schieder (Köln), Peter Rassow (Köln), Rudolf Laun (Hamburg), Hans Rothfels (Tübingen), der Oberarchivrat am Bundesarchiv Dr. Adolf Diestelkamp und später auch Professor Werner Conze (Heidelberg) angehörten und die damit beauftragt wurde, eine Dokumentation der Vorgänge um die Vertreibung zu erstellen. Eine wissenschaftlich unabhängige freie Arbeit wurde als selbstverständliche Voraussetzung gewährleistet. Zugleich und im Laufe der Erarbeitung der Dokumentation wurde durch eine systematische Sammelaktion unter den Vertriebenen eine große Masse dokumentarischen Materials zusammengestellt, das zum überwiegenden Teil aus Erlebnisberichten, aber auch Befragungsprotokollen, privaten Briefen, Tagebüchern und amtlichen Schriftstücken besteht. Die Sichtung, Beurteilung und Verarbeitung dieser großen Masse von subjektivem Quellenmaterial stellte der Geschichtsforschung neuartige methodische Probleme. Darüber berichtet einer der damaligen Mitarbeiter an der Dokumentation

MARTIN BROSZAT: Massendokumentation als Methode zeitgeschichtlicher Forschung. – In: Vierteljahrshefte für Zeitgeschichte 2 (1954), S. 202 bis 213.

Die Zusammenfügung von unzähligen leidvollen Einzelschicksalen zu einer möglichst objektiven, den Zusammenhang aufzeigenden historischen Darstellung erfordert vom Bearbeiter eine gewisse innere Neutralität gegenüber den Vorgängen, die von den Betroffenen selbst oft mißtrauisch beargwöhnt oder verworfen wird. Aber reine Erlebnisgeschichte ist noch keine wissenschaftliche Historie. Diese Problematik und die wissenschaftshistorische und politische Bedeutung des Dokumentationsvorhabens hebt der Vorsitzende der wissenschaftlichen Kommission in einem wichtigen Aufsatz hervor:

THEODOR SCHIEDER: Die Vertreibung der Deutschen aus dem Osten als wissenschaftliches Problem. – In: Vierteljahrshefte für Zeitgeschichte 8 (1960), S. 1–16.

Das große Dokumentationswerk selbst erschien im Laufe der Jahre 1954 bis 1963 als stattliche Reihe umfangreicher Bände; drei Beihefte mit Einzelberichten aus Pommern, Prag, Ost- und Westpreußen wurden separat veröffentlicht. Jetzt liegt ein unveränderter Nachdruck im Deutschen Taschenbuch Verlag vor:

DOKUMENTATION der Vertreibung der Deutschen aus Ost-Mitteleuropa, in Verbindung mit Adolf Diestelkamp, Rudolf Laun, Peter Rassow, Hans Rothfels (und ab Bd. I/3 auch Werner Conze) bearbeitet von Theodor Schieder, herausgegeben vom Bundesministerium für Vertriebene, München 1984.
Bd. I: Die Vertreibung der deutschen Bevölkerung aus den Gebieten östlich der Oder-Neiße,
Bd. II: Das Schicksal der Deutschen in Ungarn,
Bd. III: Das Schicksal der Deutschen in Rumänien,

Bd. IV: Die Vertreibung der deutschen Bevölkerung aus der Tschechoslowakei,
Bd. V: Das Schicksal der Deutschen in Jugoslawien.

Die einleitenden historischen Darstellungen der einzelnen Bände stammen im wesentlichen von Mitarbeitern der damaligen Arbeitsgruppe unter Leitung Schieders: Martin Broszat (Gebiete östlich Oder-Neiße), Gerhard Papke (Ungarn), Eckhart G. Franz (Rumänien), Vincent Kroll, Heinrich Smikalla (Tschechoslowakei) und Hans-Ulrich Wehler (Jugoslawien). Die Zusammenstellung der Dokumente besorgte in wesentlichen Teilen Hans Booms (jetzt Präsident des Bundesarchivs).

Die Bände über die deutschen Ostgebiete und die Tschechoslowakei behandeln die Evakuierungs-, Flucht- und Kriegsereignisse, die Zerstörung der Lebensgrundlagen der deutschen Bevölkerung und die schließliche Austreibung aus ihren Heimatgebieten. Die Bände über die südosteuropäischen Staaten beziehen auch die Geschichte des Deutschtums in diesen Gebieten mit ein, ihr Schicksal während des Krieges, Umsiedlungen und Zwangsrekrutierungen zur Waffen-SS, die Auswirkungen der russischen Besetzung, Verschleppungen zur Zwangsarbeit in die Sowjetunion, Enteignungen, Internierungen und Ausweisungen bzw. das Schicksal der in Rumänien verbliebenen Deutschen bis 1955.

Diese großangelegte wissenschaftliche Dokumentation bildet seitdem die Grundlage aller neueren Forschungen über die Geschichte der Vertreibung der Deutschen aus Ost-Mitteleuropa. Die für diese Dokumentation verwendeten und alle anderen im Auftrag der Kommission gesammelten Zeugnisse und Dokumente befinden sich heute im Bundesarchiv in Koblenz.

Eine Art Ergänzung im statistischen Bereich bildet die Publikation

DIE DEUTSCHEN VERTREIBUNGSVERLUSTE. Bevölkerungsbilanzen für die deutschen Vertreibungsgebiete 1939/50. Herausgegeben vom Statistischen Bundesamt Wiesbaden. – Stuttgart 1958 (540 S.),

Die im Bundesarchiv verwahrte Dokumentation wurde später auch für etliche private mehr oder minder sachkundig kompilierte Publikationen verwendet, ergänzt durch Materialien eines Arbeitskreises »Flucht und Vertreibung« (Bonn). Diese Bücher erschöpfen sich allerdings weitgehend in der Aneinanderreihung persönlicher Berichte, die meist nach Stadt- und Landkreisen geordnet sind. Ohne auch nur den Versuch zu machen, die geschilderten Vorgänge historisch einzuordnen und zu werten, geht es ihnen in vordergründiger Absicht wohl hauptsächlich darum, die grausamen Aspekte des Kriegsgeschehens, der Flucht und Vertreibung ins Licht zu rücken:

EDGAR GÜNTHER LASS: Die Flucht. Ostpreußen 1944/45. – Bad Nauheim 1964 (336 S.),

WOLFGANG SCHWARZ: Die Flucht und Vertreibung. Oberschlesien 1945/46. – Bad Nauheim 1956 (327 S.),

ROLF O. BECKER: Niederschlesien 1945. Die Flucht – Die Besetzung. – Bad Nauheim 1965 (391 S.).

Dazu kam später noch ein Bildband:

WERNER ARNDT: Ostpreußen, Westpreußen, Pommern, Schlesien, Sudetenland 1944/45. Die Bild-Dokumentation der Flucht und Vertreibung aus den deutschen Ostgebieten. – Friedberg 1981 (208 S.).

Auf Weisung des Bundesinnenministers vom 19.7.1969 stellte das Bundesarchiv eine »Dokumentation von Vertreibungsverbrechen« zusammen. In diesem Bericht wird die Gesamtzahl der durch Gewalttaten von Angehörigen sowjetischer militärischer Einheiten, des NKWD, der Miliz und des Sicherheitsdienstes in Polen, der Volksgardisten und der Befreiungsarmee in der Tschechoslowakei und der Partisanengruppen in Jugoslawien ums Leben gekommenen Opfer auf mehr als 610000 geschätzt. Die Gewalttaten wurden übrigens auch schon in der im Auftrag des Bundesvertriebenenministeriums erarbeiteten großen wissenschaftlichen Dokumentation ausführlich dokumentiert und behandelt.

Diese mit aller nötigen Sorgfalt erstellten Berichte wurden nun in den letzten Jahren für eine Reihe von Publikationen ausgeschlachtet, die, wie deutlich zu erkennen ist, keineswegs der von ihnen behaupteten Aufklärung über bisher angeblich totgeschwiegene historische Fakten dienen sollen, sondern eher zum Zwecke politischer Polemik geschrieben sind und mit Zahlenangaben von mehreren Millionen Opfern jonglieren, – wohl um wenigstens annähernd ein Äquivalent für die von den Nationalsozialisten zu verantwortenden Morde präsentieren zu können. Das Bundesarchiv schreibt von ca. 2,2 Millionen »ungeklärten Fällen« in sämtlichen Vertreibungsgebieten: »Die Gleichsetzung dieser Zahlenangaben mit der Gesamtheit der Todesopfer aus Vertreibungsverbrechen im Sinne dieser Dokumentation verbietet sich indessen.«

Diese Aufrechnungstendenz wird sehr deutlich bei

HEINZ NAWRATIL: Vertreibungs-Verbrechen an Deutschen. Tatbestand, Motive, Bewältigung. – München 1982 (228 S.),

aber auch bei

WILFRIED AHRENS: Verbrechen an Deutschen. Dokumente der Vertreibung. – Rosenheim 1983 (320 S.).

Demgegenüber heben sich drei neuere populäre Darstellungen vorteilhaft ab:

GÜNTER BÖDDEKER: Die Flüchtlinge. Die Vertreibung der Deutschen im Osten. – München 1980 (383 S.),

FRANK GRUBE, GERHARD RICHTER: Flucht und Vertreibung. Deutschland zwischen 1944 und 1947. – Hamburg 1980 (240 S.)

und der nach einer Fernseh-Dokumentation zusammengestellte Band
GEFLOHEN UND VERTRIEBEN. Augenzeugen berichten. Herausgegeben von Rudolf Mühlfenzl. – Königstein/Ts. 1981 (272 S.).

Es ist allerdings unverständlich, wieso Mühlfenzl schreibt, das Thema »Flucht und Vertreibung« sei in der Bundesrepublik tabu gewesen – als »Folge des geschichtslosen Bewußtseins unserer Zeit«!

Die bisher genannten Bücher befassen sich in erster Linie mit dem Schicksal der Deutschen in den deutschen Ostgebieten, den ehemaligen Ostprovinzen Preußens. Der zweite politische Schwerpunkt der Ausweisung betraf die zahlenmäßig stärkste Gruppe der Deutschen außerhalb der Grenzen des Deutschen Reiches von 1937, die Sudetendeutschen in der Tschechoslowakei. Über die Grundzüge der Geschichte des deutsch-tschechischen Verhältnisses informieren am besten das vorzügliche

HANDBUCH DER GESCHICHTE DER BÖHMISCHEN LÄNDER. Herausgegeben im Auftrag des Collegium Carolinum von Karl Bosl, 4 Bände, Stuttgart 1967–1974,

sowie die Bücher von

FERDINAND SEIBT: Deutschland und die Tschechen. Geschichte einer Nachbarschaft in der Mitte Europas. – München 1974 (356 S.)

und

JOHANN WOLFGANG BRÜGEL: Tschechen und Deutsche. – München
Bd. 1: 1918–1938. – 1967 (663 S.),
Bd. 2: 1939–1946. – 1974 (326 S.).

Die beiden letztgenannten Werke stammen von sudetendeutschen Autoren, die sich um eine objektive Darstellung auch des tschechischen Standpunktes bemühen. Das kann man leider von den weit verbreiteten Schriften Emil Franzels, eines anderen sudetendeutschen Historikers, nicht sagen.

Das Buch von

EMIL FRANZEL: Sudetendeutsche Geschichte. Eine volkstümliche Darstellung. – Mannheim 1958 u. spätere Aufl. (491 S.)

ist ziemlich einseitig von antitschechischen Ressentiments geprägt und stellt die Zerschlagung der Tschechoslowakei und die ihr folgende nationalsozialistische Unterdrückungspolitik im »Protektorat Böhmen und Mähren« in solch verharmlosender Weise dar, daß der Vorwurf der Geschichtsklitterung gerechtfertigt erscheint.

Die Literatur über die »sudetendeutsche Frage« und zum Münchener Abkommen vom September 1938 ist immens. Stellvertretend soll hier nur eine sehr gut gearbeitete umfassende Dokumentation angeführt werden:

DOKUMENTE ZUR SUDETENDEUTSCHEN FRAGE 1916–1967. Herausgegeben im Auftrag der Ackermann-Gemeinde von Ernst Nittner. – München 1967 (581 S.).

Einige wichtige Titel sind im Anschluß an Rudolf Jaworskis Beitrag in diesem Buch zusammengestellt.

Die Geschichte der Vertreibung der Sudetendeutschen 1945/46 ist am besten dargestellt in den beiden Bänden der großen Dokumentation von Theodor Schieder und seinen Mitarbeitern. Die grauenvollsten Schilderungen aus dem dort publizierten Dokumentenmaterial wurden in einem zweifelhafte politische Absichten verfolgenden Band zusammengestellt:

EMIL FRANZEL: Die Vertreibung. Sudetenland 1945/46. – Bad Nauheim 1967 (420 S.).

Zur Problematik der deutschen Minderheiten in den südosteuropäischen Staaten und zur Geschichte ihrer Ausweisung gibt es, von einigen Spezialstudien abgesehen, außer den Bänden der genannten Dokumentation kaum brauchbare wissenschaftliche Literatur neueren Datums. Hans-Ulrich Wehler, der dort die Darstellung des Schicksals der Deutschen in Jugoslawien besorgte, hat diese in überarbeiteter und ergänzter Form inzwischen selbständig veröffentlicht:

HANS-ULRICH WEHLER: Nationalitätenpolitik in Jugoslawien. Die deutsche Minderheit 1918–1978. – Göttingen 1980 (164 S.).

Die Integration der Vertriebenen in die Gesellschaft und Wirtschaft Westdeutschlands bildete eines der wichtigsten Probleme der Nachkriegszeit. Die wissenschaftliche Behandlung dieses Komplexes hat früh begonnen, und die erste Arbeit darüber ist auch heute noch als Standardwerk anzusehen:

DIE VERTRIEBENEN IN WESTDEUTSCHLAND. Ihre Eingliederung und ihr Einfluß auf Gesellschaft, Wirtschaft, Politik und Geistesleben. Herausgegeben von Eugen Lemberg u. Friedrich Edding. 3 Bände. – Kiel 1959.

In sehr guter, distanziert-objektiver Weise wird der ganze Problembereich Vertreibung und Integration auch in der Untersuchung des holländischen Soziologen

HIDDO M. JOLLES: Zur Soziologie der Heimatvertriebenen und Flüchtlinge. – Köln 1965 (424 S.),

behandelt. Für einen breiteren Leserkreis gedacht und stärker historisch ausgerichtet ist die ebenfalls gut geschriebene Darstellung von

GERHARD ZIEMER: Deutscher Exodus. Vertreibung und Eingliederung von 15 Millionen Ostdeutschen. – Stuttgart 1973 (246 S.).

Über die Eingliederung der Vertriebenen in den westdeutschen Wirtschaftsprozeß gibt es inzwischen zahlreiche Regionalstudien, teils amtliche Rechenschaftsberichte, teils wissenschaftliche Untersuchungen. Neben Schleswig-Holstein und Niedersachsen nahm Bayern am meisten

Vertricbene auf. Nicht nur deshalb, sondern weil es sich außerdem um zwei beispielhaft gut über die dabei entstandenen Probleme und ihre Lösung informierende Bücher handelt, seien hier angeführt

MARTIN KORNRUMPF: In Bayern angekommen. Die Eingliederung der Vertriebenen. Zahlen – Daten – Namen. – München 1979 (367 S.),

FRANZ J. BAUER: Flüchtlinge und Flüchtlingspolitik in Bayern 1945 bis 1950. – Stuttgart 1982 (444 S.).

In den Gesamtzusammenhang der Bevölkerungsbewegungen in der Bundesrepublik stellt die Studie von

SIEGFRIED BETHLEHEM: Heimatvertreibung, DDR-Flucht, Gastarbeiterzuwanderung. Wanderungsströme und Wanderungspolitik in der Bundesrepublik Deutschland. – Stuttgart 1982 (256 S.),

die Ansiedlung der Vertriebenen, wobei der Verfasser vor allem ihre staatliche Lenkung behandelt.

Auch auf eine amerikanische Publikation muß hier hingewiesen werden, weil sie offensichtlich in Deutschland bisher zu wenig beachtet wurde, obwohl sie auf ausgezeichnete, sehr umsichtige Art den ganzen Problembereich darstellt:

HANS W. SCHOENBERG: Germans from the East. A study of their migration, resettlement, and subsequent group history since 1945. – Den Haag 1970 (366 S.).

Schoenberg bezieht auch die Entwicklung der landsmannschaftlichen Gruppierungen und ihrer politischen Zielsetzungen in seine Monographie mit ein.

Die Politik der Vertriebenenverbände ist Teil der Innenpolitik der Bundesrepublik und hat dementsprechend in zahlreichen Publikationen ihren Niederschlag gefunden. Es können hier nur die wichtigsten spezielleren Arbeiten genannt werden.

Über die nur etwa zehn Jahre bestehende Partei der Vertriebenen, den BHE, liegt seit längerem eine umfassende, grundlegende Studie vor:

FRANZ NEUMANN: Der Block der Heimatvertriebenen und Entrechteten 1950–1960. Ein Beitrag zur Geschichte und Struktur einer politischen Interessenpartei. – Meisenheim a. Glan 1968 (558 S.).

Sehr gut informiert auch der knappere Beitrag von

RICHARD STÖSS: Der Gesamtdeutsche Block/BHE, in: Parteien-Handbuch. Die Parteien der Bundesrepublik Deutschland 1945–1980, Herausgegeben von Richard Stöss, Bd. II. – Opladen 1984, S. 1424 bis 1459.

In Band I dieses Handbuchs findet sich vom selben Verfasser auch ein kurzer allgemeiner Abschnitt über Typologie und Funktion von Vertriebenenparteien.

Einen brauchbaren Überblick über die im Laufe der Jahre entstandenen

Verbände, Landsmannschaften und anderen Organisationen der Vertriebenen gibt die materialreiche Dissertation von

MICHAEL IMHOF: Die Vertriebenenverbände in der Bundesrepublik Deutschland. Geschichte, Organisation und gesellschaftliche Bedeutung. – Gesellschaftswiss. Diss. Marburg 1975 (500 S.).

Bei der politischen Einordnung und Charakterisierung dieser Gruppen vertritt der Verfasser aber einen zu einseitigen marxistischen Standpunkt und kommt dadurch zu überspitzten, pauschalierenden Urteilen. Sehr viel zurückhaltender und solider, aber auch trockener ist die soziologisch-politologische Arbeit von

MANFRED MAX WAMBACH: Verbändestaat und Parteioligopol. Macht und Ohnmacht der Vertriebenenverbände. – Stuttgart 1971 (179 S.).

Wambach, der sehr interessantes, bis dahin unzugängliches Aktenmaterial aus den Verbänden und kirchlichen Kreisen auswerten konnte, analysiert vor allem die Einflußnahme der Vertriebenenverbände auf die Parteien und staatlichen Organe der Bundesrepublik und deren politische Entscheidungen.

Die Interessenvertretung der Vertriebenenverbände, ihre Beeinflussung bzw. Auseinandersetzung mit der Bundespolitik und ihr allmählicher Machtverfall ist auch das Thema der memoirenartigen Kampfschrift des nacheinander in der CDU, im BHE und schließlich in der NPD wirkenden aktivsten Vertriebenen-Verbandsfunktionärs der frühen Jahre der Bundesrepublik:

LINUS KATHER: Die Entmachtung der Vertriebenen. – München
Bd. 1: Die entscheidenden Jahre. – 1964 (320 S.),
Bd. 2: Die Jahre des Verfalls. – 1965 (288 S.).

Diese beiden Bände sind auch heute noch wichtig als dokumentarische Selbstdarstellung der Politik der Vertriebenen in den Anfangsjahren ihrer Integration in Westdeutschland.

Unentbehrlich für jeden, der sich mit dem Pressewesen der Vertriebenen befassen will, ist die gründliche, kritische Übersicht von

HANS-JÜRGEN GAIDA: Die offiziellen Organe der ostdeutschen Landsmannschaften. Ein Beitrag zur Publizistik der Heimatvertriebenen in Deutschland. – Berlin 1973 (336 S.).

Für die von den Vertriebenengruppen aus der Tschechoslowakei und Südosteuropa herausgegebenen Zeitungen und Zeitschriften gibt es leider noch keine solche zusammenfassende wissenschaftliche Darstellung.

Abschließend sei hier noch ein großer Sammelband angeführt, der eine Art Bilanz der Integration der Vertriebenen in der Bundesrepublik ziehen will:

AUS TRÜMMERN WURDEN FUNDAMENTE. Vertriebene, Flüchtlinge, Aussiedler. Drei Jahrzehnte Integration. Herausgegeben von Hans Joachim von Merkatz. – Düsseldorf 1979 (432 S.).

Das Fazit dieses Bandes, der in einzelnen Beiträgen auch nicht frei von Ressentiments ist, wird im Vorwort gezogen, das der damalige Staatssekretär im Bundesinnenministerium, Siegfried Fröhlich, schrieb: »Sie leben politisch, beruflich und materiell nicht anders als die Deutschen, die hier schon seit Generationen ansässig sind. Daß dies gelingen konnte, ist das eigentliche Wunder unserer Nachkriegsgeschichte.«

Anmerkungen

Norbert Krekeler, Die deutsche Minderheit in Polen und die Revisionspolitik des Deutschen Reiches 1919–1933

1 Vgl. NORBERT KREKELER, Revisionsanspruch und geheime Ostpolitik der Weimarer Republik. Die Subventionierung der deutschen Minderheit in Polen 1919–1933, Stuttgart 1973; dort weitere Belege.

2 Vgl. Vernehmungen und Eidesstattliche Erklärung Max Winklers als Zeuge bei den Nürnberger Prozessen 1947/48, Institut für Zeitgeschichte, Archiv, ZS 517.

3 Aufzeichnung über eine Unterredung mit Max Winkler am 11.4.1960, Institut für Zeitgeschichte, Archiv, ZS 517.

4 Besprechung über Einschränkung der Auswanderung Deutscher aus dem früher preußischen Teilgebiet Polens am 6.4.1921 im Auswärtigen Amt, Polit. Archiv des AA, IV Po 6414.

5 Auswärtiges Amt/Abt. IV, Denkschrift betr. Aufstellung der Deutschtumsmittel v. 15.11.1932, Bundesarchiv Koblenz, R 43 I/458.

Rudolf Jaworski, Die Sudetendeutschen als Minderheit in der Tschechoslowakei, 1918–1938

Literaturhinweis:

BRÜGEL, JOHANN WOLFGANG, Tschechen und Deutsche. Bd. 1: 1918–1938. München 1967.

HILF, RUDOLF, Deutsche und Tschechen. Bedeutung und Wandlung einer Nachbarschaft in Mitteleuropa. Opladen 1973.

JAWORSKI, RUDOLF, Vorposten oder Minderheit? Der sudetendeutsche Volkstumskampf in den Beziehungen zwischen der Weimarer Republik und der ČSR. Stuttgart 1977.

LEMBERG, EUGEN und RHODE, GOTTHOLD (Hrsg.), Das deutsch-tschechische Verhältnis seit 1918, Stuttgart 1969.

SLAPNICKA, HELMUT, Die Erste Tschechoslowakische Republik. In: Handbuch der böhmischen Länder. Hrsg. v. K. Bosl. Bd. IV. Stuttgart 1970, S. 3–98 [mit reichen Literaturangaben].

SMELSER, RONALD, Das Sudetenproblem und das Dritte Reich 1933–1938. München 1980.

Wolfgang Benz, Der Generalplan Ost

1 Vgl. Nürnberger Dokumente PS 686 und NO 3075.

2 WACLAW DLUGOBORSKI, Die deutsche Besatzungspolitik gegenüber Polen, in: K. D. Bracher, M. Funke, H.-A. Jacobsen (Hrsg.), Nationalsozialistische Diktatur 1933–1945. Eine Bilanz, Bonn 1983, S. 572–590.

3 Vgl. dazu DETLEF BRANDES, Die Tschechen unter deutschem Protektorat. Besatzungspolitik, Kollaboration und Widerstand im Protektorat Böhmen und Mähren, 2 Bände, München und Wien 1969 und 1975.

4 Vgl. Das Diensttagebuch des deutschen Generalgouverneurs in Polen 1939 bis 1945, hrsgg. von WERNER PRÄG und WOLFGANG JACOBMEYER, Stuttgart 1975.

5 Vgl. dazu MARTIN BROSZAT, Nationalsozialistische Polenpolitik 1939–1945, Stuttgart 1961.

6 Himmler hatte am 20. 7. 1941 bei einer Besichtigung von Lublin und Zamosc u. a. befohlen »Die Aktion ›Fahndung nach deutschem Blut‹ wird für das gesamte Generalgouvernement erweitert und ein Großsiedlungsgebiet in den deutschen Kolonien bei Zamosc geschaffen. Die Gestaltung der Höfe, der Äkker usw. deutschen Gepräges ehestens in Angriff zu nehmen.« Nürnberger Dokument NO 3031.

7 Denkschrift Himmlers über die Behandlung der Fremdvölkischen im Osten (Mai 1940), in: Vierteljahrshefte für Zeitgeschichte 5 (1957), S. 194–198.

8 Nürnberger Dokument NO 2255.

9 Generalplan Ost. Rechtliche, wirtschaftliche und räumliche Grundlagen des Ostaufbaus. Vorgelegt von SS-Oberführer Professor Dr. Konrad Meyer, Berlin-Dahlem, Juni 1942, Institut für Zeitgeschichte, Archiv MA 1497.

10 Bericht über die Sitzung am 4. 2. 1942 bei Dr. Kleist über die Fragen der Eindeutschung, insbesondere in den baltischen Ländern, 11. 3. 1942, abgedruckt bei HELMUT HEIBER, Der Generalplan Ost, in: Vierteljahrshefte für Zeitgeschichte 6 (1958), S. 281–325, zit. S. 295.

11 DR. WETZEL, Stellungnahme und Gedanken zum Generalplan Ost des Reichsführers SS, 27. 4. 1942, abgedruckt ebenda, S. 297 ff.

12 Ebenda, S. 307–308.

13 Nürnberger Dokument NO 2255.

14 Die Rede Himmlers vor den Gauleitern am 3. August 1944, in: Vierteljahrshefte für Zeitgeschichte 1 (1953), S. 357–394, zit. 393–394.

15 ALEXANDER DALLIN, Deutsche Herrschaft in Rußland 1941–1945. Eine Studie über Besatzungspolitik, Düsseldorf 1958.

Klaus-Dietmar Henke, Der Weg nach Potsdam – Die Alliierten und die Vertreibung

1 Dokumentation der Vertreibung der Deutschen aus Ost-Mitteleuropa, hrsg. v. Bundesministerium für Vertriebene, Flüchtlinge und Kriegsgeschädigte, bearbeitet v. Theodor Schieder, Bonn 1953–1961; Taschenbuch-Reprint München 1984.

2 THEODOR SCHIEDER, Die Vertreibung der Deutschen aus dem Osten als wissenschaftliches Problem, in: Vierteljahrshefte für Zeitgeschichte 8 (1960), S. 11.

3 Lord Curzon vor der Kommission für territoriale und militärische Fragen am 27. 1. 1923. Zit. nach HARRY J. PSOMIADES, The Eastern Question: The Last Phase. A Study in Greek-Turkish Diplomacy, Thessaloniki 1968, S. 64 f.

4 JOSEF FOSCHEPOTH, Großbritannien, die Sowjetunion und die Westverschiebung Polens, in: Militärgeschichtliche Mitteilungen 2/1983, S. 61. Neben dieser besonders für die Haltung Großbritanniens jetzt maßgebenden Abhandlung vgl. HANS GEORG LEHMANN, Der Oder-Neiße-Konflikt, München 1979.

5 Zit. nach FOSCHEPOTH, Großbritannien, die Sowjetunion und die Westverschiebung Polens, S. 75.

6 Das erst 1967 bekannt gewordene Abkommen ist abgedruckt in: FRIEDRICH KLEIN / BORIS MEISSNER (Hrsg.), Das Potsdamer Abkommen und die Deutschlandfrage, Wien 1977, S. 89 f.

7 LEHMANN, Der Oder-Neiße-Konflikt (Anm. 4), S. 31.

8 Zit. nach VIKTORIA VIERHELLER, Polen und die Deutschland-Frage 1939–1949, Köln 1970, S. 104.

9 HERMANN GRAML, Die Alliierten und die Teilung Deutschlands. Konflikte und Entscheidungen 1941 – 1948, Frankfurt / Main 1985, S. 63

10 VOJTECH MASTNY, Moskaus Weg zum Kalten Krieg, München 1980, S. 309.

11 Vgl. die »Mitteilung über die Dreimächtekonferenz von Berlin« v. 2. 8. 1945 bei FRITZ FAUST, Das Potsdamer Abkommen und seine völkerrechtliche Bedeutung, Frankfurt / Main 1969[4], S. 371 ff.

12 Unsere Kenntnis der Haltung Großbritanniens zur Vertreibung der Deutschen aus dem Osten ist jetzt durch die demnächst erscheinende Habilschrift von Detlef Brandes »Großbritannien und die Exilregierungen Polens, der Tschechoslowakei und Jugoslawiens vom Kriegsausbruch bis zur Konferenz von Teheran«, Berlin 1985, entscheidend erweitert worden. Im Lichte dieser Abhandlung treten die mannigfachen Mängel des Buches von Alfred M. de Zayas, Die Anglo-Amerikaner und die Vertreibung der Deutschen, München 1977, erneut und besonders deutlich zutage. Ich danke Herrn Brandes sehr herzlich für die Erlaubnis zur Einsichtnahme in seine Studie, ohne die wesentliche Passagen der vorliegenden Skizze nicht auf den neuesten Forschungsstand hätten gebracht werden können. Zum Vorhergehenden und Folgenden vgl. BRANDES, Großbritannien und die Exilregierungen, S. 357 und S. 664 ff.

13 Unterredung am 15. 3. 1943; Foreign Relations of the United States (FRUS) 1943/III, S. 15.

14 Unterredung am 16. 12. 1943 in Moskau; zit. nach VOJTECH MASTNY (Hrsg.), The Beneš-Stalin-Molotov Conversations in December 1943: New Documents, in: Jahrbücher für Geschichte Osteuropas 20 (1972), S. 398.

15 Vgl. BRANDES, Großbritannien und die Exilregierungen (Anm. 12), S. 664 ff. und S. 678; Zitat S. 675.

16 Vgl. das Schreiben Roosevelts an den Ministerpräsidenten der polnischen Exilregierung v. 17. 11. 1944; FRUS 1944/III, S. 1334.

17 Rede im Unterhaus am 15.12.1944, abgedruckt in: WINSTON S. CHURCHILL, Reden 1944, gesammelt von Charles Eade, Zürich 1949, S. 459 ff., Zitate S. 468. Hitler ließ es sich kurz darauf nicht entgehen, in einer Ansprache vor Divisionskommandeuren die Äußerungen Churchills als Beweis alliierten Vernichtungswillens zu präsentieren. Vgl. Hitlers Lagebesprechungen, hrsg. von HELMUT HEIBER, Stuttgart 1962, S. 738.

18 Memorandum »The Treatment of Germany« v. 5. 8. 1944; FRUS 1944/I, S. 310.

19 Briefing Book Paper »The Treatment of Germany« v. 12. 1. 1945; FRUS, The Conferences at Malta and Yalta 1945, S. 189.

20 Sitzung am 26. 1. 1945; zit. nach ANTONY POLONSKY (Hrsg.), The Great Powers and the Polish Question 1941–1945, London 1976, S. 239.

21 Vgl. FRUS, The Conferences at Malta and Yalta 1945, S. 509 und FRUS 1945/IV, S. 421.

22 Vgl. die »Bohlen Minutes« und die »Matthews Minutes« der Sitzung; FRUS The Conferences at Malta and Yalta 1945, S. 717 und S. 720.

23 RONALD M. SMELSER, Die Henleinpartei, in: KARL BOSL (Hrsg.), Die Erste Tschechoslowakische Republik als multinationaler Parteienstaat, München 1979, S. 197.

24 Bericht nach Prag v. 18. 11. 1940; zit. nach JOHANN WOLFGANG BRÜGEL, Tschechen und Deutsche, Teil 2: 1939–1946, München 1974, S. 36.

25 Zit. nach BRANDES, Großbritannien und die Exilregierungen (Anm. 12), S. 143. Zum Folgenden S. 633 f.; Zitat S. 636.

26 VOJTECH MASTNY, The Czechoslovak Government-in-Exile during World War II, in: Jahrbücher für Geschichte Osteuropas 27 (1979), S. 554.

27 DERS., The Beneš-Stalin-Molotov Conversations (Anm. 14), S. 373.

28 Vgl. BRANDES, Großbritannien und die Exilregierungen (Anm. 12), S. 822.

29 Memorandum des Committee on Post-War Programms »Policy toward liberated States: Czechoslovakia« v. 18. 7. 1944; FRUS 1945/IV, S. 423.

30 »Memorandum of the Czechoslovak Government on the Problem of the German Minority in Czechoslovakia« an die Europäische Beratende Kommission (EAC) in London; FRUS 1945/II, S. 1228 ff.

31 Schreiben des State Department an den amerikanischen Geschäftsträger in London v. 16. 1. 1945, Memorandum des britischen Botschafters in Washington an das amerikanische Außenministerium v. 31. 1. 1945; ebd., S. 1246 bzw. S. 1248.

32 Die Vertreibung der deutschen Bevölkerung aus der Tschechoslowakei, Band IV/1 der Dokumentation der Vertreibung der Deutschen aus Ost-Mitteleuropa (Anm. 1), S. 111.

33 Das Memorandum v. 3. 7. 1945 ist abgedruckt in: FRUS 1945/II, S. 1261 f.; Zitat S. 1262.

34 Bericht des amerikanischen Geschäftsträgers in Prag an das State Department v. 28. 6. 1945; ebd., S. 1260.

35 Vgl. BRÜGEL, Tschechen und Deutsche (Anm. 24), S. 181.

36 Vgl. hierzu die von Martin Broszat verfaßte Einleitung zu »Die Vertreibung der deutschen Bevölkerung aus den Gebieten östlich der Oder-Neiße«, Band I/1

der Dokumentation der Vertreibung der Deutschen aus Ost-Mitteleuropa (Anm. 1); Zitate S. 138E und S. 139E.

37 Achte Sitzung der Außenminister am 25.7.1945; Documents on British Policy Overseas, Serie I, Band I, London 1984, S. 697.

38 Vgl. dazu den Beitrag von Josef Foschepoth in diesem Band, S. 70ff.

39 Schreiben v. 1.8.1945; Documents on British Policy Overseas, Serie I, Band I, London 1984, S. 1117. Dort auch das folgende Zitat.

40 HERMANN GRAML, Die Alliierten und die Teilung Deutschlands (Anm. 9), S. 100

41 Zu Flucht und Vertreibung der Deutschen aus Rumänien, Ungarn und Jugoslawien vgl. die Bände II, III und V der Dokumentation der Vertreibung der Deutschen aus Ost-Mitteleuropa (Anm. 1).

42 WINSTON S. CHURCHILL, Reden 1945, gesammelt von Charles Eade, Zürich 1950, S. 365.

Josef Foschepoth, Potsdam und danach: Die Westmächte, Adenauer und die Vertriebenen

1 Vgl. etwa FRIEDRICH KLEIN und BORIS MEISSNER (Hrsg.), Das Potsdamer Abkommen und die Deutschlandfrage, Wien 1977, sowie JENS HACKER, Sowjetunion und DDR zum Potsdamer Abkommen, Köln 1968.

2 Wie unterschiedlich die Bewertungen ausfallen, zeigen beispielsweise ERNST DEUERLEIN, Deklamation oder Ersatzfrieden? Die Konferenz von Potsdam 1945, Stuttgart 1970, wonach die Westmächte eine »Politik der Vorleistungen« gegenüber der Sowjetunion betrieben, mit eigenen Sorgen beschäftigt und im übrigen Stalin »sachlich« unterlegen waren (S. 155ff.), und HANS GEORG LEHMANN, Der Oder-Neiße-Konflikt, München 1979, für den gerade die Westmächte aufgrund des Atombombenmonopols »aus einer Position der Überlegenheit« verhandelten (S. 40).

3 Zit. n. VOJTECH MASTNY, Moskaus Weg zum Kalten Krieg. Von der Kriegsallianz zur sowjetischen Vormachtstellung in Ost-Europa, München/Wien 1980, S. 363f. Truman und Churchill sahen das nicht anders.

4 Vgl. etwa TONY SHARP, The Wartime Alliance and the Zonal Division of Germany, Oxford 1975.

5 Vgl. FRUS (= Foreign Relations of the United States) 1945, Potsdam I, S. 742.

6 Ebenda, S. 779.

7 Ebenda, S. 781.

8 PRO (= Public Record Office London), PREM 8/48. Der Entwurf stammt vom 28. Juli 1945.

9 Zur Ernährungs- und Reparationsfrage vgl. die Beiträge von JOHN E. FARQUHARSON, Landwirtschaft und Ernährung in der Politik der Alliierten 1945 bis 1948, und JOSEF FOSCHEPOTH, Konflikte in der Reparationspolitik der Alliierten, in: JOSEF FOSCHEPOTH (Hrsg.), Kalter Krieg und Deutsche Frage. Deutschland im Widerstreit der Mächte 1945–1952, Göttingen 1985.

10 Zu den Verhandlungen in Potsdam siehe JOSEF FOSCHEPOTH, Britische Deutschlandpolitik zwischen Jalta und Potsdam, in: Vierteljahrshefte für Zeitgeschichte 30 (1982), S. 707 ff.
11 PRO, FO 371/45784/UE 3221.
12 PRO, FO 934/1/4 (34).
13 Dies läßt sich besonders deutlich an dem großen Interesse der Besatzungsmächte an einer raschen Integration der Flüchtlinge und Vertriebenen in die neue Heimat im Gebiet der 4 Besatzungszonen zeigen. Vgl. FALK WIESEMANN und UWE KLEINERT, Flüchtlinge und wirtschaftlicher Wiederaufbau in der britischen Besatzungszone, in: DIETMAR PETZINA und WALTER EUCHNER (Hrsg.), Wirtschaftspolitik im britischen Besatzungsgebiet 1945–1949, Düsseldorf 1984, S. 297–326.
14 Die Rede ist dokumentiert in: Keesing's Archiv der Gegenwart 1945, S. 361.
15 Zitiert in: Europa Archiv 1 (1946/47), S. 257.
16 Dokumente zur Deutschlandpolitik der Sowjetunion, Band I, Berlin (DDR) 1957, S. 510.
17 PRO, FO 371/64361/C 12808.
18 Im Dezember 1944 hatte sich de Gaulle Stalin gegenüber bereits mit der Oder-Neiße-Grenze einverstanden erklärt. Vgl. RAYMOND POIDEVIN, Frankreich und die Deutsche Frage 1943–1949, in: JOSEF BECKER und ANDREAS HILLGRUBER (Hrsg.), Die Deutsche Frage im 19. und 20. Jahrhundert, München 1983, S. 411.
19 Vgl. JOSEF FOSCHEPOTH, Die Oder-Neiße-Frage im Kalkül der britischen Außenpolitik 1941–1947, in: Die beiden deutschen Staaten im Ost-West-Verhältnis (= Sonderheft des Deutschland Archivs), Köln 1982, S. 69–80.
20 Vgl. Keesing's Archiv der Gegenwart 1945, S. 384.
21 Schon im Juli 1944 hatte Stalin den »Lubliner Polen« eine Ausdehnung ihres Landes bis an die Oder und westliche Neiße zugesagt. Vgl. ALEXANDER USCHAKOW, Stalins Anteil an der Entstehung der Oder-Neiße-Linie, in: KLEIN/MEISSNER, Das Potsdamer Abkommen, S. 67–90.
22 PRO, FO 371/55592/C 11995.
23 Keesing's Archiv der Gegenwart 1946/47, S. 862. Zur Bewertung dieser Rede vgl. JOHN GIMBEL, Byrnes' Stuttgarter Rede und die amerikanische Nachkriegspolitik in Deutschland, in: Vierteljahrshefte für Zeitgeschichte 20 (1972), S. 39–62.
24 Vgl. hierzu und zum Folgenden auch LEHMANN, Der Oder-Neiße-Konflikt, S. 100 ff.
25 Wiedergabe der Marshall-Rede in: PRO, FO 371/64246/6526.
26 PRO, FO 371/64361/13733.
27 FRUS 1945, Potsdam II, S. 1495 f. Zum Gegenstand allgemein vgl. ALFRED M. DE ZAYAS, Die Anglo-Amerikaner und die Vertreibung der Deutschen, München 1977.
28 PRO, FO 371/64222/C 1883.
29 PRO, FO 371/64221/C 1282. Die Debatte fand am 22. Januar 1947 statt.
30 PRO, FO 371/46816/C 9236.
31 Bericht eines Sonderausschusses des amerikanischen Repräsentantenhauses

über die deutschen Flüchtlinge und Vertriebenen vom 24. März 1950. Kopie in: PRO, FO 371/85268/C 2972, S. 11ff.

32 PRO, FO 371/70558/C 2911.

33 Hierzu jetzt WOLFGANG JAKOBMEYER, Vom Zwangsarbeiter zum heimatlosen Ausländer. Die Displaced Persons in Westdeutschland 1945–1951, Göttingen 1985. 1948 hielten sich noch 474000 »displaced persons« in Lagern der westlichen Besatzungszonen auf. Vgl. PRO, FO 371/85268/C 436.

34 Bericht des amerikanischen Sonderausschusses, S. 14.

35 PRO, FO 371/85268/C 436. Die Verteilung der Flüchtlinge auf die einzelnen Zonen sah im November 1948 in absoluten Zahlen wie folgt aus: Sowjetische Zone: 4060000; Amerikanische Zone: 3370000; Britische Zone: 3950000; Französische Zone: 150000. Vgl. Bericht des amerikanischen Sonderausschusses, S. 15.

36 Zit. n. Bericht des amerikanischen Sonderausschusses, S. 21.

37 Ebenda, S. 86f.

38 Als gutes Beispiel für diese Mischung aus Radikalität und Mäßigung kann die am 5. August 1950 in Stuttgart verabschiedete »Charta der Deutschen Heimatvertriebenen« angesehen werden, wo neben dem Recht auf Heimat als grundlegendes Menschenrecht die rasche wirtschaftliche und soziale Eingliederung der Flüchtlinge in die westdeutsche Gesellschaft gefordert wurde. Vgl. KARL DIETRICH ERDMANN, Die Zeit der Weltkriege (= Gebhardt, Handbuch der Deutschen Geschichte, Band 4, 2. Teilband), Stuttgart 1976, S. 681.

39 PRO, FO 371/85269/C 5787.

40 Keesing's Archiv der Gegenwart 1951, S. 2926.

41 Ebenda, S. 3146.

42 PRO, FO 371/93471/C 1083/23.

43 PRO, FO 371/93407/C 10110/622.

44 Keesing's Archiv der Gegenwart. 1951, S. 3214.

45 Jahrbuch der öffentlichen Meinung 1947–1955, Allensbach 1956, S. 313.

46 PRO, FO 371/85269/C 5787.

Josef Henke, Exodus aus Ostpreußen und Schlesien. Vier Erlebnisberichte

1 Dokumentation der Vertreibung der Deutschen aus Ost-Mitteleuropa, hrsg. vom Bundesministerium für Vertriebene, Flüchtlinge und Kriegsgeschädigte. Bonn 1953ff.

2 GERHARD GRANIER, JOSEF HENKE, KLAUS OLDENHAGE, Das Bundesarchiv und seine Bestände. Eine Übersicht, Boppard [3]1977, S. 713ff.

3 Bestand Ost-Dok. 1 Anhang. Vgl. Beständeübersicht (s. Anm. 2), S. 715.

4 WILFRIED AHRENS, Verbrechen an Deutschen, Huglfing 1975.

5 Bundesarchiv, Ost-Dok. 1 Anh./387.

6 Vgl. MARTIN BROSZAT, Massendokumentation als Methode zeitgeschichtlicher Forschung, in: Vierteljahrshefte für Zeitgeschichte 2 (1954), S. 202–213.

7 Eigenhändige Niederschrift von Frau GERTRUD DANNOWSKI aus Deutsch Thie-

rau, Kreis Heiligenbeil (Ostpreußen) vom 18. Mai 1954. Bundesarchiv, Ost-Dokumentation 2/14, S. 12–17.

8 Handschriftlicher Brief (Abschrift) von HERMANN FISCHER aus Horn, Kreis Mohrungen (Ostpreußen), vom 28. November 1946 an das Pfarrerehepaar J. KALFF aus Eckersdorf, Post Horn, Kreis Mohrungen (Ostpreußen), mit Bestätigungsvermerk des Pfarrers vom 28. Dezember 1951 für die Richtigkeit der Abschrift. Bundesarchiv, Ost-Dokumentation 2/27, S. 106–109.

9 Maschinenschriftliche, eigenhändig unterzeichnete Niederschrift von Frau ELLA KNOBBE aus Mohrungen (Ostpreußen) vom 30. Mai 1951. Bundesarchiv, Ost-Dokumentation 2/27, S. 129–130.

10 Eigenhändige Niederschrift von ROBERT ETZLER aus Glatz (Schlesien) vom 4. Dezember 1952 (geringfügig gekürzt). Bundesarchiv, Ost-Dokumentation 2/180, S. 26–32.

Alois Harasko, Die Vertreibung der Sudetendeutschen. Sechs Erlebnisberichte

1 Die handschriftlichen Originale der abgedruckten Berichte im Sudetendeutschen Archiv München enthalten Beglaubigungsvermerke zur Unterschrift der Verfasser, die unmittelbar nach der Niederschrift von den Bürgermeisterämtern der damaligen Aufenthaltsgemeinden der Vertriebenen erteilt wurden. Sie wurden im Druck ebenso weggelassen wie teilweise vorhandene Anredeformeln.

2 ELFRIEDE STEINER, Winkel, Post Bischofswiesen, Obb., 15. 4. 1947. Sudetendeutsches Archiv, München, Sammlung Tutsch, Bericht 303.

3 MARGARETE WEBER, Landgerichtsratsgattin, früher Brünn, Beglaubigungsvermerk, Bernbach üb. Kaufbeuren, 26. 4. 1947, ebenda, Bericht 327.

4 ELISABETH SCHEITHAUER, Beglaubigungsvermerk Stadt Rathenow, 23. 4. 1947, ebenda, Bericht 276.

5 ADELHEID, MARIE, KARL UIBERLA, Milda (Thüringen), 28. 4. 1947; ebenda, Bericht 320.

6 FRANZ REINISCH, Beglaubigungsvermerk Wittenberg, 2. 5. 1947, ebenda, Bericht 259.

7 KARL PLATZ, derzeit Passau, 28. 4. 1947, ebenda, Bericht 246.

Eva Schmidt-Hartmann, Menschen oder Nationen?

1 Slovník spisovného jazyka českého [Das Wörterbuch der tschechischen Schriftsprache]. Band 2, Prag 1964; H. SIEBENSCHEIN (Red.): Česko-německý slovník [Tschechisch-Deutsches Wörterbuch]. Prag 1968.

2 Vgl.: Dokumente der Vertreibung der Deutschen aus Ost-Mitteleuropa. Band IV/1. Die Vertreibung der deutschen Bevölkerung aus der Tschechoslowakei. Bonn 1957 bzw. dtv Reprint München 1984, S. 181.

3 Košický vládní program. Program nové Československé vlády Národní Fronty Čechů a Slováků [Kaschauer Regierungsprogramm. Das Programm der

neuen Tschechoslowakischen Regierung der Nationalen Front der Tschechen und Slowaken]. Tschechisch abgedruckt in: Dokumenty moderní doby [Die Dokumente der modernen Zeit]. Prag 1978, S. 474ff.; deutsch in: Dokumente zur Austreibung der Sudetendeutschen. Hrsg. von der Arbeitsgemeinschaft zur Wahrung sudetendeutscher Interessen. Bearb. von Wilhelm Thurnwald, o. O. 1951.

4 Zu früheren Stellungnahmen vgl.: O. KOSTRBA-SKALICKÝ, Tschechische Stellungnahmen zum Transfer-Problem und zur Transfer-Tatsache. In: Bohemia. Jahrbuch des Collegium Carolinum 8 (1964), S. 302–314; FRIEDRICH PRINZ, Ideologische Aspekte der Vertreibung, ebenda, S. 281–291.

5 R. LUŽA, The Transfer of the Sudeten Germans. A Study of Czech-German Relations, 1933–1962. New York 1964.

6 Svědectví [Zeugnis]. Vierteljahresschrift für Politik und Kultur, erscheint z. Zt. in Paris. Heft 57, S. 105–122; deutsch abgedruckt in Deutschland-Archiv Heft 7/1979, S. 712ff.

7 Svědectví 57.

8 Alle hier gebrauchten Zitate wurden aus den Texten übernommen, die in der Zeitschrift Svědectví im Anschluß an die Veröffentlichung der Thesen von Danubius gedruckt wurden. Für die Übersicht dieser Diskussion und genaue bibliographische Angaben in deutscher Sprache vgl.: E. NITTNER, Das deutsch-tschechische Gespräch und die innertschechische Diskussion über die Ausweisung der Sudetendeutschen. Ein Bericht. Hrsg. vom Katholischen Institut für Ostkunde, Königstein/Ts. o. J. (ca. 1981).

9 Rudé právo. Tageszeitung des ZK KPTsch, 15. 8. 1980 in der wichtigsten Stellungnahme der Zeitung zu den hier behandelten Auseinandersetzungen von KAREL DOUDĚRA unter der Überschrift »Sázka na koně revanšismu« [Die Wette für das Pferd des Revantschismus].

10 JOHANN WOLFGANG BRÜGEL, sudetendeutscher Sozialdemokrat und Verfasser wichtiger historischer Studien zu Fragen deutsch-tschechischer Beziehungen, zit. nach Svědectví 57, S. 103.

Franz J. Bauer, Aufnahme und Eingliederung der Flüchtlinge und Vertriebenen

1 Die Bezeichnungen ›Flüchtling‹ und ›Vertriebener‹ werden im folgenden in Anlehnung an den historisch-zeitgenössischen Sprachgebrauch synonym verwendet, ohne daß damit eine Stellungnahme zu Unterschieden im Zwangscharakter des Wanderungsgeschehens impliziert wäre.

2 Siehe WERNER NELLNER, Grundlagen und Hauptergebnisse der Statistik, in: Die Vertriebenen in Westdeutschland, Kiel 1959, I, S. 75 u. 83f.

3 Vgl. GEORG MÜLLER/HEINZ SIMON, Aufnahme und Unterbringung, in: Die Vertriebenen in Westdeutschland, Kiel 1959, I, S. 304ff.; vgl. Dokumentation der Vertreibung der Deutschen aus Ost-Mitteleuropa, I, 1, Bonn 1953, S. 23E–59E.

4 Siehe MÜLLER/SIMON (wie Anm. 3), S. 308f. u. 314f. Frankreich weigerte sich zunächst, in seiner Besatzungszone Vertriebene aufzunehmen.

5 Die Darstellung fußt im folgenden, soweit nicht anders angegeben, auf FRANZ J. BAUER, Flüchtlinge und Flüchtlingspolitik in Bayern 1945–1950, Stuttgart 1982. Dort finden sich auch die ausführlichen Quellenbelege und Verweise auf spezielle Literatur.

6 Der Anteil der Vertriebenen an der Gesamtbevölkerung lag allerdings sowohl in Schleswig-Holstein mit 33 % wie in Niedersachsen mit 27,2 % deutlich höher als in Bayern, wo er 1950 21,1 % betrug; vgl. SIEGFRIED BETHLEHEM, Heimatvertreibung, DDR-Flucht, Gastarbeiterzuwanderung, Stuttgart 1982, Tab. 3, S. 30. In der sowjetischen Besatzungszone wiesen die Länder Sachsen-Anhalt, Sachsen und Mecklenburg mit je etwa einer Million die höchsten Flüchtlingszahlen auf, wobei Mecklenburg mit einem Flüchtlingsanteil an der Gesamtbevölkerung von 42,5 % unter allen deutschen Ländern am stärksten belastet war; vgl. HORST BARTHEL, Die wirtschaftlichen Ausgangsbedingungen der DDR, Berlin (DDR) 1979, S. 55f., und NELLNER (wie Anm. 2), S. 75, Anm. 20.

7 Siehe WALTER MENGES, Auflösung und Wandel der Konfessionszonen, in: Die Vertriebenen in Westdeutschland, Kiel 1959, III, Tab. 8, S. 13. Allgemein zum kirchlich-konfessionellen Aspekt des Vertriebenenproblems jetzt für den evangelischen Bereich HARTMUT RUDOLPH, Evangelische Kirche und Vertriebene 1945–1972, I: Kirchen ohne Land, Göttingen 1984. Für die katholische Seite fehlt eine grundlegende Darstellung dieser Art.

8 Siehe PETER JAKOB KOCK, Bayerns Weg in die Bundesrepublik, Stuttgart 1983, S. 103ff.

9 Vgl. WALTER VOGEL, Westdeutschland 1945–1950, III, Boppard a. Rh. 1983, S. 459–485.

10 Siehe MÜLLER/SIMON (wie Anm. 3), S. 314ff. u. 318f., sowie jetzt FALK WIESEMANN/UWE KLEINERT, Flüchtlinge und wirtschaftlicher Wiederaufbau in der britischen Besatzungszone, in: DIETMAR PETZINA/WALTER EUCHNER (Hrsg.), Wirtschaftspolitik im britischen Besatzungsgebiet 1945–1949, Düsseldorf 1984, S. 297–326.

11 Für Einzelheiten vgl. auch EDGAR PSCHEIDT, Die Flüchtlingslager in Bayern – Planung, Aufbau, Unterhaltung, in: Integration und Neubeginn. Dokumentation, hrsg. von FRIEDRICH PRINZ, München 1984, S. 197–270. Für Schleswig-Holstein s. HELMUT GRIESER, Die ausgebliebene Radikalisierung, Wiesbaden 1980.

12 Vgl. WERNER ABELSHAUER, Wirtschaftsgeschichte der Bundesrepublik Deutschland 1945–1980, Frankfurt/M. 1983, S. 63ff. u. 94ff., sowie KNUT BORCHARDT, Die Bundesrepublik in den säkularen Trends der wirtschaftlichen Entwicklung, in: WERNER CONZE/M. RAINER LEPSIUS (Hrsg.), Sozialgeschichte der Bundesrepublik Deutschland, Stuttgart 1983, S. 20–45.

13 Vgl. WIESEMANN/KLEINERT (wie Anm. 10), S. 307ff. u. 313f.

14 Vgl. hierzu FRANZ J. BAUER, Der Bayerische Bauernverband, die Bodenreform und das Flüchtlingsproblem 1945–1951, in: Vierteljahrshefte für Zeitgeschichte 31 (1983), S. 443–482.

15 Hierzu allgemein BETHLEHEM (wie Anm. 6), S. 48–80.

16 Neben BODO K. SPIETHOFF, Untersuchungen zum bayerischen Flüchtlingsproblem, Berlin 1955, s. jetzt OTTO BARBARINO, Die wirtschaftliche Eingliederung

der Heimatvertriebenen in Bayern, in: Zeitschrift für Bayerische Landesgeschichte 45 (1982), S. 393–417.

17 Siehe KLAUS SCHREYER, Bayern – ein Industriestaat. Die importierte Industrialisierung, München/Wien 1969, S. 287 f.

Falk Wiesemann, Flüchtlingspolitik in Nordrhein-Westfalen

1 Die jüngere Forschung tendiert dazu, für alle von dem Phänomen der Massenzwangswanderung erfaßten Menschen den Begriff »Flüchtlinge« zu verwenden. In der Alltagssprache und in den Quellen der frühen Nachkriegsjahre stand das Wort »Flüchtlinge« undifferenziert für alle Menschen, die infolge des Krieges und der Nachkriegsentscheidungen ihre Heimat verloren oder aufgegeben hatten. Im folgenden sind damit gemeint die Flüchtlinge, Vertriebenen, Ausgesiedelten aus den ehemaligen deutschen Ostgebieten und aus den Gebieten außerhalb des Deutschen Reiches in den Grenzen vom 31. 12. 1937 sowie die in der Regel aus wirtschaftlichen und politischen Gründen aus der sowjetisch besetzten Zone bzw. aus der DDR Geflohenen und Zugewanderten.

2 Hauptstaatsarchiv Düsseldorf NW 7: 38 Bl. 55, 39 Bl. 24, 165 Bl. 92, 327 Bl. 7.

3 Zur britischen Flüchtlingspolitik siehe FALK WIESEMANN und UWE KLEINERT, Flüchtlinge und wirtschaftlicher Wiederaufbau in der britischen Besatzungszone, in: DIETMAR PETZINA und WALTER EUCHNER (Hrsg.), Wirtschaftspolitik im britischen Besetzungsgebiet 1945–1949, Düsseldorf 1984, S. 297–326.

4 MARC ROSEMAN, Arbeiter in Bewegung. Neubergleute im Ruhrrevier 1945–58, in: LUTZ NIETHAMMER u. a. (Hrsg.), Die Menschen machen ihre Geschichte nicht aus freien Stücken, aber sie machen sie selbst, Berlin 1984, S. 192–195.

5 Memorandum »The Problems of the German Refugee Populations in the British Zone« 26. 7. 1946, Public Record Office London/Kew (PRO) FO 371/55617/C9507.

6 Siehe die noch ungedruckte Untersuchung von JOHANNES-DIETER STEINERT, Vertriebenenverbände in Nordrhein-Westfalen 1945–1954, Phil. Diss. Düsseldorf 1985.

7 Vorlage an den Chief Manpower Officer Nordrhein-Westfalen 27. 9. 1948, PRO FO 1013/774.

8 Im folgenden nach dem Protokoll der 1. Sitzung des Landtagsflüchtlingsausschusses vom 16. 7. 1979, Archiv des Landtags von Nordrhein-Westfalen, Düsseldorf.

9 Wie Anm. 7.

10 PRO FO 1013/226.

11 Siehe SIEGFRIED BETHLEHEM, Heimatvertreibung, DDR-Flucht, Gastarbeiterzuwanderung. Wanderungsströme und Wanderungspolitik in der Bundesrepublik Deutschland, Stuttgart 1982.

12 Siehe PAUL LÜTTINGER, Die Entwicklung der Erwerbschancen von Vertriebenen und Flüchtlingen von 1939–1971, masch. Diplomarbeit, Fak. f. Sozwiss., Universität Mannheim 1984.

13 Siehe den von UWE KLEINERT verfaßten Teil II des in Anm. 3 genannten Beitrags.

14 8.6.1949, PRO FO 1013/368 (engl. Text).

15 Memorandum »The Refugees and the Demographic Problem presented by Western Germany« 26.2.1949, PRO FO 1013/368.

Reinhold Schillinger, Der Lastenausgleich

1 Daß das Ausmaß der Kriegszerstörungen und ihre Auswirkungen auf die Produktionsstruktur in Westdeutschland überschätzt wurden, belegt WERNER ABELSHAUSER, Wirtschaft in Westdeutschland – Rekonstruktion und Wachstumsbedingungen in der amerikanischen und britischen Zone, Stuttgart 1975.

2 Vgl. dazu REINHOLD SCHILLINGER, Der Entscheidungsprozeß beim Lastenausgleich (1945–1952), Ostfildern 1985.

3 Typisch für die Position des »sozialen Lastenausgleichs« war das Diktum des niedersächsischen Flüchtlingsministers Heinrich Albertz (SPD): »Ich habe kein Interesse daran, den Spießbürger aus Breslau hier wieder zu installieren.« Vgl. Bundesministerium für Vertriebene, Flüchtlinge und Kriegsgeschädigte (Hrsg.), Die Lastenausgleichsgesetze. Dokumente zur Entwicklung des Gedankens, der Gesetzgebung und der Durchführung, Bd. I/1, Bonn 1962, S. 72.

4 Die Hypothekengewinnabgabe schöpfte die in der Währungsreform entstandenen Gewinne ab, die bei den Hypothekenschuldnern durch die Abwertung ihrer Grundschulden im Verhältnis 1:10 entstanden waren. Das Aufkommen aus der Hypothekengewinnabgabe floß dem Wohnungsbau zweckgebunden zu.

5 Aus dem ZvD ging im November 1951 durch Zusammenschluß mit einigen Landsmannschaften der Bund vertriebener Deutscher (BvD) hervor. Seit 1957 heißt er Bund der Vertriebenen (BdV).

6 Vgl. Bundestagssitzung v. 20.9.1949, Stenogr. Ber. d. Bundestags Band 1, S. 19.

7 Vertriebenenverband und Landsmannschaften verpflichteten sich 1949 im sog. »Göttinger Abkommen« zur gegenseitigen Respektierung festgelegter Interessensphären. So war der Vertriebenenverband für die Wirtschafts- und Sozialpolitik, mithin auch für den Lastenausgleich, zuständig, während sich die Landsmannschaften heimatpolitischen Aufgaben widmen sollten.

8 Zit. nach LINUS KATHER, Die Entmachtung der Vertriebenen, Bd. 1, München 1964, S. 206f.

9 In den 50er und 60er Jahren machten zahlreiche Flüchtlingswitze die Runde. Ihre Pointe waren jeweils großsprecherische Behauptungen von Vertriebenen über ihr früheres Vermögen in der alten Heimat. Fehlerhafte oder betrügerische Angaben gegenüber der Ausgleichsverwaltung scheinen jedoch nicht bekannt geworden zu sein.

10 Über Organisationsform und Kompetenzen dieser Hilfsorgane bei der Scha-

densfeststellung war es 1950–52 zu erbitterten Kontroversen gekommen. Das Bundesfinanzministerium widersetzte sich mit Unterstützung der SPD dem Aufbau einer kostspieligen, von Vertriebenenfunktionären kontrollierten Bürokratie. Durch Druck auf Adenauer konnte der Vertriebenenverband aber die Verankerung der Heimatauskunftstellen im Lastenausgleichsgesetz erzwingen.

11 Vgl. HANS NEUHOFF, Der Lastenausgleich aus der Sicht der Vertriebenen, in: HANS-JOACHIM V. MERKATZ (Hrsg.), Aus Trümmern wurden Fundamente. Vertriebene, Flüchtlinge, Aussiedler. Drei Jahrzehnte Integration, Düsseldorf 1979, S. 147.

12 Für die Versorgung der Kriegsopfer, Kriegsgefangenen, Heimkehrer und Evakuierten galten eigene Gesetze. 1957 wurden durch das Allgemeine Kriegsfolgengesetz, das ursprünglich die finanzielle Liquidation der Kriegsfolgen abschließen sollte, die Ansprüche gegen staatliche Institutionen geregelt. Einen völlig selbständigen Bereich bildete die Gesetzgebung zur Wiedergutmachung nationalsozialistischen Unrechts. Das Reparationsschädengesetz von 1969 wiederum regelte Reparations- und Demontageschäden an deutschem Vermögen in der Nachkriegszeit.

Hermann Weiß, Die Organisationen der Vertriebenen und ihre Presse

1 Zit. nach FRANZ NEUMANN, Der Block der Heimatvertriebenen u. Entrechteten 1950–1960, Meisenheim am Glan 1968, S. 16, Anm. 36.

2 Vgl. MAX WAMBACH, Verbandsstaat und Parteienoligopol. Macht und Ohnmacht der Vertriebenenverbände, Stuttgart 1971, S. 32.

3 Deutschland im Wiederaufbau. Tätigkeitsbericht der Bundesregierung für das Jahr 1958. Hrsg.: Presse- u. Informationsamt d. Bundesregierung, o. O. u. J., S. 406.

4 Vgl. HANS-JÜRGEN GAIDA, Die offiziellen Organe der Ostdeutschen Landsmannschaften. Ein Beitrag zur Publizistik der Heimatvertriebenen in Deutschland, Berlin 1973, S. 23.

5 Nach WAMBACH, a. a. O., S. 47f., hatten die fünf größten Landsmannschaften 1955 folgenden, 1958 nur geringfügig erhöhten Mitgliederstand:

Sudetenland	340000
Schlesien	318000
Ostpreußen	130000
Oberschlesien	100000
Pommern	85000

6 Pommersche Zeitung v. 20. 12. 1958, zit. nach IMHOF, a. a. O., S. 150.

7 Vgl. NEUMANN; a. a. O., S. 304.

8 Biographische Angaben zu Ernst Anrich, Victor Aschenbrenner, Walter Becher, Franz Böhm, Walter Brand, Emil Franzel, Franz Höller, Konstantin Höß, Franz Karmasin, Heinz Lange, Erich Maier, Hans Neuwirth, Reinhard Pozorny, Frank Seiboth, Rudolf Steffen, Walter Stain, Walter Zawadil-Veith, Siegfried Zoglmann bei IMHOF, a. a. O., S. 237–249.

9 Alle Zitate nach IMHOF, a. a. O., S. 250f.
10 FRANZ KARMASIN, in: Witiko-Brief, März 1965, S. 1 (zit. nach Imhof, a. a. O., S. 251).
11 Vgl. IMHOF; a. a. O., S. 267f.
12 Ebenda, S. 212f. u. 277–279.
13 Vgl. GAIDA; a. a. O., S. 30.
14 Ebenda, S. 36f.
15 Ebenda, S. 52.
16 Ebenda, S. 181.
17 Ebenda, S. 106.
18 Ebenda, S. 146 u. 148.
19 Ebenda, S. 138–140.
20 Vgl. KLAUS LIEPELT, Anhänger der neuen Rechtspartei. Ein Beitrag zur Diskussion über das Wählerreservoir der NPD, in: Polit. Vierteljahresschrift 8 (1967), Heft 2, S. 237ff.
21 In: STAMM, Leitfaden durch die Presse, Essen 31. Aufl. 1978 u. 36. Aufl. 1983 werden die Titel nicht mehr geführt.

Die Mitarbeiter des Bandes

HELLMUTH AUERBACH, geb. 1930 in München, Historiker, seit 1969 wissenschaftlicher Mitarbeiter des Instituts für Zeitgeschichte in München; 1978–1984 auch Leiter der Bibliothek dieses Instituts und Mitherausgeber der »Bibliographie zur Zeitgeschichte«.
Veröffentlichungen: Verschiedene Aufsätze zur Geschichte des Nationalsozialismus.

FRANZ J. BAUER, geb. 1952 in Moosburg/Obb., studierte Geschichte und Germanistik an der Universität München; 1981 Promotion; derzeit wissenschaftlicher Assistent am Lehrstuhl für Neuere und Neueste Geschichte der Universität Regensburg.

WOLFGANG BENZ s. S. 2 in diesem Band

WALTER DIRKS, geb. 1901 in Dortmund, Schriftsteller, war führend in der katholischen Jugendbewegung »Quickborn«, 1923–33 Kulturredakteur der »Rhein-Mainischen Volkszeitung«, 1935–43 Feuilletonredakteur der »Frankfurter Zeitung«; nach dem Krieg Mitbegründer der »Frankfurter Hefte« und Leiter der Hauptabteilung Kultur des WDR (1956–67).
Veröffentlichungen (u. a.): »Erbe und Aufgabe« (1931), »Die zweite Republik« (1947), »Die Antwort der Mönche« (1952), »Bilder und Bildnisse« (1954), »Christi Passion. Erläuterungen« (1956).

JOSEF FOSCHEPOTH, geb. 1947, Dr. phil., wissenschaftlicher Mitarbeiter am Deutschen Historischen Institut in London.
Veröffentlichungen: Verschiedene Aufsätze zur Zeitgeschichte und Herausgeber von »Kalter Krieg und Deutsche Frage. Deutschland im Widerstreit der Mächte 1945–1952« (1985) und (zusammen mit Rolf Steininger) »Die britische Deutschland- und Besatzungspolitik 1945–1949«.

BERNHARD GUTTMANN, geb. 1869 in Breslau, Dr. phil., Publizist, war vor dem Ersten Weltkrieg Korrespondent der »Frankfurter Zeitung« in London, nach dem Krieg Leiter der Berliner Vertretung dieses Blattes. 1930 zog er sich aus der Öffentlichkeit zurück. Nach dem Zweiten Weltkrieg trat er als Mitherausgeber der Zeitschrift »Die Gegenwart« nochmals hervor. 1959 ist er in Buchenbach bei Freiburg i. Br. gestorben.
Veröffentlichungen: »England im Zeitalter der bürgerlichen Reform«, »Schatten-

riß einer Generation«, »Das Ende der Zeit«, »Das alte Ohr«, »Die neue Majestät«.

ALOIS HARASKO, geb. 1936 in Brettern (Südböhmen), studierte Geschichte und historische Hilfswissenschaften in Tübingen, Freiburg i. Br. und München; seit 1970 Mitarbeiter im Sudetendeutschen Archiv in München; Geschäftsführer der Arbeitsgemeinschaft kultureller sudetendeutscher Heimatsammlungen; Begründer und seit 1975 Vorsitzender eines historischen Vereins für Südböhmen.

JOSEF HENKE, geb. 1944, Dr. phil., studierte Geschichte und Romanistik in Münster, Nancy und Freiburg; Archivoberrat im Bundesarchiv in Koblenz, Referatsleiter für Parteienschriftgut (insbesondere NSDAP), Unterlagen aus alliierten Kriegsverbrecherprozessen und Sammlungen der sogenannten Ost-Dokumentation zur Geschichte der Vertreibung der Deutschen.
Veröffentlichungen (u. a.): »England in Hitlers politischem Kalkül« (1980), (Bearbeiter zusammen mit G. Granier und K. Oldenhage) »Das Bundesarchiv und seine Bestände« (1977), (zusammen mit J. Dülffer und J. Thies) »Hitlers Städte. Baupolitik im Dritten Reich« (1978).

KLAUS-DIETMAR HENKE, geb. 1947 bei Dresden, Dr. phil., wissenschaftlicher Mitarbeiter des Instituts für Zeitgeschichte in München.
Veröffentlichungen: Abhandlungen über die französische Besatzungspolitik, die Entnazifizierung, die politische Entwicklung in Frankreich und Großbritannien nach dem Zweiten Weltkrieg und, zusammen mit Hans Woller, über die Frühgeschichte der Christlich-Sozialen Union.

RUDOLF JAWORSKI, geb. 1944 in Lissa/Leszno (Polen), Dr. phil., Priv. Doz., studierte Geschichte und Germanistik in Tübingen und Wien; 1975 Promotion und wissenschaftlicher Assistent am Institut für osteuropäische Geschichte und Landeskunde an der Universität Tübingen; wiederholte Forschungsaufenthalte in Polen und in der CSSR; 1984 Habilitation im Fach Osteuropäische Geschichte. Veröffentlichungen zur Geschichte der Nationalitätenproblematik in Ostmitteleuropa.

EUGEN KOGON, geb. 1903 in München, emeritierter Professor für Politikwissenschaft an der TH Darmstadt. Häftling in Dachau. Begründer und Herausgeber der kritischen Monatszeitschrift »Frankfurter Hefte«.
Veröffentlichungen: »Der SS-Staat« (1946), Herausgeber (zusammen mit Hermann Langbein, Adalbert Rückerl u. a.) von »Nationalsozialistische Massentötungen durch Giftgas« (1983 S. Fischer), zahlreiche Essays, Aufsätze und Reden.

NORBERT KREKELER, geb. 1942, Dr. phil., studierte Politische Wissenschaften, Soziologie und Völkerrecht in Bonn; 1972 Promotion mit einer Arbeit zum Thema: »Revisionsanspruch und geheime Ostpolitik der Weimarer Republik. Die Subventionierung der deutschen Minderheit in Polen 1919–1933«.

REINHOLD SCHILLINGER, geb. 1952 in München, Dr. rer. pol., Diplom-Volkswirt, Mitarbeiter einer Münchner Bank.
Veröffentlichungen: »Der Entscheidungsprozeß beim Lastenausgleich (1945 bis 1952)« (1985).

EVA SCHMIDT-HARTMANN, geb. 1946 in Prag, M. A., Ph. D., studierte Geschichte, Politikwissenschaft und Soziologie in Prag, Stuttgart und London, verließ die Tschechoslowakei, 1968 Historikerin in München.
Veröffentlichungen (u. a.) zur Geschichte des politischen Denkens in den böhmischen Ländern im 19. und 20. Jahrhundert, zuletzt »Thomas G. Masaryk's Realism: Origins of a Czech Political Concept« (1984).

DIETRICH STROTHMANN, geb. 1927 in Berlin, Dr. phil., Nachkriegsgefangenschaft und Abitur; studierte Geschichte, Germanistik, Kunstgeschichte und Publizistik in Münster; Promotion mit einer Arbeit über »Literaturprozesse im Dritten Reich«; 1959 politischer Redakteur bei der »Neuen Ruhr-Zeitung« in Essen; seit 1961 bei der Wochenzeitung »Die Zeit« in Hamburg tätig.

HERMANN WEISS, geb. 1932 in Gunzenhausen, studierte Germanistik, Geschichte und Anglistik in München und Tübingen; Mitarbeiter des Instituts für Zeitgeschichte in München.
Mitarbeit (u. a.) an: U. Walberer (Hg.), »10.5.1933. Bücherverbrennung in Deutschland und die Folgen« (1983 Fischer Taschenbuch 4245); Wolfgang Benz (Hg.), »Miscellanea. Festschrift für Helmut Krausnick« (1980); Wolfgang Benz (Hg.), »Die Bundesrepublik Deutschland. Geschichte in drei Bänden. Politik, Gesellschaft, Kultur.« (1983 Fischer Taschenbuch 4312–4314).

FALK WIESEMANN, geb. 1944 in Fürstenfeldbruck, Dr. phil., Historiker; von 1974–1978 wissenschaftlicher Mitarbeiter des Instituts für Zeitgeschichte in München; seitdem Akademischer Rat am Historischen Seminar (Abteilung für Landesgeschichte) der Universität Düsseldorf.
Veröffentlichungen zu Themen der deutschen Zeitgeschichte (u. a. Vorgeschichte der Bundesrepublik, Nationalsozialismus).

Register

Bitte umblättern:

Die Geschichte der Bundesrepublik Deutschland in Quellen und Darstellungen

Zur Vor- und Frühgeschichte:

Hermann Graml
Die Alliierten und die Teilung Deutschlands
Konflikte und Entscheidungen
1941–1948 *(Band-Nr. 4310)*

»Es gibt Bücher, die kommen zur rechten Zeit... Nur zur politischen Beurteilung der deutschen Frage ist die Kenntnis ihrer Entstehung notwendig. Die Lektüre des Buches ist ebenso bitter wie faszinierend... Das Buch von Graml sollte eine Art Bettlektüre aller Deutschlandpolitiker sein.«
Hans Heigert in *Süddeutsche Zeitung*

»Das Lesen lohnt. Graml hat Spaß am Erklären, und er erklärt bewundernswert klar.«
Frankfurter Allgemeine Zeitung

Wolfgang Benz
Von der Besatzungsherrschaft zur Bundesrepublik
Stationen einer Staatsgründung
1946–1949 *(Band-Nr. 4311)*

»...eine Bereicherung der die Nachkriegszeit erhellenden Literatur.«
Süddeutsche Zeitung

»Insgesamt sind Konzeption, Darstellung und belegter Faktenreichtum des Bandes geeignet, eine gute Informationsgrundlage in einer jedermann, auch dem Studenten, erreichbaren Preisklasse abzugeben.«
Das Historisch-Politische Buch